中国人民大学"十三五"规划教材·核心教材

新编21世纪新闻传播学系列教材

·新闻学系列·

新闻采访与写作

News Reporting and Writing

高 钢 潘曙雅 主编

中国人民大学新闻学院
《新闻采访与写作》教材编撰组 著

中国人民大学出版社
·北京·

编撰团队成员简介

第一章　唐铮

中国人民大学新闻学院副教授。有十余年媒体记者工作经验，多次获得亚洲卓越新闻奖、中国新闻奖、北京新闻奖，获评北京市优秀新闻工作者，曾入选北京市宣传文化系统“四个一批”人才。2017年起任教于中国人民大学新闻学院，主讲“新闻实务基础”“新闻采访写作”“深度报道”“新媒体运营实务”等课程。研究方向为媒体实务、新媒体、媒体融合，承担北京市、国家新闻出版广电总局相关课题。

第二章　高钢

中国人民大学新闻学院教授。从事职业新闻工作25年，采写了大量反映中国社会发展进程的新闻报道。1992年作为有特殊贡献专家，获国务院颁发的政府特殊津贴。2003年到中国人民大学新闻学院任教，主讲“新闻采访写作”等课程，获评“中国人民大学十大教学标兵”。主要研究领域为新闻报道采写技术和网络信息传播。主持过国家社会科学研究基金特别委托项目、教育部人文社科基金重大项目和“985”工程校级重大攻关项目等重大课题。曾获北京市高等教育教学成果一等奖、国家级高等教育教学成果二等奖。

第三章　张征

中国人民大学新闻学院教授。1985年开始任教于中国人民大学新闻学院，主讲“新闻采访写作”“名记者研究”“采访写作专题研究”“传播学”等课程，曾两次获评“中国人民大学十大教学标兵”。曾获北京市高等学校教学名师奖、教育部高等学校教学名师奖。主要研究领域为新闻发现的理论与实践。马克思主义理论研究和建设工程重点教材《新闻采访与写作》首席专家。

第四章　刘畅

《中国青年报》国内时事部主任。从事新闻工作20余年，先后在《黑龙江工人报》《中国妇女报》担任记者，1999年进入《中国青年报》，从事过很多重大突发事件的现场采访，也采写了大量的调查性报道。第六届范长江新闻奖获得者，全国新闻界抗击非典新闻宣传优秀记者。代表作品有《流泪的呼兰河》《对一本公款吃喝账的调查》《艾滋病引发的血液官司》《山西繁峙矿难系列报道》《乌金泪》《让我们带着教训更好地活着》《本案与程维高有关》《山东高唐“侮辱”县委书记事件调查》等，其中，《山西繁峙矿难系列报道》获得第十三届中国新闻奖一等奖。近年来，主持编辑《中国青年报》的“法治”“民族”“声音”等版面。

第五章　许颖

中国人民大学新闻学院副教授，现任意大利博洛尼亚大学孔子学院中方院长。1998年3月到2004年3月求学之余在中央电视台从事不间断的新闻工作，历任社会新闻部记者、新闻评论部《东方时空》栏目策划、新闻频道《共同关注》栏目执行主编。2003年5月，其编辑的电视新闻作品《非典日记》获中宣部抗击非典优秀新闻作品奖。任教于中国人民大学新闻学院后，主讲“新闻采访写作”“新闻实务基础”“媒体融合概论”等课程。主要研究领域为新闻业务、媒体融合、跨文化传播。主持过2007年度教育部人文社科项目“媒体融合时代新闻传播业务的变革研究”及2009年度国家社会科学基金项目“媒体融合对新闻传播的影响研究”。其博士论文《互动·整合·大融合——媒体融合时代新闻传播的变革》在2007年获中国人民大学优秀博士论文奖并获得全国百篇优秀博士论文提名奖。

第六章　南香红

中国非虚构写作的践行者。曾任《南方周末》高级记者、《南方都市报》首席记者。著有《王选的八年抗战》《巨灾时代的媒体操作》《众神栖落新疆——东西方文明的伟大相遇与融合》《野马的故事》等。对北京旧城改造、细菌战、三峡工程、新疆历史文化等锲而不舍地进行了多年的调查和研究，作品以历史记录价值和文本阅读价值被业界评价为“对抗时间的写作”。

第七章　刘万永

《中国青年报》深度调查部主任、高级记者，中共十八大代表。曾三次获得中国新闻奖，2012年获第十二届长江韬奋奖（长江系列），2014年获第二届范敬宜新闻教育良友奖。中国人民大学新闻学院专业硕士业界导师，清华大学新闻与传播学院专业硕士业界导师，清华大学法学院专业硕士联合导师。代表作有《一个退休高官的生意经》《公安局政委女儿冒名顶替上大学》等。2015年出版专著《调查性报道》（人民日报出版社）。

第八章　潘曙雅

中国人民大学新闻学院讲师。2001—2005年在新华社信息部工作，从事过财经专线、医药卫生专线的采访写作工作。之后赴美国南加利福尼亚大学新闻传播学院攻读博士学位，于2011年完成学业。2012年到中国人民大学新闻学院任教，教授课程有“新闻实务基础”“新闻采访写作”“英语采访与报道”“英语新闻消息写作”“应用传播学方法”等。主要研究方向是新闻实务、社交媒体研究以及健康传播，近年来在这些领域的核心期刊上发表中英文论文十余篇。

第九章　翁昌寿

中国人民大学新闻学院副教授。有十年的新闻报道和编辑部管理经验，曾任职于《羊城晚报》《中华读书报》《出版人》等报刊，并参与创办中华读书网、管理中文在线等新媒体。专注于新闻传播实务、新媒体内容生产领域，主讲“新闻实务基础”“新闻采访写作”“法治新闻报道”“网络信息整合”等课程。获北京市第八届青年教师基本功大赛二等奖、第三届中华优秀出版物奖·论文奖。参与马克思主义理论研究和建设工程重点教材《新闻采访与写作》相关章节的编写工作。受聘担任中国新闻奖、长江韬奋奖审核委员（2014）。

第十章　李沁

中国人民大学新闻学院副教授，中国人民大学国家传播战略研究中心主任。毕业于美国哥伦比亚大学新闻学院研究生院广播电视专业，旅居美国十余年，从事全球新闻传播的研究与实践，曾在纽约大学艺术学院讲学。曾先后担任《人民日报》记者和编辑、美国时代华纳有线栏目 *In the Spotlight with Qin* 总制片人兼主持人、华尔街媒介专栏财经评论员，长期兼任美国 WKDM 跨洋直播栏目《李沁在线》主持人。主要研究领域为沉浸传播的理论与实践，是全球范围内最早进行沉浸传播和沉浸新闻研究的学者之一，在 SSCI、CSSCI 发表论文数十篇。获美国国家电视“艾美奖”学院奖、全国政协好新闻一等奖，入选北京市“千人计划”，为北京市特聘专家。

内容简介

《新闻采访与写作》是一部立足时代发展、因应传播技术对新闻业发展带来的挑战的全新教材。本书针对媒介融合趋势下新闻报道理念和方法的改变，着重为广大新闻学专业的学子和业界相关从业人员提供新的传播环境中新闻采访与写作的专业技术体系，立足中国新闻界的实践成果和优秀传统，同时借助国际范围的观察视野，对新闻采写的原则、方法和最新技术进行深入细致的解析。

本教材注重新媒体环境下新闻报道专业理念的更新，归纳了目前国内外新闻媒体主要使用的新闻报道体裁的采写方法，对消息、特稿、深度报道的操作规程与技术进行详细的讲述。在当今新闻传播业受到网络数字技术的强大影响之际，本教材以独到的视角分析媒介融合时代信息传播的趋势及特征，讲解多媒体报道写作的理念和方法。

本教材的撰写团队由新闻界资深人士和学界从事多年新闻业务课教学的教师组成，旨在结合学界和业界的智慧，打造既有理论基础又有实务经验总结的全新教材体系。

本教材的编写注重收集、整理和总结最新的采写案例，希望读者通过丰富的案例掌握鲜活的新闻采写方法与技术。教材每一章的章末几乎都提供延展阅读书目、思考题以及实训题，以帮助读者深入学习相关专业知识。

总　序

中国人民大学出版社策划出版的“新编 21 世纪新闻传播学系列教材”，是一套在新闻传播学领域内，皋牢百代，卢牟六合，贯穴古今，笼罩中外，密切联系新闻传播工作的实际，广泛吸收新闻传播学的最新研究成果，高挹遐揽，取精用宏，供新世纪的高等院校新闻传播院系教学使用的系列教材。

20 世纪初以来的 100 年，是世界新闻传播事业飞速发展的 100 年。这 100 年来，随着科学技术的不断发展，继报纸、期刊、通讯社之后，广播、电视、网络和多种新媒体相继问世，新闻传播的媒介日趋多元化，新闻传播的手段日趋现代化，“地球村”变得越来越小，新闻传播事业对世界政治、经济和文化的影响则变得越来越大。

这 100 年，也是中国新闻事业飞速发展的 100 年。其中最近的 30 年，即中国改革开放以来的 30 年，发展得尤为迅猛。

进入新世纪以后，中国新闻事业发展的势头更为迅猛。报纸、期刊、通讯社、广播电台、电视台的数量在宏观调控下，虽无大变化，但软硬件的实力都有了很大的提高。据 2011 年 12 月出版的《中国新闻年鉴》的最新统计数字，2010 年全国共出版报纸 1 939 种，平均期印数 2.14 亿份。共出版期刊 9 884 种，平均期印数 1.63 亿份。全国共有广播电台 227 座，电视台 247 家，广播电视台 2 130 家，教育电视台 44 家。广播综合人口覆盖率为 96.78%，电视综合人口覆盖率为 97.62%。

另外，2012 年 1 月中国互联网络信息中心（CNNIC）发布的《第 29 次中国互联网络发展状况统计报告》显示，截至 2011 年 12 月底，中国网民规模已达到 5.13 亿，互联网普及率达到 38.3%。其中，手机用户数量为 3.56 亿，博客和个人空间用户数量为 3.19 亿，微博用户数量为 2.5 亿，社交网站用户数量为 2.44 亿，网络视频用户数量为 3.25 亿。中国居民中具备上网条件和技能的人已经基本转化为网民，大专及以上学历人群中互联网使用率已达 96.1%。中国网站总数为 230 万个，网页数量为 866 亿个。

这样大的发展规模，这样快的发展速度，在世界和中国新闻事业史上都是空前的。回顾既往，盱衡未来，新闻传播事业在 21 世纪还将会保持旺盛的发展势头。新闻传播，作为上层建筑中意识形态的一个重要组成部分，在全面准确地宣传党的基本理论、基本路线和基本方针以及各项决策，反映人民群众的伟大业绩和精神风貌，以及推动改革开放和社会主义现代化建设等方面，必将继续发挥重要的作用。

与新闻传播事业的发展相配合，这 100 年来，为中国的新闻战线培养和输送人才的中国新闻教育，也有了相应的发展。中国的新闻教育起始于 20 世纪初，迄今有近百年的历史。新中国成立前的 30 年，虽然先后在个别院校中设立了新闻系或新闻专科，但规模都不大，设备也不够完善，在校学生人数，最多的时候不超过 400 人，30 年间累计培养出来的毕业生还不到 3 000 人。新中国成立后，为了给新中国的新闻事业培养人才，新闻教育有了新的发展，但到 20 世纪 60 年代中期为止，全国的新闻教育机构也还只有 14 家。当时全国只有 343 家报社、78 座广播电台和 13 家电视台，革命老区来的新闻工作骨干正当盛年，足以支撑大局，新闻系和新闻专业的学生统招统分，基本上能够满足中央和省市以上新闻单位梯队建设方面的需要。“文化大革命”爆发后，新闻事业进入低谷，新闻人才的培养也被迫中辍。拨乱反正之后，新闻事业有了飞速的发展，但新闻工作的人才却出现了断层，明显供不应求，因而极大地推动了新闻教育的发展。中国的新闻教育得以重整旗鼓并得到空前迅猛的发展，主要是改革开放以来的这 30 多年的事情。30 多年来，中国新闻教育和中国新闻事业同步发展。截至 2011 年，全国设有新闻传播学类院、系、专业的高校已由改革开放之初的两三所增加到 800 所以上，各种类型和层次的专业教学点已不下 1 000 个。新闻专业的教学已从单一的大学本科教育，发展到博士生、硕士生、本科生、大专生、成人教育、函授教育等多层次的格局，不少院系还设置了新闻传播学方向的博士后流动站。改革开放之初，全国在校新闻系科学生总共只有 500 来人，现在仅在校本科生就有 16 万人左右，硕士和博士研究生 3 万人左右，办学层次、办学规模、办学水平都有了很大的提高。进入新世纪以后，随着新闻传播事业的加速发展和新闻战线人才需求的不断增加，中国的新闻教育还将会有更大幅度的发展。

一般说来，新闻教育质量的高低，起决定作用的主要是两个因素：一个是师资，一个是教材。两者之间，教材的作用更大。这是因为，师资的多少和良窳，往往受办学主客观条件的限制，而教材一旦完成，就可以直接嘉惠于学子，风行四海，无远弗届。进一步说，一部好的教材，不仅可以满足教学的需要，培养出一大批人才，而且还可以同时拥有一定的学术含量，推动新闻传播学研究的发展。1919 年出版的徐宝璜的《新闻学》，1927 年出版的戈公振的《中国报学史》，就是这方面的很好的例子。这两本书都是作者在高等学校从事新闻学理论和新闻史教学时作为教材编写出来的，出版之后，立即引起世人的关注和推崇，一再重版，历久不衰，至今仍然是公认的新闻学理论和新闻史方面的传世之作和经典之作。正因为这样，新闻教育的前辈们，历来十分重视教材的建设。新中国成立初期的十来年，坊间出版的新闻学方面的书籍，绝大部分是教材。改革开放以后，新闻传播学研究空前繁荣，新闻学方面的书籍大量问世，但教材仍然在其中占了很大的比重。这些教材，覆盖了新闻传播学的方方面面，经过出版家和众多作者们的长期努力，门类和品种基本配套齐全，曾经为同时期的新闻教学做出过重要的贡献。但是，随着时间的推移和新闻工作实际的飞速发展，这些教材的体例日显陈旧，观点和内容也亟待调整和更新。一些属于学科前沿和科技含量较高的新开课程的教材尚付阙如，使现有的教材出现了不少缺口。在新世纪已经到来之际，集聚力量，重新编写出一套体系完整，门类齐全，能够为新世纪的新闻教育和新闻人才培养服务的新闻传播学的系列教材，已经成为人们的共识和新闻业界与新闻教育界的迫切需求。

呈现在读者面前的，就是应这样的需求产生的一套系列教材，它将涵盖新闻学、传播学两个二级学科的方方面面内容，满足新闻、广播、电视、广告、媒体经济、新媒体等多个专业的教学需要。负责这些教材编写工作的，是中国人民大学、复旦大学、北京大学、清华大学、中国传媒大学、中国青年政治学院等多所著名院校长期从事新闻传播学方面教学与研究工作的专家学者，其中有相当大的一部分编写者是相关学科的国家级的学术带头人，堪称一时之选。收入本系列的教材中，既有国家级重点教材，也有部级重点教材，其他的也是经过严格筛选的精品，所以，本套系列教材的质量是有保证的，其权威性也将会得到社会的认同。

21 世纪是一个高度信息化的时代，是信息经济和知识经济占主导地位的时代。信息经济和知识经济有两大支柱，一是以高科技为代表的传播技术产业，二是从事新闻和信息产品生产的媒体产业。新闻传播学作为将这两大领域有机联结的桥梁，在今后的国家建设和社会发展中必将发挥越来越重要的作用。中国人民大学出版社经过精心策划，隆重推出这套系列教材，是具有高度的前瞻性和战略眼光的。在这里，我谨代表编委会和全体作者向中国人民大学出版社表示由衷的感谢。

这套系列教材开始策划于 20 世纪的最后一年，21 世纪初起陆续问世，迄今已编写出版了 50 余种。在体例和内容的创新和开拓等方面，远远超过同时期出版的同类教材。其中的有些教材，还根据整个新闻传播理论与实践的发展和新闻传播学教学与研究的发展，陆续作了必要的补充和修订，重新出版，实现了内容的与时俱进。

这批教材的问世，将会为新闻传播事业和新闻教育事业的发展和繁荣、为新世纪新闻传播人才的培养做出其应有的贡献。这是出版者和全体作者共同的一点希望。是为序。

方汉奇

2012 年 3 月

于中国人民大学宜园

前　言

网络数字技术已经开启了人类信息传播的新纪元。以新闻机构为主体的新闻信息传播已经向着公众普遍参与的具有全新意义的大众传播的方向演进。

纵观人类的发展历史，信息革命往往成为社会变革的先导力量。印刷术的发明曾经敲响了黑暗的中世纪的丧钟。今天，互联网络、移动终端、人工智能、数据分析的融合运用不仅改变了人类信息传播的传统结构与模式，而且正在重新组合着人类的社会关系，重新建构着社会的运行方式。

当网络信息技术装备起每个社会成员，让他们日益充分地拥有对生存环境的观察能力、描述能力、分析能力和传播能力的时候，以往新闻与信息传播的结构和模式就开始风化，开始解体，由此演化出千姿百态的新闻与信息传播的新局面。

面对这样一个正在发生的时代信息传播革命，我们撰写这部新闻采写的教材就陷入巨大的心理压力之下。

我们深知，作为这本教材的编撰者，我们和阅读这本教材的读者一样，处于信息传播变革和社会进步变革同时发生的时空交界。我们并未完全拥有施教于人的全新知识，也未能全部了解正在改变信息传播场景的全新技术，我们并不具备面对变数无限的未来从事新闻传播专业教育的绝对实力。但是，我们还是鼓起勇气，承担了这一教材的编撰任务。这种勇气除了来自职业赋予我们的责任心，恐怕也来自我们拥有的一些自信，这就是我们还拥有对于趋势的敏感，对于变革的渴望，对于未来的向往，还有对于变革时代如何获取新知识、新思维、新方法的学习路径的感知。

感谢这个时代给了我们一个可以展开想象也允许我们进行探索的空间。在中国人民大学新闻学院“双一流”学科建设规划和学校“十三五”教材工程的推动下，我们组成了一个由新闻教育学界与新闻传播业界组合的教材撰写团队，这个团队之中有从事新闻教育几十年的职业教师，也有从事新闻工作几十年的职业记者；有国家级教学名师，也有中国最高新闻奖的获得者；有在中国接受过完整新闻教育的人士，也有在西方发达国家受过高级科学研究训练的人士；有新闻教学经验丰富的长者，也有锐不可当、朝气蓬勃的年轻人。以这样合作的方式写作新闻学院的专业课程教材，在中国新闻教育的历史上还不多见。

我们试图通过这样一个多元化的团队组合，用不同的视角、不同的经验、不同的案例、不同的风格讲述新闻报道的专业原则与专业方法，最大限度地帮助读者扩展视野，活跃思维，追求实用，推进创新。

信息传播的重要性如今已经日益清晰地显现在人们眼前。信息传播不仅施放着对于人们认知环境、形成态度的影响力，而且已经构成了行业、区域乃至国度和民族生存与发展的基础环境要素。

对于新闻工作者来说，今天的传播环境已经发生了巨大变化。这些变化可以从社会、公众、市场、技术四个方面进行观察。

从社会方面看，在全球一体化、世界多极化、现代科学技术特别是网络信息技术向着社会生活各个领域快速渗透的大趋势之下，中国的经济变革与社会发展发生着沧桑之变，中国社会的变化呈现出两个最明显的特征。

一是社会各个领域的发展速度日益加快。在这种急剧变化的社会环境中，民众无论是为自身的安全着想，还是为自身的发展设计，都会更为迫切地了解自身生存环境发生的变化。社会环境的变化越是快速，人们了解这种变化的欲望就越是强烈。

二是社会各个领域间的联系日益加强，相互作用日益深刻。今天的中国不仅社会生活各个领域的联系在加强，整个中国也已经与世界日益紧密地联系起来。各个地区、各个领域发生的变动状况，对社会和民众产生着直接与间接的普遍性影响，这就使得任何区域和领域发生的新变化、新进展、新问题、新趋向都会在不同层面以不同形式影响社会的各个群落。

从公众方面看，随着社会经济的发展、社会的开放、教育的普及、文化的繁荣，公众群体呈现出日益多元化的形态，公众的经济基础、职业分工、文化背景、价值标准日益复杂。今天，新闻媒体面对的公众群体，是一个拥有不同政治信仰、不同价值观念、不同情感方式的复杂群体。这样一个群体，在获取新闻信息方面出现了全新的需求。

从市场方面看，各类媒体走向市场已成趋势，覆盖广大群体的电视、报刊、广播、网络等媒体上演着各式的行业竞争。跨地区、跨领域、跨媒体的竞争已经全面展开。传媒产业的发展已经构成一个特殊的产业景观。

从技术方面看，网络数字技术在新闻传播领域的全方位应用，让新闻传播手段和方式都提高到前所未有的现代化水平。以互联网为基础运行平台的各式新型媒体的出现，改变着新闻传播业的运行格局、技术路径和方法体系，加速推进新闻传播的全民化、专业化、全球化的进程，触发着信息传播领域的连锁变革效应。

面对前所未有的急剧的社会变化，公众在获取新闻信息方面的需求至少已经呈现出三个明显的特征：一是需要快速获取最新信息，以了解身处环境发生的最新变动；二是需要精确了解深度信息，以判断环境变化与自身利益的关系、对自身发展的影响；三是需要主动选择实用信息，以获取改变生活现状、满足生活需求的实用方法。快速、深刻、实用这三大信息需求的呈现，对新闻工作者提出更高的专业化要求。

如果说，新闻报道的本质任务就是向公众真实地描述环境发生的、关系着他们切身利益的最新变动状况，从而为公众对自身行为的抉择提供坚实的信息参考，那么，在今天的传播环境中，完成这个职业使命的难度就越来越大。

今天的新闻工作者不可能躲避这样的询问：

怎样才能在激荡的变革时代履行新闻工作者的职业责任?

这是重大的命题，涉及社会环境与机构运行，涉及知识体系与专业技能，涉及思维方法与技术路径。回答这个问题，是一个复杂的系统工程。

我们试图在这本教材中探讨这个系统工程中的一个有限的局部：新闻实务领域的新闻采写技术。

我们试图说明，从事新闻工作的人需要了解的新闻报道的基本规律，需要遵循的新闻报道的基本原则，需要掌握的新闻报道的基本方法。

我们至今相信：新闻报道是新闻工作者履行职业责任的基本职业技能，是新闻媒体施放传播影响力的基础能量构成。

新闻记者对这个世界的变化状况的观察、认识、分析、判断，最终要通过他们的新闻报道传达给公众。

新闻记者推动社会进步的专业能量最终要通过新闻报道去释放。

因此，新闻报道采访与写作的方法是具有某种永恒价值的技术体系。

我们试图通过这本教材把这个专业方法体系的要点讲述清楚，并且试图指明这些专业方法投入实际应用的方式与途径。

在这本教材中，我们对新闻报道的原则进行了详尽的讲述，对如何发现新闻、如何采访新闻进行了详细的讲述，对如何运用背景资料、如何运用新媒体技术进行了详细的讲述，对如何从事各个专业领域新闻报道的方法进行了详细的讲述。与此同时，我们将新闻报道的主要体裁进行了最具普遍使用价值的分类，运用国内外新闻界的经典案例，对各类体裁的新闻报道的采写方法进行了详细的讲述。

我们希望能够为新闻专业的学生和新闻从业者提供一个掌握新闻报道方法、提高新闻报道技能的专业指南和工作手册。

这本教材携带着传统新闻采写方法的痕迹，因为这个编撰组的所有成员都曾经是传统新闻媒体机构和传统新闻教育机构的从业者，但是，这群人后来也都从事着各种各样与新媒体传播相关的职业工作和专业研究。因此面向未来的创新渴望和探索思考，像如今的传统新闻媒体和传统新闻教育都在变革之路上奋力拼搏、谋求新生与发展一样，编撰组的每个成员也都在学习与实践中推进着自身的演化。我们深知我们自己和我们所处的时代一样，处在迷茫与希望集于一身的转型过渡之中。

我们尊重历史和传统，这不是为了怀旧，甚至不是因为今天各种各样的传统媒体仍然需要经典采写方法，更重要的是，我们认为职业新闻信息提供的社会责任意识、职业工作原则和专业采写方法很难时过境迁。社会的进步、人民的福祉永远需要专业的新闻工作者提供专业的新闻信息。

在尊重传统的经典之际，我们以更大的热忱瞩目和拥抱未来。这不仅体现在本教材专门设计的新媒体环境下的采写工具及方法应用的专门章节上，而且体现在各个章节内容的讲述之中。因为我们知道读者中更多的是年轻人，甚至更多的是新闻专业的学生，当他们放下这本书走出校门的时候，天地肯定已经再次巨变。因此，我们应该尽我们所能，告诉他们在那个不同于今天的天地间如何辨识方向，如何行走跋涉。

新闻采访与写作是一种专业技术，也可以视为一门手艺。既然如此，它就有太多的创新空间，有太多的发展可能性。因此，这个领域的学习不是一个被钢铁规则消灭个性特征的过程，而是一个充满创造活力的理想追求过程。阅读本教材并且希望从中获取技能的人，需要将目光投向教材之外的广阔天地，将自己与浩瀚的阅读、深入的思考、勤奋的新闻采写实践紧密地结合起来，以获得增长智慧与能力的源头之水。

目　录

第一章

新闻报道的功能与新闻记者的职责

【学习要点】

理解新闻、新闻采访和新闻写作的基本概念。了解媒体形态发展的基本路径，由此进一步了解如何看待正处在新媒体冲击之下的传统新闻业。在理解新闻和新闻事业基本概念的前提下，认识新闻记者在整个社会环境中所起到的作用，认识记者应该具备的职业道德和基本素质，对于职业环境和职业责任形成基本认知，这是本章的学习重点。

在新媒体环境下，信息已经成为人们日常生活中等同于空气和水的基础性要素，而信息传播尤其是新闻传播更成为人们认识社会和改造社会的重要途径。

现代社会需要现代新闻业的支持，而支撑现代新闻业运行的最重要的力量是掌握专业技术的高端人才。随着互联网的发展和媒体形态的不断更易，新闻传播业在新时代发生了一些变化。有志于从事这项事业的人，需要了解它的过去、现在和未来，并在此基础上进一步明确对新闻职业道德和专业素质的认知。

当今的中国新闻业，需要的是怀有强烈的社会责任感、拥有坚实的知识基础、具有科学的思维方法、具备高度的敬业精神、掌握先进的专业技能的职业化人才。

第一节　新闻的特征

新闻每天都伴随着人们的生活，与人们的起居、行为、思考密切相关。随着现代社会人们对信息需求的日益高涨，新闻与人类活动的结合越发紧密。而有关新闻的定义会随着时间的发展不断进行微小的调整，我们需要每隔一段时间就对与新闻相关的概念进行理论上的辨析。

一、什么是新闻

从不同的维度来考察，新闻会呈现出不同的定义。对于受众而言，新闻是一个个具体的以文字、音频、视频形式传达的报道，他们由此获知资讯。对于新闻机构而言，新闻是产品，是它们借由取得影响力和获取收入的最根本途径。对于整个社会而言，新闻是一种话语权，是一种舆论，是能够达成或分散社会共识的利器。

新闻业界和学界对于“新闻”也给出了不同的定义。

徐宝璜认为，新闻者，乃多数阅者所关注之最近事实也。

范长江认为，新闻是广大群众应知而未知的重要事实。

美国威斯康星大学新闻学教授布莱尔（Bleyer）认为，新闻是新近发生的能引人兴味的事实。

中华人民共和国成立后中共中央宣传部第一任部长陆定一在1943年提出的定义，是在国内使用最广泛的。他认为：“新闻是新近发生的事实的报道。”

不过，随着时代的进步与社会的发展，“新近”的事实已经远远不能满足人们的新闻需求，现在，新闻事件发生后一分钟之内就会传遍社交网络，但陆定一的定义最值得借鉴的一点是，它明确规定了新闻与事实的关系：事实是第一性的，新闻是第二性的；事实在先，新闻在后，新闻是对于事实的报道。

复旦大学新闻系原系主任王中教授在20世纪80年代对新闻的定义为“新闻是经过公开传播的新近变动与正在变动的事实信息”。这个定义更为新颖的地方是强调了“变动”对于新闻的意义。变动产生新闻信息，新闻是“事实信息”，且一定是“经过公开传播的”。

哈尔卡普（Harcup）在2004年出版的《新闻工作：从原则到应用》中，将新闻定义为新近发生的、新鲜的、人们此前不知道的、会影响到他们日常生活的或者他们感兴趣的事情。这个定义更为准确地加入了新闻所必备的几个特征，将它与普通的信息区分开来。那就是，新闻必须能够影响到人们的日常生活，或者让人们感兴趣。这个定义加入了对新闻价值的评判要素，使得概念更为具体，也更加容易操作。

中国人民大学新闻学院教授高钢在2012年版的《新闻采访写作》中认为，新闻是媒体对公众生存环境新近发生的重要变动状态的描述。这个定义强调了新闻的公共性，强调与公众生存环境相关的重要变动是新闻的要素。

至今，新闻的定义仍然莫衷一是，每个定义都有一定的道理。新闻的定义之所以会随着时代的变化而更易，是因为在全球格局变化、中国的经济变革和社会发展高速前进的背景下，人们对信息的理解和需求都在逐渐发生变化，由此新闻定义不断微调。

新闻业应该是对这个社会的变化有着最敏锐感知的行业，而新闻从业者就是对这个社会变迁有着最敏锐感知的人。在Web2.0以及可预见的Web3.0环境下，受众和信息提供者之间的界限进一步模糊。新闻工作者既要向受众提供他们最想要、最需要的新闻，也需要通过新闻的选择和排序，实现议程设置功能，体现对整个社会环境的观照。

综合起来，新闻的核心要点有以下几条：

- 新近——新闻的时效性，新闻一旦失去时效性就不能被叫作新闻。
- 发生——新闻一定是正在发生和已经发生的事件和现实，不能把没有发生、没有成为事实的东西当成新闻。
- 真实——新闻必须要真实，真实是新闻的本源。

● 报道——新闻的本质是传播，没有传播，任何信息都没有价值。

● 变动——能够和常态相区分也是新闻的特征。一个司空见惯的事件，无论多么重要也不是新闻。

● 对公众具有意义——站在社会大众的立场，强调公众知情权，体现了新闻媒体作为社会公器的作用。

二、什么是新闻采访

新闻采访是新闻传播的起点。基于采访而获得可信的事实，是新闻写作与文学创作的根本区别。对于一则新闻，有“七分采、三分写”的俗称，由此可见采访的重要性。

新闻采访体现了记者这一职业的重要特点。新闻记者的采访过程，是采访者对客观事物的认识过程，是采访者运用自己的观点、知识积累和思维方式，通过亲自观察、倾听，经过思索而做出分析判断，最终向受众复原新闻事实的过程。

随着人们对新闻采访的认识不断加深，新闻采访的概念不断调整变化。

蓝鸿文在1984年版的《新闻采访学》中认为，新闻采访是一种特殊的调查研究工作。从马克思主义认识论的观点来看，新闻采访的对象是客观事实，新闻采访的基本性质是向客观事物进行调查研究的一种活动。记者调查研究是一种特殊的调查研究工作，主要特点在于其专业性、新闻性、广泛性、时效性、连续性、公开性。

艾丰在2010年版的《新闻采访方法论》中认为，采访是新闻记者（包括业余报道者）为进行新闻报道所做的了解客观情况的社会活动。

丁柏铨在《新闻采访与写作（第三版）》中指出，新闻采访是特定主体出于大众传播的目的，通过观察和访谈等手段，对可能受到广泛关注且鲜为人知的信息的搜集活动。

林如鹏在1998年版的《新闻采访学》中认为，新闻采访是新闻工作者为了报道新闻而进行的各种采集和分析新闻事实材料的职业性活动，是全部新闻工作的基础和前提，也是每个新闻工作者都应该掌握的一项基本功。这里强调了两层意思：首先，新闻采访不仅仅是采集新闻素材，因为新闻并非有闻必录，记者在采访时很重要的一项工作是对事实材料进行鉴别、筛选，只有那些具有新闻价值的材料才值得花费力气去挖掘，因而分析新闻事实材料和采集新闻事实材料是同等重要的，也是同步进行的；其次，新闻采访是一种职业性活动，它和其他实际工作部门的调查研究是不能等同的，新闻采访是一种适应新闻组织要求的特殊的调查研究。

布鲁斯·D. 伊图尔（Bruce D. Itule）、道格拉斯·A. 安德森（Douglas A. Anderson）在2015年版的《当代媒体新闻写作与报道（第七版）》中认为，采访是记者和消息来源之间信息的交流。

高钢在2012年版的《新闻采访写作》中认为，了解新闻真相的过程是记者进行专业调查研究的过程，这一工作的专业术语被定义为“采访”。

《辞海》对“采访”一词的解释是“为搜集新闻事实与新闻背景等新闻报道材料而进行的观察、访问、调查、录音、录像等活动”。

统而言之，这些定义对“采访”的界定大致有以下共同点：

- 新闻采访的主体是新闻工作者——新闻采访是一种职业化行为，只有新闻记者怀有采访意图所进行的采访才是新闻采访，它和其他实际工作部门的调查研究是不能等同的。
- 新闻采访的目的是报道新闻——最终能够生成新闻内容，是新闻采访的目的。
- 新闻采访是对新闻事实材料的采集和分析——新闻采访是一种特殊的调查研究，是对新闻事实材料的收集、整理和分析。

新闻采访要求采访者能够在错综复杂的客观事物中敏锐地发现新闻，在稍纵即逝的机遇中迅速地捕捉新闻，在各种困难的条件下巧妙地挖掘新闻，在各种现实干扰中努力核实新闻。新闻采访需要事先有明确的报道思想，有充分的资料准备，有周密的采访计划。

新闻采访是新闻写作的前提，真实性是新闻最大的特性，新闻采访就是实现新闻真实性的最根本路径。

三、什么是新闻写作

新闻写作是新闻采访的继续和延伸。新闻写作的最终目的是要将采访中采集的素材加工成一定形式的新闻作品，然后通过新闻工具传播出去。

丁柏铨在《新闻采访与写作（第三版）》中认为，新闻写作就是依据采访所获得的素材，进一步发掘其新闻价值，寻找独特的切入角度，在客观地叙述新闻事实的过程中，向受众提供有价值的新闻信息，满足他们的新闻需求，从而最终实现新闻作品的价值。

吴麟、张玉洪等在2014年版的《新闻采访与写作》中认为，新闻写作需要呈现受众“需要知道”和“想要知道”两方面的内容。为了实现这一目标，在新闻写作过程中应当遵循一些基本准则。诸如“充分体现对象主体的价值”“严格遵守新闻真实性原则”“注重发挥事实本身的作用”“在真实的前提下追求时效”是新闻写作的“共同规律”。在充分观照中西方新闻生产理论与实践的基础上，恪守职业准则、尊重受众的真实需求，应当被视作新闻写作的基本常识。

许颖在2011年版的《新闻采访与写作》中认为，新闻写作需要遵循若干基本规律，包括：价值律——新闻写作通过记者对采访后的信息的再选择与组合“表现”新闻所蕴含的新闻价值；真实律——新闻写作的另一条基本规律是必须真实，以事实为依据，尊重事实，忠于事实，反映出事实的原貌，写什么、怎么写必须从事实出发，受事实制约；效果律——新闻写作是一种旨在传播的写作，要全面把握新闻的传播需要，以事实为本的同时，力求新意、争取时效，并考虑公开传播的效果，讲究事实的反映艺术，善于表现事实的社会价值，把新闻写得更有吸引力和说服力；客观律——在新闻写作中，记者不应该跳出来“说话”，而是要将自己隐藏在事实背后，不要直接表达自己的判断和推论。

柳邦坤在2012年版的《当代新闻采访与写作教程》中认为，新闻写作旨在反映和表现事实，主要是对根据采访得来的事实材料，进行由表及里、由浅入深、去粗取精、去伪存真的分析和选择，挖掘、利用信息资源，采取适当的文本形式和表现方法，使客观存在的事实变成可供传播的有价值的新闻信息，满足受众的需求。

布鲁斯·格伦迪（Bruce Grundy）在*So You Want to Be a Journalist?*中认为，新闻写作区别于文学写作的最明显一点就是，文学写作是从开头写起，直到事件结束；而新闻写作是从结尾开始，追溯到事件开头。新闻写作中最重要的需求就是找到什么是最新的，并把它放在最前面。

统而言之，这些定义对“新闻写作”的界定大致有以下共同点：

- 反映和表现事实是新闻写作的最根本原则——事实是新闻的核心和生命，不以事实说话的新闻是没有生命力的。
- 采访是新闻写作的前提——新闻写作必须依照采访的材料来进行安排和组织。
- 写作时应该注意新闻的时效——将新鲜的事实尽量放在最前面（或最显眼的位置）。

第二节　新闻报道的功能

如果概括一下我们所观察到的记者们的工作内容，我们也许会得出下面的结论：

第一，试图通过以下途径准确报道事实真相：

A. 直接观察。

B. 使用权威的、灵通的、可靠的消息来源和相关的、可靠的物的消息来源。

第二，努力写出有趣的、及时的、清晰的报道。引语、故事、情节与人情味使得这些报道生动感人。如果说新闻工作需要规则，那么这就是起点。①

新闻报道区别于文学作品的最重要一点，就是新闻报道与现实生活联系得非常紧密。我们需要明确新闻报道的功能，并力求在自己的努力下使得新闻报道具备以下功能。

一、新闻具有传递信息的功能

在现代信息时代，受众对全世界、整个国家乃至身边各种大事小情的了解，都是通过新闻媒体的报道实现的。一个权威、客观、真实、全面的新闻报道，能够让人们更加了解和认知自己所处的世界。

2017 年 6 月 21 日，新华社官方微信推送了一篇新闻《刚刚，沙特王储被废了》。标题仅仅 9 个字，内文 38 个字。由于使用新媒体进行传播，新闻的时效从人们常见的“日前”“昨日”提前至“刚刚”。这样简短而直接传递有效信息的新闻，是最简便、最直观的传播方式。

从新闻从业者的角度，要尽可能第一时间到达现场，给受众传回准确的信息。因为从受众的角度看，他们对“亲眼所见，亲耳所闻，亲身所感”的事实最为信赖。

新闻背后

2004 年 9 月，莫斯科发生“别斯兰人质事件”，凤凰卫视驻俄特派记者卢宇光连续进行了

① 门彻．新闻报道与写作．北京：华夏出版社，2004.

多日直播。直到第三天，他的声音已经沙哑，但仍然坚持直播，给观众第一时间报道动态信息：

"……孩子们不断往外跑……特种部队上去了……"

"现在恐怖分子已经向我们冲过来，打伤很多人，我们正在跑……"

"恐怖分子冲过来了，向我们开枪……"

当趴在地上，子弹从身边穿过，甚至有人在他身边倒下时，卢宇光还在用卫星电话发出报道。

迅速而准确地提供信息，帮助受众更了解身处的环境，洞察其间的变化，是新闻报道的首要使命。

新闻背后

2017 年 12 月 20 日下午，江歌案在日本东京地方裁判所做出一审判决，裁定被告人陈世峰故意杀人罪成立、威胁罪成立，判处有期徒刑 20 年。江歌是就读于日本东京法政大学的中国留学生，日本当地时间 2016 年 11 月 3 日，她在租住的公寓门外，被闺蜜前男友陈世峰用匕首杀害。这起案件引发了国内公众的密切关注。日本当地法庭开庭当日，资深媒体人何润锋在法庭内听到判决消息后，在一张白纸上手写了几句话就快步跑出法庭，跑到法庭外设立的摄影机前，微带喘息地在第一时间向观众播报了判决结果和大致审判过程。

二、新闻具有公共监督的功能

新闻的公共监督是针对社会公共领域的，通过报道进行曝光和揭露，抨击时弊、抑恶扬善，以达到对其进行制约的目的。

从新闻诞生之初，新闻的公共监督功能就相伴而生，因其影响广泛、行动迅速、公开性强，已经渗透到人们生活的方方面面，俨然成为不容小觑的维护社会公众利益的监督力量，并被看作正确决策的先导和民主法治建设的动力。在这个信息丰富的多媒体时代，新闻的监督作用更为凸显，也更为重要，它不仅是媒体锐气和公信力的体现，也是新闻记者职业精神和专业能力的最好体现。

新闻背后

2003 年，时任《中国经济时报》高级记者的王克勤用了半年时间，历尽艰辛，扎扎实实深入社会底层，先后采访 100 多位出租车司机及众多出租公司和政府相关部门，以前所未有的深度、广度和力度披露了北京出租汽车行业的垄断黑幕。文章受到中央主要领导的高度肯定，不仅推动了北京市乃至全国出租汽车行业市场化的改革，同时也对中国行政管理体制改革具有重要的案例价值。

不仅如此，王克勤还先后推出了震惊海内外的《兰州证券黑市狂洗"股民"》《公选"劣迹人”引曝黑幕》《甘肃回收市场黑幕》等一系列揭黑性深度调查报道。仅2001年一年因为他的文章被送进监狱的黑恶分子就达160多人。2000年11月，王克勤接到股民们的一系列关于兰州证券的控诉。他伪装成商人，频频潜入各大股票交易所，不断深入暗访，揭露了兰州证券市场的重重黑幕。报道《兰州证券黑市狂洗“股民”》一经刊发，就受到时任国务院总理朱镕基的连续重要批示，甘肃省委书记、省长部署展开了全省性的专项打黑斗争，为兰州近万名市民挽回数亿元损失，同时在全国范围内引发了一场声势浩大的铲除证券黑市的运动。

王克勤本人经历过许多生死劫难，这篇报道见报后，有黑社会组织悬赏500万元要他的人头，并直接给他打来了威胁电话，为此警方派了四名刑警荷枪实弹地在他家中保卫他的安全。

2005年6月11日，定州市绳油村百姓遭遇了一场征地血案。不仅村民的公开征地补偿方案及合同的要求没有得到回应，承建商还纠集数百名青壮年，拿着猎枪、铁管对绳油村的村民进行殴打，造成6人死亡，百余人受伤。

当王克勤到达现场后，他在定州市待了五天五夜，只身一人从羊肠小道进入绳油村。由于道路崎岖，几度摔伤。入村后，王克勤不断往返于各个受害者家庭，采访了大量村民，掌握了包括血腥视频在内的很多第一手资料。

报道一度遭遇重重压力。最终，定州市绳油村血案真相大白，包括市委书记和风在内的27名被告分别被判处死刑、无期徒刑和有期徒刑。

新闻报道的舆论监督功能使新闻成为社会公器，最大限度地反映人民的呼声。1998年，时任国务院总理朱镕基视察中央电视台，在《焦点访谈》节目演播厅里，他赠给编辑记者们四句话：“舆论监督，群众喉舌，政府镜鉴，改革尖兵。”这四句话强调了“舆论监督”要把人民群众的呼声、愿望和诉求反映给政府，而“政府镜鉴”则要求政府以此为镜进行鉴戒。十九大报告明确地肯定了“舆论监督”对全党全社会的重要作用，表示要把党内监督同国家机关监督、民主监督、司法监督、群众监督、舆论监督贯通起来，增强监督合力。

通达社情民意，引导社会热点，疏导公众情绪，这是新闻业的使命。用优质高效的监督报道发挥公开监督功能，引导社会认知，这是新闻记者的职责。

三、新闻具有推进社会发展的功能

约瑟夫·普利策之所以把新闻记者比喻成在大船上的瞭望者，是因为新闻记者是一份肩负社会责任的职业，是正义的担当，新闻报道中有人民的重托，要以推进社会发展和文明进步为己任。可以说，探寻事实真相、守护公共利益是记者的天职。正是一代代新闻人自觉承担历史使命和有社会担当，才为推动时代发展做出了重要贡献。

新闻背后

1992年1月18日，当时担任《深圳特区报》副总编辑的陈锡添接到一项紧急任务：跟随采访到深圳视察的邓小平。

据陈锡添回忆，当时通知的内容非常简单，但背后的意义很重大，通知大意说第二天上午8点钟，坐市委书记李灏的车，到车站去接邓小平同志，要采访好，责任重大，任务绝密。

从1992年1月19日至23日，邓小平在深圳期间，陈锡添一直跟随采访。当时并没有要求报道，但是陈锡添敏锐地感觉到，这并不是一次普通的采访。他分析，当时国内经济改革处于低潮，思想领域在大做如何反和平演变的文章，不断提醒国人应该如何认真吸取苏联的教训。每出台一个改革新举措，都要经过姓“资”姓“社”问题的讨论，在这样的思想束缚下，改革步履艰难。而深圳是在邓小平亲自关怀下，由边陲小镇迅速崛起的改革前沿城市。在这个时间点上，邓小平来深圳，不光是要看看深圳的发展现状，肯定还会发表关系我国改革开放走向的重要观点。

于是，尽管没有接到要采访的直接任务，但陈锡添始终没有降低要求，时刻注意跟在邓小平身边，记下每一个细节。从1月19日至23日，陈锡添每天都是白天跟随采访，晚上整理记录，每一天都要到凌晨两点以后才入睡。后来发生的一切果然印证了陈锡添的猜测和判断。邓小平做出了“社会主义的本质，是解放生产力，发展生产力，消灭剥削，消除两极分化，最终达到共同富裕”“改革开放胆子要大一些，敢于试验，不能像小脚女人一样。看准了的，就大胆地试，大胆地闯”等深刻判断。

邓小平1992年1月23日离开深圳去珠海后，当晚陈锡添就连夜将他在深圳5天的谈话记录全部整理完毕。此后，陈锡添向市委负责同志提出，有些场合，自己临时因故不在邓小平身边，还要找当时在场的有关领导追访，对重要言论及时进行补记。经同意，陈锡添又谨慎认真地进行了多次补充采访，使得资料更加翔实。

3月23日，在看准了一次发稿契机后，陈锡添马上开展了写作。因为前期各项准备非常充分，到24日下午，约11 000字的长篇通讯《东方风来满眼春》一气呵成。

稿件3月26日在《深圳特区报》头版位置正式见报后，顿时轰动海内外。28日，上海《文汇报》及北京《中华工商时报》全文转载。30日，《光明日报》《北京日报》全文转载，新华社也于当日正式向全世界播发了《东方风来满眼春》全文，同时又以少有的规格为播发此文专门配发了一条消息。

现在回头看，1992年正是我国改革开放的重要关头，邓小平的南方谈话，以他一贯坚持的实事求是的态度，有的放矢地发表了一系列廓清人们思想中姓“资”姓“社”模糊观念的言论。《东方风来满眼春》以准确而生动的报道，把握住时代脉搏，推动了社会的发展进步。

在中国新闻史上，这样的例子并不鲜见。1976年10月粉碎“四人帮”之后，中国处在历史的关键时期。是因循守旧，照抄照搬原有的条条框框，还是实事求是，研究新问题，开辟中国社会主义现代化新道路？1977年，南京大学政治系副主任胡福明经反复思考，毅然提笔撰写了题为《实践是检验真理的标准》的初稿。1978年，《光明日报》在此基础上以“本报特约评论员”的名义发表了《实践是检验真理的唯一标准》，从而掀起了全国范围内关于真理的大讨论。

新闻背后

“实践是检验真理的唯一标准”，这句话现在看起来不过是一句常识，但是在当时的背景下则非同凡响。自“文革”以来，代表党中央的两报一刊（《人民日报》《解放军报》及《红旗》杂志）的社论传递的都是“两个凡是”思想。假设要对“两个凡是”进行批判，岂不等于反党反中央吗？因此，《实践是检验真理的唯一标准》的主要作者胡福明陷入了深深的焦虑与矛盾之中，但他最终还是战胜了自己。他想，不管怎么说，自己身为一名共产党员，在大是大非面前不能逃避。

1978 年 5 月 10 日，《实践是检验真理的唯一标准》在《理论动态》第 60 期上以首页头条位置刊出。翌日，该文章由《光明日报》公开发表，并在当天下午由新华社即刻向全国播发。《实践是检验真理的唯一标准》发表后，胡福明的一位老朋友提醒他说：“你可卷入中央高层政治斗争的旋涡里面了！”胡福明则回答说，这点早有思想准备，反正豁出去了。“我知道，我准备去坐牢。”

最终，关于真理标准的大讨论获得全国各省、自治区、直辖市党委的支持。至 1978 年底，中央及省级报刊刊载的关于真理标准讨论的专题文章达 600 余篇。由《实践是检验真理的唯一标准》这篇文章引发的一场在全国范围内开展的规模空前的大讨论，抓住了一个重大的时代课题，为否定“两个凡是”，深入反思“文革”和推进改革开放奠定了坚实的理论基础，吹响了新中国思想解放的号角。

探寻事实真相、守护公共利益是记者的天职，是新闻行业安身立命之本。无数新闻从业者铁肩担道义、妙手著文章，为维护社会公平正义、推动时代发展做出了重要贡献。

第三节　新闻媒体的演变历史和趋势

从 15 世纪出现现代报纸的雏形开始，媒体已经跟随人类社会的进步而发展了 600 年。在媒体发展的每一个重要历史时期，背后都有新的媒介基本技术的出现和普及，它们包括现代印刷术、无线电广播技术、图像传播技术、网络传播技术以及增强现实技术等。每一项媒介基本技术的出现都导致新的传播手段和新的传播形式产生，进而产生新的媒介形态。

现代印刷术的出现催生了现代意义上的报纸。1450 年，德国人古登堡发明了金属活字印刷技术，印刷报纸开始发行。1493 年，在罗马发行的报纸上刊登了哥伦布航海的消息。1609 年，德国率先发行定期报纸《艾维苏事务报》，这标志着报纸已经成为普通人获取信息的固定媒介。

19 世纪末到 20 世纪初，工业革命促进了社会生产力的飞速发展，使得报纸实现了发展上的飞跃，经历了从“小众”到“大众”的过程。这一时期，报纸的发行量直线上升，由过去的几万份增加到十几万份、几十万份乃至上百万份。读者的范围不断扩大，由过去的政界、工商界等上层人士扩展到中下层人士。这种由量的积累而产生的质的飞跃，宣告了大众传播时代的来临。

在这一时期，报纸日渐迎合下层民众的口味，逐渐实行企业化经营，成为自负盈亏的独立的经济实体。这时，报纸形成了“二次售卖”的完整商业链条，即报纸靠优质新闻吸引读者购买（第一次售卖），再凭借发行量获得广告商的购买（第二次售卖），以广告收入来弥补生产新闻的成本。发行量越大的报纸就会获得越多的广告，而广告又可以支撑报纸进一步降低售价，从而赢得更多的读者。“二次售卖”至今仍是传统媒体生存经营的主要途径。

继而，无线电广播技术的出现，催生了无线电广播。1920 年 10 月，美国匹兹堡市私人经营的 KDKA 广播电台取得美国政府发放的营业执照，开始播音，成为美国也是世界上第一家正式广播的私营商业广播电台。到 1925 年，正式开办广播的国家超过 20 个。广播与报纸在新闻领域的竞争开始出现。

20 世纪三四十年代是广播的黄金时代。到 1935 年，全世界的无线电广播电台发展到 1 700 多座，广播新闻取代报业成为报道全球时事的最热门来源。电台不断扩大新闻业务，给报纸造成压力。但两种媒体存在互补性，报纸固然无法阻止广播发展的潮流，更无法抵挡广播的实时快速的特性，但广播稍纵即逝的特性也无法替代报纸可反复阅读的特性，于是两者逐渐从恶性竞争转为谋求合作。

其后，图像传播技术促使电视媒体出现。世界上最早的电视台 BBC 于 1929 年在英国试播，1936 年正式开播，二战后电视台在欧美普及。20 世纪 50 年代，电视机开始普及，引领人类进入信息获取的“动态可视化”时代。

从报纸到广播的跨越是信息的一次革新，从广播到电视的发展是媒体的又一次飞跃。相对于报纸和广播，电视作为一种活动影像的现代化传播，体现出了绝对的视听优势。

再其后，以计算机和通信技术为基础的网络技术的出现，催生了更具时代感的现代媒介技术，出现了网络媒体。与传统媒体相比，网络媒体带来了传受双方的关系变化，打破了传统媒体在传播范围和体裁上的束缚。并且，网络媒体整合了报纸、广播、电视三大媒介的优势，实现了文字、图片、声音、图像等传播符号和手段的有机结合。Web2.0 时代，网络媒体的交互性带来了传受双方的双向互动传播。

报纸、广播、电视、网络等媒介形态的出现，使得人们开始关注新旧媒介的取代和更迭。但迄今为止，每一种新的媒介形态的出现都没有消灭旧的媒介形态。广播没有消灭报纸，电视没有消灭广播，网络也没有消灭之前存在的所有媒介形态。每一次新媒介的更迭，带来的都是整个媒介格局的重新划分。同时，每一种新媒介在给旧有媒介形态带来冲击的时候，旧有媒介也在向新媒介形态学习，通过自身的进步来弥补不足。

移动互联的兴盛使得社交媒体越来越成为信息的主要传播渠道。2006 年至 2012 年，中国的移动互联网市场以 84.2%的平均速度迅速增长。截至 2012 年 6 月底，手机网民的数量首次超越台式电脑网民的数量，这代表着移动互联网迎来了高速发展的时期。

当下，技术的发展促进了实时性要求较高、流量需求较大的移动应用的快速发展。以今日头条为代表的算法分发和以微信、微博为代表的社交分发，成为人们获取新闻的主要渠道。移动视频应用也开始大力推广，涌现出了秒拍、快手、花椒、映客等一大批基于移动互联网的手机视频和直播应用。

要展望媒介的未来发展趋势，则需要在了解中国社会环境变化的背景以及对媒介发展规律的认识下进行。

中国的社会环境变化可以从以下几个方面来进行描述。

从宏观环境看，我国互联网领域的变化日益加快，旧的增长已经到达临界值，新的增长正呼之欲出。截至2017年12月，我国网民规模已经达到7.72亿，普及率达到55.8%，超过全球平均水平（51.7%）4.1个百分点，超过亚洲平均水平（46.7%）9.1个百分点。网民的绝对数量和相对比例全部达到领先地位。以手机为中心的智能设备成为“万物互联”的基础，成为现代社会传递信息和交流情感的前提。

从受众环境看，随着手机上网的普及，受众的经济基础、职业分工、文化背景和价值标准日益多元化。现在，新闻媒体所面对的是不需要过高的文本阅读能力、不需要过高的媒体接收设备支出能力的受众。因而，媒体所面对的受众群体，将是比以往更为多元、身处不同生活环境、拥有不同价值观念、习惯于不同情感表达方式的复杂群体。这种情况对新闻业和新闻从业者提出了全新的需求。

从市场环境看，手机上网的普及已经造成了对旧有媒体格局的全面冲击和洗牌。一度覆盖广大受众的报刊、广播、电视、门户网站等媒体，不再是人们获取信息的第一渠道。网络广告收入已远超电视、广播、报刊等传统媒体广告收入。网络媒体无论是用户规模、产业规模还是资本投入、发展速度，都已超越传统媒体，媒介技术的进化将加速新旧媒介之间的分化。

与此同时，技术仍在不断进步，并将继续成为新闻业变革的前置力量。伴随媒介融合的不断深化，大众传播、群体传播、人际传播相互交织的传播格局逐渐形成，传播渠道变得日益丰富。媒介融合也带来了传播主体的改变，互联网平台（包括社交媒体平台）在信息传播中扮演了越来越重要的角色。虚拟现实/增强现实（VR/AR）、人工智能、媒体再造可能是传媒产业发展的重要创新领域，在线视频、泛娱乐化、付费内容将成为传媒产业发展的重要方向。

这些重大的变革，将深远地影响社会领域的方方面面，不断改写新闻业的现在与未来。

媒体形式在演变进化中一直遵循着这样一条路径：单一元素传播（文字——纸媒，声音——广播）→多元传播（文字、图像——电视）→综合元素传播（文字、声音、图像——网络）。而当媒体的传播元素已经涵盖了各种形式后，在网络传播阶段，媒体的传播特性又变得更加多元，在Web2.0时代，由单向传输发展为双向传输。此后，自媒体的出现又使得传播主体变得更加多元，除了职业记者，每个在新闻现场的人都可以记录下当时的新闻片段，成为新闻的发布者。

在这种变革的形势下，我们更需要拨开眼前的迷雾，准确认识新闻的概念，找到在变局背景下不变的部分，更好地承担新闻记者的职责。

第四节　新闻记者的责任

美国新闻界巨人约瑟夫·普利策（Joseph Pulitzer）对新闻记者的概括，至今仍被认为是最准确、最贴切的形象描述：

假若一个国家是一条航行在大海上的船，新闻记者就是船头的瞭望者。他要在一望无际的海面上观察一切，审视海上的不测风云和浅滩暗礁，及时发出警告。

新闻工作是一种特定的职业，我们必须要承认的是，总有一些职业会更加具备公共属性、服务属性和专业属性，而这些职业由于肩负了更重大的社会责任，在多数情况下会更加受到来自全社会的肯定，如医生、律师、记者等。

新闻工作要求记者具有一定的心理素质和专业能力，以形成区别于其他职业的使命感和责任感。

新闻作品是记者职业精神、价值准则、逻辑能力、采访突破能力和写作技巧的综合展现。

一、新闻记者需要责任感

记者要具有强烈的责任感、使命感，对整个社会负责，对人民利益负责。新闻记者的社会责任是一种情怀，一种“铁肩担道义，妙手著文章”的侠义，一种“秉笔直书，为民请愿”的执着，一种“先天下之忧而忧，后天下之乐而乐”的境界。

范长江认为，记者在精神上应当谨记职业的神圣，一支笔除了服务于国家人民的公共利益之外，不容曲用。美国记者里德为了向全世界展示俄国十月革命的真相，冒着枪林弹雨采访，写出了《震撼世界的十天》。斯诺为了反映中国人民的抗战情况，只身深入大西北，写出了举世闻名的《西行漫记》。

新闻记者的社会责任感，落实到现实情况中，就是要关注人们最关心的问题，通过客观真实的报道，提供关于事件和问题的全面公正的信息。只有具备高度的社会责任感和神圣的职业道德感，在采访和写作时，才能站在纵观社会全局和历史发展的高度上，把握和反映时代精神。

【案例】

南丹特大事故为何被遮掩 矿区老板竟是县政府

人民网南宁8月11日电 记者刚刚获得的材料表明，发生南丹“7·17”特大事故的矿区的老板竟然就是南丹县政府。

南丹县和河池地区有关部门提供的情况表明，这次南丹发生“7·17”特大事故的105号矿体中的拉甲坡窿口和龙山窿，探矿法人都是南丹县富源矿业探采有限责任公司，富源公司直接隶属南丹县人民政府管理，并经河池地区编制局批准为正科级事业单位。富源公司1996年成立董事会时的首任董事长是当时的南丹县常务副县长，即后来的县长唐毓盛（已被停职审查），总经理是县政府调研员罗宗庆；第二任董事长是县长助理、县政府办公室主任莫国华；第三任董事长即这次事故发生时的董事长兼总经理是南丹县矿产局局长曾光超。

南丹县富源公司在2000年9月22日申请变更登记时，南丹县龙泉矿冶总厂作为新股东加入富源公司，其他三家股东是南丹县人民政府、南丹县华星矿业有限公司、南丹县车河拉莫综合选矿厂。

知情人说，南丹发生这么大的事故，竟然被捂掩了半个多月，原来老板是县政府。看来，“官商不分”是造成南丹矿难的原因之一。

（人民网，2001－08－11）

广西南丹“7·17”特大矿难是新中国成立以来首先由新闻记者揭露出来的重大安全事故。在这次新闻报道中，《人民日报》驻桂记者郑盛丰、罗昌爱、庞革平、古亦忠功不可没，他们承受了巨大的风险和压力，充分发挥了新闻记者的作用。

四位记者后来回忆采访过程时说，最初使他们义愤填膺、坚决揭露这个特大矿难的是两个相互关联的信息。一是这个导致重大死难的特大透水事故竟然被责任人死死捂住隐瞒不报；二是广西一些地方记者最早根据传闻前去南丹调查时竟被阻挠、追踪和威胁。这让他们强烈感觉到了这一事件的不同寻常，于是，他们想尽一切办法展开多方调查取证。2001 年 7 月 30 日，四名记者向人民日报总社发回了关于南丹事故的第一篇内参《关于广西南丹矿井事故的紧急报告》。7 月 31 日，又向人民网传回了关于南丹矿难的第一篇新闻《广西南丹矿区事故扑朔迷离》。

事后证实，这是中央重点新闻网站发布的第一篇揭露南丹矿难瞒报的自采新闻。这篇报道击中了南丹事故被隐瞒不报的要害，立即被众多网站引用。然而，就在同一天，广西两个主管安全生产的单位和南丹县、河池地区主要党政领导仍称南丹事故“纯属是谣传”“没有发生透水事故”。面对依然被紧紧捂着的重大事故，8 月 2 日，几位记者通过分析研究和调查走访，掌握了南丹矿难的一部分死难者名单，同时采访到了事故中的一个逃生者。他们汇集各方情况，迅速形成“再次紧急报告”，并在报告开头打上三个“特急！特急！特急!”，上报总社编委会。编委会对这一信息十分重视，当即以“信息专报”的形式上送中央。当天下午，朱镕基总理对此做出严肃批示，要求必须查个水落石出。

至此，对南丹“7·17”特大矿难，《人民日报》成为第一个进行报道、第一个上送内参、第一个得到中央领导批示的媒体。

随后，几名记者再次深入“雷区”进行调查采访，进一步展开深度报道。最终，在对南丹“7·17”特大矿难的报道中，《人民日报》驻桂记者站先后三次到南丹调查，累计投入 20 多人次，耗费 100 多个工作日，掌握了大量翔实的独家材料。每一次调查采访，都是正义与邪恶的较量。在中央工作组到达南丹之前，文字记者多次被地方官员拒之门外，摄影记者的胶卷被强行曝光。《人民日报》对南丹矿难的揭露和报道引起了海内外的广泛关注，有 10 多家世界大通讯社及大报要求对《人民日报》的记者进行采访。国内媒体在评选“中国在进步：2001 年影响民生的十大新闻”时，对南丹“7·17”特大矿难瞒报的揭露位列第二。一直密切关注南丹矿难调查进程的朱镕基总理多次对《人民日报》记者顶住巨大压力和风险揭露这一矿难真相给予充分肯定和高度赞扬，指出如果“没有记者来揭露这件事，就冤沉水底了”。

记者的责任感，在于他们看到不公平的人和事时，会对新闻事实进行充分调查，对新闻事件坚持不懈地报道，从而把真正的事实展现在受众面前，推动社会的进步。

新闻背后

2014年12月15日上午10点，内蒙古自治区高级人民法院召开新闻发布会。新闻发言人李生晨在会上宣布呼格吉勒图案故意杀人罪、流氓罪的事实不清、证据不足，改判原审被告人呼格吉勒图无罪。

最终促成这次改判的是一位记者长达十年顶住压力，不断发出报道，呼吁公众注意。这位记者就是新华社内蒙古分社记者汤计。

1996年4月9日，在呼和浩特第一毛纺厂家属区公共厕所内，一女子被强奸杀害（"4·9"毛纺厂女厕女尸案）。报案人是呼格吉勒图。经过调查，公安机关认定呼格吉勒图是凶手。1996年5月23日，呼和浩特市中级人民法院做出判决，判处呼格吉勒图死刑，剥夺政治权利终身。1996年6月10日，呼格吉勒图被执行死刑。

2005年，警方在另一件刑事案件中逮捕一名犯罪嫌疑人赵志红，他供认出在1996年4月的一天，在第一毛纺厂家属区公共厕所内杀害了一名女性，并带领警方前往案发原址指认了案发地点。目击了这一场景的邻居们将此事告诉了呼格吉勒图的母亲尚爱云。他们四处奔走没有结果后，找到了新华社内蒙古分社政文采访部主任、高级记者汤计。

汤计看到素不相识的这对老夫妇，听完他们的叙述，初步认定这是一起冤案。此后的采访让他更加确认了这一点。记者的良知让他在2005年11月23日写出了第一篇内参《内蒙古一死刑犯父母呼吁警方尽快澄清十年前冤案》，很快得到最高领导层批示。2006年3月，内蒙古政法委正式成立呼格吉勒图流氓杀人案复查组。8月，复核得出结论，呼格案确为冤案。

2006年12月，案件迟迟没有进展，汤计察觉到问题的严重性，发出了第二篇内参《呼市系列杀人案尚有一起命案未起诉让人质疑》。

2007年12月20日，赵志红从看守所递出一份偿命申请书，这份偿命申请书是写给内蒙古自治区人民检察院的。汤计得到了一份复印件，当天一字不改地写了一篇情况反映《"杀人狂魔"赵志红从狱中递出"偿命"申请》发到北京。

2007年，汤计写了关于该案件的上下篇，形成"大内参"，在全国党政系统发行，在更大范围内通过客观报道扩大了事件的影响，推动了呼格案的重新调查。

2007年11月28日，汤计完成了第五篇内参，根据法律界人士的意见，直接呼吁案件跨省区异地审理。这篇内参在发出后，同样引起中央和最高人民法院的重视，最高人民法院从内蒙古调阅了呼格案的案卷，对案件直接予以关注。

2011年5月5日，在案件停滞了数年后，汤计仍然没有放弃，继续与青年记者林超合写了一篇舆情反映《呼格吉勒图冤死案复核6年陷入僵局，网民企盼让真凶早日伏法》。这篇舆情反映再次引起高层的关注，自治区高级人民法院首次组成了由5名法官参加的呼格案复查组。

直到2014年呼格吉勒图被改判无罪，前后经历了整整十年。在这十年间，汤计一直没有放弃，前后发出六篇报道，最终推动了事件的解决。

后来，有记者采访呼格吉勒图的父母：为儿子申诉这近十年来，最担心什么事情？老两口回答："最担心汤计被调走。"

一再推动此案进程的汤计，真正做到了十年如一日执着地坚持真理、追求真相，直到冤案终于昭雪。当被问到面对重重阻力为何仍然如此坚持时，汤计表示：失掉孩子的痛在父母心中永远抹不平，这种痛我能体会。我要像对自己的孩子一样，一定要把这孩子的名声给他挣回来。“一个好记者一定得是好人。不是好人，就不会有同情心，不会有慈悲心。有了同情心，你才会有明辨是非的思想、能力，才有做事的动力。”

二、新闻记者需要不断深入一线

对一线实地情况的采访，是记者在任何报道中都不可或缺的一步。无论技术怎么发展，采访手段如何进步，亲身体验和实地感受才能够给受众传递最鲜活最真实的信息。一位老记者回顾自己的职业生涯时认为，好记者应当是“爬山虎”，不断攀登但从不离开地面。记者应该主动走到群众中去，讲百姓话，想群众事，感受民生冷暖，把准时代的脉动。

1935 年，年仅 26 岁的范长江不畏艰险，穿过人迹罕至的原始森林，翻越空气稀薄的雪山，只身赴大西北进行实地考察和采访，历时 10 个月，行程 6 000 多公里，沿途写下了大量的旅行通讯，首次向全国人民公开报道了红军两万五千里长征的真实情况。在抗日战争和解放战争中，他做战地记者，总是设法跑到前沿阵地，跑到战壕里，了解实际情况和战士们的情绪，进行报道。当年，哪里有战事，哪里有灾害，哪里就有范长江。

1991 年，时任《中国青年报》摄影记者的解海龙，离开繁华的都市，一头扎进农村，搭拖拉机、坐驴车……一年跑了 12 个省 28 个县 100 多所学校，拍摄了 70 个胶卷。最终，他拍摄到了“大眼睛女孩”——一张黑白照片，照片中一位小姑娘手拿铅笔，睁着一对大眼睛望着前方。这张名为《我要读书》的照片牵动了无数中国人的心，被中国青少年发展基金会定为希望工程的形象标识，从而改变了数百万贫困家庭孩子的命运。

2008 年汶川地震发生后，数百家媒体的记者来到灾区，向地震后方传回第一手的最新报道。《新京报》摄影记者陈杰和同事在震区采访时，得知什邡市金华镇通往外界的路已经为泥石流和山体塌方所阻断，里面的村民已被困了 5 天，并与外界失去了联系。陈杰决定跟随被派往搜救的 22 名空降兵徒步进入该地区，当时的路况非常危险，到处是悬崖和绝壁，前后走了 17 个小时才到达目的地金华镇三江村。队伍刚刚经过一段山路，就发生了山体滑坡，连救援官兵也全部被困在了村子里面，情况十分危急。

在等待营救的时候，余震随时有可能发生。陈杰始终攥着一张相机存储卡。他说，要是余震把我埋了，我死前一定要攥住这张卡，放在胸前，等到搜救队伍发现我的尸体时，一看到我的姿势，就知道我的手里一定有重要的东西，这样采访的心血就不会白费。

幸好陈杰一行带着海事卫星电话，在电话没电之前抢着发出了一条信息，与外界取得了联系。最终动用了直升机，才将被困的 57 名群众、22 名空降兵和记者们一起救了出去。他与同事深入别人不能及的一线，带回的报道形成了巨大的影响。

回顾这次经历，陈杰认为，任何一次轰动性的新闻事件都会引起媒体间的激烈竞争，前往新闻现场的媒体远远不止一家。怎么样才能做出与众不同的报道呢？这时就需要记者不断深入一线。只要足够勤奋，就能找到别人找不到的东西。

《北京青年报》记者关于蓟县大火网传“百人名单”的报道，也是一次记者不轻信、不盲从，坚持深入调查的典型范例。

2012年6月30日下午4时许，天津蓟县县城莱德商厦发生一起火灾事故，造成10人死亡，16人受伤。据公安部门介绍，事故系商厦一层东南角中转库房内空调电源线发生短路，引燃周围可燃物所致。

事故发生后，人们议论的核心是：死伤人数究竟是多少？因为事发于周末的繁华商场，在民间流传着很多传闻：火灾发生后，广播里高喊着“不结账不许走”，随后商场大门关上，如焚尸炉一样，“火化”了包括100多个孩子在内的378人；尸体停满殡仪馆，蓟县只能临时从外地调运回3吨干冰，以保存尸体；老百姓不能在蓟县公开场合讨论火灾，否则会被“便衣”带走……与此同时，一份“百人名单”即“百人遇难名单”也在网上流传，令人真假难辨。

【案例】

蓟县大火网传“百人名单”调查

从7月7日到7月12日，记者走访了二十余村庄，最后一站抵达位于天津滨海的大港油田，行程300余公里，依照名单提供的线索进行核实。

洪水庄村：“我们村没有烧死的”

“‘各人自扫门前雪，休管他人瓦上霜’，我说瞎话对我有啥好啊。”7月8日，蓟县洪水庄村的一名老妪对记者说：“我们村儿里就没有在火里死了的。”

洪水庄村，隶属蓟县罗庄子镇，距离蓟县鼓楼广场约10公里。一处隐于山里不知名的村庄，却因为出现在这份“蓟县火灾死亡者民间统计名单”里而为人们所知晓。在这份名单里，洪水庄村被传两人死亡。

7月8日上午，洪水庄村正逢赶集的日子，一位村妇正在布料摊跟老板聊天。当问及该村是否有人在莱德大火中丧生的时候，她直接说道：“我们村没有，绝对没有。”

她说村子里谁家有什么事，村民都会知道，“更别说死人这么大的事情了”。这位村妇说莱德商厦里的商品都比较贵，这个村的村民不会去那么高档的地方，“谁买它啊，一双鞋好几百块钱”。

在洪水庄村，记者走访了四五位村民，他们都称村子里没有人员在火灾中丧生。

闯子岭村：“我们村就没有姓陈的”

类似的情况还出现在闯子岭村。在网传名单里，这个村子里有一位叫陈红霞的村民死亡。

“我们村没有姓陈的”，村口小卖铺里的老板娘斩钉截铁地告诉记者。这一说法也得到了商铺里两位顾客的认可。据这位老板娘介绍，村子里有一位叫“小娜”的女子从火灾中逃生，这位女子就住在她的商铺对面。

经记者调查，这位“小娜”名叫郑燕娜（音），莱德商场的员工，当天从火灾里逃脱。她的婆家位于闯子岭村。

三百户村：“我们村没有，是邻村的”

“三百户村一售货员”“五百户镇南胖村一女”，网传名单中提到的三百户村和南胖村都属于五百户镇，距离蓟县鼓楼广场最近33公里左右。

“我没听说我们村有烧死的，绝对没有。”一位正在修车的村民用手一指，“南胖村有一个。我们这俩村紧挨着。”

南胖村："老仇家的孙媳妇死了，都上电视了"

随后，记者来到了南胖村。一位放羊的村民说他只知道村里老仇家的孙媳妇死了，但死者的姓名却不知道。

"王小红，对，就是她，都上电视了，我们平常就听他们家里老管她叫'小红'。"村口的一位大妈的话得到了旁边几位聊天村民的证实。

在官方公布的遇难者名单中有这样的介绍：王小红，女，39岁，住址为蓟县县城花园新村小区。

大港油田："如果有这种事，我们肯定会知道"

"大港油田有一个男的烧伤，女的失踪"，网传名单的信息指向了大港油田。"大港油田好像有一对夫妻火灾里出事了，好像还挺有钱的，不是一般人。"一名蓟县"黑车"司机也曾对记者说起过他听来的消息。

天津大港油田，距离蓟县鼓楼广场最短路程约177公里。这是"百人名单"里涉及最远的地方，也是记者核实的最后一站。

7月12日，记者从蓟县驾车赶到了大港油田。同蓟县一样，这里的交通工具，除了公交以外，就是"黑车"。然而，信息灵通的"黑车"司机们对大港油田有人火中丧生一事却没有耳闻。"没听说过。"一名在大港油田医院门口等活儿的黑车司机肯定地告诉记者。

（《北京青年报》，2012-07-13）

《北京青年报》记者满羿历时5天，在火灾周边的20多个村子挨家挨户调查取证，最远到离蓟县约180公里的大港油田，利用种种方式证实证伪，并完成《蓟县大火网传"百人名单"调查》的稿件。

最终查明，虽然政府公布的10名遇难者名单全部被"百人名单"涵盖，但有11人次属于重复计算，另有17条线索，涉及人数超过80人，均经记者核实为假消息。不轻信、不草率，通过调查来揭示真相，这是记者和媒体的最核心力量。

三、新闻记者需要互相协助

新闻需要"独家"，独家新闻能够展现出记者过人的能力，也是一家媒体树立品牌的好途径。采写独家新闻，是很多新闻从业者心之所向。

不过，在抱有追求独家新闻的职业理想的同时，也要清楚地认识到，记者尤其是调查记者，需要密切与人沟通交流，交流的对象不仅仅是被采访者，还有身边共同奋战的记者同行。

在媒体机构内部，为了使得一个新闻选题达到最好的报道效果，发动全体记者寻找被采访者的联系方式、为采访和写作出谋划策，这在很多媒体机构内部都是非常常见的事情。孙志刚案、银广夏事件、三聚氰胺奶粉……很多轰动的调查性报道除了署名记者在不懈工作之外，背后经常是一整个团队的共同努力。他们不会计较自己的付出有没有体现在稿件署名上，不会计较同事同行是否因为某个报道"一战成名"，而自己只是当了幕后英雄。

新闻是面向大众的，作为一名职业的新闻人，新闻报道展现出的传播效果，是衡量自己工作价值的唯一标尺。如果因为一己之私，影响了将真相展现在公众面前的效果，这是因小失大，也是缺乏职业道德的行为。

新闻背后

2006 年 4 月 24 日起，中山大学附属第三医院先后有多名患者使用齐齐哈尔第二制药厂（简称齐二药厂）生产的亮菌甲素注射液后出现急性肾衰竭的临床症状。事件中共有 65 名患者使用了该批号亮菌甲素注射液，导致 13 名患者死亡，另有 2 名患者受到严重伤害。

经食品药品监管部门、公安部门联合查明，有毒物质二甘醇是导致事件中患者急性肾功能衰竭的元凶。齐二药厂在原材料采购、质量检验等工序上出现严重疏漏。厂内主管人员贪图低价，违反有关药品采购的规定，购进了以二甘醇冒充的丙二醇并用于生产亮菌甲素注射液，相关工序责任人又忽视了质量检验的管理规定，最终导致假药流出，造成严重后果。

如此草菅人命的假药，为什么能够堂而皇之地从生产企业最终进入医院？在药品生产、流通、采购的各个环节，都有哪些生产部门和监管部门的有关人员玩忽职守？很多媒体的调查记者纷纷来到齐齐哈尔，寻找这一事件背后的真实原因。

采访一度遭遇很大的现实阻力，也因为监管部门需要一定时间去开展调查，一度进展缓慢。一些媒体由于出版刊期受限等现实原因，综合考量后陆续放弃了这个选题。

时任《财经》杂志记者段宏庆是坚持到最后的一个。他一直记得这样的一个情景：另一家媒体的一名记者敲开他宾馆房间的门，交给他厚厚一摞材料，包括原材料供应商所在公司的工商注册资料等独家材料。那是这位记者此前调查了一个多星期的全部收获，在临走前全部无偿地送给了段宏庆使用。此后，几乎每个记者在终止选题离开前，都会打听一下还有哪位同行仍在继续跟进这个选题，之后把自己的采访所得倾囊以授。

段宏庆回忆道，小到一个联系方式，大到奔波几十公里去进行的独家采访，都可以无条件地转交。大家都是为了让新闻真相更好地呈现在公众面前。

在国际上甚至有记者职业共同体的存在。他们出于对新闻理想的共同追求，以某个具体选题为凝聚点，结合成跨媒体、跨机构的协作共同体，一起挖掘真相。协作共同体的存在促使调查记者少了一些个人英雄主义，而更多了一些冷静和理性的判断。记者们经常一起探讨新闻选题、提供新闻线索、寻找采访对象、远程核对事实、实现组团采访、共同应对外部压力，由此形成同行监督，也促使彼此的新闻业务能力获得更快的提高。更重要的是，这样的职业共同体可以跨地域共同操作一项重大的选题，实现对新闻价值的最大挖掘。

2015 年 2 月，一家名为国际调查记者协会的组织，联合了全球的 50 个调查记者，共同报道世界银行的资助项目如何导致第三世界国家数千原住民背井离乡。记者们在不同国度、不同地点同时展开调查，历经一年的时间，做出了震惊世界的深度报道。这种程度的报道，仅仅凭借一两名记者是无法实现的。

记者的职业精神，不仅体现在本人对新闻理想的追求和职业准则的遵守上，更体现在共同协作中。能够放弃个人利益，选择共同协作，立足点就已经把追求新闻真相、保护公众知情权放在了个人得失和所在媒体局部利益之前。这是一种难能可贵的职业操守。

第五节　新媒体的发展及对新闻的再定义

2044 年 10 月，最后一位日报读者将结账走人。

——新闻学者菲利普·迈耶《正在消失的纸媒：在信息时代拯救记者》

新媒体的出现，对传统新闻业造成了冲击。

在种种新技术不断对传统新闻业形成冲击后，自肇始以来就一直专属于人类智力活动的新闻生产领域迈进了自动化门槛。全球大型通讯社美联社从 2014 年 7 月开始使用机器人新闻记者撰写财报新闻，至今美联社在这一领域已经基本取消了记者岗位。

从 1851 年起就习惯在每天早晨上班前买一份《纽约时报》的人们可能不久以后就要改变这一习惯了。2017 年初，发行人苏兹伯格确认，《纽约时报》将停止推出印刷版，主要通过网络版来吸引读者和拓展收入来源，只不过“具体时间目前还不清楚”。从 2012 年起，《纽约时报》的电子版阅读量已经全面超越纸质版。

过去十多年，传统新闻业无疑是在互联网暴风骤雨般洗礼下被剧烈改造的行业之一。先是门户网站抢走了用户、技术公司分流了广告，随后向移动端的迁移使得只占据风头几年的门户网站和技术公司也迅速被划入“传统媒体”行列，而新闻的生产更加日新月异。过去，数百家官方新闻媒体生产了绝大多数新闻，有力地掌握着舆论场的变化。而今，自媒体加入其中，内容生产的源头变得分散多元。而在内容多样化和碎片化的同时，新闻本身的意义和面貌也在日益发生改变。

央视市场研究（CTR）的调查数据显示，从 2012 年到 2016 年，报纸、杂志、电视的用户到达率和消费时间双双下滑：报纸的日到达率由 2012 年的 53.9%下滑至 2016 年的 32.8%，日均阅读时长也由 2012 年的 25 分钟下滑至 2016 年的 17 分钟；同期，杂志的周到达率下降到 15.1%，周均阅读时长也从 22 分钟下降到 15 分钟；2016 年，电视的日到达率为 70.5%，较 2012 年下降了近 13 个百分点，日均收看时间也减少了半个多小时。

国家新闻出版广电总局的统计显示，2016 年全国共出版报纸 1 894 种，平均期印数 19 494.94 万份，总印数 390.07 亿份，总印张 1 267.27 亿个，折合用纸量 291.48 万吨，定价总金额 408.20 亿元。与 2015 年相比，种数下降 0.63%，平均期印数下降 7.03%，总印数下降 9.31%，总印张下降 18.50%，定价总金额下降 6.00%。而这已经是报纸的总印数、总印张和总金额接连四年出现下降了。2017 年，《东方早报》《京华时报》《国际先驱导报》等报纸的先后停刊，延续了纸媒的不景气态势。

智能手机成为用户获取信息的主渠道。路透社发布的《2015 年数字新闻报告》显示，在 2015 年 9 月所调查的 12 个国家中，平均每周使用智能手机获取新闻的用户达到 46%，在一年内上涨了 10%。

在经受技术挑战的同时，传统媒体的内容生产能力也在发生变化。每一次技术革命都会带来媒介形态的变化，并由此带来新闻文体的革新。

一、新闻报道方式的变迁

至今被认为是新闻消息最权威写作方式的“倒金字塔体”被证明最早出现于美国南北战争时期。当时的电报机有限，战地记者们为了抢先发回报道，就用倒金字塔体的方式一段一段在电报局里拍发，先发核心信息，再慢慢把事情说清楚。这种形式便于人们最先掌握最核心的事实，也防止一旦电报发生中断，不至于还没有传回最核心的事实。

此后，报纸成为人们日常接触的第一媒体，“倒金字塔体”也就成为当时最重要的新闻体裁——消息的标准格式。如果没有此后电视对报纸的冲击，这样的新闻写作方式可能会一直持续下去。

电视成为世界第一大媒体的标志性事件是美国总统选举过程中的电视辩论。

1960 年 9 月 26 日，在芝加哥哥伦比亚广播公司的一个电视直播间里，总统候选人理查德·尼克松和约翰·肯尼迪站在摄像机和聚光灯前，进行了美国总统竞选历史上的第一次电视辩论。

尼克松当时是美国副总统，肯尼迪只是马萨诸塞州一名资历尚浅的参议员。此前许多人认为这将是一场一边倒的选举，尼克松肯定会毫无悬念地胜出。但电视直播改变了一切。

如果仅仅听到两个人辩论的声音，那么很难分清这两个人的高下，但直观的电视镜头改变了这一切。当时尼克松刚刚动完手术，脸色苍白，身体消瘦；肯尼迪则肤色健康，活力四射。上台前，肯尼迪的助手帮他化了简单的妆，更提升了他的形象。

两人在辩论过程中的言谈举止加深了人们对两人的上述的印象。在辩论前，尼克松独自躲在旅馆钻研辩论语、设计问答攻防方案，但肯尼迪却与智囊团把更多的时间用来专门锻炼风采及身体语言，把很多细节都考虑得非常周全。例如，尼克松天生怕热，额头很容易冒汗，肯尼迪的幕僚则多次考察了演播室的环境，让肯尼迪少穿了点衣服。在电视辩论中，尼克松不断抹汗，看起来非常紧张，但肯尼迪始终挥洒自如。

一脸憔悴的尼克松和活力四射的肯尼迪，对比非常鲜明。观看直播的 6 500 万美国人几乎立刻就能决定把选票投给谁。

电视成为人们获取信息的第一大媒体，视频画面能够带给人更加直观的视觉感受，这也催动了新闻文体的变化。以“华尔街日报体”为代表的特稿逐渐成为新闻采访写作中使用比例最高的文体。这种写作方式以跟新闻事件相似的具体事例、生动的故事为开头，进而引出新闻事件，末尾回应开头的具体故事。这种写作形式使得新闻报道内容更丰富，细节更生动，趣味性较强，更加吸引人阅读。

这种文体上的变化，倒逼新闻记者在采访阶段就需要了解更多的故事和细节，而其背后的动因，与电视带来的冲击不无关系。

到了门户互联网时代，网站打破了原本报刊、广播和电视在时间和空间上的局限，达到理论上的内容无限容量。随之而来的，是人们逐渐习惯了超文本写作和阅读方式。

超文本写作的基本特征就是文章的每句话都可以设置成超链接，以链接到其他位置。该位置可以是一段文字也可以是一段音频或视频，可以处在当前的文档中、局域网中，也可以处在互联网上的其他位置。超链接指向的内容通常与其来源有某些关联，并且丰富了来源。超文本所要求的是一种非顺序性写作（non-sequential writing），是非线性、跳跃性、发散性的，链接内容之间相互的逻辑关系是呈网状节点式的。

此前，新闻在通过大众媒体传播时，都是以时序、线性方式进行的，即使是断裂成文的“倒金字塔体”，文章本身也必须遵循一定的语言学要求，如连续性、完整性等。但是，超文本写作打乱了这一切，受众完全可以实现在阅读中的跳跃。

移动互联网和智能手机的普及，加之人工智能的发展，给传统新闻业带来冲击，同时也拓展了更多的想象空间。“移动优先”成为共识，部分媒体停止出版纸质版，专注于以客户端为主打的移动版上线升级。“算法推送”受到关注，写稿机器人及 VR、AR、无人机等技术，深刻塑造了媒体融合的技术和产品路线。

二、新闻报道方式变革的展望

技术的发展可以使得记者更迅速地获得信息，一切新闻的采集、制作和发送几乎都可以在线完成。记者能够从社交网络中获取信息，通过即时通信软件做采访，通过现场征集的形式获得视频，最终通过多媒体的方式直接发布新闻。

技术的进步也越来越深地介入新闻采写领域，部分新闻媒体机构已经采用人工智能撰写稿件。

美联社于 2014 年 7 月开始使用 Wordsmith 撰写财报新闻。由 Automated Insights 公司研发的 Wordsmith 写作系统，可以让用户自己生成一些语法路径，最终生成标准模板，其中的信息可以下载和修改。比如，这样一个句子“________（某公司）的收入________（增长/减少）________（%）”，Wordsmith 接下来就能把相关公司的财务信息填充到这个句子中去。类似的语法路径应用还包括“________（某足球队）以________（比分）击败________（另一足球队）”或“________（某电影）周末票房达到________（美元）”等。这些例子最终可以汇聚成一些简短的资讯类消息。每一篇由 Wordsmith 生成的报道，美联社都会安排编辑进行审查，编辑对稿件的每一次勘误反馈，都会反过来提升机器学习的能力。现在，根据美联社的统计，Wordsmith 的错误率比人类同行要低许多。

在国内，2015 年 9 月 10 日，腾讯财经推出的自动化新闻写作机器人 Dreamwriter 发布了首篇新闻《8 月 CPI 同比上涨 2.0% 创 12 个月新高》，该报道第一时间抓取了国家统计局发布的 CPI 相关数据，同时援引了行业专家和业内人士的分析，一分钟内生成稿件。据 Dreamwriter 研发团队透露，它的内容生产方式主要是基于大数据分析平台，在短时间内选出新闻点，抓取相关资料，通过学习固定的新闻模板来生成稿件，它的优势在于生产信息量巨大的财经资讯类新闻，在准确率和时效性上都完胜人类记者编辑。

【案例】

8 月 CPI 同比上涨 2.0% 创 12 个月新高

国家统计局周四公布数据显示，8 月 CPI 同比上涨 2.0%，涨幅比 7 月的 1.6%略有扩大，但高于预期值 1.9%，并创 12 个月新高。

国家统计局城市司高级统计师余秋梅认为，从环比看，8 月份猪肉、鲜菜和蛋等食品价格大幅上涨，是 CPI 环比涨幅较高的主要原因。8月份猪肉价格连续第四个月恢复性上涨，环比涨幅为7.7%，影响CPI上涨0.25个百分点。部分地区高温、暴雨天气交替，影响了鲜菜的生产和运输，鲜菜价格环比上涨6.8%，影响CPI上涨0.21个百分点。蛋价环比上涨10.2%，影响CPI上涨0.08个百分点，但8月价格仍低于去年同期。猪肉、鲜菜和蛋三项合计影响CPI环比上涨0.54个百分点，超过8月CPI环比总涨幅。

他表示，从同比看，8月份CPI同比上涨2.0%，涨幅比上月扩大0.4个百分点，主要原因是食品价格同比涨幅有所扩大。8月份，食品价格同比上涨3.7%，涨幅比上月扩大1.0个百分点，其中猪肉、鲜菜价格同比分别上涨19.6%和15.9%，合计影响CPI上涨1.05个百分点。非食品价格同比上涨1.1%，涨幅与上月相同，但家庭服务、烟草、学前教育、公共汽车票和理发等价格涨幅仍然较高，涨幅分别为7.4%、6.8%、5.6%、5.3%和5.2%。

8月份，全国居民消费价格总水平环比上涨0.5%。

银河证券的分析报告认为，预计到年末生猪价格将超过上一轮“猪周期”价格高点，如果猪肉价格集中在四季度上涨，并且重合蔬菜上涨周期，那么四季度单月，尤其是12月份CPI同比涨幅超过2%的可能性较大。

交通银行金融研究中心预计，未来CPI仍有缓慢上行的可能，部分月份同比涨幅可能高于2%，但全年CPI涨幅将低于3%的政策目标值，物价状况暂不会明显制约货币政策操作空间。

民族证券宏观分析师朱启兵表示：“7月实体经济新增信贷的大幅回落难以持续，预计8月新增信贷再度扩张至11 000亿元，货币政策继续维持宽松。”

申银万国证券研究所首席宏观分析师李慧勇表示：“预计后面至少还会有25个基点的降息空间。一方面，实际负利率已不是制约，如果需要可以继续降息。另一方面，降息此前受制于汇率，汇改主动释放了贬值压力。”

8月26日起，央行下调一年期存款基准利率0.25个百分点至1.75%，目前工商银行、建设银行等金融机构一年期存款利率普遍为2%。

居民消费价格指数（Consumer Price Index，简称CPI）是度量居民生活消费品和服务价格水平随着时间变动的相对数，综合反映居民购买的生活消费品和服务价格水平的变动情况。

（腾讯财经，2015-09-10）

新华社的机器新闻生产系统“快笔小新”也已经服务于新华社体育部、经济信息部和《中国证券报》。它通过对数据采集、加工，并进行自动写稿、编辑签发，以最快的速度完成例如体育赛事、财经新闻等的自动撰写。目前，“快笔小新”可以快速生成体育赛事的中英文数据消息，包括每轮比赛的成绩公报和积分排名；在《中国证券报》，它可以写关于股指变动的简单新闻资讯、公司财报、快讯等。

与普通的编辑人员不同的是，智能写作机器人通过文本风格模式的识别，使用算法进行数据加工处理，并运用计算机程序自动生成文本内容。相比普通的新闻记者，智能写作机器人在时效性、准确性上更有优势可言。目前，人工智能在新闻媒体内容生产领域的智能化应用还处于比较基础的状态，能做到效率的提高，但未能进行更深入的分析和解释。

现阶段，记者编辑和机器尚能和平共存，但是挑战已经出现。

美国国家公共电台（NPR）的一份报告认为，相比Wordsmith，媒体记者们的文本更具内涵和魅力。美联社和 Automated Insights 公司也多次在公开场合表示，Wordsmith 在生产了大量稿件的同时，并没有导致大量的裁员，它让记者从那些无须过多信息处理的简短文章撰写中解脱出来，腾出精力去拓展新闻视角、挖掘更有深度的新闻观点和进行更敏锐的分析。

但是，从长远看，机器同样也能写出媲美人类深度的特稿。Narrative Science 联合创始人、CTO 克里斯蒂安·哈蒙德（Kristian Hammond）在 2016 年接受美国《连线》杂志的记者采访时曾预测：写作机器人将在 5 年内获得普利策新闻奖；未来 20 年，没有写作机器人不能写的东西。不过，哈蒙德觉得写作机器人不会替代现有的记者，相反会显著拓展新闻写作的领域。

如果事实果真如同哈蒙德所料，那么新闻从业者该如何面对挑战？专栏作家克莱·舍基（Clay Shirky）对媒体记者给出了这样的建议：

- 更加擅长理解和表述数据。
- 能够熟练地将社交媒体应用于新闻编辑。
- 通过尝试新鲜事物来尽可能多地积累新闻采写经验。

《纽约时报》2017 年的做法或许能够证明这一点。2017 年，《纽约时报》启动了自 2008 年起的第 6 次自愿离职计划，主要涉及的是新闻后台支撑人员，而由此节省的成本将用来增聘 100 名一线记者。由此看来，这次《纽约时报》裁员的过程更像是一种“换血”。这一新举措正是为了应对近年来媒体生态的巨大变化。随着社交媒体上大众舆论监督的兴起，一些事实核查和公共编辑的角色已经能够由专业机构的从业者让渡给社交媒体上实时互动的受众群，但是，从一线获知新鲜而准确的信息，并将之呈献给受众的新闻记者，依然是传统媒体行业需要的人才。

三、新技术背景下新闻记者职业素养的养成

科技仍在不断发展，我们身处的环境仍处于日新月异的变化之中。然而，无论客观环境发生怎样的变化，新闻采访写作以及由此获得的新闻报道，都是身处这个变动世界的人们所必需的。而新闻采访写作，从来就没有一成不变的方法论。除去一些基本原理和基本方法，要成为一名优秀的新闻记者，更多的是要不断地进行专业训练和实践。

要 领

提高新闻采访写作能力的方法

- 多沟通。善于总结和改善自己在与人沟通时所展现出的精神面貌、肢体语言、遣词用句。记者的本质能力就是与人沟通的能力。记者的最直接任务，就是要让一个原本陌生的人对你讲述时比面对亲朋好友还要真实和丰富。美国新闻记者杰克·海顿曾说过，新闻是一个与人打交道的行业，有 90%的新闻是部分或全部以人为基础写成的。因此，与人交往和沟通的能力，永远是作为记

者所必备的。

● 多观察。观察身边世界所发生的变化，总结那些反常的事情，仔细观察那些就发生在身边但很有可能一直被人们忽略的事实，观察与社会发展和公共利益相关的一切事态和线索，让自己变成一个敏锐的人，一个具有洞察力的人。

● 多阅读。阅读不同时代、不同媒介环境下的经典新闻作品，并比较它们的不同，留意这些不同是由于媒体发展所导致的必然，还是出于作者特性而导致的偶发。多关注那些引人注意的新闻，即使是为很多人所不屑的“标题党”“100 000+”，也要排除它们那些负面的部分，来关注究竟是什么原因让这种文体表达成了新媒体环境下的传播爆款。

● 多练习。一切能力都不是天然降临的，都需要经历漫长的挫折、锻炼和成长。一个好记者，在成长的过程中至少要遇到很多次被拒绝采访、很多次无法写作成章，以及很多次出乎意料的采访突破和很多次的顺畅写作，如此才能不断成长。

【阅读】

陈力丹．新闻理论十讲．上海：复旦大学出版社，2008.

中华全国新闻工作者协会．中国新闻工作者职业道德准则．(2009－11－09)［2016－03－01］．http：//www.chinanews.com/gn/news/2009/11－27/1988722.shtml.

福尔肯弗里克．头版．北京：中国人民大学出版社，2017.

华莱士，诺伯尔．光与热．北京：中国人民大学出版社，2017.

南方周末：后台（1—3辑）．广州：南方日报出版社，2013—2015.

马尔科姆．记者与谋杀犯：一个真实的故事．北京：新华出版社，2014.

美国报纸编辑协会原则声明．(1975－01－01)［2016－09－10］．http：//www.docin.com/p－449934537.html.

海顿．怎样当好新闻记者．北京：新华出版社，1980.

【思考】

1. 什么是新闻？在新媒体环境下新闻的定义发生了哪些变化？
2. 新闻报道的职业目的是什么？
3. 新闻工作的职能都有哪些？在新媒体时代有哪些变化？
4. 新闻记者应该具备哪些基本能力？

第二章

新闻报道的原则与新闻记者的素质

【学习要点】

真实性是新闻报道的最高工作准则。真实性是记者从事新闻报道工作追求的终极目标。

蓄意性失实与技术性失实都将破坏新闻报道的真实性原则。

为了保证新闻的真实，新闻记者必须实地采访调查，全面了解信息，严禁主观臆想，交代信息来源，准确描述事实，坚守客观公正，绝不轻信于人，认真核实验证。

遵守新闻报道的专业工作原则，有赖于新闻记者的人文品格和职业素质。新闻记者担负着观察社会运行、告知人民真相的责任，因此需要具有真诚的同情心，坚定的正义感，坚忍不拔的勇气和来自心底对于社会文明与进步的忠诚。

新闻传播的责任是向公众告知他们生存环境发生的最新变化，为他们的社会抉择提供真实的信息基础。新闻记者的任务是要突破各种困难与阻碍，寻找并披露事实的真相。新闻报道是新闻记者履行新闻传播社会责任的直接途径。

自从新闻工作经过漫长的历史周折最终被认定为一种专业职业以来，新闻传播就逐渐形成了自身的理论认知体系，同时也形成了新闻实践的专业工作原则。

这些原则指导着新闻记者从事新闻报道的整个工作过程，规范着他们从事新闻报道的所有工作环节，助推着他们实现新闻报道的职业工作目标。

为了向公众提供真实可信的新闻信息，帮助公众认知环境发生的最为重要的变化，新闻记者在新闻报道的整个工作过程中必须严格遵循以下专业原则。

第一节　追求真实

- 真实性是新闻报道的最高准则。
- 真实性是新闻报道的终极要求。
- 真实性是新闻得以存在的基本价值、理由和意义。
- 真实性是新闻工作者从事新闻报道工作追求的终极目标。

什么是新闻的真实性？新闻的真实性指的就是新闻报道必须反映客观事实的本来面貌。

事实是新闻的本源，新闻是以事实为存在前提的。新闻报道是对客观事实的反映，新闻报道的基本使命就是帮助受众了解客观环境的真实的变动状态。因此，新闻一定要真实地反映客观实情，不能有任何的失实。新闻如果不能够保证真实，就失去了新闻信息投入传播的基本价值，失去了它应该承担的基本的职业责任。因此，新闻界从来认为，真实性是新闻报道的最高原则！

国际新闻界把新闻报道的真实性置于至高无上的地位。

> 报业及其他新闻媒介的工作人员要尽一切努力，确保公众所接受的一切消息绝对准确，不能任意歪曲事实，也不能故意删除任何重要事实。
>
> ——《联合国国际新闻信条》

> 真实是新闻的生命。新闻工作者要坚持发扬实事求是的作风，深入基层、深入实际、深入群众，加强调查研究，报实情、讲真话，不得弄虚作假，不得为追求轰动效应而捏造、歪曲事实。
>
> ——《中国新闻工作者职业道德准则》

> 真实是我们的最终目标。
>
> ——《美国职业新闻工作者协会章程》

在新闻报道中，坚守真实性原则并非易事。由于客观事物具有的种种复杂性，由于充斥在社会生活中的各种价值冲突、记者自身的认知能力的局限、新闻工作过程中各种利益关系的制约等阻碍新闻记者接近事实真相的各种主观与客观因素的影响，新闻报道作为对客观事实的反映往往会在新闻记者从事采访和写作的各个工作环节中发生变形，出现失真。

如果违背了真实性原则，记者和媒体都将付出昂贵的代价。

《纽约时报》记者布莱尔从2002年10月到2004年4月间所写的76篇报道中有36篇错误百出，而且杜撰、剽窃他人作品（见图2-1）。“布莱尔事件”成为《纽约时报》创刊150余年

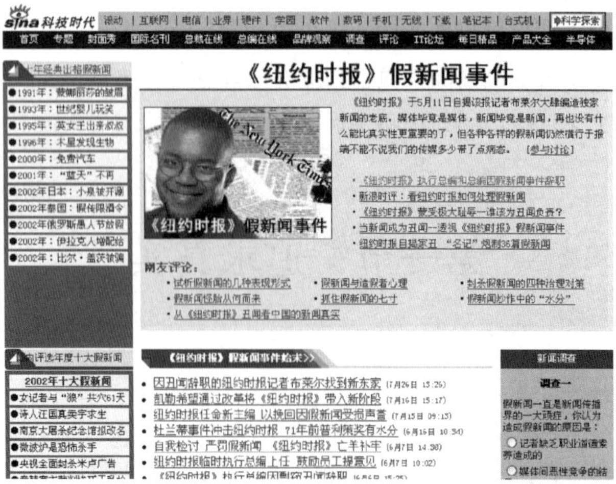

图2-1　新浪网关于“布莱尔事件”的专题报道

历史上爆出的重大丑闻。2004 年 5 月 1 日布莱尔被迫辞职。6 月 5 日，《纽约时报》编辑部最高主管、执行总编辑豪威尔·莱尼斯与总编辑杰拉尔德·博伊德也因为报纸严重违背了新闻真实性的原则而双双宣布辞职。

图 2-2　豪威尔·莱尼斯

豪威尔·莱尼斯（见图 2-2）是一位杰出的新闻人，他在 2001 年“9·11”恐怖事件发生数天前出任《纽约时报》的执行总编辑，执掌《纽约时报》新闻业务的帅印。2002 年 4 月，《纽约时报》获得 7 项普利策新闻奖，其中有 5 项是关于“9·11”恐怖事件的报道，1 项是关于阿富汗战争的报道。豪威尔·莱尼斯曾经先后负责《纽约时报》的华盛顿和伦敦分社，后来担任该报社论版的编辑达 8 年之久。1992 年他获得普利策新闻奖。

尽管豪威尔·莱尼斯在新闻界才能出众、业绩显赫，但是，面对报道失实这样一个在新闻工作领域出现的不可容忍的“低级错误”，豪威尔·莱尼斯也不得不付出告别新闻界的惨重代价。

这件事情告诉我们，违背真实，虚假报道，对于新闻工作者来说是性质最为严重的职业过失。

“布莱尔事件”属于故意造假，践踏了新闻真实性原则。在新闻工作中还有因缺乏专业知识，不懂专业方法以及各种技术失误导致的报道失实。

各种原因导致的报道失实就在我们身边。文汇新民联合报业集团出版的《新闻记者》杂志自 2001 年起坚持对中国媒体上发表的假新闻进行年度盘点。这个盘点的结果及分析，已经成为中国新闻界反省自身专业工作缺陷的一面镜子。

【案例】

2017 年十大假新闻

● 河南大学生娶同学妈妈。

【假新闻】1 月 2 日，中国青年网刊发新闻《大学生娶同学妈妈 背后隐藏的真相竟是这样》，新闻来源显示是宁夏在线，文中称：一位 21 岁的帅气大学生迎娶一位比自己大了 34 岁的离婚中年大妈，而这位大妈竟然是自己大学同学的亲生母亲。人民网、中国日报网、网易等纷纷转载。

【真相】1 月 3 日，河南省公安厅官方微博“平安中原”辟谣称，类似谣言已在多地传播数年。经警方调查发现，早在 2013 年类似的消息就曾出现，涉及广东广州、江苏无锡、福建平潭等不同地方。这些消息内容雷同，所用的配图也几乎一致，并都提及某种保养品或美容项目，涉嫌恶意营销。

●“姚方案”因被认为不合国情全遭否决。

【假新闻】2 月 28 日，《广州日报》刊发报道称：国内知名篮球媒体人杨毅在其公众号中爆料，在封闭进行的中国篮球代表大会上，此前刚刚接任篮协主席的姚明提出了联赛改革方案，包括：延长联赛，联赛实行南北分区；缩短国家队的集训时间，采取美国“梦之队式”的邀请制度；取消亚洲外援，实行四节四人次方案。结果全部遭否决。之后此消息被各大新媒体平台热传。

【真相】3月1日，中国篮协举行例行通气会，篮管中心副主任、篮协秘书长白喜林辟谣称：“最近，网上自媒体登出‘姚明改革提案不符合国情被全部否决’的消息，事实是从23号换届大会以来，根本没有这样的情况发生。甚至有人描述我们是‘封闭的中国篮球大会’，但这个代表大会不是封闭的，是公开的、透明的。我们没有进行任何提案议案的活动，这和网上说的完全不一致。”

● 乐天董事长说中国人没骨气。

【假新闻】3月5日，中华网刊文《辛东彬狂妄叫嚣：只要乐天打点折 中国人就屁颠跑来买》称：韩国的《环球新闻眼》采访乐天集团会长辛东彬，当记者问及当前中国人抵制乐天集团，乐天集团有何打算时，辛东彬面露笑容说：“不用担心，他们非常市侩，无骨气无血性，我们降价他们就买。根据以往的经验，他们最多抵制一段时间，像刮阵风。”“他们更关心的是自己的利益，对国家的责任感似乎很淡，不像我们。”

【真相】3月6日，观察者网刊文《乐天董事长辛东彬说中国人市侩没骨气？这条假新闻是怎么产生的》，文中指出，最早发布这一内容的是一个名为“蓝心阁”的网友。3月3日10点09分，这位网友在某论坛发布一条标注为原创的帖子《乐天集团会长：中国人市侩，我们降价他们就买》。帖子的消息源为韩国《环球新闻眼》，但观察者网并未查到该媒体。3月6日，乐天集团发表澄清声明，否认了传言内容，声明韩国根本不存在名为《环球新闻眼》的新闻媒体，并且乐天集团没有接受过任何媒体关于“萨德”与乐天集团在华业务的采访。

● 温州一女生因迟到2分钟被拒进高考考场。

【假新闻】6月7日，一则来源于《温州晚报》“看温州”客户端的图片新闻被各媒体转载，题为《温州一女生因迟到2分钟被拒绝进入高考考场》。文中称：7日上午9点17分，温州华侨中学考点一位考生因为迟到了2分钟，不能参与上午的考试。现在，考场老师、学校老师都在积极协调、稳定考生情绪，并向她解释说明。

【真相】6月7日，浙江省温州市教育局在其官方微博发表通报称，《温州晚报》报道的《温州一女生因迟到2分钟被拒绝进入高考考场》为失实报道。经温州市教育考试院调查核实，当天上午9点17分，在温州华侨职业中等专业学校考点，温州护士学校的一位考生迟到17分钟。按照考场规则：开考15分钟后不得进入考点参加当次科目考试。所以该考生被拒绝进入考场。

● 留守女童被老师强奸，警方不予立案。

【假新闻】7月4日，一个网名为“白衣天使茉莉花”的网友在微博举报称，周口市西华县奉母镇第一中学两名老师多次强奸其在校读书的12岁侄女。他报案后，警方威胁其侄女，不让其侄女说出真相，并在各项鉴定还没有出来时就出具了不予立案通知书。这条微博在网络上迅速扩散。7月5日，封面新闻以《河南疑被老师强奸12岁女生自称遭到威胁，警方至今未公布详细案情》为题进行报道，闽南网、石家庄传媒网等媒体也纷纷以类似标题转载。

【真相】7月27日晚，周口市公安局通报称，专案组对被举报老师、同宿舍学生及相关师生等进行了调查核实，对被举报的案发现场进行了全面勘查，对提取的物证进行了科学检验，聘请省级医疗机构进行了人身医学检查，以上检查均未发现强奸的事实及证据。

7月28日，新华社在《“女童遭教师性侵”的诬告闹剧是如何编造出来的?》中指出，因父母常年在湖北务工，2015年，何佳佳（化名）随叔叔何利强（化名）生活，当年6月份，何利强发现侄女换洗的被褥、单子上有斑迹，怀疑其被强奸。起初，何佳佳多次予以否认，但多疑偏执的何利强固执己见。何利强在侄女否认被强奸后，多次监视其行踪，也未发现异常。何利强又独自到学校展开“调查”长达一周时间。其间，何利强碰到被其指控的两位老师邵某、何某，欲调看监控视频，两位老师因不负责此事，未予应允。何利强心生不满和猜疑，遂逼问侄女是否被这两位老师强奸。何佳佳仍然否认，但何利强为证实自己的猜测，对侄女进行殴打、威逼，无中生有的诬告之词就此编造出来。

● 农妇怒撕毒蛇为儿加菜。

【假新闻】8月10日，自媒体公众号“长江警笛”刊发《十堰一农妇遭五步蛇空袭怒撕毒蛇为儿加菜》，文中称：十堰竹山一名农妇在山中骑摩托车时，一条剧毒的五步蛇突然从天而降，将其手部咬伤。农妇想到可以为久别的儿子做一道菜，不顾危险，与毒蛇展开激烈较量。虽然腿部又被咬伤，但是她最终将毒蛇杀死。农妇对伤口进行紧急处理后通知家人，后被送往医院救治，目前已脱离生命危险。随即这篇文章被多家媒体转载，很快被推上了微博热搜。

【真相】8月10日晚，不少自称知情人士的网友在网上爆料，称此消息中提到的时间、地点、起因、经过全部错误。农妇的女儿也在微博上辟谣，称自己一家住在贵州省印江县，并不是湖北省十堰市。8月11日下午，当事人的女儿接受红星新闻采访表示，其母此前并没有与蛇打交道的经历，家里虽有一个弟弟，但母亲当时并没有“杀蛇为儿加菜”的想法。

● 老人抚养孙子14年考上复旦，发现“去世”儿子还活着。

【假新闻】9月7日，《重庆晨报》的“上游新闻”等媒体转载《楚天金报》微信公众号的报道《老人抚养孙子14年考上复旦 发现去世儿子“复活”》，引发网友对世道人心的热议。文章称，王秀德是湖北襄阳市双沟镇的一个普通农民，有三个儿子。14年前小儿子王志文不幸病故，小儿媳也意外失踪，自此他开始抚养5岁的小孙子曈曈。曈曈学习成绩一直名列前茅，去年更是以优异成绩考取了复旦大学。今年暑假，王秀德无意中看到曈曈的手机，发现儿子、儿媳和孙子的合影，他才知道儿子没死，儿媳失踪也是假的。

【真相】9月12日，《楚天快报》刊文，称《老人抚养孙子14年考上复旦 发现去世儿子“复活”》被证实为假新闻。当地媒体深入文中所说的事件发生地核查，发现该新闻是捏造的。经卧龙镇政府核实，照片中的老人确为该镇谭庄村一位名叫王修德的老人，但实际是自媒体公众号“麒琅曦”先前发布的《八旬老人菜地被淹》一文中的当事人。而当地警方和镇政府介入调查后，查出“麒琅曦”的真实身份是襄阳某监狱教育科副科长何某，目前何某已被单位停职。谈及撰写这篇文章的初衷，何某称他写的是文学作品。

● 终身创业老人褚时健去世。

【假新闻】9月13日10点53分，新浪微博认证为“并购专家、中国金融博物馆理事长”、拥有380多万粉丝的@王巍W发了一条微博，称“最励志的终身创业老人褚时健于9月13日逝世”。文中说道，最励志的终身创业老人褚时健走了！褚时健是有名的“中国烟草大王”，曾被评为全国“十大改革风云人物”。1999年1月9日，褚时健因贪污受贿被处无期徒刑、剥夺政治权利终身，减刑后，2011年褚时健刑满释放。2014年12月18日，褚时健获第九届人民网企业社会责任奖“特别致敬奖”。2017年9月13日仙逝。虽然这条微博不到半小时就被删除了，但各大媒体早已竞相转载，在社交媒体刷屏。

【真相】9月13日11点32分，《人民日报》客户端发文辟谣《“创业老人褚时健逝世”经核实系谣言》，文中称，《人民日报》记者已和褚时健亲友联系，证实该消息系谣传。据褚时健儿子接受采访时的回应，褚老在“被逝世”时，还去菜市场走了一个小时买了菜。因为谣言越传越厉害，当天中午，褚时健特意录制了一条视频发到网上，亲自现身辟谣。

● 三名女子赴韩整形离境在海关被扣。

【假新闻】10月9日，东方头条国际频道刊文《三名中国女子去韩国整容 因和护照照片不符滞留机场》称，据外媒报道，三名中国女子趁着假期去韩国整容，回国时因为外貌和护照上照片不符，导致滞留韩国机场。面部整容通常需要一些恢复时间，这三位女士准备登机的时候，脸部肿胀，包裹着绷带。三人滞留机场的照片吸引了许多网友的关注以及引发了幽默的评论。香港《东方日报》等媒体纷纷转载报道，内地多家媒体随即跟进报道。

【真相】10月11日，腾讯较真频道辟谣，发文《较真独家对话拍照者，还原“整容三女机场被扣”假新闻始末》，称据图片拍摄者介绍，10月5日下午1点多拍照发了朋友圈，照片拍摄地是韩国首尔东大门新罗免税店地下一层会员中心，这家新罗免税店位于首尔市中区东湖路249号，并非网传的机场和韩国海关。三位女士当时也不是被韩国海关扣下，而是在排队等待办会员卡。

● 莱阳14岁神童与麻省理工学院签约。

【假新闻】12月1日，山东莱阳教育部门通过官网发布关于山东莱阳小神童的消息，多家媒体对此进行了报道——6岁编程、8岁建网站、13岁创办公司、14岁被麻省理工录取成为“预科生”，参加高峰论坛、发表主题演讲、参加国际大赛获奖……自古英雄出少年，14岁少年考入世界顶尖大学，创造了莱阳教育年龄最小考入世界顶尖大学的历史。此外，他还收到了清华大学、华南理工大学和南方科技大学等国内知名大学发出的考察函。

【真相】12月11日晚间，莱阳市教育体育局发布《关于“莱阳第二实验中学李某某与美国麻省理工学院成功签约”事件的调查处理情况》称，由于核实不严，导致12月1日发布的“莱阳第二实验中学李某某与美国麻省理工学院成功签约”为失实消息。12月11日，华南理工大学官方微信也发布消息称：“经核实，我校计算机科学与工程学院并未向该同学发送过此邮件，该学院办公室也没有姓名为王坤的工作人员。”麻省理工学院曾对《北京青年报》记者回复称，不会主动去签下一个学生，所有的学生都是在高中最后一年开始向学院递交申请的。

十年十大假新闻

从案例列举的虚假新闻和失实报道中，有四个方面应该特别引起我们的关注：

第一，这些假新闻几乎都发表在中国的主流媒体上，这些媒体不仅是合法的出版单位，而且很多媒体都拥有重要的社会地位，拥有庞大的受众群。这说明职业媒体也会犯最低级的错误。

第二，这些假新闻往往不是一家的“专利”，而是一家首发，便有“克隆”，其他媒体争相转载。这说明今天很多媒体的从业人员不知晓或者不遵循新闻工作的专业原则和专业工作方法，比如亲身采访，比如验证核实。

第三，随着互联网的日益普及，虚假新闻正在借助网络进行更为广泛的扩散，产生更大的影响，对虚假新闻的更正也更加困难。这说明虚假新闻的传播方式在全新的传播环境中正在发生可怕的变异。

第四，虚假报道并没有随着社会的发展和传播技术的进步而消失，而是绵绵不绝、屡禁不止。这提示我们，新闻真实性原则在今天仍然面临着严重的威胁。

导致新闻报道失实的原因是复杂的。从总体上分析，新闻报道的失实可以分为蓄意性失实与技术性失实。

蓄意性失实是指新闻报道者为了自身的利益企图而故意捏造事实，虚构情节，编造故事，杜撰新闻。纵观近年来中国媒体上发布的假新闻，不少是写作报道的人道听途说、凭空捏造的故事。他们为了赚取稿费，为了谋取各式各样的利益，而不顾事实，任意编造。

蓄意性失实有时具有更大的政治与经济利益的背景。1958 年“大跃进”时期，中国新闻界虚假报道成灾。当年 10 月 1 日的《天津日报》发表消息说，毛泽东视察过的天津市东郊区新立村公社新立村水稻试验田获得丰产，经过严格的丈量、过磅和验收，亩产达到 124 329.5 斤。《人民日报》为此发表文章庆贺：“没有万斤的思想，就没有万斤的收获。”这一时期的虚假报道是与当时统治中国的“左”倾政治路线相呼应、相配合的。

“文化大革命”期间，混淆是非、颠倒黑白的新闻报道更是充斥媒体，新闻界在那场危及国家命运、葬送民族前途的政治动乱中为虎作伥、助纣为虐已经是人所共知的事实。

今天，在互联网成为信息传播的主流应用平台之际，各种社会组织、商业机构、新闻媒体和各色人等也会出于各种目的，以各种方式、各种手段制造和传播虚假新闻报道。

技术性失实是指报道者并没有故意弄虚作假的利益追求与主观动机，而是由于主观与客观条件的制约，未能按照客观事实的本来面貌对其进行如实报道。这种原因导致的失实报道数量巨大，其中很多都是记者没有亲临现场、没有深入调查、没有多方核实、没有相关知识所导致的。有的记者编辑在对消息来源的权威度和可信度都不掌握的情况下，就直接使用其提供的信息，还有的新闻工作者对于完全违背常识常理的事情都不做调查核实就发布报道。

无论是蓄意性失实还是技术性失实，虚假报道造成的后果都是严重的。虚假报道影响的不只是新闻工作者和新闻媒体的信誉和声誉，更重要的是它蒙蔽、阻碍民众对生存环境真实变动状况的认识与判断，误导人们对于自身社会行为的选择与决策。因此，虚假报道不仅是新闻工作者的敌人，更是社会的敌人、民众的敌人。

请记住并使用下面的工作方法，它们能够帮助你坚守新闻真实性的原则：

● 坚持报道事实。

事实是新闻的基因，是新闻的本源，是新闻存在的理由，是新闻传播的价值所在。

记者的任务就是把由事实构成的客观环境的变动状态描述出来，让公众了解生存环境发生的各种真实的变化，由此认识这些变化对于自身的影响与意义。

新闻报道必须坚守只报道事实的原则，事实是新闻采访的唯一目标，是报道写作能够使用的唯一素材。新闻报道使用的事实应该是经过验证的事实，而不能是道听途说、推理想象、人云亦云的传闻。

● 注意全面观察。

进入任何一个报道领域，都需要全面观察新闻事件，注意倾听不同的意见，对冲突中的对立各方，不能只听一面之词而偏听偏信。要注重了解事物内部与外部的对立性与多元性。比如：在进行成就报道时，要注意了解取得这些成就付出的代价；在进行问题报道时，要注意了解这些问题产生的缘由；在进行人物报道时，要了解相关人士对新闻人物的看法。大千世界是由复杂的矛盾组成的，任何一个新闻事件都是由复杂的因素构成的，单一的思维方式、片面的观察方法，只会导致认识的偏见，造成歪曲事实的报道。

● 严禁主观想象。

在对客观环境的变化进行观察的过程中，人们已有的生活经验会对人们的认识与判断产生作用与影响。作为记者，需要时时提醒自己，不要凭借主观想象去形成对事物的观察结论，即便是“合理想象”也要坚决摒弃！

● 坚守验证核实。

做怀疑主义者。永远不要相信传闻！永远不要相信第一时间得到的任何信息！永远不要相信单一来源提供的信息！只相信自己亲自核实与验证过的信息！对于报道中涉及的每一个事实要素都需要进行核实。不仅要对构成新闻的何时、何地、何人、何事、为何这些主要事实要素进行核实，而且要对新闻中出现的所有背景资料进行核实。

2003 年 3 月 29 日，中国一家新闻媒体在它的网站上发布了一条骇人听闻的消息：比尔·盖茨在洛杉矶遇刺身亡。而且有消息来源：美国有线电视新闻网（CNN）。

这实际上是一条假新闻。刊登这一假新闻的网址是 http：//www. cnn. com@cgrom. com/news/，这并不是美国有线电视新闻网的网页。

这位新闻编辑相信了这条假新闻，并且把它翻译成中文，将这条虚假信息在自己所在的媒体网站上传播出去。

或者是由于对互联网知识的缺乏，或者就是由于粗心大意，这位编辑没有从网址上辨别出这不是美国有线电视新闻网网站的域名。

但是导致这位编辑犯下严重职业错误的最重要的原因是可以肯定的，那就是这位编辑没有执行新闻工作的核实原则，没有通过与新闻事件无关的两个以上的独立的权威消息来源对最初得到的信息进行核实。

令人遗憾的是，中国许多有影响力的网络媒体几乎在第一时间转载了这家新闻媒体发布的这条假新闻。

这条假新闻在发布后的 10 分钟内，中国各大门户网站通过手机短信发送给数量庞大的手机用户群。真是让人不寒而栗，所有这些媒体的编辑们都相信了发布这条假新闻的那家新闻媒体，而不知道或者是没有坚守新闻真实性的原则。一篇网络评论用标题戏谑着这些编辑们的不专业作为：《中国媒体刺杀了比尔·盖茨》。

第二节　保证准确

被称为美国新闻业巨人的约瑟夫·普利策给他的采编人员立下的最重要的规则就是：准确！准确！准确！

新闻需要报道的是变动的客观事实，因此“准确”是新闻报道的基本要求。由于新闻报道不是客观事实变动本身而是新闻工作者对这一变动的反映，因此，由于各种因素的影响与制约，新闻报道有可能在反映客观事实的过程中出现各种各样的错误。

看看下面这则报道，如图 2－3 所示。

伊朗又悬赏 10 万美元追杀拉什迪

伊朗一个鲜为人知的激进组织近日悬赏 10 万美元,招募志愿者追杀曾被伊朗前宗教领袖霍梅尼判处死刑的英国作家拉什迪。

这一悬赏是在霍梅尼 1989 年 2 月 14 日以宗教裁决判处拉什迪死刑 15 周年了伊斯兰教而成为被追杀的目标，其本人多年来一直处于英国警方的保护之下。

伊朗总统哈塔米 1997 年执政后,其改革派政府曾表示不会派人追杀拉什迪。但伊朗民间激进组织仍坚持执行霍梅尼的宗教法令,

图 2－3　《伊朗又悬赏 10 万美元追杀拉什迪》报道节选

新闻标题为《伊朗又悬赏 10 万美元追杀拉什迪》，导语说的却是伊朗一个鲜为人知的激进组织近日悬赏 10 万美元追杀曾经被伊朗前宗教领袖判处死刑的英国作家拉什迪。伊朗是一个国家概念，事实上，不是伊朗政府悬赏追杀拉什迪，而是伊朗一个鲜为人知的激进组织悬赏追杀拉什迪。这之间的差异太大了，新闻标题与新闻内容严重不符。

一家新闻机构 2003 年发布消息：长江水量查明，达到 7 000 立方米。后来发现“7 000”后面丢掉了一个“亿”字。

一家通讯社某一天按时向全球发送了当天的新闻稿件。但是，发送稿件的人把时间搞错了，而把一年前这一天的稿件重新发送了一遍。全球新闻界几乎都发现了这个错误，没有采用这家通讯社这天发送的任何“新闻”。但是，唯有香港的一家报纸在显要位置刊发了这一组新

闻中的一篇报道：《中国政府决定发行 500 亿人民币国债》。这是一年前的事情，但是当香港的读者看到报纸上的这条新闻时，误以为是最新消息，就是这条一年前的“新闻”，导致香港股市出现大幅波动。

同样，一家中国新闻机构在报道俄罗斯的一次火箭发射时，把国外新闻机构发布的英文稿件中的“blast off”（点火起飞）看成了“blast”（爆炸、毁灭）。于是报道的内容成了俄罗斯发生火箭爆炸事故。失之毫厘，谬以千里，招致相关方面的不满与责难。

在新闻采访写作的每个环节，都有可能出现错误。新闻记者必须提起高度警觉，用专业工作的方法保证新闻信息的准确无误。

请谨记：任何时候都不要猜测，不要主观推测，不要“合理想象”。永远关注事实，永远依据事实，永远相信通过调查核实得到的事实真相。

要　领

保证新闻报道准确无误的工作环节

● 保证确有其事。不要把没有发生的事情当成新闻去报道！别以为这是一个多余的提醒，媒体上屡禁不绝的虚假报道说明危险的严重性。

● 构成新闻的基本要素必须真实。新闻事件发生的时间、地点、过程、涉及的人物以及新闻产生的缘由这些构成新闻的基本要素必须准确无误。

● 新闻中引用的各种资料必须真实。新闻中往往需要引用各种文件、史料、数字、报告。所有这些资料，都必须准确无误。

● 新闻中涉及的新闻事件的各种细节必须真实。无论是人物的语言还是人物的动作，无论是事件环境的展示还是对人的心理活动的描述，都必须准确无误。

保证新闻报道准确无误的有效方法

● 直接观察。

● 依据权威的消息提供者。

● 使用可靠的物证。

● 核实、再核实。

● 语言的精确：使用具体的描述。

第三节　交代来源

标明新闻来源对于维护新闻的真实性原则有着特别重要的意义。因为只有当记者指明了消息来源的时候，读者才能根据消息来源的权威性去判断新闻的可信程度，读者也才能根据消息来源的身份去判断记者与新闻事实之间的利益关系，消息来源是帮助读者判断信息的准确性与真实性的重要条件。

交代消息来源是记者在写作新闻报道时必须遵守的一个强制性专业规则。在国际主流媒体的工作规定中，都会对记者执行这一原则有具体明确的要求。美联社规定：除非属于常识，否则必须交代你没有亲眼看到的东西的出处！新华社也明确要求其记者：新闻报道中必须写明消息来源。

看看下面的这条消息。

美联社康涅狄格州布兰福德电　本世纪初有名的韦弗利饭店今天毁于一场2级警报火灾。

屋顶向建筑物的中心倒塌，一直到白天，被烧毁的旅馆仍然烟雾缭绕。

73岁的默尔特·布拉克斯顿当时独自住在该旅馆宽敞的三楼，在火灾发生时因吸入烟雾而受伤。据报道，她正在耶鲁大学纽黑文医院就医，情况尚佳。

官员称，火灾是凌晨3点41分由一名女士报告的。他们说火灾显然是从厨房开始的。该楼的其余大多数房间已经无人居住，布拉克斯顿女士仍然住在里面。官员说，她居住的房间没有中央暖气系统和电器。

一位邻居说，旅馆第三层的大多数古董毁于大火。一艘帆船的巨型方向盘、餐厅里的餐桌上的一些饰品也不见了。

拥有抵押权的银行称该旅馆和其所属土地价值4万～5万美元。

这条新闻典型地反映了消息来源的使用方式及其效果。火灾中人员的伤病情况是由救护人员的医院提供的；火灾的起因判断是由相关的调查官员提供的；火灾中旅馆收藏的贵重物品的损失情况是由目击者提供的；对火灾造成的损失估价是由对该旅馆拥有抵押权的银行提供的。

这样清晰交代信息来源的新闻报道，才有对事件真实性的证明力量，才能让公众相信发生的一切是真实存在的。

再看看下面一家媒体对中国水利建设工程师在巴基斯坦被绑架后巴方展开营救过程的报道：

揭秘解放人质内幕

有消息称，一颗子弹穿透一名绑匪的身体，击中了躲在他身后的王鹏，王鹏腹部受伤，在送往医院的途中因失血过多而死。

还有消息称，马哈苏德曾经给绑匪下令，让他们杀死中国人质，在下午四点之前冲破包围，巴军方是截获了这条无线电发送的信息之后，才发出营救信号的。

(《北京青年报》，2004-10-16)

这是重要新闻的细节报道，然而，这种使用不明消息来源的做法，就让报道几乎成为一种不足为信的传闻。报道也没有对为什么使用这些不明消息来源做出交代，这就让读者更加困惑。

我们可以看到，当不能明确交代新闻来源的时候，就不要指望公众相信你报道的新闻是真实的。没有来源的“新闻”至多只是传闻，因为没有人对报道的真实性负责。而媒体这样做的时候，也在支付高昂的不被信任的代价，甚至在公众眼中呈现出不负责任至少是不够专业的形象。

然而，下述情况是可以考虑不注明消息来源的：

- 消息来源是公报。
- 众所周知的消息。
- 已经被多方来源证实的消息。
- 记者就是事件目击者。
- 不具有争议性的消息。

在写作新闻报道的过程中，记者始终要有一个清醒的意识：避免因为不使用消息来源而让公众质疑新闻的真实性，也避免因为不使用消息来源而承担不应该承担的法律责任。

新闻媒体通常不接受匿名的要求。因为投入大众传播的新闻信息应该是不被隐藏、不被掩饰的。美联社就公开声明：通常情况下我们不接受匿名的要求。

但是，在面对一些特殊状况时，媒体不得不接受消息来源的匿名要求。

一种情况是，一旦披露了消息来源的真实身份，就可能对其造成人身威胁和权益损害。为了保护消息来源的人身安全与合法权益，可以用匿名的方式保护消息来源。

另一种情况是，如果不接受消息来源的匿名要求，就不可能得到重要的信息。通常指消息来源事先声明，以不透露自己的真实身份为前提条件向新闻界提供信息。在这种情况下，它实际上是一种交易，是否进行这种交易，需要在媒体的职业责任、媒体的传播目标、媒体的职业道德等各个方面权衡得失利弊，做出适当的决定，而不是一个记者自己可以决定的。

在接受消息来源的匿名要求时，一系列专业工作要随之展开，包括：

（1）有限匿名，明确告诉消息来源，他的匿名要求只能在公开报道中得到实现，而他的真实身份至少要报告给媒体的决策层，并且应该告诉消息来源相关的法律方面的规定。

（2）不使用匿名消息来源对身份确定的人物与机构进行批评与指责。因为这样的做法一旦涉及法律纠纷，媒体就难以避免在遭遇诽谤指控时承担法律上的连带责任。

（3）使用匿名消息来源对事情进行描述时，应该有其他来源证实匿名消息来源的说法。

（4）需要明确告诉消息来源，一旦他的匿名信息遇到法律纠纷，媒体会遵从法律程序。

（5）要求证据：请注意要求消息来源提供证据证明他的说法，否则，你很可能会被误导。

警告：权威记录、相关文件、专业报告往往比消息来源的说法更为可靠。

警告：引述消息来源的说法，并不能免除记者在诽谤性语言中承担的责任。

警告：交代消息来源只是为了分清责任，它不能证明消息本身的真实性。

要 领

怎样处理不能公开的消息来源

● 对于要求不公开报道的材料，记者不直接使用，除非另外找出消息来源。

至少得到两个渠道的证实后我们才能使用匿名消息来源（《华盛顿邮报》鲍勃·伍德沃德、卡尔·伯恩斯坦）。

● 对于要求不指明消息来源的材料，记者使用它时不能指明出处。

● 背景介绍：记者使用匿名消息来源时可以泛称消息来源的头衔。

现在有些记者在写作新闻时会使用这样的文字描述，“据业内人士说”或“相关专家认为”，业内人士、相关专家是谁？经过追问，记者承认，是记者自己。因为要表述一个观点，就假借了一个来源。这无疑是一种作假行为。这样做可能导致两个结果：一是笼统地说“业内人士”或“相关专家”是没有任何权威性可言的；二是一旦真相披露，记者与媒体都将付出信誉代价。

有时，为了获取信息，或者是为了保护消息来源的安全与权益，需要以不透露消息来源为代价，即使如此，也要十分明确地告诉消息来源，他的真实姓名至少是要让媒体的相关编辑或领导知道的，要明确告诉消息来源，这是新闻工作的基本规矩，是保证新闻真实性的基本原则。

还有一个原则也应该引起新闻记者的重视，这就是在新闻报道中需要隐藏记者身份。

一些记者时常有意无意地把自己放置在新闻报道的显要位置。看看 2004 年 5 月 20 日我国一家通讯社发布的新闻：

> **北京 5 月 20 日电** 记者今天从公安部获悉，今年四月份全国公安交通管理部门共受理一般以上道路交通事故四万一千九百七十起，共造成七千六百九十六人死亡，直接财产损失二点四亿元人民币。

再看看 2004 年 3 月 11 日我国另一家通讯社发布的新闻：

> **北京 3 月 11 日电** 记者 11 日从环保总局了解到，9 日至 10 日我国北方地区发生的今年以来规模最大的沙尘天气，使 11 个省、自治区、直辖市受到不同程度的影响，6 个重点城市空气受重度污染。

这样的表述在目前我国媒体的报道中司空见惯。

有些记者过于看重自己，这不是说他们关注自身的责任，而是他们克制不了强烈的个人表现欲，他们把这种个人的炫耀倾泻在新闻报道的写作中，这对新闻报道来说是一个强烈的干扰因素。

我们常常可以看到新闻报道中有这样的文字，“记者从××处了解到”“×××激动地对记者说”“记者在采访中发现”等。记者在新闻报道中甚至把自己摆在了高于新闻来源的位置。记者公然将自己安排在新闻报道中是极不明智的做法。这样做的结果是，会在公众与新闻之间形成一个屏障，干扰公众对新闻信息的理解，使新闻报道显得不够专业。

记者应该注意的是事实本身而不是记者本人！读者在阅读新闻时关心的绝对不是记者，他们关心的是记者报道的新闻！因此，记者要做的事情是让读者知道消息的权威性、可信性、重要性。

请记住，不会有任何读者认为，记者的存在会增加新闻的可信度和可读性。他们关注的是新闻来源，是新闻事实，是新闻与自身利益的关系，而不会是记者。

记者何时可以在新闻报道中出现？新闻界通常认为，只有当记者成为新闻事件的直接目击者或者记者本人构成新闻要素的时候，记者才能有限地现身于报道之中。

第四节　谨慎验证

验证就是核实。它要求记者运用一切手段，通过与所报道的事件无关的两个以上的权威来源对最初得到的信息进行核实。

验证是新闻记者的重要工作内容，它会占用记者大量的工作时间，耗费记者极大的心力与体力。然而，正是这一专业工作环节，保证了新闻报道的真实性。验证追求的目标就是获取真实的信息。

美国新闻工作者认为：验证这一工作原则，把新闻与娱乐、宣传、小说、艺术区分开来。

看下面的新闻：

在我国被世界卫生组织宣布成为无脊髓灰质炎地区一周年之际，卫生部首次向全社会公布这一成果。国务院副总理李岚清今天向在此间召开的“全国消灭脊髓灰质炎工作总结表彰大会”发来了贺信，他高度评价了我国消灭脊髓灰质炎工作所取得的成绩，并希望各级党委、政府及有关部门、广大卫生工作者认真总结经验，继续发奋工作，巩固并不断扩大取得的成果，为我国卫生事业和全人类彻底消灭脊髓灰质炎做出新的贡献。

表彰大会对在消灭脊髓灰质炎工作中做出突出贡献的403个先进集体、729名先进个人进行了表彰，并授予41名为消灭脊髓灰质炎工作而献身的卫生工作者“忠诚卫士”的荣誉称号。

脊髓灰质炎又称小儿麻痹症。20世纪60年代初，我国每年报告的脊髓灰质炎病例达20 000～43 000例，导致大量儿童残疾。1960年我国自行研制成功脊髓灰质炎减毒活疫苗，并逐步在全国推广应用，脊髓灰质炎的发病数和死亡数随之显著下降。从1994年至今已连续7年未发现本土脊髓灰质炎野病毒病例，去年10月世界卫生组织证明了本土脊髓灰质炎野病毒在我国的传播已被阻断，自此实现了无脊髓灰质炎的目标。

（《法制日报》，2001－10－30）

中国取得的这个成就是非凡的，但是要使得这个消息更加可信，就需要从其他角度用各个渠道得到的事实资料予以证实。

官方机构是权威机构，但是权威机构发布的信息只是公告。新闻记者不应该是任何一个组织的代言人，而应该是社会的瞭望者，新闻记者必须为社会提供可靠的观察，提供真实的报道，提供多方的分析，提供解读新闻的背景资料。因此，新闻记者要有一个强烈的意识：自己从任何一处得到的消息都是需要验证的！没有经过验证的消息只是传闻，不是新闻。

克林顿就任美国总统期间曾经不间断地对伊拉克禁飞区进行轰炸。美国参议院共和党领袖特伦特·洛特（Trent Lott）认为克林顿是在借此转移人们对他的性丑闻事件的注意力，于是对克林顿政府提出指责。他说："当乔治·布什总统 1991 年要求得到授权对伊拉克动武时，我认为没有一位民主党议员会投票赞成此举。"

根据新闻价值的标准，这一说法的重要性、显著性、冲突性都已经具备了。它无疑构成了新闻。但美国新闻记者没有简单地相信洛特的说法。他们立即赶赴参议院和众议院，查看 1991 年美国参众两院对布什总统要求对伊拉克动武的表决记录。记者在调查中看到，洛特讲的不是事实。在他们发布的新闻报道中，新闻记者在引用了洛特的说法之后，继续写道："事实上，众议院的 86 位民主党人和参议院的 10 位民主党人，当时都投票赞成布什总统对伊动武。"

这就是新闻工作中坚持验证原则的意义。它把真实的情况展现给民众，而不是只把任何人的说法展现给民众。

在新闻报道中，不仅要对构成新闻的主要事实要素进行核实，而且要对新闻中出现的所有背景资料进行核实。通过验证与核实，将报道锻造成毋庸置疑的真实信息的组合体，向公众传递具有专业可信度的新闻信息。

新闻工作是匆忙的工作。时效性直接关系到新闻的价值含量。但是，即使在时间十分紧迫的情况下，新闻工作者也要为保证新闻的真实性而坚守验证与核实的工作原则。

有一种观点认为，既然新闻报道是随着客观事件逐渐被认识而逐步推进的，那么，新闻记者在得到消息的第一时间应该尽快发出报道，无须过问真假，一旦发现失实，用后面跟进的报道予以修正即可。

这实在是一种荒谬的认识，一种危险的选择！如果这样做，媒体将付出失去传播威信的代价。任何媒体只要这样做一次，就能够让公众对其在第一时间发出的报道永远产生怀疑。它在第一时间发布的报道也会由此失去第一时间传播的价值与意义。

如今的新闻报道中断言泛滥，验证是解决这一问题的良方之一。

> **××网北京（2003 年）11 月 28 日电**　在风云激荡的改革长河中，2003 年，无疑是具有标志性意义的一年。

这则新闻的导语使用的不是新闻报道用语，而是评论用语，这是断言。报道应该告诉人们为什么 2003 年对于中国的经济体制改革是非同寻常的，报道应该讲述事实！结论和感慨都应该让读者自己得出。

当遇到不可验证的消息时，新闻记者需要坚持的做法就是全面展示与新闻事件相关的各方，特别是相互对立的各方对新闻事件所持的看法，从而保证报道的客观性，让民众了解新闻事件的矛盾、冲突、对抗、争议，从而对新闻事件的复杂性有充分的认识。

验证要寻找的是事实真相。通过来自不同渠道的人与物对事实的描述与证实，认识事实的真相。

用一个消息来源的说法去反对另一个消息来源的说法不是验证，那只是平衡，至多只是公正。

用调查核准过的事实与你所引用的消息来源的说法去做比较，这是验证。事实真相是新闻报道追求的目标，而人们的说法只是提供了催促记者进行验证的契机。

要　领

验证的核心技术

找到与新闻事件无关的两个以上的权威消息来源，对你获得的最初消息来源的说法进行核实。

第五节　坚守客观

客观性的原则要求新闻报道必须提供事实，而不是鼓吹观点。这也就形成了新闻工作的专业立场，进而塑造了媒体的新闻报道是为社会各界提供真实信息的职业形象。

客观报道原则最早是由美国《斯普林菲尔德共和党人报》的主编塞缪尔·鲍尔斯在1855年提出的，他主张要在事实与观点之间划清界限。

1900年美联社提出“报道事实而不报道观点”的报道宗旨，由此成为世界上第一个将客观报道作为工作宗旨的新闻机构。

1923年美国制定的《新闻规约》第5条规定：“新闻报道不应该掺杂观点和任何偏见。”

> 客观性法则作为一种至美至新的道德观念，发展于美国，奉献于世界。
>
> ——美联社社长肯特·库珀

徐宝璜在1919年出版的《新闻学》中说：“切不可将意见加杂于新闻之中迷惑读者。”“只有事实，可成新闻。事实登载后，阅者自然自有主张。”

一百多年的历史间，无论人们怎样质疑客观报道原则是否可以在新闻报道中真正实现，甚至新闻从业者们都感觉客观报道是只能追求而实际上难以企及的目标，但客观报道原则仍然是国际新闻界有所共识的专业工作标准与规范。避免倾向与偏见，把事实提供给公众，成为新闻界基本的工作信条。

- 客观报道原则在新闻报道的实践中，要求记者知晓：新闻报道的内容必须是客观存在的事实，不能虚构、夸张、编造、想象。
- 客观报道原则在新闻报道的实践中，要求记者坚持：新闻报道不受记者本人观点的左右，记者和媒体的观点应该与新闻报道分离。

社会不同群体持有各色观点，新闻界也将其视为客观存在的事实，对其进行全面、公正的陈述，而不是按照自己的好恶标准，偏袒和鼓吹任何一方。

这样做与新闻界伸张正义、维护公正、坚持真理并不矛盾。一切基于对事实本身的描述，可以为公共利益的天平进行是非判断提供事实的砝码。

今天新闻界所说的客观报道已经不是历史上的“有闻必录”。20 世纪五六十年代，美国新闻界对客观报道原则进行了一次深刻的反思，这次反思源于麦卡锡时代给美国社会带来的灾难。

20 世纪 50 年代，一位勇敢的广播电台记者埃尔默·戴维斯（Elmer Davis）指出了麦卡锡时期新闻界奉行的“有闻必录式”的客观报道的局限性。他直言记者的失败之处：在麦卡锡四处煽风点火散布共产主义威胁的谎言时，记者们明明知道他在撒谎，却不能在报道中将其揭露。

他认为：“假使有人为自己的私利而撒谎，（新闻界）提醒人们注意这一点也将是客观的!”——这是对新闻报道客观性的新的解读。也就是在呼吁新闻界基于深度观察，披露事实的真相与本质。

新闻记者必须在一个新的高度上去理解客观性的原则：要通过更为广泛深入的采访调查、分析研究，接近新闻事件的更深层真实，以揭示新闻的本质与意义。

美国新闻出版自由委员会曾经提醒记者：“在环境中赋予每个事件以意义，对其进行真实、全面、睿智的报道。仅仅真实地报道事实是不够的，现在需要报道关于事实的真相!”

“有闻必录式”的“纯客观”报道手法，往往不能真实地反映客观环境的变动状态，不能向公众提供能够让他们为自身利益做出明智抉择的可靠信息。

“主观臆想式”的报道和“有闻必录式”的报道都是远离事实真相的，因此都是不负责任的报道。记者应该千方百计突破报道事实真相的主观与客观的限制。

事实是新闻报道的依据。然而只有全面考察事实产生的背景和事实存在的环境，我们才能真正认识事实。

一位美国新闻工作者说过：“当我们驶往真相的目的地时，事实是为我们提供指南的星斗，但是它们决不能照亮我们的航程!”

记者必须承担这样的责任：描述新闻产生的环境，解释新闻发生的缘由，说明新闻对公众的影响，发掘新闻蕴含的意义。

要　领

执行客观报道原则的工作方法

- 客观地叙述事实而不带有个人的感情和偏见。
- 使用直接引语提供新闻当事人和知情者的原话。
- 交代消息来源。
- 全面了解新闻，报道新闻全貌。
- 记者在新闻报道中不发表个人的议论和见解。

有助于坚持客观报道原则的途径

- 为报道提供更多的观察视角。
- 找出事实背后的复杂原因。
- 全面解释新闻。

为了坚守客观报道原则，记者在使用词语时请注意：

● 使用具体的名词，不使用概括性名词。

不要写“桌上有一盘水果”，如果这个要素重要，请写明是“香蕉”还是“葡萄”；不要只说“人们”，而要告诉读者这是一群什么人。只有使用具体的名词，才能表现出真实事实的独一无二的特征，也才能还原新闻的生动性。

● 谨慎使用形容词，不使用副词。

形容词和副词是写作新闻报道的陷阱！美国新闻界有这样的说法：“要像挑选宝石和情人一样苛刻地去挑选形容词。”至于副词，诸如“深深地感动”“极大地鼓舞”这种位于动词前面的虚张声势、故弄玄虚的词，要像见到敌人一样，见一个消灭一个。

第六节　保持公正

公正性的原则要求新闻记者抱着对社会负责的态度，居于没有偏见的立场，使用多元信息渠道，了解新闻的全貌，平等对待冲突中的各方人士与机构，真实反映新闻本体事实的原貌。

在社会价值的判断与社会行为的掌控中，公正似乎是一个难以界定且有着复杂内涵与变数的概念。但是无论是新闻专业主义的理想，还是公众对新闻信息的需求，无论是新闻传播担负的社会责任，还是新闻工作的职业尊严，都要求新闻记者必须遵从公正性原则。

如果我们认定大千世界和人类社会是无数矛盾组合的运行过程，那么，新闻记者就需要知晓这些矛盾的构成要素、存在状态、变化进程、与环境之间的相互作用关系以及对社会公众的方方面面的影响，以俯瞰万物的视角、海纳百川的胸襟、不偏不倚的立场对新闻进行观察和报道。

公正性的原则要求记者通过各种渠道认识事物的复杂结构与多元状态，并且将其描述出来。

新闻记者需要知道：如果大千世界和人类社会是复杂矛盾运行的组合体，那么单一信息来源的报道、同一价值倾向的报道就不可能真实反映客观变化的原貌。

公正性原则是保证新闻真实性的重要工作准则。

坚持公正性原则的专业要求包括：

- 全面提供新闻信息，不掩盖任何信息。
- 为新闻事件中冲突的双方提供利用媒体平等发表意见的机会。
- 准确地反映冲突各方的真实主张。
- 给弱势群体和个人信息知晓权和意见申诉权。
- 以公开方式及时修正报道的误差，不滥用媒体权力。

在具有尖锐矛盾和剧烈冲突的新闻事件中，公正性原则的坚守显得尤为重要。

新闻背后

1988年8月的一天，我利用在亚利桑那大学进修的机会，走访了图森市具有百年历史的《亚利桑那每日星报》(*Arizona Daily Star*)。我问报社评论部主任苏珊·阿布瑞特："你主持评论部的最高工作原则是什么？"

"把相互对立的观点集中在报纸的同一个版面上。"苏珊的回答没有任何迟疑。

"难道你不想让读者接受你认为正确的观点？"我问。

"我每时每刻都有这样的愿望！但是当我发表自己认同的观点时，我一定要提醒自己：给反对派的观点同样的权利，将它们放置在同一个版面上。"

"为什么要这样做？"

"为了让读者自己去鉴别什么是真理。对真理鉴别的过程是对不同意见了解的过程，是在相互对立的观点中比较和思考的过程。"苏珊说。

"你能给我举一个你实际工作中的例证说明你的理念吗？"

苏珊让她的秘书找出了一个版面。那是1988年美国海军击落伊朗客机事件后《亚利桑那每日星报》的评论版面。

1988年7月3日，一个阳光明媚的星期天，当地时间上午10时47分，伊朗民航公司的655次航班从阿巴斯港机场起飞，准备飞往阿联酋的迪拜机场。这架民航客机是欧洲空中客车A300，飞机上除了16名机组人员外，还有274名乘客。当地时间上午10时55分，这架客机在海湾南部地区上空飞行，其航线正好与美国海军"文森斯号"导弹巡洋舰的航线相交叉。就在此时，悲剧发生了，在伊朗客机距"文森斯号"约14公里时，"文森斯号"突然发射两枚"标准"防空导弹，其中一枚直接命中A300客机，客机随即起火，坠落于大海之中，机上290人全部遇难，无一生还，其中还包括60余名12岁以下的儿童。消息一经传开，世界为之震惊。

《亚利桑那每日星报》的评论版面从上到下劈成了两半，左半边刊登了支持美国官方对事件解释的观点，此类观点无非是说，对这场造成290人生命悲剧的灾难表示遗憾，但是，这是战争。美军于1987年7月决定派军舰去海湾护航后，多次与伊朗发生军事冲突，军事紧张局势不断升级。先是1987年，伊朗用导弹击中美国油轮和挂美国国旗的科威特多艘油轮，美军随后进行报复，击沉伊朗登陆舰一艘、采油平台两座。1988年4月，美一艘护卫舰触雷，造成19名官兵受伤，美舰随即摧毁伊朗两座采油平台、击沉击伤军舰6艘。因此，袭击客机事件前，双方都处于高度紧张状态。在客机被击落前，美海湾部队曾得到情报称，伊空军F-14战斗机正在海湾地区加强活动，可能要对美军采取行动。因此，这篇文章认为，A300客机的悲剧不可避免。既然是战争，为了维护美国的利益，为了保证美国军人的生命安全，只能采取最可靠的自卫措施。

但是，就在这份报纸同一个版面的右半边，却刊登了另外一种与之针锋相对的观点。这篇文章说，看到美国军方的行动和支持美国军方行动的观点，实在感到难以理解，不能容忍。因为不由想到了1983年发生的另一幕空难悲剧。

1983年8月31日，一架韩国航空公司的KAL-007航班从美国阿拉斯加州的安克雷奇国际机场起飞，前往韩国首都汉城。执行这次飞行任务的飞机是波音747-200B型宽体客机，KAL-007航班本是从美国纽约飞往汉城的，一共载有244名乘客，但由于航程太远，中途必须在安克雷奇国际机场停留加油并更换机组成员。KAL-007航班从安克雷奇国际机场起飞后两小时左右，突然偏航，进入苏联远东沿海地区，经由鄂霍次克海进入萨哈林岛上空，偏航距离达500公里以上。

在KAL-007航班进入苏联领空后不久，便被苏联防空雷达截获，在跟踪了一段时间之后，苏联远东防空军出动了一架值班的苏-15战斗机前往拦截。苏-15升空约8分钟后便发现了目标，在拦截无效的情况下，苏-15战斗机根据基地指挥的命令，向客机发射了两枚AA-3“阿纳布”空空导弹。导弹击中目标后，客机发生爆炸，随即坠毁于莫涅龙岛附近的日本海上，KAL-007航班上的269人全部死亡。

文章说，这次空难发生后，美国官方是什么态度？里根政府激烈地抨击苏联践踏人道主义原则，明明知道是客机还要用导弹把它击毁。美国总统里根亲自上阵，对苏联进行强烈谴责，斥责此举为“一次野蛮的行径”，并宣布对其实行经济制裁。

文章作者说，在同样的事件面前，我们看到的是一个国家的两种截然相反的立场。美国这样一个号称为人类命运担负责任、声称要维护全球秩序的大国，如果在国际事务上对同一类事件采取完全不同的价值标准，美国就将在人类面前失去信义。

下面的消息可能会帮助我们看到写作新闻报道时经常会出现的问题：

韩国向黄海东部海域派遣舰艇 朝鲜表示谴责

新华网平壤3月11日电（记者姬新龙）朝鲜人民军海军司令部发言人11日表示，韩国向黄海东部接近朝鲜领海的海域派遣舰艇等武装力量是对朝鲜的挑衅行为，朝鲜对此予以谴责。

这位发言人在回答朝中社记者的提问时说，韩国方面不久前把海军和海洋警察厅的舰艇派往所谓的“渔场界线”以北地区，还派遣舰艇与直升机在延坪岛南端海域举行军警联合训练。上述海域是始终蕴含武装冲突危险的海域，向该海域增派武力并举行联合训练，无疑是对朝鲜的挑衅。发言人说，今年初以来韩国舰艇入侵朝鲜海域已达40多次，由于朝鲜保持高度克制与忍耐，才没有发生不愉快事件。发言人认为韩方这些军事动向难保不会演变成一场新的“海上交战”。

朝韩海军1999年和2002年曾在黄海东部朝韩争议海域发生交战。

（新华网，2004-03-11）

这则新闻在对一个涉及双方冲突的事件进行报道时，从头到尾只讲述了一方的观点，甚至对冲突状况的描述也只采用了这一方的说法。这种消息更像是冲突一方的发言人的发言稿，而不像是记者采写的新闻。在新闻报道中，只要遇到冲突，遇到矛盾，遇到人们有不同看法、不同观点的地方，就一定要倾听双方的意见，报道双方的真实态度与观点。给冲突、对立的双方以表达自己看法的平等机会。即使是一方以“无可奉告”之类的言辞推托，也要把他们的这种说法与态度表现出来。

要　领

报道中遇到冲突之际坚持公正性原则的操作方法

● 提供冲突各方的观点，以便识别冲突各方的真实主张。

● 提供代表这些真实主张的确切陈述。

● 直接用引号指明这是消息来源的观点而非记者陈述。

● 依照提供最多事实材料的方式安排事实陈述的轻重位置。

遵守公正性原则的职业道德规范

● 不能忽略具有关键意义和重要价值的事实。

● 不要让自己的情绪和偏见进入报道。

● 不能有意或者无意地误导和欺骗读者。

● 不要让无辜的人受到伤害。

有一本不足百页的书被美国密苏里新闻学院（被美国新闻界称为“新闻记者摇篮”的人类历史上第一所新闻学院）指定为学生的必读书，这本书就是*The Elements of Journalism—What Newspeople Should Know and the Public Should Expect*，其中提出了新闻职业的九条原则：

新闻职业的九条原则

● 新闻事业的首要职责是追求真实。

● 它首先要忠于社会公众。

- 它的精髓是验证的准则。
- 它的从业者必须要和他们的采访对象保持独立。
- 它必须作为独立的监督力量进行工作。
- 它必须为公众提供批判的和协商的论坛。
- 它必须致力于让重要的事情具有趣味性与相关性。
- 它必须保证新闻报道的全面与平衡。
- 它的从业者必须被允许践行他们个人的良知。

——比尔·科瓦奇、汤姆·罗森斯蒂尔

第七节　新闻记者的职业素质

一百年前，美国密苏里新闻学院的创始人沃尔特·威廉姆斯（Walter Williams）撰写的《新闻记者的信条》（*Journalist's Creed*）第一次试图向人们说明新闻职业的真谛。

新闻记者的信条

我相信，新闻是一种专门职业。

我相信，公共出版意味着公众信赖。所有与此职业相关的人都身负公众的信托，担负着社会的责任。不为公众服务而为少数人服务是对公众信任的背叛。

我相信，鲜明的思想，清晰的表达，准确而公正是健康的新闻事业的基础。

我相信，新闻记者应该只写他从心底认为是真实的事情。

我相信，除非考虑社会的福祉，否则任何出于其他考虑而对新闻进行的管制都是荒谬的。

我相信，一个没有教养的人不能当记者！受一己私利的驱使和受他人利益的诱惑同样应该避免。不能因他人的威逼和利诱开脱自身的责任。

我相信，广告、新闻和社论都应该满足读者的最高利益。有助于真实和清晰应该是优于一切的唯一准则。对于好的新闻事业的终极测试是它为公共服务的水准。

我相信，成功而卓越的新闻事业敬畏上帝，尊重人类；它完全独立，不为傲慢的主张和权势的贪婪所左右；它富有建设，怀抱宽容，绝不草率，能自律，有耐心，永远尊重读者但不迁就读者，面对不公，愤然而起，不为特权的诉求也不为乌合之众的喧嚣所动摇，力求给每个人公平的机会，这种公平既由法律和尊荣赋予，也被人类的兄弟之情共识；它深爱自己的祖国，同时也推动国际交往，促进世界和谐。这就是人类的新闻事业，是为今天的世界而创造的新闻事业。

尽管时隔百年，历史背景不同，社会环境不同，文化观念不同，我们还是能从这部新闻工作的“职业宣言”中深切感触新闻工作者对职业责任的敬重与忠诚。

从事新闻报道需要知晓和遵守专业工作的原则，而能否自觉遵守这些专业工作的原则，有赖于新闻记者的人文品格和职业素质。

从事新闻工作的人应该具备以下人文品格和职业素质。

一、正义感

坚持真理、维护正义是新闻工作者的职业责任。在真理和正义面临威胁的时候，记者应该挺身而出，责无旁贷。

新闻背后

2003 年，《中国经济时报》记者王克勤用了六个月的时间，采访调查了北京市出租车行业的管理状况，并写出四万字的调查性报道。王克勤撕破了北京出租车行业的垄断黑幕。他发现：现行的出租车行业的管理体制存在的极其严重的弊端是，富了老板，肥了官员，亏了国家，苦了司机，坑了百姓。

刊登这篇报道的《中国经济时报》，当天在市场上卖到了一份 10 元。

时任国务院总理温家宝就王克勤披露的问题做出批示："这个问题到了非管不可的程度，有关部门应该拿出意见，全面整改出租车行业管理体制。"

这一年王克勤入选"中国记者风云榜"。

王克勤闻名于中国新闻界，始于当年那篇揭发兰州证券黑幕的报道。2000 年 11 月，当时在《甘肃经济日报》当记者的王克勤，根据股民投诉，着手调查兰州证券黑市。一个多月后，他掌握了大量黑幕内情。随之而来的还有人身威胁。

2001 年元旦，王克勤请《中国经济时报》的记者王宏加盟这次黑幕揭发报道。这一天，王克勤重温了一块历史纪念碑上的一段话："法西斯找到了犹太人，我看与我无关，我走了；法西斯暴虐了犹太人，我看与我无关，我走了；法西斯找到了我，别人看与他无关，他走了……"王克勤的职业责任不允许自己面对邪恶背身而去。

2001 年 1 月下旬，他们将完成的报道提交《甘肃经济日报》和《中国经济时报》。此时，王克勤的人头也已经被证券黑市的操纵者们开价到五百万元人民币。迫于生命威胁，王克勤只得把妻儿送至偏远的农村老家避难。

2 月 3 日，《兰州证券黑市狂洗"股民"》一文在《中国经济时报》周刊发表，甘肃省内各媒体以及全国各大网站纷纷转载，中央电视台《经济半小时》《社会经纬》《财经报道》等栏目也都进行了追踪报道。时任国务院总理朱镕基对《兰州证券黑市狂洗"股民"》一文做出批示，甘肃省委书记、省长部署展开了全省性的专项打黑斗争。

黑势力的阴影并未消失。2 月 9 日下午（正值春节），王克勤的传呼机收到了一条信息："我们已知道了你的家庭地址，晚上，我们来接你的老婆孩子。"

王克勤立即向公安部门报案，当天晚上 4 名荷枪实弹的刑警住进了王克勤家。面对恐吓电话，王克勤说："你们坑害了多少老百姓，想让我不说话是不可能的！因为我是记者。"

"'苟利国家生死以，岂因祸福避趋之。'为了国家和人民的利益，优秀的新闻人总是知难而上，有所不避。王克勤就是这样的人。"这是 2003 年王克勤当选为"中国风云记者"时，专家们对他的评价。

王克勤说："记者是维护正义、公平和法治的战士。目前，仍有一些黑恶势力和贪官污吏在盘剥、损害着广大公众的利益，甚至生命。记者为了公平、正义和公众利益而奋起抗争的时候，这些人必然要与记者为敌，与公众为敌。媒体作为公器，就应该与这些人为敌。在这个没有硝烟的战场上，记者就是冲锋在前的战士。"

以其敏锐观察和独到见解在美国新闻界驰骋半个世纪的沃尔特·李普曼（Walter Lippmann）曾经说过："新闻事业的最高准则莫过于阐明真理而让魔鬼感到羞愧。"

1957年获得诺贝尔文学奖的法国存在主义作家、哲学家，也做过记者的阿尔贝·加缪（Albert Camus）说："无论我们个人如何脆弱，我们职业的崇高将永远植根于两项难以实施的责任上——拒绝就我们知道的东西撒谎和抵抗压迫。"

《纽约先驱报》掌门人詹姆士·戈登·贝内特（James Gordon Bennett，Jr）说："报刊不仅能将更多的灵魂送进天堂，也能把更多的灵魂救出地狱。"

被视为美国新闻界巨人的约瑟夫·普利策100多年前在他主办的报纸《世界报》的创刊号中这样声明了他的办报方针："在我们这个日益繁荣的大城市里需要这样一种日报：它不仅售价低廉而且明白易懂，不仅明白易懂而且内容丰富，不仅内容丰富而且具有真正的民主精神——忠于人民的事业，不做有钱人的奴仆……它要揭露一切丑恶和欺骗，抨击一切社会罪恶与弊端，它要以真挚诚恳的态度为人民的利益而战斗。"

针对当时美国社会转型期出现的种种社会弊端，普利策在他的报纸上提出了十项改革纲领：征收奢侈品税；征收遗产税；征收巨额收入税；征收垄断企业税；向享有特权的公司征税；为国家制定税则；改革文官制度；惩办贪官污吏；惩办倒卖选票者；惩办在选举中左右雇员选票的雇主。除了"为国家制定税则"一项，其余九项后来都成了美国的法律条文。

坚持真理，维护正义，抗争邪恶，推进文明已成为新闻工作的传统。这一传统成为新闻记者的精神火炬，引导着新闻工作的实践运行，也给新闻记者和新闻界带来崇高荣誉。

二、同情心

真正的记者必须与人民同呼吸、共命运。同情心造就着记者灵敏的感觉神经，记者应该是敏感的，能敏锐地感觉到人民的疾苦，社会的不公，不幸者的不幸，无辜者的无辜……

2003年4月25日，《南方都市报》的记者陈峰发出了一篇题为《被收容者孙志刚之死》的报道。一位名叫孙志刚的27岁大学毕业生，因为晚上出门没带身份证而被警方"收容"，三天内被打致死。这篇报道发表后，在全国百姓中引起强烈反响，中国各地的主流媒体相继跟进报道。

6月20日，时任国务院总理温家宝签署国务院令，公布《城市生活无着的流浪乞讨人员救助管理办法》，同时废止1982年5月12日国务院发布的《城市流浪乞讨人员收容遣送办法》。中外媒体评价说，此事充分显示出中国领导人奉行的"以人为本的执政理念"，显示了中国正在发生的历史上从来没有过的变革。从"收容"到"救助"——人们看到一个具有法律效用的国家规定的改变，看到中国政治文明进程向前迈进了一大步。

记者陈峰因此篇富有同情心的报道而入选“2003 年中国记者风云榜”。

专家对他的评价是：“陈峰基于对民间疾苦的关注，做出了体现职业价值、具有职业荣誉的报道。”

《羊城晚报》记者赵世龙同样是一位具有同情心的记者。得知广州市长洲戒毒所强卖戒毒女为娼，赵世龙冒着生命危险，假扮鸡头（赎买妓女的人），对广州市长洲戒毒所进行卧底暗访。最终，赵世龙协助警方揭出“戒毒所”真相，把一群道貌岸然实则伤天害理的犯罪分子送上了法庭。

美国《诺福克弗吉尼亚人导报》（*The Norfolk Virginian-Pilot*）的记者埃伦·惠特福德（Ellen Whitford）得到一家诊所对未怀孕的女性实施堕胎手术的线索，她便带着自己的尿样来到诊所，以探虚实。诊所的医生告诉她，她怀孕了，而她知道自己根本没有怀孕。她找了个借口离开诊所。第二天，她带着报社一个男同事的尿样两次走进那家诊所，化验的结果仍然是她怀孕了。埃伦·惠特福德立即断定，这是一家黑诊所！为让更多的女性免遭伤害，她写出披露性报道。

同情心是责任心的基础。它关系到一个记者对新闻的敏感，关系到记者职业使命的承担和社会责任的实现。

三、勇往直前

新闻是勇敢者从事的职业。记者需要具有了解事实真相的不可动摇的信心和勇气，随时准备遭遇拒绝、遭遇冷脸、遭遇嘲弄、遭遇无礼、遭遇恫吓、遭遇威胁。记者要随时准备牺牲自己的时间、自己的安逸、自己的财富，包括自己的自尊心。

凤凰卫视记者卢宇光赴俄罗斯北奥塞梯别斯兰市采访人质绑架事件，下面是凤凰卫视对卢宇光采访的一段描述：

> **凤凰卫视 9 月 4 日消息**　凤凰卫视记者卢宇光，9 月 3 日下午在俄罗斯北奥塞梯别斯兰市解救人质现场，有一段在战斗最前线的电话连线报道。这是一段激动人心的新闻报道，尽管卢宇光气喘吁吁，尽管他的声音带有颤抖，但是，“恐怖分子冲过来了！”将作为世界新闻史上经典声音之一，已经传遍全球，已经传遍全球的华人世界。

下面是当时人们听到的现场报道的声音：

> 现在，现场非常紧张，现在的战斗是 5 分钟以前开始的，我们也听到了枪声。大概在现场 100 米的地方，能看到孩子不断地往外面送，现在已经停止了。我们的机器在里面，撤不出来。我们位于离文化宫大概有三四米的墙角，现在我们的机器还在里面工作，我们可以看到我们最前面大概 10 米的地方，有很多特种部队的官兵向右边运动。
>
> 现在情况又有一些变化，我们要赶到另外一个地方，文化宫的中心，现在我们看到战斗还没有结束，不断有部队往里冲，我们在外面看到外围的部队，现在情况有些松弛下来，部队的行动有些缓慢。

到目前为止不知道死了多少人，我们的记者都在离文化宫20米的草坪上，但是凤凰台的机器还在里面工作着。

现在又冲出一批人，我们不知道是哪个方向的，躲在汽车后面。我们现在可以看到记者前方150米左右，现在有一些人冲出来，当地警方有不少吉普车和装甲车在附近，部队运动上去了。

现在恐怖分子已经向我们冲过来，打伤很多人，我们正在跑。

恐怖分子冲过来了。向我们开枪。

现在有几个人都躺在地下。

我现在看不出来。我现在趴在地上。现在已经打伤了很多人。

现在天空也出现了三架直升机。

（这段电话报道之后，卢宇光与总部失去联系大约一个小时）。

从这些描述中，我们可以感受到职业记者在采访中的勇往直前的精神。正是这种精神让记者获得了宝贵的现场资料，从而向人们提供了具有特殊价值的新闻报道（见图2-4）。

图2-4　带血的相机和镜头

注：2003年4月8日，一套带血的相机和镜头落在伊拉克首都巴格达巴勒斯坦饭店15层楼的地毯上。当天，巴勒斯坦饭店遭美军炮击，致使英国路透社摄像师塔拉斯·普洛兹乌科死亡，另有4人受伤，包括一名西班牙摄影记者和三名英国路透社记者。（新华社）

美联社的图片摄影记者艾兰·斯图尔特（Iran Stewart）和电视摄像记者迈尔斯·蒂尔尼（Myles Tieney）要去采访塞拉利昂发生的军事冲突。他们知道他们要去的地方充满了血腥的杀戮，叛军洗劫了塞拉利昂全国，村民们甚至被砍下手和脚。但是，他们还是义无反顾地上路了。

他们果真遭遇了灾难。电视摄像记者迈尔斯·蒂尔尼遇害身亡，图片摄影记者艾兰·斯图尔特则头部中弹，一只手臂终身残疾。面对这样的后果，艾兰·斯图尔特说："良知告诉我不能无视无辜者的困境。不去？那不是我进入新闻界的原因，我接受的教育也不允许我这样做！"

《中国青年报》记者刘畅在山西繁峙矿难发生之后，面对各种阻挠和威胁，最终披露了地方矿主与地方政府相互勾结、隐藏死亡矿工人数的重大事件。这也显示了记者不畏邪恶、不畏强暴、不畏困难的职业精神。

四、坚持不懈

新闻记者面对了解真相难以逾越的障碍时，首当其冲的考验与其说是智慧不如说是进取精神。

1948 年，杜鲁门与杜威竞选美国总统。合众国际社驻白宫记者梅里曼·史密斯（Merriman Smith）跟随杜威乘坐火车巡回全国。杜威乘坐的火车在圣路易斯停留时遇到了选民们的嘲弄，一些选民向他投掷鸡蛋。火车很快驶出了站台，并且通知记者在接下来的四个小时里不再停车。随行的记者们都抱怨起来，叫苦连天。1948 年，记者手中可没有移动通信设备，这意味着什么？意味着在接下来的四个小时里，所有记者都将无法发出自己的报道。

此时，梅里曼·史密斯没有加入抱怨的行列，他躲在一个角落，在晃动的车厢里用简洁的文字写下他的近乎是简讯的报道。写完后，他再写上一封“给发现者的短信”，告诉捡到新闻纸的人打通合众国际社编辑部的电话，把新闻读给接听电话的编辑。然后，他用 5 美元把新闻稿件和这封短信包裹起来。火车每经过一个大站，他就扔下一个这样的包裹。

四个小时过去了，火车经过了四个大站，梅里曼·史密斯扔出了四个包裹。这四个包裹都被人捡到了，捡到这些包裹的人都和合众国际社编辑部取得了联系。

在跟随杜威采访的所有其他记者四个小时没有发出一条新闻的时候，合众国际社拿到了四条独家报道。而这都是因为一个记者在绝境之中仍然毫不动摇的进取心。

有一种治疗糖尿病的药物，因发现可能导致心脏方面的病症而在英国被禁止使用。《洛杉矶时报》记者戴维·威尔曼（David Willman）得到美国市场上这种药物仍然在销售的线索，立即展开调查。一年后，他写出了这种药品导致死亡的调查性系列报道，但是美国联邦药品管理局对这些报道置之不理。

戴维·威尔曼没有放弃，他继续履行自己的职业责任。在随后 14 个月的时间里，他又写出了 25 篇报道。他报道了这种药品导致的死亡人数和医生们的忧虑。美国联邦药品管理局最终对这种药品发出了禁令。戴维·威尔曼的报道赢得了 2001 年度普利策调查性报道奖。

今天这些经典案例仍然在美国著名新闻学院的教学案例库中。

龙胆泻肝丸在中国曾经是一种非处方中成药，任何人都可以在普通药店随意购买。然而龙胆泻肝丸的配方中含有关木通，关木通所含马兜铃酸为有毒成分。该成分致使这种被广泛使用的药物成为生命的杀手，许多服用这种药物的人患上了难以治愈的尿毒症。新华社记者朱玉突破种种障碍，在深入调查之后于 2003 年 2 月 23 日发表了题为《龙胆泻肝丸——“清火良药”还是“致病”根源?》的特稿报道，揭露了事实的真相。她的报道被中国五百家新闻媒体刊发，由此改变了我国一个具有法律效力的规定。

2003 年 2 月 28 日，国家药品监督管理局发出通知，对含关木通的“龙胆泻肝丸”严格按处方药管理；4 月 1 日再次发出通知，要求生产龙胆泻肝丸（含浓缩丸、水丸）、龙胆泻肝胶囊

（含软胶囊）、龙胆泻肝颗粒、龙胆泻肝片的企业，务必于 2003 年 4 月 30 日前将处方中的关木通替换为不含马兜铃酸的木通。其他国家标准处方中含有关木通的中成药品种，务必于 2003 年 6 月 30 日前替换完毕。

朱玉的报道为避免更多的人成为一种药物的牺牲品而建立起安全防护的屏障，朱玉因此入选“2003 年中国记者风云榜”。

“让世界因为拥有我们而更美好，朱玉用自己的行为实践着这句话。”这是中国新闻界专家为推荐朱玉当选“中国风云记者”写出的评语。

五、不断质疑

新闻工作者要做“怀疑主义者”。他应该对自己听到的、看到的一切可能构成新闻的事情提出疑问。不轻信任何人，不轻信任何说法，不轻信任何没有经过证实的消息，对一切都要问个为什么。疑问会让人清醒，让人细致，让人深入。

让质疑贯穿新闻采访的全过程，让质疑推动我们去追寻事实的真相。

2002 年 12 月 2 日，山西省临汾市尧都区一平垣乡坂底村附近一个煤矿发生瓦斯爆炸。矿主及当地官员声称此次事故死亡人数为 8 人。然而，中央电视台《焦点访谈》节目热线不断接到匿名电话，声称死亡人数超过 30 人。

记者曲长缨带领摄制组赶赴当地进行调查。矿区、医院、火葬场他们都去了，没有发现任何瞒报矿难死亡人数的线索。但是，落入他们视野的那些扑朔迷离的事情始终没有让记者们放弃自己的怀疑。

一天，记者们来到矿工们的住处实地调查。矿难发生后，矿井已经封闭，矿工们原来的住处已经人去楼空。然而，就是在一间空屋的角落里，记者曲长缨在一件破旧的衣服下面发现了一个写着“吕世文”名字的小本，上面记着十几个电话号码。

曲长缨按照本子上的电话号码一一拨打，终于有一个电话接通了。

曲长缨问：“您认识吕世文吗？”

对方问：“你是谁？”

曲长缨回答：“吕世文的朋友。”

对方问：“啥事？”

曲长缨说：“听说吕世文在矿上出事了，不知是不是真的，想问一问。”

对方说：“吕世文不是被闷在井下了吗？你不知道？”

曲长缨说：“我们说的不是一个人吧，你认识的吕世文是哪里的人？”

对方答：“安徽界首。”

曲长缨说：“我说的就是他。他什么时候死的？”

对方起了疑心，问：“你到底是谁？你怎么知道我的电话？”

接着对方就把电话挂断了。这个电话再也没能打通。

但是，曲长缨已经得知吕世文是安徽省界首市人。2003 年 1 月 1 日晚，记者赶往安徽界首，根据吕世文通讯录上所写的“陶庙”二字，找到了陶庙乡派出所，又通过派出所的电脑查到了吕世文的资料。

吕世文，男，1971年生，初中文化，是两个孩子的父亲，派出所证实他已经在2002年12月2日的阳泉沟矿难中死亡。记者在陶庙乡前吕村找到了吕世文的父母。

吕世文的父亲带记者来到吕世文的安葬地。他告诉记者，2002年12月6日，家里接到阳泉沟矿一位矿工打来的报丧电话，他们当即赶往临汾为吕世文处理了后事。

而在当地提供的8名矿工的死亡名单中，没有吕世文的名字。记者掌握了矿主与官员瞒报矿难死亡人数的证据。

记者们没有停止他们的工作，在接下来的半个月时间里，记者的采访调查扩展到中国的山东、河南、四川数省，最终将此次矿难遇难矿工达到31人的事实大白于天下。

2003年，曲长缨荣登“中国记者风云榜”。专家对他的评价是：“在曲长缨身上，集中地体现了一名记者最基本也最重要的素质，不断地质疑，并不断地核实。”

六、勤奋学习

面对日新月异的世界，新闻工作者要想敏锐识别新闻、准确判断新闻、真实描述新闻、深刻解读新闻，就必须努力学习。通过学习，丰富自己的知识，开阔自己的眼界，活跃自己的思维，提高自己的专业工作能力。

你可以试着问一下自己，是否知道下面这些问题的答案？

你知道未来20年间中国人口数量的变化趋势吗？你知道这种变化对中国社会经济可能发生的影响吗？

你知道中国每年粮食消耗的总量、粮食生产的总量、粮食进口的总量吗？你是否知道人类面对的粮食安全的威胁究竟是哪些因素导致的？

你是否知道中国高速公路国道骨干框架的布局？你是否了解中国高铁网络的建设已经形成的网络布局和中国民用航空已经形成的布局？你是否知道这些交通基础设施的建设对中国市场经济的活跃、社会闭锁状态的消失起到的作用？

你是否知道途经中国的候鸟的种类、数量、迁徙路线？是否知道这种候鸟迁徙给人们带来的影响？

你知道世界财富的分布状态吗？你知道联合国划分贫困人口的标准和全球贫困人口的数量及区域分布吗？

你知道近地小行星的直径是根据什么标准划定的吗？目前人类发现的近地小行星的数量有多少？人类怎样对待近地小行星的威胁？

霍金的宇宙观又有什么新的发展？他所说的黑洞运动状态的新变化对人类的生存有什么影响？他述说的事情究竟有什么根据？

你了解潜物质吗？

我们可能会问自己十万个乃至百万个、千万个与人类生活、人类命运密切相关的问题，我们需要了解这些知识。对新闻工作者来说，这些知识不仅是为了满足一般人所具有的好奇心，而且是为了胜任自己的职业工作。

新闻职业要求从业者对人类生存的所有环境变化进行观察和解读，这种关系社会运行安全和人民实际利益的专业工作需要知识的支撑，它不允许新闻记者只知其一不知其二，不允许新闻从业者以其昏昏，使人昭昭。

- 新闻专业的学生应该像哲学家培根一样，把一切知识都当作自己的领域。
- 知识面越广，就越能写好各种各样的题材！
- 新闻记者应该是具有各方面知识的通才。

——杰克·海顿

美国哲学家约翰·杜威（John Dewey）说："如果不运用我们已经掌握的观点和知识，我们就抓不住新闻，我们甚至无法知道什么是新闻，更不用说理解它了。"

知识是记者编织新闻感知网络的基础材料。知识越是丰富，记者对客观世界的认知就会越全面、越深刻，一旦出现具有新闻意义的新的变动，记者就会将这种变动与自己对整个世界形成的认识进行比对，从中判断新闻的价值所在。

知识是打磨新闻感觉神经的基础，这个基础只能通过勤奋的学习建造起来。

七、勤于思考

恩格斯曾指出，新闻工作有一个优点，就是它往往促使人在规定的时间内完成定量的工作，这就造成了生命的效率，但是新闻工作也有一个弊端，就是它往往要求人们在对一个事物没有全然了解的情况下就必须做出判断，这就容易让人浅薄。

新闻记者对任何一个不同寻常的事情，永远要问一个"为什么"。你必须想得比一般人多，只有想得比一般人多，你才能看到一般人难以发现的事情和道理。

新闻工作者要想洞察新闻酿成的原因、新闻背后的复杂关系、新闻波及的社会影响、新闻发展的趋势走向，就必须具有研究问题的能力，特别是需要具有在面对突然呈现于眼前的一切自己之前并不了解的新事件、新变化、新动向时进行深入研究的能力。

思考是建立在学习的基础上的，也可以说是以知识为基础的。同时，思考也将推进学习进入新的境界。孔子曾经深刻地指明了两者间的辩证关系："学而不思则罔，思而不学则殆。"以学助思，以思促学，方能学以致用，行之高远。

文字是思想和品格的外壳！

一位撰稿人的词汇是他的货币，但是，它是纸币，其价值取决于支撑它的思想和心灵的资源。

——西里尔·康诺利（Cyril Connolly）

大约一百年前，中国民主革命的先驱章太炎先生"敬告新闻记者"："诸君当不务谄媚，不造夸词，正色端容，以存天下之直道。"

一百年间这些新闻先驱认定的新闻职业的道德规范，就是在今天看来也没有过时。

今天中国职业新闻工作者担负着神圣的社会责任及职业使命，这包括：

- 向公众报道他们生存环境发生的重要变化。

- 向公众传递先进的思想、文明的观念和健康的文化。
- 向公众提供对提高他们生活质量有实用价值的信息服务。
- 向世界真实、完整、深刻地描述中国。
- 向敌视人类良知和道德准则、毒化人类生存环境的一切行为和力量做坚决的斗争。

这些责任的承担，需要记者良好的自我修养、广博的知识基础、科学的思维方式、精良的专业技术和永不懈怠的职业责任心作为支撑。

【阅读】

科瓦奇，罗森斯蒂尔．新闻的十大基本原则．北京：北京大学出版社，2004.

科瓦奇，罗森斯蒂尔．真相：信息超载时代如何知道该相信什么．北京：中国人民大学出版社，2014.

中华全国新闻工作者协会．中国新闻工作者职业道德准则．(2009-11-09)[2016-01-21]．http：//www. chinanews. com/gn/news/2009/11-27/1988722. shtml.

美国职业新闻记者协会．美国职业新闻记者协会（SPJ）职业伦理规范．(1996-09-01)[2016-12-11]．http：//www. docin. com/p-232838251. html.

美国报纸编辑协会原则声明．(1975-01-01)[2016-09-10]．http：//www. docin. com/p-449934537. html.

英国广播公司．BBC 新闻手册．[2016-05-07]．http：//www. docin. com/p-1548860502. html.

【思考】

1. 你认为在新闻报道中应该怎样坚持真实性原则？
2. 新闻报道为什么要对信息进行核实和验证？你是否知道怎样对信息进行核实和验证？
3. 新闻报道为什么要交代消息来源？
4. 匿名消息来源对新闻报道的影响是什么？什么情况下使用匿名消息来源？使用匿名消息来源需要注意哪些工作环节？
5. 你认为客观、公正的报道具有什么特征？怎样在新闻报道中坚持客观、公正的原则？

【练习】

1. 在互联网上检索近三年来的失实新闻报道，分析导致这些报道失实的原因。
2. 在近日的新闻报道中找出没有交代新闻来源的报道，分析其不交代新闻来源的危害。
3. 分析下面的新闻报道，看看它是否遵循了新闻报道的基本原则？你会怎样报道这则新闻？

据 1 月 25 日出版的《环球时报》报道，美国总统奥巴马 22 日表态支持希拉里，而希拉里21日以颇受争议的讲话力挺在中国惹出麻烦的谷歌公司，这一奇怪的美国“官商勾结”的链条惊动了全世界。希拉里和奥巴马是对美国外交政策影响最大的决策人物，他们要求中国调查和解释的“谷歌遭黑客攻击事件”毫无事实基础，明显是美国官商合起来找中国的碴儿。美国有人表扬希拉里的演讲“勇敢”，但也有人批评她的冷战论调令人想起丘吉尔的“铁幕演说”，不合时宜。奥巴马表态时恰逢其上台一周年，媒体说他的民调跌幅之大在美国历届总统之中排在第二，有人质疑奥巴马是在拿中国转移美国国内的视线，BBC援引专家的预测称美中关系进入“小冰河期”。

（环球网，2010-01-25，http：//world.huanqiu.com/roll/2010-01/698544.html）

第三章
新闻发现与新闻选题

【学习要点】

任何一篇新闻报道，都先由新闻记者“发现”了有新闻价值的事实信息，而后才进入新闻采访写作的具体报道环节。因此，没有有效的“发现”就没有有效的采写。

新闻发现的目标，不仅仅是捕捉有新闻价值的事实信息，而且要找到报道这个事实的最有效的表达方式。新闻发现的三个依据记录了新闻事业不断发展的步伐。

记者发现新闻的思维过程，大体可分为准备阶段、灵感阶段和印证阶段。

新闻选题的内容极其丰富且具有极大的伸缩性和灵活性。

新闻选题与媒体的社会功能和媒体的影响力密切相关。

新闻选题确定过程中要考虑四个因素。

报道策划应当遵循几个基本原则。

“用毕生去发现”，这是新华社总编辑南振中先生几十年记者生涯的不懈追求。无论是几千字的长篇报道，还是版面上的“豆腐块”新闻，其所传播的种种信息，都源于新闻记者的“发现”。新闻发现是新闻采写的前提和基础，也是新闻记者必须具备的一种专业思维。

第一节　新闻发现的意义

新闻报道不是对客观事实镜子般的反射，而是对事实信息进行选择和解读的结果。这种选择和解读的过程，便是新闻发现。对于新闻记者而言，新闻发现就是其对事实信息的传播价值和最终表达方式（形式＋时机）的率先认知。

一、没有发现就没有新闻

在新闻实践中常常会出现这样的情形：有的记者有采写不尽的新闻，并经常写出好稿，而有的记者则老是觉得无从下手，抓不到什么新闻；面对同一信息源，有的记者能够挖掘到鲜活的大新闻，有的记者却视而不见，听而不闻。为什么会出现这样的情形？关键在于记者是否具备新闻发现的能力。没有发现，便没有新闻。

【案例】

无处逃避

小卫和老纪都是山西闻喜县农民，同是1965年出生，两人都因为采血于1997年前后查出感染上艾滋病病毒。去年年底，在北京佑安医院住院时，电视新闻做了报道，他俩的脸没有做遮蔽处理。

…………

没料到，晚上电视新闻一播，小卫和老纪家里就炸了锅。

先是小卫妻子来电话："你还让不让我们活哩？"接着，老纪的老婆也打来电话，说16岁的儿子找不见，失踪了。

…………

小卫一回家，妻子不准他进门，边哭边骂：你别进这个家，别影响一家人的生活，要不是你这样，我们怎么会让别人看不起？小卫回来后，她七八天没敢出门，说邻居像躲瘟疫一样躲她和孩子。小卫家一直在县城边租房住，房租便宜，租了6年。知道小卫的身份后，村干部找到房东：你让他家赶紧搬走，别把咱村人传染了。房东一再撵他们搬家，"大冬天的，现在怎么办？"妻子发愁地叫道。

到家第二天，小卫被有关部门喊去，他还以为是什么好事，结果被领导训斥了一顿："谁让你把记者带回来了，你以为这是什么光彩的事吗？"小卫泄了气，回家躺到床上不起。

(《中国青年报》，2005－12－14)

这篇报道讲述的是两位艾滋病人，他们不仅生存状况没能得到改善，相反，由于电视报道时"他俩的脸没有做遮蔽处理"，导致其"艾滋病患者"的身份公开，因而遭受种种歧视。这篇报道的记者正是从这一出人意料的事实中发现其新闻价值所在，及时进行了追踪调查，并选择在"世界艾滋病日"不久之后予以公开报道，从而引发了社会对艾滋病人命运的普遍关注。

二、新闻发现是新闻采写的前提

从新闻生产流程来看，任何一篇新闻报道，都是先由新闻记者"发现"了有新闻价值的事实信息，而后才进入新闻采写的具体生产环节的。当然，新闻发现的主体是不同媒体的记者；面对同一件事实，不同的媒体、不同的记者会发现不同的传播价值，他们会根据想表达的新闻主题，选择不同的素材、不同的报道角度和体裁进行报道。

下面是不同媒体对有关中国目前还在运行的几十对慢速度、低票价、无空调的"绿皮火车"的报道。由于发现新闻价值的视角不一样，不同媒体写出的报道，风格各异，呈现着不同的社会画面。

【案例】

凉山"扶贫慢火车"：最低仅 2 元，22 年未涨价

四川凉山有一列"扶贫慢火车"——5633/4 次。它在途经地处乌蒙山连片特困区的凉山喜德、越西县时，几乎每隔 10 分钟就停一站。它像公交车一样，成为当地贫困山区群众经商购物、求学求医、走亲访友的便民车。这样的火车，最低票价仅为 2 元，22 年未涨价。考虑到贫困山区群众出行不便，列车特允许乘客携带家畜，但应拴放在指定的行李车厢。目前，全国铁路共开行这样的公益扶贫列车 81 对，主要分布在西南、西北和东北偏远贫困地区，2016 年共运送旅客近 3 000 万人次。

穿行在四川凉山喜德县境内的慢火车。该线路列车往返于四川攀枝花和越西县普雄镇之间，全程 353 公里，历时 9 至 10 小时，共停靠 26 站。该车在途经地处乌蒙山连片特困区的凉山州喜德、越西县时，几乎每隔 10 分钟就停靠一站。因此成为沿线贫困山区群众经商购物、求学就医、走亲访友的便民车。

三名女学生在慢火车内交流。据在慢火车上工作了 20 年的彝族列车长阿西阿呷介绍，火车沿线山区对教育越来越重视，曾一度没有机会上学的女孩，也被越来越多的家长送到条件更好的县城甚至州府西昌读书。就这样，慢火车将一批批学生往返运送于家与学校之间，助力他们走完求学之路。不少人也因此而摆脱贫困，走出大山。

火车抵达普雄站后，村民李苦古尔等人将羊群赶下火车。

由于慢火车是沿途贫困山区群众为数不多的出行方式，很多乘客都携带了大件行李。为方便旅客，5633/4次列车在5至11号车厢内，每节车厢在一端拆除一定数量的座椅，作为大件行李车。图为一位乘客走过堆满货物的大件行李车厢。

2017年6月17日12时11分，5633/4次慢火车抵达西昌火车站。50岁的彝族村民阿尔阿支下了火车，将一筐土鸡背出站，交给等在西昌的鸡贩，从中赚取差价。阿尔阿支家住普雄镇农村，她每周都要将自己从普雄集市收来的土鸡，送至西昌转手，通常每趟可赚100元差价。除了家中种植的土豆和玉米，贩鸡成了她与丈夫最主要的营生。由于西昌和普雄间没有班车，票价低廉的慢火车，成了他们贩鸡最便捷的出行方式。

（原标题《凉山“扶贫慢火车”：最低仅2元，22年未涨价》，原作者蒲晓旭，编辑曹蔚）

（《人民日报》客户端，2017-12-11）

揭秘河南40岁“慢火车”：坐火车到邻村买菜

“我们这趟车想快也能快起来，但我们追求的不是速度，而是服务。”说起自己所在的列车，李玉涛的神情里难掩自豪。

李玉涛今年38岁，他接了父亲的班，目前在新乡到洛阳的6901次列车上担任列车长。当年他的父亲接手这趟列车时，这趟车是新乡列车段唯一一班红旗列车，也是当时最先进的车。如今30多年过去了，其他列车都已更新换代，这趟列车还保留着当年的模样，成了郑州铁路局唯一一趟没有空调的列车。而就是这趟逢站就停的绿皮车，在快节奏的时代，诠释了慢的意义。

行程

穿乡过寨，有乘客坐车到邻村买菜

轵城，王庄，白合，捏掌……这些都是6901次列车经过的站点，另外还有5座叫不出名字的站点，一些站点只是很小的乡镇，这辆绿皮车成了这些站点唯一停靠的列车。

住在轵城的王老先生是这趟车的常客，他每个星期都坐车到济源看孙子，10分钟到站。这段路程如果坐公交他需要花上1个多小时。像王老先生这样的乘客还有很多，这趟列车成了他们最便捷的“山区公交”。

“有些乘客还坐车去邻村卖菜，”李玉涛笑着说，“我们的特点就是逢站必停。”这趟列车从新乡始发途经焦作、济源抵达洛阳，203公里的路程要开上近6个小时，停靠13个站点，其中9个是乡镇。最短的区间是月山到柏山，只有5公里，7分钟车程。“有的人上班都比这远。”李玉涛说。

“这趟列车1971年开通，开通的时候就有这些站点了，因为接地气，这趟列车很受大家的欢迎。”李玉涛回忆说。后来这趟列车因为设施先进、服务周到被评为红旗列车，是新乡列车段唯一一趟，新乡列车段所有新入职的工作人员都以这趟列车的服务为标准。

“也许是因为这种精神或情怀，这条线路一直延续到今天，但我们现在就算载满乘客也抵不上列车的运行成本。”这趟逢站必停的慢火车，有六个区间是1元票价，李玉涛说，之所以不换空调车，也是因为换了空调车就得涨价。“我们路过的好多车站其实连票都没法出，都是乘客上车补票，有的儿童票连票纸的成本都抵不上。”

家在洛阳，在新乡教书的张老师每个月都要坐几次6901次列车。“从洛阳到新乡汽油钱就要200多元，坐这趟车虽然慢点，但也就花费十几块钱。”

现状

它是全局最早的既有始发车

早上4点30分，新乡火车站的天空微微泛蓝，李玉涛车长和这趟列车上的6名列车员已经守在站台，等待列车进站，他们是郑州铁路局既有列车里起得最早的列车员，因为6901次列车5点30分开车，是全局最早的既有始发车。

下午3点，车厢里的温度已经达到40℃以上，李玉涛在水房里把开水倒入水壶，为每节车厢提供热水，一趟下来，他已经浑身湿透。“我们这个组女列车员多，搬不动水壶，所以这个活还得我来干。”李玉涛说着擦去了下巴上的汗珠。

作为郑州铁路局唯一一辆没有空调的绿皮车，酷夏和寒冬是列车员必须要经受的考验，尽管这样，李玉涛说，他们从没有抱怨过。“时代在变，列车也在升级，我们这趟车还是老样子，但是我们不会寂寞，不管什么车，作为列车员，服务好乘客的心都是不变的。”

（大河网，2017-07-13）

票价最低2元 渝黔铁路线上“慢火车”跑热赏花风景线

川黔线上一辆正在行驶的绿皮火车穿行在崇山峻岭间。中国青年网通讯员 包亮 摄

中国青年网北京4月8日电（记者李川 通讯员高明洁、包亮）“陈姐，赶紧，到4号车和大家会合。”

“刘阿姨，我们几个到了，你们在哪个车厢？”

4月2日上午8点45分，遵义西火车站呈现出一片熙熙攘攘的热闹景象。大家呼朋引伴，相互招呼着走进车站。重庆客运段5630次列车长王春站在进站口，密切注视着旅客们的动向。

进站的旅客大都是由遵义西前往松坎站的。3元钱的票价和便捷的路途吸引了众多市民去观赏松坎的十里樱花大道。

准备前往松坎赏樱花的“夕阳红”旅行团在慢火车上载歌载舞。中国青年网通讯员 包亮 摄

如潮的人流中，来自遵义市汇川区的旅客何女士一行15人显得格外引人注目。她们身着统一的靓丽服饰，迈着欢快的步伐，那灵活矫健的身躯，绝对让人想象不出这是一群年近60岁的文艺“青年”。

她们旁边，是来自遵义供电局的蔡先生，蔡先生背着自己心爱的乐器，携着妻子，和其他乐队成员一起，登上了2号车。

“在落英缤纷的樱花树下，和多年好友一起，弹响一曲，是很惬意的一件事。每年这个时节，我们都要乘坐5629次列车到松坎，一年一约，这已是第三个年头了。”蔡先生自豪地说道。

“就是，原来坐汽车去赏花，我们要先坐到茅草铺，再转车到泗渡镇，不方便，价格还贵。后来坐上慢火车看花，便宜又舒适，车上聊聊天，演奏一曲，意犹未尽之间就到了。”邻座的旅客吴女士接着话头说。

一辆绿皮火车穿行在松坎至汇龙塘区间，下方为十里樱花大道和牡丹园景区。中国青年网通讯员 包亮 摄

说话之间，车厢那头已经响起了嘹亮的歌声，退休于遵义环卫处的李女士唱起了一首《樱花海》，歌词中所唱道的“樱花盛开，花落成花海，花瓣就装满了关爱”正贴合她们今天的行程，满含着对樱花大道的期待，瞬间就点燃了慢火车上的“赏花”主题。

而列车上的工作人员却无暇欣赏这些精彩的节目，他们忙不迭地在车厢里进行安全宣传、送水、清扫等工作。王春穿梭在车厢里，进行补票事宜的同时，还不忘给松坎站发去信息提示。

“友情提示，今天从遵义西开出的5629次列车，预计在松坎站下车800余人，请金站长做好准备。”

“收到。松坎樱花开了，这两天客流一天比一天多，已做好接站准备。”松坎站长金攀回应道。

王春和金攀所在的这个群是5629/30次列车停靠各站群。5629次慢火车的列车长及沿途停靠站点的各站站长、值班员都在这个微信群里，以便站车之间加强联控，做好重点旅客交接，应对区段性、时段性大客流的到来。

暮春时节，草长莺飞，老川黔线沿途的油菜花、桃花等次第绽放，特别是松坎至汇龙塘区间的十里樱花大道，规模宏大、景色壮观。花开时节，透过慢火车的车窗，看那一树树繁盛的粉红、藕荷占满老树虬枝，格外绚烂。这一盛景吸引了渝黔两地的大批市民慕名前来，因此，常年奔跑于这条线上的5629/30次慢火车就俨然成了“赏花专列”。

5630次列车上，两名旅客谈论着今年的收成，喜笑颜开。中国青年网通讯员 包亮 摄

9点40分，列车到达松坎。列车有条不紊地启动了大客流下的应急措施。班组实行一个车厢双开两个车门的制度。大家在车门口，扶老携幼，接一把，送一下。车站工作人员则按照事先布置的接车要求，在站台上仔细逡巡，来回巡视，以便及时发现旅客需求，随时上前帮忙。5分钟内，900余人完成了乘降。

5630次列车员正在帮助旅客上车。在川黔线上，背篼已成为一道独特的风景线。中国青年网通讯员 包亮 摄

在松坎站才上车的旅客钟女士感慨于列车乘降的速度，对王春由衷地赞道：“列车的组织很到位，有速度。”钟姐是重庆南坪“春之韵”的团长，带着艺术团一行40人刚从松坎赏花回重庆。她说，“艺术团员们最喜欢慢火车上的氛围，自由，畅快，不快的车速让大家可以欣赏沿途的春景”。

“火车向着需求开。”针对川黔线沿途这些此起彼伏的花期，重庆客运段加强站车之间的联控，每天互通信息，及时了解旅客的出行需求，凸显铁路服务的精准和力度。让穿行在油菜花海、杜鹃花丛里的慢火车，成为满足广大民众美好生活需求的移动风景线。

（中国青年网，2018-04-08）

不同的媒体有不同的关注点，不同的记者有不同的“发现”成果。

《人民日报》客户端所关注的是凉山“扶贫慢火车”的票价最低仅2元，22年未涨价。这趟穿越在国家成片贫困区的慢火车，成了沿途老百姓的“扶贫车”：农民靠它运粮运菜，贩猪贩羊；学生靠它走出大山，上学回家。

大河网所关注的是河南新乡、洛阳的慢火车，方便、定时，成了百姓居家过日子的“公交车”，“有些乘客坐车到邻村卖菜”。

中国青年网所关注的是贵州遵义的慢火车的新功能，它是随着老百姓生活水平不断提高而产生的“换代产品”——慢火车成了中老年人的郊游车、赏花车。

第二节　新闻发现的目标与依据

新闻发现作为一种先于新闻采写并伴随着新闻采写过程的专业思维，自然有着其自身既定的目标，也有着其自身规定的依据。

一、新闻发现的目标

新闻发现的目标是，在事实的海洋中，找出新鲜的、真实的、有新闻价值的事实，并根据这个事实，发现或创造出新闻作品的最佳表达方式。

新闻发现的目标首先在于捕捉有传播价值的新闻事实。当遇到新闻线索时，记者通常会迸发出报道的灵感——点子，这就是人们常说的“新闻敏感”，有人将之称为记者的“第一素质”。到底哪一个事件、哪一类现象、事实的哪一部分、哪一个角度对哪些受众有吸引力？对哪些人群具有传播价值？这是记者最常思考、最常搜索的目标。总之，对有传播价值的事实信息的搜索和捕捉，是新闻发现的主要目标。

新闻发现的目标还在于发现或创造出新闻作品的最佳表达方式。这是因为新闻的最终呈现形式是消息、通讯、特写等新闻作品，而任何新闻作品都是内容和形式的统一体。发现了事实的价值点，产生了报道“灵感”，有了报道点子，这是解决报道内容的问题。在这基础上，还应着力发现或创造报道的最佳表达方式，这样，才有可能将内容和形式俱佳的新闻作品呈现在受众面前。因此，新闻发现的过程并非只是新闻灵感迸发的过程，记者在新闻发现过程中应始终保持双重目标搜寻，即不仅要搜索事实信息的价值点，也要搜寻和创造报道的最佳表达方式。

新闻背后

2004年春，我国现行宪法第四次修改，新华社发布报道《修宪离百姓有多远?》(2004年3月8日播发)。这篇报道最引人注目之处，就是把陌生的宪法条文通过“接地气”的解释，使受众更易接受。报道首先把新修订的宪法条文中与民生联系最紧密的要点一一拎出来，列出5个小标题：

（1）民营经济将获平等国民待遇；

（2）不仅保护“大款”，也保护普通百姓的财产；

（3）耕地不得随便征用了；

（4）社会保障制度有法律保障了；

（5）尊重人权就是尊重生命。

继而，记者在报道形式上动了脑筋，创造出一种易于受众理解的新的报道结构：将每一条修改后的宪法内容，分为三部分来展示：

第一部分是“草案摘录”，列出宪法修改案中有关民生的相关条文。

第二部分是“百姓故事”，记者通过采访一个个普通百姓，将这些普通的百姓故事、百姓情绪、百姓期盼放到稿件中，以百姓的嘴对宪法条文进行解读，展示出宪法修改案将给百姓带来的利好前景，既通俗又生动。

第三部分是“专家评说”，请有关专家结合修宪的社会背景和现存社会问题，又结合前面讲的百姓故事，进一步解释那些目的性极强但表面上看起来又很枯燥的宪法条文，一步步引导受众深入理解宪法。

这种报道结构上的创新，既是新闻发现的结果，也是新闻创新的结果。正是由于记者把发现最具传播价值的事实信息与发现富于传播力的最佳表达方式融合在一起，才会创作出如此广受好评的新闻。

《修宪离百姓有多远?》全文

二、新闻发现的依据

作为新闻记者对事实信息的传播价值及其最佳表达方式的率先认知，新闻发现实质上是一种新闻价值评价。新闻发现的依据，便是新闻价值评价的标准。什么是新闻价值的评价标准?对此新闻界的表述历来比较多元。其中，有按受众的需要来界定评价标准的；有按一些规范性要求，比如与新闻传播有关的宣传纪律、法律规范等来确定评价标准的；还有从新闻传播客体属性的角度，把事实的时新性、重要性、显要性等作为新闻价值评价标准的。

从新闻发现的业务实践来看，记者主要以三方面内容作为新闻发现的依据，这即新闻发现的三个依据：第一，党和政府的方针政策；第二，社会热点、受众需求；第三，社会上普遍存在的问题。这也就是人们常说的新闻发现要善于“吃透两头”，即记者的新闻发现既要符合“上头”的精神，符合中央当下的方针政策，符合媒体当下的报道思想以及选题倾向；又要合乎“下头”的需求与动向，满足受众需求，关注百姓的呼声，回应当下的社会问题与社会舆情。

这里需要强调的是，并不是受众所有的需求都可以成为新闻发现的依据。一个人实际存在的状态和他对这种状态的心理反应常常是不一致的。“人们不一定能真实地、客观地意识到有机体实际存在的状态，人们以为自己需要的，不一定真是自己需要的。”① 在新闻采写实践中，理应以受众的“实际存在的状态”，即实际需求作为具体判断新闻价值的标准。这是因为人们的“实际存在的状态”关系到人们的共同利益，是人们共同关注的话题。与此同时，人们对“实际存在的状态”的感知，通常呈现出一个由隐性到显性的过程，一旦产生不满的感受，便容易诱发社会矛盾。因此，作为社会的瞭望者、守望者的新闻媒体及其新闻记者，一定要密切关注受众的“实际存在的状态”，从中及时发现社会上发生的新情况、新问题、新苗头。

这里还需要强调的是，所谓“社会上普遍存在的问题”，指的是新闻记者独立观察社会的结果，是新闻记者眼中“普遍存在”的社会问题。也就是说，记者在新闻发现的过程中，不仅要眼观上下——党和政府的方针政策和社会热点、受众需求，而且要重视自己独立的观察，要瞄准那些领导层尚未重视的、在社会上还未引发群众关注的但却是普遍存在的问题。大量的新闻实践证明，很多社会问题，譬如对艾滋病人的社会歧视问题、各地收容机构侵害农民工权益的违法行为，都是经媒体的多次报道后，方引起社会广泛关注和相关政策法规调整的。新闻记者的独立观察是一个重要的衡量新闻价值的维度，已成为记者发现新闻必不可少的依据之一。

正如美国哥伦比亚新闻学院的梅尔文·门彻所言，在任何时代，作为大众传媒的新闻总是遵循着两个基本原则：

> 第一，新闻是从正常的事件流程中脱轨而出的信息，是某种预期的中断。
>
> 第二，新闻是一种信息——人们需要这种信息来对自己的生活做出明智的决定。

第三节　新闻发现的动态过程

接触事实信息，获取新闻线索，了解事实真相，策划报道方案，创作报道文本，新闻生产流程的每一个环节都离不开记者的新闻发现。因此，新闻采写也可以视作新闻发现的动态过程，需要记者具备持续不断的强劲的新闻发现力。

一、记者的“前发现”状态

在新闻发现的过程中，记者的任务十分艰巨，要在截稿时间的压力下：

（1）快速寻找新闻线索；

（2）快速了解事实真相；

（3）快速确立评价视角；

① 冯平．评价论．北京：东方出版社，1995：101.

(4) 快速获取事实信息;

(5) 快速决策报道方案;

(6) 快速选择旨在使新闻价值最大化和受众接收最大化的表达方式。

而要在短时间内完成上述任务，仅靠记者的临时准备是不够的，必须依靠记者的长期准备——良好的新闻素养。只有具备良好的新闻素养，才能够在记者心里建立起一个先在的、牢固的“前发现”状态。

这种“前发现”状态，就是记者的新闻素养所营造的心理背景系统。它是记者发现新闻的内在驱动力，能引发记者的兴趣，并具有一定的价值倾向和价值标准，对发现的对象做出相应的评判;同时也会使记者的发现具有鲜明的个性特色。

记者的“前发现”状态，不但决定着记者能否发现新闻事实，而且也决定着记者的报道取向。因此，判断一个记者的新闻素养，可以看他喜欢做什么选题以及怎样做报道;而从一个媒体的报道选题倾向，则可以看到这个媒体的记者群像。正因为如此，我们才会看到《中国青年报》对社会黑暗面频频“出击”，看到《南方周末》在“让无力者有力，让悲观者前行”① 的理念感召下对社会公正的不懈追求。

二、新闻发现的关键点

记者新闻发现的思维过程，大体可分为三个阶段，即准备阶段、灵感阶段、印证阶段。

(一) 新闻发现的准备阶段

在新闻实践中常常会看到这几种状况:

(1) 最先见到新闻事实的记者不一定是最先发现新闻的记者;

(2) 最先见到新闻人物的记者不一定是最先发现这个人物新闻价值的记者;

(3) 最先到达新闻现场、“身临其境”的记者也不一定是最先理解这个新闻现场的记者。

这些“先见”“先到”的记者不能“先发现”新闻的原因，往往就是他们缺乏对新闻价值的判断能力，或者说这些记者根本就不具备发现新闻的“状态”。而积累深厚或者说对新闻的“前发现”状态好的记者，即便面对别人已经发现了的新闻，也能从中再次发现其新的价值或更深层次的价值。比如，著名记者郭梅尼面对被众多记者追逐采访的新闻人物时，往往不是第一个去抢新闻的人，但她总能发现与别的记者不同的或更有价值的新闻。其中的原因除了采访深入到位外，还因为她对采访对象所处的时代背景、社会情绪有着深刻的理解和把握，知道什么样的人物、人物的什么精神更符合时代和社会的需求。正是这种对新闻人物的“前发现”状态，让郭梅尼能够发现别人看不到的新闻价值点。这就是“准备”对记者的新闻价值判断的作用。

---

① 《南方周末》1999 年 1 月 1 日新年献词。

要　领

反映新闻价值含量的要素

构成新闻的事实变动中通常不可能囊括下列所有的要素，但是，它包含的要素越多，新闻价值的含量就越高。

时效性——报道新闻的时间距事件发生的时间越近，就越具有新闻的价值。

影响力——事件影响的人越多，就越具有新闻价值。

显赫度——事件中的人物与机构越是著名，就越具有新闻价值。

接近性——新闻事件与受众在地理上、感情上、利益关系上越是接近，就越具有新闻价值。

冲突性——新闻事件所包含的冲突越是激烈、越是深刻，就越具有新闻价值。

异常性——事件越是超出常态、越是反常，就越具有新闻价值。

人情味——新闻事件中包含的能够触动人们感情的因素越丰富、越强烈，就越具有新闻价值。

趣味性——好奇是人类的天性，这种天性是人类探索未知世界的本能表现，奇闻趣事永远能够引起人们的普遍兴趣。

（二）新闻发现的灵感阶段

这个阶段是新闻发现的关键阶段。在采访实践中记者新闻发现的灵感，通常是在寻找新闻事实与意义交汇点的过程中产生的，其表现主要有两种：

第一种，记者把握了大致的价值发现取向，在找到事实信息的线索后，迅速利用发散思维激发新闻发现的灵感。

第二种，记者的发现准备状态为单一目标的主题事实信息，当新闻线索出现后，记者往往利用直觉思维迅速判断自己的定向搜索目标和这个事实信息是否吻合。记者心中的主题事实信息通常先在地存于其思维中，一旦在事实信息的海洋中发现此类事实信息，记者的报道灵感就能在瞬间被激发。

【案例】

村支书“一家人”吃低保

枣强县肖张镇后河村的村民们怎么也不明白，集村支书、村主任、村会计职务于一身的杜西森，其妻子、岳母（与其生活在一起）、儿子、大伯都成了低保户，而且村里有多名村民被冒名办理了低保，款项不知落入了谁的口袋。更让人不可思议的是，已在2008年上半年去世的一位村民，竟也在领取低保。

村支书“一家人”吃低保

3月30日，枣强县民政局向记者提供了后河村低保户春节一次性补助名单（2月28

日到低保户账），上面共有48位村民的名字，记者拿着名单来到了后河村，随机采访了一些村民。村民们说，名单上的吕桂服是村支书杜西森的妻子，李秀贞是杜西森的岳母，杜磊是杜西森的儿子，杜福录是杜西森的大伯。更让记者想不到的是，名单上的李更仁是杜西森儿媳妇的爷爷，该人根本不是后河村的，而是肖张村的。

村民们指着枣衡路（枣强至衡水）东侧临路的10间房子告诉记者，那就是村支书杜西森一家人的住处。记者远远看到该院落很大，内有多间北屋，里面正在大兴土木盖东房，院子外面摆放着大堆的水泥与沙石料。村民们说，杜西森的儿子杜磊一直在经营化肥、农药等农资产品。

多名村民被冒名领取低保

随后，记者按照名单上的名字找到了村民阮文英。阮文英是一位72岁的烈军属，她说她从来没有申请过低保，也没有支取过低保，不知道为什么低保户名单上有她的名字。

接着记者又找到了名单上的周纪皋，周纪皋说他已经80多岁了，从没领过低保。石金锁的名字也在名单上，其儿子说，他的父亲今年已85岁，生活不能自理，从来没听说过领低保的事，不知道是谁用他父亲的名字领了钱。

已故村民也能领取低保

看到低保名单上的"藏双林"，村民们都笑了起来，说藏双林早在2008年上半年就去世了，他的老伴与儿子一起生活，儿子的生活条件很好，家里有一辆大货车，还有一辆轿车。

村民们说，连死人也能领低保，真是"活见鬼了"。

（《燕赵都市报》，2009-03-31）

《村支书"一家人"吃低保》全文

这篇报道一经刊发，就在社会上产生了强烈反响，民政部、河北省民政厅相继迅速派出调查组调查。最终，不仅相关责任人受到了处理，河北省政府还及时出台了具体的低保"堵漏"措施。报道之所以取得如此效果，是因为其注重从"这一个"事件到"这一类"事件的提升，让事实信息与报道主题融为一体。自农村低保惠民政策实施以来，记者不断接到村民反映，一些村干部借助手中权力，为自己、亲戚、朋友等谋取利益，而真正的贫困者却享受不到低保。一个"先在"的主题——某些村干部以权谋私，便在记者的头脑中形成了。而接到这个线索后，记者马上意识到此事太典型了，和主题一拍即合，于是立即前往调查采访，当日即成稿发回报社，一篇高质量的报道就这样诞生了。

（三）新闻发现的印证阶段

借助集中思维确定采访选题之后，记者通常会在采访中力争尽快对假设的事实真相进行印证。这里面有两种可能性：第一种，记者假设的事实真相被采访证实；第二种，记者假设的事实与真相有较大出入，甚至假设的事实根本不存在。面对第一种可能性，记者可以放心地按照原先预测的传播价值进行采访报道；而面对第二种可能性，记者依托于这一事实信息所假设的价值预测就不成立。这时，记者可以根据采访后发现的事实真相重新寻找和确认价值点，或者放弃原先的报道计划。

三、新闻发现的实践情境

新闻发现的实践情境，指的是记者在做新闻价值评价时所处的客观环境，即可直接感知的当下具体条件的总和。

对一个事实信息做什么样的新闻价值评价，不仅与记者的心理背景有关，还与新闻发现的情境有关，不同的情境可以导致不同的评价结果。

这里从空间情境、时间情境和情感情境三个维度来分析。

（一）不同空间情境对新闻发现的影响

在记者对事实信息进行新闻价值评价时，不同的空间可以产生不同的影响。这里的空间指的是离新闻事件现场的远近。远离新闻事件现场，记者对事件的感知力自然会受到影响，难以激发新闻发现的灵感。而亲临新闻事件现场，记者则会受到现场画面、情景和新闻人物的感性刺激，从而增加新闻发现灵感的产生概率。

有经验的记者一般都懂得新闻现场对于记者发现新闻价值、激发灵感的正向效果，因此，他们都会有意地尽可能在采访中贴近一线，目击事件，近距离接近新闻人物，以便更深刻地理解新闻事件，产生更丰富的报道联想，提炼出更新颖的报道主题。尤其在对新闻人物的采访中，记者与其面对面所形成的评价往往与没有见面时的评价有很大差别，因为面对面的交谈可以加深记者对新闻人物的情感、意志和行为的理解，而且在人与人的交流中，非语言形式的作用往往比语言更为重要。一些老记者采写人物有一个原则：务必见到新闻人物本人，务必亲自与新闻人物交谈，务必主动参与新闻人物的生活，务必亲临新闻人物的家乡及工作现场等其熟悉的地方去感受和体验。这使记者在身处现场的采访中总是能以自己最佳的精神状态，来激发采访对象的心灵交流欲望，使其进入“打开心扉”的最佳心理状态，从而使报道的人物和事实真实可信、感人至深，这是现场采访的魅力。

（二）不同时间情境对新闻发现的影响

事实发生与记者采访之间的时间间隔也会给新闻发现带来影响。这是因为面对刚刚发生或正在发生的新闻事实，记者的情感体验通常都较强烈，新闻发现的灵感容易涌现；而面对已成“往事”的新闻事实，记者对其情感体验自然淡漠，新闻发现的“欲望”就会降低。所以，记者往往抢在新闻事实刚发生后就去采访，把新鲜的感觉变成独特的评价视角传递给受众。

在近年来兴起的电视直播这种报道形式中，记者更是将“正在发生的历史”和“人们真实的感受”如实转告给受众。比如救灾现场报道直播、大型体育赛事报道直播等，就比事后再做的报道更富有激情，更能激起受众的情感，记者对相关事实评价的程度、深度和新颖度也会更加深刻。

（三）不同情感情境对新闻发现的影响

记者对事实信息做新闻价值评价时，还会受到自身情感的影响。在新闻实践中，面对不同的新闻事实，记者势必会出现不同的情感。比如，新华社记者当年在采写县委书记的榜样焦裕禄时，常常被焦裕禄的事迹感动，一边写一边流泪。还有，不少记者在遭遇贪污、腐败、刑事犯罪等涉及社会阴暗面的事实时，往往既义愤填膺，又对受害者充满同情和怜悯。从理论上说，作为新闻发现根基的新闻价值评价理应是以观念为尺度的理性评价，记者的这些情感，自然会因其非理性而对评价产生或积极或消极的影响。

从积极方面看，记者的情感对其新闻价值评价可以产生以下有利影响：

首先，记者的情感对信息接收和信息选择发挥着过滤作用，它常常决定着发现的导向。

其次，记者的情感常常可以激发出记者的感知能力、联想能力、理解能力、体验能力和判断能力。

从消极方面看，记者的情感对新闻价值评价可以产生以下不利影响：

首先，记者情感过强，常常影响了他对事实的理性评价。情感属于非理性因素，控制适度，它能够激发记者的智力潜能，从而对事实做出更加合理的评价；但如果情感过于强烈，常常使记者忘记了评价的主体标准——受众的需求，从而有意无意地改变价值发现的标准，以自己的需求来评判事实的价值，这就使新闻价值评价过程带有过多主观性，使评价结果有失公允。

而更多的时候，过于强烈的情感——无论是“好”还是“恶”，都会影响记者对事实的态度，容易在新闻价值发现和事实真相发现的过程中，以偏概全、以点概面，导致整个新闻传播失去客观公正。

其次，记者在采写社会事件，尤其是一些有冲突的事件时，常常会受到冲突某一方的影响，而对另一方产生对抗或是厌恶情绪，从而影响新闻发现的客观性和公正性。比如，在中日关系问题上，日本右翼分子篡改历史的行为以及日本政府的态度激起每一位中国人的强烈愤慨，其中也包括新闻工作者。这时候，面对有关中日政治、经济交往方面的报道，记者就要有意识地避免情感因素可能对报道的客观公正造成的影响。

第四节 如何确立新闻选题

新闻选题的确立，是新闻报道活动实施的基础和一大关键步骤；它不仅指引着采访活动的开展，而且还影响、决定着采访活动的成败。正确、熟练地掌握新闻选题确立的依据和主要方法，是新闻记者必须具有的一项基本功。

新闻选题，是指新闻报道的“题材”，即新闻采访写作的主要对象和内容，它涉及采访什么、从哪个方面或哪个角度进行采访写作等问题。

一、新闻选题的内涵与作用

（一）新闻选题的内涵

新闻选题的一个特征，就是选题可以有极大的伸缩性和灵活性，不必拘泥于每件事的报道，也不必每件事从开头到结尾都关注，它可以着眼于社会生活中任何一个点和任何一个侧面。

新闻选题通常有不同的分类。如从社会领域来分类，可以分为政治类、经济类、文化类、教育类、社会类、娱乐类等不同领域的选题；从事实的类型来分类，可分为动态事实选题、深度事实选题和人物新闻选题；从事实本身的属性分类，可分为正面报道选题、负面报道选题。

在新闻采访实践中，新闻选题的确定具有极大的灵活性，既可以从同一事实的不同侧面、不同层面、不同阶段确定新闻选题，也可以选择纵向或横向串联的事实作为新闻选题。具体地说，新闻选题的确定可以从以下几个方面实施：

● 可以选择同一事实的不同侧面。

例如，报道一场灾难，可以选择这样几个侧面：救灾者的英勇行为，灾难背后的原因，灾难给当事人造成的巨大痛苦，灾难留给人们的深刻教训，今后的防灾减灾措施等。

● 可以选择同一事实的不同阶段。

例如报道运动会，可以截取运动会的开幕式，也可以截取某项比赛的决赛场面，或者某位运动员勇夺冠军的精彩情景等。

● 可以选择同一事实的不同层面。

动态报道通常选择事实生成的显性要素作为新闻选题，如发生了什么事？什么时间发生的？在什么地方发生的？什么人干的？造成什么后果？

而深度报道则会选择事实生成的隐性要素作为新闻选题，如事件的原因——为什么会发生这件事？事件背后的故事——有何关联、影响？

● 可以选择纵向串联事实。

纵向串联事实即以时间为线，追踪、展现某一事件或人物的历史进程。这种选题通常用于组合或系列报道。

例如 1985 年，武汉市 28 岁的青年方俊明为救一个假装落水的顽童，跃入河中，撞上水下的石头，颈椎骨折，高位截瘫。当时，由于武汉市尚无见义勇为方面的奖励条例，加之被救男孩的家庭始终不愿出具书面证明，致使他见义勇为的行为一直未得到确认。在这期间，妻子又离他而去，是母亲日夜照顾瘫痪在床的他，还将当时未满周岁的孙女拉扯大。直到 2013 年，在社会各界的不懈努力下，方俊明终于荣获市政府颁发的“见义勇为”称号，并出席了武汉市第 13 次见义勇为先进群体、先进个人表彰大会。

这之后，《长江日报》围绕这一选题先后推出了 26 篇连续报道，全景式地展现了方俊明事件的前前后后。这便属于纵向串联事实。

● 可以选择横向串联事实。

横向串联事实即以空间为线，呈现相关联的不同事实或事实的不同侧面。这种选题通常用于概貌型的经验报道，或反映时代特征的风貌通讯，也可用于对比式的现场报道。

例如在《滇西 1944》首播式上，一边是 92 岁中国远征军老战士蹒跚步出会场的孤独背影，另一边是媒体追着王学兵、孙宁夫妇抖搂私生活。于是，《北京日报》写出了下面的报道。

【案例】

八卦话题“打败”抗日老兵

没有人走过去搀扶一把专程赶到现场的92岁中国远征军老战士鲍直才，老人缓缓从座位上站起身，戴上红围巾，穿上外衣，蹒跚地向场外走去。

十多米开外的地方，扮演中国远征军的演员王学兵和他妻子孙宁却被拿着摄像机、照相机的记者们团团围住。因为手中拿了太多的话筒，以至于孙宁情不自禁地说了声“太密了”。随后的提问，没人聚焦“中国远征军”这一神圣的话题，全部是两个人的私生活。

这一幕发生在前天举行的36集电视连续剧《滇西1944》首播式上的媒体自由采访环节。将于今晚央视8套播出的《滇西1944》是一部以世界反法西斯战争中的中国战场为大背景，讲述在广大滇西民众和中国共产党领导的抗日游击队的支持下，中国远征军驱逐日寇于国门之外的故事。但，首播式上“中国远征军”被八卦话题打败的场景，让人不免有些尴尬。

当天，在主持人主持环节，中国远征军老战士鲍直才被请到台上。讲起当年远征军的故事，老人的脸因激动变得通红。也许是口音太重，老人台上讲，娱记们却在台下聊闲天。

与此形成鲜明对照的是，主持人设置的王学兵、孙宁夫妇互送礼物的环节却得到了热捧。主持人一个劲儿地说：“抱着妻子送的小老虎，怎么也得表示一下感情吧?”鼓动王学兵做出亲密的动作。见到王学兵依然木然地待在台上，主持人于是更加不遗余力地忽悠：“瞧，台下的媒体都等着呢，怎么也得表示一下呀!”无奈中的王学兵硬着头皮当众把妻子孙宁抱得老高，此时闪光灯闪成一片。

不娱乐，似乎就缺少了关注度，《滇西1944》这样一部题材凝重的电视剧也难逃这一定式。

媒体自由采访环节，这种所谓的娱乐化更被推到了极致。在被冷落的远征军老兵留下孤独背影的同时，王学兵、孙宁则被八卦彻底包围。

“当时拍戏的时候，剧组知道你们的关系吗?”“这是你们以什么关系拍的一部戏?”“夫妻俩拍感情戏什么感觉?”……王学兵、孙宁只言片语地应付着这些问题。

《八卦话题“打败”抗日老兵》全文

(《北京日报》，2010-01-28)

这是一篇出色的横向对比式报道。记者通过将同一时空中发生的不同事实对比、串联起来，表达了一个鲜明又富有深刻意义的主题——娱乐化的社会风气已经使一些媒体人迷失了前行的方向。

（二）新闻选题的作用

1. 新闻选题与媒体的社会功能密切相关

不同的媒体有着自己的选题倾向和选题范围，这是与媒体的目标受众和社会功能紧密相连的。新闻选题是实现媒体社会功能的重要环节。以报纸为例，我国现存的几大类报纸，如党政机关报、都市报、晚报、行业报、企业报等，它们的社会功能和市场定位各不相同，其选题所关注的领域和内容也就有所差异。有的着眼于实现宣传功能，大量选择政策解读、经验收集、舆论回应这样的选题；有的着眼于实现地域性的信息总汇功能，便会注重有关本地政治、经济、文化、社会生活的选题；有的着眼于环境监测的功能，则会将社会上的新动向、新问题、新矛盾作为重点选题。

正是不同的选题结构，界定了一家媒体的受众层次和价值倾向。受众接触媒体时，往往通过选题的倾向和选题的结构就能清晰地感觉到这家媒体的价值观和文化品位。

改革开放 30 多年，中国新闻业发展的历史也是新闻选题不断创新的历史，其彰显的是中国媒体的社会功能不断强大、文化品位不断提高。

1985 年，深度报道的出现第一次大面积地将中国社会深层次的问题通过媒体呈现出来，改变了以往媒体选题“非黑即白”“非表扬即批评”的单纯宣传性报道模式。

中央电视台 1993 年《东方时空》栏目和 1994 年《焦点访谈》栏目的开播，使得舆论监督类选题得以通过专门的栏目，经常性地、成规模地传播，有力地拓展了媒体监督社会的功能。

1995 年，《中国青年报》冰点栏目的诞生，使得历来被排除在选题之外的“小人物”得以“登堂入室”，极大地丰富了纸媒版面上“中国社会的表情”，使社会问题和舆情有了更广阔的表达空间。

2002 年中央电视台《感动中国》栏目的创建，使得先进人物报道以视频形式大放异彩，引起强烈的舆论反响。

这些重大选题的推出，使社会民主生态得以推进，社会公正的理念得以传播。进入网络时代后，重大选题在网络上放大了它的传播效应，影响了当下的社会舆论，也使媒体的社会功能有了实质性的增强。

2. 新闻选题与媒体的影响力密切相关

选题的质量决定着一家媒体在公众中的影响力和可信度。媒体的选题与社会的脉搏相吻合，其描绘的拟态世界与真实世界接近度高，必然会得到受众的认可和青睐，那么这家媒体的影响力就会持续增长。如果一家媒体的选题所反映的拟态世界脱离了现实世界或者违背了现实世界，势必会遭到受众的谴责和唾弃，那么这家媒体便难有影响力、公信力。

【案例】

“正能量”这回传得比什么都快

4 月 16 日 17 时 40 分左右，刚上夜班的马志刚，驾驶着那辆“津 E23772”牌照的出租汽车来到了天津盲校门口。一位女教师招手，把一位盲人小伙子扶上车：“您受累给送一趟。”

那是一个看上去 20 多岁的小伙。健谈的马志刚随后了解到，他是河北省人，准备找一份按摩师的工作。

开了5公里多，小伙要去的通达尚城小区到了。计价器显示金额为11.4元，加上燃油附加费，应收12.4元。

小伙掏出了钱包。马志刚捂住他的包："别动，不收钱。"

小伙坚持要给，两人争了一番。马志刚发觉周围有人往车里瞧，怕时间久了，人们误会他要占盲人的便宜，急了："我干吗挣你的钱？我不伟大啊，你别觉着我多伟大——我跟你说这句话你懂吗？——我挣钱比你容易！"

这话说的，连他事后都觉得有点"重"了。

说完，他匆匆下车，把小伙扶出车，交给了小区门口的保安。

今晚，他对记者回忆，当时下意识感觉不能收盲人的钱。可这种感觉，他不会用语言描述。

"你给他这点光亮，让他起码感受到这社会不黑。"老马想了想，总结。

告别盲人小伙，这位老司机"着急忙慌"调转车头，想赶紧离开现场。这时路边一位中年人拦住了车。

"你慌张什么？"这位乘客上车就问。

老马往后一指，讲起了盲人小伙的事。他随口问这位看上去比自己年长3岁左右的乘客："您说，我还能挣他的钱？"

路上，这位乘客"一点一点"跟他聊了聊适才发生的事情。乘客身穿西装和白衬衣，仿佛还带点酒气，"说话挺讲究的"。老马根据经验判断，这人"可能是个干部"。在微博上，此人被老马的女儿描述为"斯文大叔"。

到了目的地，斯文大叔掏出钱来，"师傅，别找钱了"。

马志刚一看，那是3张10元纸币，可只应收14.1元。"这钱还有刚才那位的。"这位乘客解释。

马志刚推托，可乘客说："我可记得您这句话了，我也不伟大，我挣钱比您也容易点。以后，您见到残疾人，您就继续帮他们吧。"

接过这钱，马志刚有点儿"手足无措"。他就坐在车里，给这位乘客鞠了一躬。这天夜里，他越想越感动。开出租车多年，乘客抢着替前一位乘客付账，这是他头一回遇到。

回家以后，他告诉女儿这事，对她说，真的有"菩萨"。他觉得，那位乘客的"伟大"，至少该让女儿知道。

…………

第二天早晨上班之前，有所感悟的女儿用手机写了一段"老爸跑车录"，发到了微博上。

…………

源于不知名人物的这条139字的微博，却成了两天以来最热门的话题之一。

经过两天的传播，139个字带着一种加速度发酵起来，触动了更多人的神经。不少人认为，此事释放的是"正能量"，自己看到了，有责任传递下去。有人表示，希望在微博上多看到这样的事，"心情特爽"。有人产生"想掉泪的感觉"，"要是人们都能这样，这个社会能不好吗？"

"又开始相信这个世界了。"一位留言者说。

今天早晨，小马请老爸坐在电脑前，简单浏览人们的留言。老马感慨：真好啊，以后别再发生救人反被敲诈的事情就更好了。希望更多人看到后，重新信任这个社会，"大胆做好事"。

《"正能量"这回传得比什么都快》全文

（《中国青年报》，2012-04-19）

一个普通的出租车司机拒收盲人乘客的费用，并说了句“我不伟大”，只是“挣钱比你容易”。这件事虽“小”，却有传播价值。尤其是这件“小”事和这句“小人物”的经典语言在微博上传开后，居然瞬间触动了社会情绪的“按钮”，两天内便被转发 6 万次！它让网友们“心情特爽”“想掉泪”“又开始相信这个世界了”。

《中国青年报》的这则报道，通过一件“正能量”的小事，不仅展现了普通百姓的高尚品质和良好形象，也表达了广大民众对世风日下的焦虑和对美好社会的渴望，自然赢得了社会各界的热烈回应。从中可以看到，新闻选题是决定媒体影响力、公信力的最重要的因素，一家媒体关注什么，追踪什么，赞扬什么，贬斥什么，都会在它的选题结构中非常清晰地表现出来。选择了广大民众关心的选题，选择了社会普遍存在的问题，选择了能够引导社会和谐进步的选题，便会收到好的传播效果。

二、确立新闻选题的四个因素

好的选题是报道成功的一半。如何确定新闻选题，众多老记者在新闻实践中都有一套成熟的经验与方法。对此，作为刚入门的新记者，既要认真学习、运用，又要在新闻采写实践中不断摸索与创新。

（一）筛选事实与搜寻事实

一般来说，一个记者在寻找和确定选题的过程中有两种思维过程。

1. 筛选事实

这通常是新手发现选题的方法。

新记者往往缺乏报道经验，对社会生活亦不熟悉，这使得他们在面对新闻线索的时候，处于一种思维茫然的状态，或称思维的“初始状态”。他们不会像老记者那样，在瞬间就能辨认出新闻事实是哪一个，并很快迸发出新闻报道的灵感。这时候，就需要利用发散思维，退回到自己学过的理论知识上寻找解决问题的线索——按照新闻选题的标准，对线索逐一进行新闻价值的评价：

（1）哪个事实更有利于政策宣传的需要？

（2）受众可能对哪个事实有兴趣？

（3）哪个事实更具有普遍性？

（4）哪个事实更具有典型性？

（5）哪个事实报道后的预期社会效果更好？

新记者往往需要在数个线索中采取对比分析的方式选择新闻事实。当然，必要时要接受老记者、老编辑的指导，或者咨询相关专家。在这种反复对比分析的基础上，或者用选优的方式，或者用淘汰的方式，选出那些新闻价值比较大的事实作为备用的选题。

2. 搜寻事实

搜寻事实，即搜寻“目标事实”，就是要求记者针对社会普遍存在的问题，同时针对公众反映的热点，将某类社会问题视为报道所对准的“靶子”，即为采写对象设置一个取景框，然后利用这个取景框去搜寻“目标事实”。

针对报道“靶子”的取景框的设立，通常有以下三个层次：

首先，记者通过观察发现社会问题中普遍存在的某一类事实，即“类事实”，从中找到解决这一问题的突破口。

其次，确立针对此类问题的报道思想，如做正面报道还是做负面报道？表扬还是批评？采取动态报道还是深度报道？

最后，预测此类事实的“生长点”，熟悉这类事实显现的一般状态，紧盯此类事实出现的苗头。

很多记者在确定选题时，就是用这类有针对性的取景框的方法来搜索“目标事实”的。因为这种选题的基础有前期准备的事实依据——类事实，又有深思熟虑的报道思想，还有依据类事实和报道思想预测出来的此类事实发生的时空场域，因此选题的成功率极高，也容易收到预期的社会效果。

比如，《宁夏日报》2015 年 2 月 4 日的报道《盐池县扶贫贷款零违约》，讲述的是盐池县贫困群众视诚信如黄金，最终收获诚信的回报——脱贫致富的事迹。报道刊发后，立即被中央和各地媒体转载，国务院金融工作领导小组还将盐池县金融扶贫誉为“中国金融与扶贫有机融合的一个典范，一个创举”。这则报道从瞄准“诚实守信”，到抓住“盐池县用于滩羊养殖的扶贫贷款 25.4 亿元，2.4 万农户还款无一人逾期违约”的典型事实，反映了记者既能精准布局选题方向，又能全神贯注捕捉目标事实的职业素养和职业精神。

（二）选择报道角度

面对一个事实，记者必然是从某一个角度，也只能从某一角度来观察并报道该事实。其中，有记者喜欢、习惯的视角，也有“奉命”采写的视角，还有受众渴望了解的视角，或者容易让受众理解和感悟的视角。

选择哪一个角度报道，决定着新闻表达什么样的主题，这既关乎媒体的价值倾向、关乎记者的新闻价值观，又取决于记者的新闻业务能力。

对于新闻事实而言，可供选择的角度是很多的，如事实的不同侧面——事实的正面影响、事实的负面影响、人们对事实的不同理解等；事实的不同层面——事实的表面现象、事实的直接原因、事实的更深层次背景等。记者总是力争选择那些最具有新闻价值、最能体现报道思想的角度。

【案例】

一天陪洗八次澡 迎来送往该改了

中央政治局关于改进工作作风、密切联系群众的八项规定，再次提出厉行勤俭节约，要求基层调研轻车简从不铺地毯、不安排迎送宴请。

又到年终岁末，各地正处于接待高峰期。有哪些浪费陋习亟须改变？接待难题如何破解？新华社记者最近来到陕西、内蒙古、湖北、广东等地基层进行调研采访。

一天陪洗八次澡 约“管事人”吃饭不计成本

内蒙古某县城以温泉著称，这里分管外宣工作的副县长对记者说，年底了，很多部门要过来参观考察、检查验收。有一天，他接待了十来批客人，大多数来的人要体验一下当地的温泉，他一天陪洗了八次，整个人都快泡虚脱了。最后一次他都没有更换衣服，直接就在洗澡池子里等客人到来。

“来的都是上级领导，不陪不行，接待拉近感情。”这位副县长无奈地说。

一个星期前，记者在内蒙古一个县级市调研时，接待办一位负责人告诉记者，当日他吃了四次早餐。“没办法，一大早就得赶场子。”他也是一脸的无奈。

这位接待办负责人坦言：当地接待是有标准的，每个人早餐标准50元。他当日吃的最后一顿早餐是按照6个人的标准上的，但客人只有两个，原计划陪吃的3位县领导因陪其他客人没赶过来。“为了凑足每人50元的标准，花样繁多的主食、各种小菜都有，上一盘煎鸡蛋再上一盘煮鸡蛋，盘子搁不下都摞了起来，3个人能吃6个人的早餐？看着满桌的剩饭真心疼，想打包又不好意思。”

这位在基层做过多年接待工作的“权威人士”介绍，接待“下来”的客人，比起地方干部去上面见“管钱管项目”的领导产生的浪费，可谓小巫见大巫。他说，很多地方领导见上面“管事的”人，只要能约出来见面吃饭，无论到多贵的地方消费都不是问题。

《一天陪洗八次澡迎来送往该改了》全文

车队接送到“城门”外 礼品乔装“办公用品”

…………

接待积弊根子深 节俭新风需“硬约束”

…………

（新华社，2012-12-19）

公务接待的浪费积弊是很严重的社会问题。但是，从哪件事实、哪个角度切入曝光这个问题才能使受众体味深刻，这里的角度选择很关键。比如，用于公务接待的“泡温泉”，如果只报道平均每天接待了几拨人，受众很难感到“泡温泉”事实的不合理，但如果把焦点锁定在一个接待人员身上，一天“陪泡”八次，结果是“整个人都快泡虚脱了”，事实的荒诞性就显示出来了。从“陪泡”者的角度看接待之奢华，接待人数之多，受众可能也感觉要“虚脱”了。

所以说，精选报道角度，往往可使报道效果事半功倍。

（三）预测报道效果

预测报道将产生的社会效果，是衡量选题价值的首要条件。无论是正面事实还是负面事实，其报道选题都应聚焦于是否能给社会带来“正能量”。只有导向正确、能引起受众关注并激发受众积极向上、助推社会健康前行的选题，才是好的报道选题。

《中国青年报》对重大突发事件或读者普遍关注的热点问题进行深度调查或解析的“特别报道版”，其选题标准如下：侧重于社会和政府部门普遍关注、政府部门正在解决或有能力解决的问题；体现这些问题的新闻事件要有样本意义，能起到促进问题解决、增强社会信心的作用。中央电视台《焦点访谈》栏目几乎对每一个舆论监督的选题都要进行相反的论证。选题论证的要点一般集中在以下几个方面：（1）选题与党和政府现阶段的路线、方针、政策是否有不和谐的地方；（2）选题事实是否包含可能引起不安定的因素；（3）基本轮廓清晰的选题事实、关键事实是否存在疑点和不确定性；（4）选题所包含的事例是否极端，不具普遍性；（5）选题是否符合电视新闻的操作规律；（6）选题清楚、事实准确、责任明了，但也要考虑报道后问题能否得到解决。①

《中国青年报》“特别报道版”和央视《焦点访谈》的选题标准，就是要求报道选题注重社会效果，这是媒体社会责任担当的体现。试想一下，如果批评类的舆论监督报道不考虑报道效果，而去批评一些无法解决的问题，那批评有什么意义呢？其结果只会增加这个社会的“戾气”，让受众发泄情绪，但是实际的问题解决不了，对这个社会没有什么促进作用。

（四）明确报道体裁

针对某个报道选题，记者要考虑的不仅是一种报道思想、报道倾向，而且要找到一个能够有效呈现这种报道思想和倾向的报道体裁。

报道体裁的确定，取决于报道对象。一般来说，事实信息单一，便适于用消息来报道。如果事实本身的内容丰富，有深层次的开拓空间，有较多吸引人的细节和故事，那么就适合用通讯体裁来表达。与此同时，报道体裁的确定也会左右报道内容的展示，进而影响传播效果。例如报道《儿子，今晚我和你爸睡在政府会议室》，讲的是绍兴市政府在酷暑季节，腾出开空调的会议室让外来打工者过夜休息的事。这个事实先是用消息做了报道，简单地传递了这一信息，结果传播效果不明显；后来改用现场特写做了报道，将纳凉的打工者的感受一一展现，特别是心直口快的清洁工董彩凤兴高采烈地给儿子打电话的场景“儿子，今晚我和你爸睡在政府会议室！”一下把报道激活了。现场特写这种体裁的特点是，它可以大量展示事发现场的镜头：现场环境、人物行为、人物语言等。其展示的事实具体、丰富、可信度高，易使受众如临其境、如闻其声，增强了报道的真实度、贴近性和可信度，传播效果较先前发的消息大大提升。

第五节 如何进行报道策划

一、报道策划的内涵

报道策划，是指对具体的采访活动进行规划和设计，以取得预期的理想效果。对于一次具体的新闻报道而言，首先是要确定新闻选题，接着便要精心做好报道策划。

报道策划大致包含三个环节：报道思想的策划、报道内容的策划和报道体裁的策划。

（一）报道思想的策划

新闻报道是创造性很强的活动，在实施具体采访之前，就要对在选题阶段已经确定的目标

① 梁建增．选题是《焦点访谈》成功的源头活水．电视研究，2004（5）．

事实做更为细化的报道思想策划。只有报道思想先确定下来，采访的目标才能清晰。任何采访都有着很强的目的性，如果记者对采访的目的不清晰，到了现场就不知道该问什么、该看什么、该听什么、该记什么。所以在采访之前首先要明确——你的采访目的是什么？你到底要表达什么倾向？你要做一个什么样的报道？你在这篇报道中要表达什么样的理念？需要哪些材料才能达到这些目的？采访前的策划最中心的任务就是明确报道思想，进而明确采访目的。

（二）报道内容的策划

报道内容的策划包括采访项目的策划和具体采访目标的策划。

1. 采访项目的策划

明确采访目的之后，就要对自己采访的项目进行策划，例如关键采访对象的选择、重点事实的确定、采访现场的选择等，都是采访项目策划的内容。如果采访一个人，是先从外围切入还是直接找到本人访谈？在什么地方采访？何时去看现场？何时研究材料？要有一个基本的安排。如果几个记者一起采访，还可以分一下工，每人采访一部分，或者每人采访一个阶段，写稿子的时候再将材料整合。

2. 具体采访目标的策划

具体采访目标的策划主要是指精心设计采访中要瞄准、选择的具体材料：捕捉什么样的现场气氛？如何提问才能打开当事人的话匣子？要特别注意记录当事人的哪些直接引语？在哪些特定的时间和空间采访？注意搜索哪些细节？

（三）报道体裁的策划

不同的报道体裁“擅长”表达的信息是不同的。在做采访策划的时候，不仅要对报道思想、所报道的事实内容加以策划，还要注意对新闻作品的体裁进行策划，即采用什么样的报道方式来呈现新闻事实。

2013年8月上旬，浙江等地连续出现罕见高温天气。相当一部分外来打工者因居住条件简陋而备受酷暑煎熬。绍兴市政府先是动员企事业单位开辟主要在白天开放的爱心避暑点210多个，后又决定开放市政府会议中心、学校、体育馆等16个场所，免费供市民纳凉过夜。对此，《绍兴晚报》等媒体开辟“纳凉蹭凉送凉”专栏，对相关信息做了简要的消息报道。但不少外来农民工不相信、不敢去，加上信息不对称等原因，起初市政府会议中心住宿点“入住率”并不高，还引来不少质疑声，怀疑政府“作秀”。为此，《绍兴晚报》决定改变报道体裁——由消息改为现场特写，派记者深入市政府会议中心，实地采访在那里纳凉的农民工，由此推出了特写《儿子，今晚我和你爸睡在政府会议室》。这篇特写通过记者的耳闻目睹，聚焦农民工的反应及其原汁原味的语言和动作，来呈现政府的这项“保民生”工程。报道刊登后引起了很好的社会反响。

二、报道策划的作用

报道策划的作用主要体现在两个方面：一是有利于媒体生产出具有强传播力的高质量的新

闻作品，提升媒体的市场竞争力。二是有利于提高记者的新闻报道专业水准和职业创造力，增强其职业成就感。

【案例】

药价追踪

谁也不能保证不生病，谁也不能保证不吃药。可是，药品价格居高不下，甚至不断攀升，成了堵在老百姓胸口的一块心病。一次求医买药的经历，使记者有机会透过一种普通眼药水的价格，发现了药价蹿高的一个侧面——

不同地方不同价

最近的一天，因为眼睛轻微不适，记者前往北京市方庄第一医院就诊。医生诊断的结果是结膜炎。她说："这是小毛病，用点眼药水就行了。"

她在处方上开出的，是江西萍乡制药厂生产的5毫升装盐酸环丙沙星滴眼液眼药水。这家社区医院划价每支15.7元。

记者随后来到与方庄第一医院相距百米的方庄购物中心，看到药品专柜上一模一样的滴眼液售价仅为6.6元。两个价格相差约2.3倍。

几天后，记者又来到堪称国内最高规格的一家三级甲等医院，想在这里得到一个放心的药价。几经打听，结果有些出人意料：病还是那个病，但这种滴眼液又派生出一个新售价——12元。

出厂价最多每支3.8元

一种药品到患者手中，一般有两个途径：药店零售或医院开药。这两种途径各有多重环节。在这些环节中，既存在国家规定的正常差率，也存在一些非正常的折扣和回扣。

主要用于结膜炎、角膜溃疡、沙眼等眼疾的"盐酸环丙沙星滴眼液"，也不例外。

按照环丙沙星滴眼液的使用说明书，记者按图索骥拨通了江西萍乡制药厂的电话。接通电话后，记者问："如果想经销这种眼药水，按什么价格拿到货？"这个厂销售科彭科长报出了出厂价："一次进货一箱以上，每支价格3.8元。"

记者问："如果多进货，这个价格还有商量余地吗？"

彭科长回答："可以，但是优惠不了多少，顶多也就是几毛钱。"

记者几经辗转与这个厂负责北京市场的业务员取得了联系。这位业务员说，如果从他那里进货，每支滴眼液的价格可以降到3.5元。

北京市场规定零售价为6.6元

那么，这种商品在北京市场的规定价格是多少呢？

…………

正常差价是多少

…………

实际赚头更大

…………

折扣之外还有回扣

…………

最高价是这样定出的

…………

《药价追踪》全文

（新华社，2000-06-11）

在这篇报道中可以看到，记者在报道前的策划"痕迹"很明显：

第一，记者本人作为眼疾病人去看病，医生开了一瓶眼药水，这里的体验式采访使报道具备了可信度。

第二，记者从手持的眼药水开始，追踪从药厂到药品批发再到各医院的药价涨幅——从3.5元到15.7元的来龙去脉。这样做切口小，很直观，展示的药品涨价脉络非常清晰。

这种采访策划，着眼于如何使报道更可信、更生动，也着眼于对药价虚高这个普遍存在的社会问题清晰有力的展示。通过这篇报道我们可以发现，报道策划不仅能使报道收到良好的社会效果，而且也给记者提供了一个充分发挥个人创造力的平台。

三、报道策划的误区

报道策划是对报道的设计和谋划，而不是为了报道而对新闻事实的发生进行设计和创造。也就是说，报道策划是策划采访和报道活动，而不是策划新闻事实。前者是新闻事实在前，报道策划在后；后者是报道策划在前，新闻事实在后。若记者有意制造新闻事实，即有计划、主动地制造出能够吸引受众的有新闻价值的事件，就陷入了报道策划的误区——“策划”新闻了。

2013年3月26日，有则题为《深圳90后女孩当街给残疾乞丐喂饭感动路人》的新闻在网络上广泛传播。新闻讲述了一个名叫文芳的湖南新化女孩，目前在深圳某展会销售门票。24日下午，文芳在下班返回住处的途中遇到了一位饥肠辘辘的行乞老人，于是便掏钱为老人买来了盒饭，并单膝跪地将饭一口一口喂进老人的嘴里。她说：“看见他，我就想起了自己的爷爷。”当时有多家媒体转载了这则新闻，还刊登了这位“90后”女孩蹲在路边给老人喂饭的图片（见图3-1）。这则新闻引起了很多人的关注，该喂饭女孩还被冠以“深圳最美女孩”的头衔。然而，经新华网调查，这则新闻及图片都是由一位名叫石金泉（音译）的商业策划人为某商业展会进行炒作而精心设计、策划出来的。

图3-1　“90后”女孩跪地给乞丐喂饭

第六节　报道策划的原则与方法

报道策划是选题确定后要实施的首要环节。其方法多种多样，常常带有记者强烈的个人色彩和不同媒体的文化倾向，但其基本原则和方法在新闻界还是具有普适性的。

一、报道策划的基本原则

（一）遵循事实第一的原则

真实性是新闻报道的基础，无论什么样的题材、什么样的策划，都不能违背新闻真实性的原则。采访策划只能以客观事实为依据，而不能按照记者的主观愿望。在报道策划中，不仅各种事实要素、各种细节要准确无误，而且对事实的判断、推理也要合乎客观实际，合乎逻辑。比如遭遇相互矛盾甚至对立的事实时，要提供矛盾、对立双方平衡的信息，让受众感到报道客观公正、真实可信。

（二）遵循传播规律的原则

1. 时机性

报道策划必须重视报道推出的时机。在不同的报道时机，受众的关注点会发生变化。对于某个具体的新闻事件来说，只有在符合其“发生”的社会大背景存在的那个时间段推出才能产生好的效果。当这个时间段已经过去，社会的关注点已经转移时，任何报道都难以找到落脚点。

2. 独家性

新闻只有一次落地的资格，因此报道策划必须把握独家性原则：事实独家、视角独家、报道时机独家、体裁独家。

3. 现场性

现场是新闻的发生地，最容易发现报道素材，也是记者最容易产生报道灵感的地方。现场性就是要求记者实施报道策划时，务必要想方设法在第一时间到达现场，寻找当事人和目击者，观察现场环境，掌握有说服力的第一手材料。

4. 典型性

只有新近发生的、典型的事实才是最有说服力的。报道策划强调的典型性，就是要求记者不仅要了解所面对的具体事实，而且要了解与此相关的同类事实，从中发现事实的特殊性和代表性。

5. 可行性

可行性就是要求报道策划的各种方案必须是在新闻采写实践中可以实施的，因此，策划一定要全面、周到，要考虑到各种可能性，以避免策划的实施受到影响。例如：是否能找到知情者？能不能找到关键人物？关键人物愿不愿意接受采访？有没有旁人可以疏通关系？找到采访对象是采访成功的前提，如果找不到知情、权威的采访对象，采访将无从谈起。同时要注意，找到采访对象并非一件容易的事情，在某些报道特别是揭露真相的报道和批判性报道的采访中，采访对象的态度往往是躲避、沉默的。因此，在做选题策划时就要充分考虑这一环节是否有可能突破，否则，种种意想不到的情况只能使原来的策划方案“泡汤”。另外，还要估算采访的经费成本，如果采访对象地处遥远，交通费用和住宿费用较高，就要考虑媒体能否承担这一成本。

二、报道策划的主要方法

（一）报道主题的策划方法

凡是新闻作品都有主题，即要表达的主要内容和中心思想。在消息的采写中，主题就是导语中突出的最新发生的、最重要的事实，也称主题事实。而在通讯和深度报道中，主题蕴含在事实之间的关联中。对于主题的策划主要有以下方法：

1. 不断提炼直至“尖准”

报道主题应当是一个“点”，而非一个“面”。这就需要在策划阶段不断提炼，对主题的认识由面提炼到点。报道的点越准确、越集中、越尖锐，则越好采写。

新华社记者朱玉谈到她采写有关汶川地震的报道《一个灾区农村中学校长的避险意识》时说，她写这位挽救了成百上千学生生命的校长身上最有亮点之处时，选了“避险意识”而没有选“责任意识”作为报道主题，就是考虑到主题的“尖准”性。因为这位校长最与众不同之处，就是常年不懈的安全意识和防范行为。他总担心当时简陋的教室“不安全”，因此想方设法加固教室楼房的支柱和楼板，又组织学生反复进行“紧急撤离演习”，试图让学生“远离危险”。他顶着各种压力数年如一日加固质量差的教学楼，换来的是地震时全校 2 300 多名学生无一死伤，创造了保护生命的奇迹。而周围的学校房倒屋塌，死伤惨重，不是因为那些校长们缺乏“责任意识”，而是他们恰恰缺乏“避险意识”。

在策划阶段反复提炼主题，将主题聚焦在一个很具体的点上，可以为后面的采写指明方向。

2. 不断变换角度直至“新颖别致”

新发生的事实固然吸引人，然而那些引人思考的角度更易吸引受众。为此，在策划报道主题时，要注意不断变换蕴含在事实中的各种角度，从中发现意想不到的新颖主题。例如，2011 年 1 月 5 日《工人日报》的报道《“永远不要算计工人”》，以一个私企老板的口吻，阐述了工人与老板之间的辩证关系。这一报道角度，不仅使有关和谐企业、关爱员工的老话题逆转成体现企业管理新思维的新话题，而且大大增强了报道的可读性。

（二）获取报道素材的策划方法

能否拿到有说服力的报道素材是稿件成败的关键。在大多数情况下，采访对象对往事的回忆是不全面的，他们会重视事件主线而忽略情感副线，也会缺乏细节和现场感。而采访者所需要的，恰恰是采访对象忽略的细节和情感材料，因为这部分材料是受众最感兴趣的。从记者采访的经验来看，获取这部分材料大致可以分两步走：

1. 采访者大胆想象以获取最佳报道素材

这种想象源于以往的阅读体验和报道经验。成熟的记者往往最清楚什么样的事实最有吸引力，什么样的细节最可信、最能说明问题，什么样的故事情节最便于承载主题，什么样的情感事实是受众最渴望了解的。面对即将实施采访的新闻线索，记者在策划阶段首先要依据事实发展的可能性大胆预设最佳报道素材，设计一些与最佳素材相似的提问来引导采访对象回忆，力争挖掘到理想的材料。这就需要策划者放开思维禁锢，大胆想象：为实现报道思想，我最好能找到什么样的人？最好能拿到什么样的素材（包括骨干事例）？最好能拿到什么样的故事？

2. 通过各种采访方法去印证这些想象中的素材

大胆想象的预设性素材，必须经过采访验证后，才能当作合格素材进入稿件写作。在印证的时候要小心翼翼，核对每一个细节，核对每一句原话。

实践证明，有了这两步策划，采访时可以明显增加典型事实的收获率。

【阅读】

莱特尔，哈里斯，约翰逊. 全能记者必备：新闻采集、写作和编辑的基本技能（第七版）. 北京：中国人民大学出版社，2010.

梅茨勒．创造性的采访：第三版．北京：中国人民大学出版社，2010.

里奇．新闻写作与报道训练教程：第六版．北京：中国人民大学出版社，2012.

伊图尔，安德森．当代媒体新闻写作与报道：第七版．北京：中国人民大学出版社，2015.

蓝鸿文．新闻采访学．3版．北京：中国人民大学出版社，2011.

张征．新闻采访教程．北京：中国人民大学出版社，2008.

【思考】

1. 列举你印象最深的、本月网上的10篇非突发性事件新闻，并分别指出这些报道中记者发现的传播价值是什么。

2. 发现一个事实的新闻价值与搜寻一个报道的最佳表达方式之间是什么关系？

3. 请挑选出近期报纸上刊登的5篇报道中的典型素材，并说明挑选理由。

【练习】

1. 针对校内热点话题，试为校园媒体做几个选题策划，包括选题内容、报道思想、拟采访对象、拟发稿时间及报道体裁。

2. 针对即将来临的纪念日，试为本地都市类媒体策划一档围绕这个纪念日的深度报道。

3. 查阅本地都市报和省报近一个月的头版，对两报的新闻选题倾向做出对比分析，分析要求如下：

（1）正面事实报道和负面事实报道的比例；

（2）政治新闻、经济新闻和社会新闻的比例；

（3）对社会热点事件不同的报道角度。

第四章
怎样采访新闻

【学习要点】

新闻采访是了解事实、接近真相的过程。

采访的目的是获取事实，让事实说话。尊重事实、敬畏事实，是贯穿采访活动的基本原则。

采访活动带有鲜明的职业特点，需要职业经验的积累以及采访技巧的掌握。避免迟到是最基本的职业素质，要注重平时的社会常识和专业知识的积累，并在采访前迅速消化和了解背景资料。记者要善于与采访对象交流，克服自己的情绪起伏和内心的偏见，不管在什么情境下，尽可能用平等的态度对待对方。进行沟通和交流的时候，注意照顾采访对象的情绪。在采访中多问几个“为什么”，保持理性和质疑精神，对于存在疑点的关键信息和重要细节，要注意反复核实，通过多方印证、从多渠道获得信息防止自己所掌握的情况失真、失实。谨慎使用隐性采访，不以谋取私利和出于私心而进行暗访和监督报道，在经济性、事务性纠纷中保持客观和中立。

“今天的新闻是明天的历史”，新闻记者要具有历史感、使命感，接近现实，俯下身、沉下心，忠实地采集和记录事实，通过获取事实、捕捉事实让生活更加美好、社会更加进步。

在采访活动中，做一名诚实的交流者、倾听者，察实情、说实话、动真情，具有人文情怀，关心他人，关怀弱者，具有责任心和正义感，坚持理性精神和追求客观的态度，建立自身良好的职业形象和社会声誉。

在新闻现场，记者需要克服困难，获得线索，获悉内情，在深入、细致的采访活动的基础上，将真实的新闻告知公众。

作为以公开传播为目的的职业行为和社会活动，采访对于新闻工作来说意义重大。了解事实、采集信息，是新闻采访最基本的职能。媒体通过公开渠道传播的事实，是从新闻采访活动中得来的。在整个新闻传播过程中，采访被视为重中之重的基础工作，不管一个新闻报道最终产生了多么大的社会影响，都与报道者的采访行为息息相关。因此，采访也被誉为新闻工作的“魂”。

老一代新闻工作者中有“七分采访，三分写作”的说法，说明新闻报道的好坏优劣，基本由采访活动来决定，加上写作和传播等环节，构成了整个新闻制作传播的完整过程。

采访的成功与否，与新闻记者的职业素养、经验积累、应变能力、突破精神有关，也与社会的环境、适当的机会有着微妙的联系。在新闻实践中，富有职业热情和突破能力的记者，往往不把采访中遇到的困难看得很重，并能努力克服它。

采访接触的对象是各界人士和社会公众，采访的态度更多反映的是记者的社会认知和交流能力。因而，有人把采访称为记者职业素养的“试金石”。同样的条件下，有的新闻记者往往能够与采访对象沟通交流，迅速地获得第一手的信息，进一步了解更多的事实，而有的新闻记者不善于与人交流，难以获得有效鲜活的信息，甚至在采访任务面前茫然无措、一无所获。在新媒体环境下，沟通和交流的方式正变得丰富多样，但与采访对象进行良好的交流进而完成了解事实、采集信息等工作，是一个不变的主题。

第一节　采访的职业状态与心理准备

有的人物专访和专题报道在采访前需要记者精心地了解背景材料，尽可能接触相关信息，以期获得采访成功。而对于一些突发的新闻事件和突然来临的采访机会，所谓的采访准备却是难以进行的，或者说，是来不及准备的。《中国青年报》记者叶研在 1987 年大兴安岭森林火灾现场采访，参与写作了新闻界的名篇《红色的警告》《黑色的咏叹》《绿色的悲哀》“三色报道”。后来，他获得了第四届范长江新闻奖。在他的记者职业生涯中，办公室里随时放着一个很大的旅行包，里面装满了特殊情况下的必要装备（甚至包括野外生存装备）。这是一个随时奔赴突发、灾难事件现场的准备，在通信不发达的年代里，他把海事卫星电话也视为必要的装备。这样随时出发的状态，体现了一个记者的职业意识和职业精神。在特定的突发事件采访中，一些物资、装备上的准备很重要，但对于一个职业记者而言，心理准备和精神状态显得更为重要。

一、适应和熟悉环境

新闻记者面对着丰富多彩、复杂多样的社会生活，随时需要与形形色色的采访对象进行接触。有实践经验的记者一般都比较注重平时的知识积累和常识储备，在日常生活中做一个有心人，对各行各业的基本情况都较为知情。有人说“记者是个杂家”，要对社会上的很多事物有大致和粗浅的了解，一旦面对新的环境和陌生的采访对象，就能够调动日常的积累进行快速的了解和顺利的交流。

此外，为了能够顺利地与各种各样的采访对象拉近距离，很好地沟通，还要求记者内心要有一个“社会问题的单子”。以问题为导向，平时多注意研究问题，关心国家社会大的发展方向、路径走向，对不同地区的风土人情有着初步了解，对不同行业、不同职业的人群的生活有着好奇和兴趣，对社会思潮、社情民意有着准确的把握和了解，尤其对与个人工作相关的本地区、本行业中存在的问题能够做到基本熟悉、心中有数。即便是对距离相对遥远、完全感到陌生的领域，也能够有着一定粗浅的印象和常识上的基本判断。

新闻记者的社会经验和职业素养需要一个积累的过程，但面对高强度和时效性、有效性的要求都比较严格的采访任务，就需要良好的职业状态和能够与之相适应的积极心态，既包括积极向上、努力奋斗的人生态度，也包含适应职业要求、随时进入特定采访环境的心理准备。走近采访对象，就要设身处地考虑对方的生活状态和所思所想。成功的新闻采访，往往都是能够赢得各方信任而得来的积极回报。不管是大型活动和会议的采访，还是突发事件的现场采访，抑或是提前约定时间地点的人物专访，都要求记者快速适应环境，及时调整情绪，以良好的职业状态进行采访活动。

一般的会议采访要求记者适应会议气氛，较快进入状态。人物采访要求记者尽快熟悉环境，要对采访对象的工作和生活情况提前有所了解。特殊环境下的采访考验着记者的热情和耐力。

新闻背后

《人民日报》记者赵亚辉并不是跑国际和灾难新闻的记者。但他发现了印度洋海啸的新闻，觉得这是个重大新闻事件，就自己主动与国家地震局联系，在国家地震局办公大楼与值班人员一起守夜，直到获得了随第一批中国救援队赶赴印尼海啸重灾区采访的机会。2004 年，中国首次西沙群岛地磁科考即将进行，由于风浪的原因大船多次停航，科考队的船票只有三张，赵亚辉即使没有了船票，也没有放弃。他想办法“混”上船，在甲板上摇晃了一整夜，成功进行了现场报道。说起一次冰川科考的采访，他说：

> 我参加了为期 50 天的中美联合喜马拉雅冰川科考，我是唯一一名记者，在冲锋主冰川时，科学家们要从海拔 5 600 米爬到海拔 6 300 米的主冰川上打下冰芯，获取科学资料。由于装备差，我的双脚后跟被严重磨烂了。我和另外几名队员一起前行，但是中途我们走散了。由于体力、装备和受伤等原因，在返回营地的途中，我孤身一人落在最后。晚上 9 点多，我已经扔掉了干粮、水等任何能扔掉的东西，走了 10 多个小时，体能接近极限。我继续一步步摸索前行，在海拔 6 000 米左右的地方，每走一步都是一种煎熬，由于体力极度消耗，心脏负荷过重，我出现了一种奇特的感觉，自己的每一个毛孔似乎都在梆梆地跳。我记不清当时在想什么，只记得不停地告诉自己，一定不能停下来，一定不能休息。就这样，我又走了 5 个小时，最终，在凌晨 2 点一瘸一拐地到达了营地门口。①

记者的职业特殊性在于要与各种各样的采访对象打交道。他们迥然相异，不同的工作、不同的性格、不同的生活经验和阅历，这就要求记者要随时与采访对象的工作和生活环境相适应，不管在什么状态下，都要在最快的时间里适应各种环境的考验，有时，甚至要忍受生命的极限考验，这是这一职业特点决定的。

二、快速掌握和消化背景材料

在新媒体时代，资料的准备、收集不再是烦琐和艰难的，而是指尖在手机上的滑动和电脑

---

① 黎勇．真相再报告．广州：南方日报出版社，2008：263.

鼠标点击间的收获，搜索、查询让了解背景情况更为简单。在获取资料后，在第一时间进行阅读和理解，将其变成自己的知识储备，以最快速度进入良好的交流状态，是对新闻采访的必然要求。社交媒体的高度发达，已经极大缩短了采访的准备时间，同时，对记者的知识转化和理解能力提出了更高要求。采访更像是“站在巨人的肩膀上”，要向编辑、采访对象和相关人士学习，将背景材料和专业知识进行转化，形成记者较强的理解力。过去，新闻媒体强调记者的专业知识积累，比如，长期接触某一领域的“跑口”记者要成为这一领域的专家，需要有长期的积累和储备。在新媒体环境下，某一行业和领域的专业积累正在“将门槛降低”，对于一个悟性较高、理解能力很强的记者而言，战胜某一陌生领域的挑战，较好地完成重要采访任务，正在成为常态。

采访中获得的背景材料在后期新闻写作中往往能起到意想不到的作用。

【案例】

海拔 4 161 米：总理跟我们合影

今天 16 时 30 分，共和国总理温家宝专程乘坐火车，来到海拔 4 161 米的玉珠峰站工地，与工人们共度劳动者自己的节日。

今天是第 116 个“五一”国际劳动节。14 时 30 分，温总理来到青海格尔木市郊 30 公里的青藏铁路南山口铺架基地。他健步走下汽车，直奔工人中间，与大家热情握手交谈。工地上，欢呼声、掌声响成一片。

“来，我们一起合个影。”总理的提议让早已激动的工人师傅们更加欣喜若狂。青工小夏非常兴奋地说：“真没想到，总理会主动同我们照相，跟做梦一样。”

“和大家在工地上过节，心里感到非常高兴。”总理对这些长年累月工作在“生命禁区”的辛勤劳动者深情地说，“建设这条世界上海拔最高、难度最大的铁路，非常不容易。”“我向大家表示致敬和感谢！”

轨排成品区旁，温总理与 70 多名劳模合影。站在前排中间的罗发兵、李金城、马新安、程红彬最令人羡慕。他们昨天与总理同在北京人民大会堂出席全国劳动模范和先进工作者表彰大会，今天又和总理在青藏高原相聚。

15 时，总理登上一列由两台东风 4 型高原机车牵引的铁路工作车，沿着尚未运行而被称为“幸福路”的青藏铁路新线，以 70 公里的时速，穿越戈壁荒滩。90 分钟后，列车徐徐停靠在玉珠峰站。

玉珠峰站在全路首次采用数字无线通信网络，是全线 25 个无人值守车站之一，离格尔木站 110 公里。

天公作美，这里虽然不像南山口那样阳光明媚，但飘飘洒洒的雪花突然消失了。温总理身穿橘红色羽绒服，和蔼的笑容让大家无拘无束。职工们围在总理身边，用照相机将历史定格在“玉珠峰”站牌前。站台上 100 多名职工几乎人人都与总理合了影。

（《人民铁道》报，2005－05－03）

2005 年 5 月 1 日，温家宝总理专程慰问青藏铁路建设者。记者制定了采访方案，提前赶到了现场，并进行了精心的背景情况采集和资料准备。其中，“玉珠峰站工地”的背景情况为：

“海拔 4 161 米”“青海格尔木市郊 30 公里”“南山口铺架基地”以及青工小夏和劳模罗发兵、李金城、马新安、程红彬，并提前了解到温家宝总理刚刚与这些劳模在人民大会堂一起出席大会，这次是“又和总理在青藏高原相聚”。“玉珠峰站”的背景情况为：“全路首次采用数字无线通信网络”“全线 25 个无人值守车站之一”“离格尔木站 110 公里”。此外，温家宝总理乘坐“铁路工作车”的背景情况为：“两台东风 4 型高原机车牵引”、“70 公里的时速”、历时“90 分钟”。

青藏铁路是国家的重点工程，受到了国家领导人和社会各界的关注。在五一国际劳动节之际，国务院总理来到工地，本身就代表着一种亲切的态度和慰问的心情。记者利用这一机会，没有满足于现场采访的时间，而是提前对关键信息和重要背景材料进行了解和熟悉，使得这一篇 700 多字的消息信息量充足、扎实、可信，在第十六届中国新闻奖评选中，被评为消息一等奖。这一作品的成功，完全得益于记者快速、准确地了解和熟悉背景情况，并将现场情况与背景材料紧密结合。

三、实现采访突破的心理因素

新闻记者在进入采访状态之后，是高度紧张的，很多采访活动体现出精力投入多、持续时间长、体力消耗大的特点。因而，有人把新闻采访视为一项极为艰辛的工作。炮火连天的战场前线，人迹罕至的自然探险，政要云集的国际会议，还有很多特殊环境和场合，都是新闻记者工作的地方。有的采访障碍体现在自然环境上，气候恶劣、交通不变、生存艰难。还有的采访障碍体现在社会环境上，人际关系的阻碍、层层关卡的阻拦、不接受采访的禁令以及难以开展工作的困难。这些，就像横亘在新闻记者面前的座座大山，需要有攀登的勇气，也要有逾越障碍的技巧和智慧。

优秀的新闻记者能够克服困难，拿到需要的新闻素材，这往往与他们较好的心态有关系。在接到采访任务后，他们能迅速调整好心态，“眼观六路，耳听八方”，做一个有心人，细心观察采访中遇到的情况，沉着应对，全身心进入新闻记者的“采访时间”，加上平时的积累、快速的反应，就会取得采访上的突破。

成熟的记者会在采访开始之前，在脑子里想一遍可能遇到的难题，并设身处地从采访对象的角度考虑：哪些问题比较敏感，哪些问题乐于接受和交流，又有哪些问题是感到困难和难以面对的。有的记者还习惯提前将这些问题梳理成采访提纲。当然，有的采访对象（比如政府官员、企业高管）会主动要求记者提前提交采访提纲，按照采访提纲的设定问题和节奏进行采访活动。这些都是记者需要面对的现实问题。

采访活动中，记者会被所谓的表面现象迷惑。如果记者没有警觉，就很容易让更深层次的事实从自己的眼前溜走。所以，一定要学会多问几个为什么，善于运用追问来实现采访突破。

新闻背后

这是中央电视台副台长孙玉胜对于停留在表面而留有遗憾的一次采访的感受：

记得还是在《东方时空》的早期，《焦点时刻》曾做过一个“劣质课本进课堂”的节目，记者展示了课本印刷粗糙、缺页、字迹不清以及书后的答案错漏百出等问题。记者跟踪到印刷厂，印刷厂的厂长面对记者居然哭穷似的说：“原因是我们的印刷设备太落后，没有钱更新改造。”记者的提问就此打住了，没有再向前追一步。我在审节目时说：“为什么不追问？难道答案错误也是设备的问题吗？”这分明是不负责任的态度和利欲熏心的行为，却被厂长一句“设备落后”给搪塞过去，记者的采访停留在了表层而没有深入。其实这样的停留对节目和栏目都是有伤害的。对节目而言，记者错过了一个挺进事实深处、体现节目深度的机会；对于栏目而言，我们的节目没有对对方的狡辩提出质疑，而是将之作为一种说法交代给观众，在观众看来，这就已经是栏目的态度和立场了。①

如何实现采访突破，在表面现象之下，挖掘到更为深入的事实，这就要求记者具有“打破砂锅问到底”的精神，发现疑点穷追不舍。有人形象地把这种职业行为称为记者的“钻劲”，“钻”字很好地说明，机会可能出现但也会转瞬即逝。记者在采访中就要抓住一切可能的时机，通过诚恳、热情、执着、不懈的努力，为自己的采访活动获得有利条件。闻风而动，乘机而入，见机行事，不轻言放弃，尽一切可能搜寻事实，可以说，很多成功的重要采访活动都依赖于记者的“执着”和“钻劲”。

记者需要面对各种复杂的局面，即使在看似没有机会的场景里，也能够找到希望所在。现实中，记者要与各方人士广交朋友，具有公关的意识，还要有能够突破阻挠、障碍的社交能力。

可以说，遇到困难几乎是新闻记者在采访活动中的常见问题，而如何克服困难，则考验着记者的职业精神、工作耐力和灵活处理问题的能力。在困难和压力面前，记者职业的活力和创造力也得以迸发。

第二节　线索初步判断与现场采访

采访对于新闻报道来说，是起到重要作用的环节。优秀的新闻作品，往往是通过成功的采访实现的。而采访的成功与否，又与对线索的分析和掌握密不可分。线索，是最初的新闻来源，是采访活动的起点。无论是会议通知、采访邀约、人物访问还是突发事件，都是记者采访的由头和缘起。新闻记者的行动态势、采访策略会因活动的性质、环境而有所不同。最初获悉线索时，要有一个大致的判断，活动的时间、地点是什么，需要以什么样的方法应对，需要调动哪些储备，包括人际关系协调、获知信息渠道、进一步深入的重点、需要网络搜索的背景材料、采访的时间安排和准备情况等等。

一、信息来源

在社交媒体越来越发达的时代里，信息来源正在变得快速、多样、多变，传统媒体过去依

① 孙玉胜．十年．北京：人民文学出版社，2012：83－84．

赖的受众来信，包括读者、观众、听众的来信，或者利用热线电话提供的线索，正在逐渐发生变化，虽然以前的渠道依然存在，也会因此而形成一些信息来源，但通过电子邮件、网络论坛、微博、微信等网络方式形成的信息来源，正在成为新闻生产的主要来源和信息依托。在信息爆炸、海量信息传播的背景之下，以老乡聚会、亲友闲聊等“线下交流”获取信息的形式依然存在，但正在逐渐变得鲜见。归纳一下，信息来源可用图 4－1 表示：

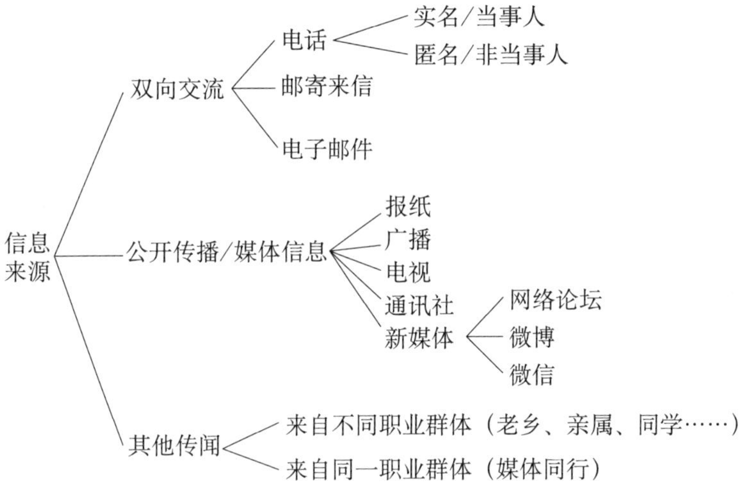

图 4－1　信息来源示意图

一般而言，新闻记者在获悉第一手信息的时候，都会有职业预测或价值预判，即它会是一个什么性质的事件、一个什么样的新闻，报道出来价值如何，对社会和受众产生什么样的影响。有人将这一现象称为记者的“新闻敏感”。优秀的记者在别人看似平常的信息里能够感受到激情和冲动，强烈的好奇心促使记者去探寻信息背后的事实是什么。当然，也会有人受到“传播效果”的诱惑，希望夸大事实而产生所谓的“轰动效应”。作为新闻记者，要有一颗平常心，抵制这种诱惑，真正做到尊重事实、敬畏事实，把真实的新闻信息通过采访还原出来。

新闻背后

新华社记者朱玉的报道《龙胆泻肝丸——“清火良药”还是“致病”根源?》曾经引起广泛的社会反响。据她回忆：

> 这个报道是偶然得到的一个线索。我有一次参加一个笔会，主持人介绍另外一个作者，说这个作者身体不是很好，是从医院刚做完透析之后来的。我是长期跑卫生线的，本身对卫生行业比较了解，他就跟我聊天。我问他是怎么个身体不好法，他说我是尿毒症，这是很重的病，他说是吃龙胆泻肝丸导致的。当时他的脸色是铁灰的，那时是冬天，但是没有人穿那么厚的毛裤，他穿的毛裤很厚，得有一元硬币那么厚的毛裤，因为他身体很弱，可这是 40 多岁的壮年男人，一种药物服用之后给人带来那么大的伤害，所以我觉得这个事情确实值得我们关注一下。①

① 黎勇．真相再报告．广州：南方日报出版社，2008：108.

一次看似平常的谈话，让记者朱玉发现了这一线索。她开始到各个医院调查，在十几天的时间里，走访了多家医药研究所，访问了多位患者，确定了龙胆泻肝丸导致肾损害的事实。在报道发表后，国家有关主管部门发出通知，对该药品包含的造成损害的成分进行了替换，加强了相关药物的管理，避免类似悲剧再次发生。

对于新闻线索的分析，朱玉这样认为：

确实很难形容新闻的这种味道，它如同是暴雨来临前先行的空气中的雨味儿，也有点像距离大海有一段距离时，你隐约可以闻到的海腥味儿，这是一种让我眼睛发亮、心头狂跳的味道。

具备新闻鼻是成为一个名记者的前提。对新闻界每一个人来说，具备强烈的新闻敏感，都是梦寐以求的事。我想，有些大记者之所以经常抛出一些有分量的新闻，并不是因为领导给他们硬性布置下来的任务，恐怕还是他们本身的新闻素养和新闻本能略高于其他人一等，他们能从浩如烟海的信息堆中闻出大新闻的味道，而且具有把大新闻采访并写作出来的能力。[①]

归纳一下，我们可以将记者对新闻线索的分析和判断总结为图 4－2：

- 判断
  - 新闻敏感：好奇，这个事情很奇怪
  - 职业冲动：我是记者，我要去
  - 价值预测：传播效果影响公众、舆论的程度、范围
  - 传说中的事实（予以证实）
  - 未发现的事实（发掘真相）

图 4－2　记者对新闻线索的分析和判断示意图

新闻背后

知名记者慎海雄（2018 年 3 月任中央广播电视总台台长）在担任新华社浙江分社记者的时候，有过这样的职业经历：

1995 年的一天，慎海雄接到一个陌生的电话。这一天其实和别的日子没有任何区别。杭州的阳光下，西湖的一潭碧水一如平常闪耀着金光，湖畔边有人在飘拂的垂柳下怡然自得地享受着江南的美景。人们说，太阳底下无新事，在接到这个电话之前，慎海雄也没有察觉到这天有什么异样，他根本没想到，这个电话之后会发生那么多故事，会改变那么多人的命运。

电话里传来的是一个陌生女士的声音，她说话的声音很轻，每说一句话就会停顿一会儿，似乎有什么顾忌，需要经过深思熟虑之后才能说出口。陌生女士小心翼翼地问了一句："你是慎海雄吗？"慎海雄礼貌地回答她说是。这时，他听见电话里传出一声轻微的喘

① 黎勇．真相再报告．广州：南方日报出版社，2008：110－111.

息，似乎那个陌生的女士在听到慎海雄肯定的回答之后，获得了极大的安慰。他感觉到，那位女同志的声音忽然变得轻快了很多，她开始稍微放松地讲述起来。

“我知道你是一个正直的人，我觉得这件事你该管。”陌生女士说。她向慎海雄讲了一件骇人听闻的事，当地的某家血液制品公司为了牟取暴利，赚黑心钱，竟然大量生产、销售带有丙型乙肝病毒的血液制品。一般的人可能由于一生都未必会接触到血液制品，从而不太了解这件事情其中的危害，慎海雄起初也是这样，但作为一个到处奔走、对各种信息都具有高度敏感的记者，他对丙型肝炎的危害还是早有耳闻的，他知道这种传染性疾病很难治愈。放下电话，慎海雄就开始收集有关血液制品的资料，不看不知道，一番查找之后，慎海雄倒吸了一口凉气。他发现，如果任由这家血液制品公司如此肆虐，那么将有很多患者受害，并且是在不知不觉中与疾病发生了亲密接触。①

这是一个非常典型的采访案例。看似普通的一个电话，在记者的冷静判断下，最后成为一个引起广泛关注的重大新闻。可见，新闻线索的来源并不惊天动地，大多来自普通的社会生活，但由于记者的“有心”，对其进行扎实的采访，使其成为对社会进步产生积极作用的新闻作品。

不管采访线索来自记者本人的发现，还是新闻机构的指派，当一名新闻记者获悉一个线索并决定一探究竟的时候，这意味着一段采访历程就此展开。

二、现场采访

《南方周末》曾经有一个影响广泛的说法：“你看到我们的时候，我们在纸上。你没有看到我们的时候，我们在路上。”在其影响下，人们把“记者永远在路上”形容为这一职业的理想状态，用“在路上”描绘记者的采访活动。而对于新闻记者而言，真正的职业价值不是“在路上”，而是“在现场”。登山家说起自己登山的初衷，是因为“山，在那里”；记者随时追赶新闻的脚步，也是因为“现场，在那里”。

从新闻采访的角度，不管是大型活动、重要会议、论坛研讨，还是人物专访、主题采访和突发事件，记者都有抵达现场进行采访的责任。

现场，是新闻记者体现职业价值的所在。采访可以发生在事情正在发生、事态正在发展的第一现场，也可以在事后面对当事人的采访现场。现场往往是最考验记者的人格品质和耐心耐力的地方。2003 年，一场突如其来的 SARS（传染性非典型肺炎）疫情席卷北京、广州、香港等城市，很多记者冒着生命危险前往医院病区进行采访。在疫情一线发回的报道，不仅仅包含着记者的勇气、热情和敬业精神，也将社会公众并不了解但却需要知晓的信息及时进行了传递，很好地维护了公众知情权和社会安全。

新闻背后

中央电视台《焦点访谈》记者曲长缨在现场采访上有着独特的经历。

---

① 叶成群．记者档案．北京：中国青年出版社，2005：45.

从2002年12月上旬以来，《焦点访谈》不断接到观众的来电，反映12月2日上午，山西临汾尧都区阳泉沟煤矿发生了一起很严重的瓦斯爆炸。事故发生后当地一些人没有如实向社会公布死亡人数，当地既不让新闻单位介入，也不让死者家属互相接触，其中也许存在严重的瞒报。来信来电很密集，《焦点访谈》决定做个调查，究竟能查到什么谁也没有底，记者曲长缨在当地雇了一辆出租车悄悄进入了事故现场。阳泉沟瓦斯爆炸已经过去十多天了，出事的矿井早已封闭，矿工们也被遣散回家。记者此行收获并不大，只是找到了当地安监部门负责人，了解到这次事故发生的原因是矿主违反规定，没有安排专人监测瓦斯和打开井下风扇。如果依据这些事实做节目，充其量能做成一期谴责矿主不负责任、安全设施不完备、由于疏忽造成悲剧的很平常的节目，甚至还很可能由于事件的“不够典型”而导致这个选题被放弃。然而曲长缨没有放弃，他一直在四处搜寻和打听——没有轻信表面的证据，没有让那些显而易见的表面事实轻而易举地糊弄过去，这恰恰是一个优秀记者与一个普通记者的区别。①

在现场采访时，记者需要有一双善于发现的眼睛和勤于思考的大脑。在一些表象背后，往往隐藏着不为外界所知的事实。曲长缨没有轻信当地公布“死亡8人”的事故结论，第二次来到了阳泉沟煤矿的现场。他走进一个破旧的工棚里，在杂物堆里捡到了一个身份证，身份证上的名字不在死亡名单上。在矿工宿舍的床下，曲长缨找到了一个破破烂烂的通讯录。曲长缨听到路过的人念叨几个死亡矿工的名字，也不在死亡名单上。凭着对这些名字和矿工命运的深切关注，曲长缨辗转安徽、河南、四川等地，终于将一起矿难瞒报事件揭露出来。

《新闻与写作》杂志2006年第5期刊发了署名北京市新闻出版局办公室副主任陈晓红的文章，题目是《记者不注重现场采访值得关注》。作者是一名政府工作人员，其对新闻记者的作风描述让人振聋发聩：

(记者) 到某单位或基层采访新闻，都可以得到被报道单位提供的一篇已经写好的新闻通稿，不管自己是否熟悉、了解被报道单位的情况，有了这篇新闻通稿，就可以轻而易举地完成报道任务了。有的记者更是连新闻现场都懒得去，更懒于提笔或电脑打字，要求被报道单位提供新闻稿件的电子邮件，这样更省事、省心，只要在电脑上对稿件稍加改动标题和删节相关文字，或凭主观臆断进行添加、修改、编辑，也不管改动是否合理，也不与被报道单位对有关问题再进行核实，就交编辑发排，毫不费力地完成了自己的采写任务。

对记者中出现的不注重新闻现场采访一手资料的现象，(作者) 着实认为与从事新闻记者职业的身份和素质要求很不相称。如笔者在接待记者当中，也出现过这样的现象：当邀请某记者去采访某新闻事件时，他先问是否有“信封”或“红包”，或给什么“东西”，而不是问被报道的内容。如果告之什么也没有，干脆就找借口或理由，不去新闻现场了，鉴于还要保持与被报道单位的联系和关系，便让你把预先写好的新闻稿件以电子邮件的方

① 孙玉胜．十年．北京：人民文学出版社，2012：81.

式发送给他，至于能不能发稿，得看关系程度，有的记者甚至对提供的稿件正文一字不改，只改标题和署名（署上记者的名字）就发稿了，有的记者即便到了新闻活动现场，在完成了签到、领取新闻材料或纪念品（或红包）后，就溜之大吉。

这里笔者且不论被报道单位提供的原稿件是否具有新闻性，文章是否有水平、有质量，而是要友善地提醒从事记者工作的一些朋友，应该认真反思自己的履职表现。我们都知道，无论是短消息，还是专题报道，任何一篇好新闻的采写都离不开记者对新闻事件的敏锐观察、对新闻事件的深入挖掘、对新闻事件的细心捕捉，其中全面了解掌握新闻事件的背景资料是写好新闻的关键因素，一不应把得到的背景资料直接当作新闻，二不应不劳而获地把别人的成果据为己有。所以，要真正体现出记者本身的新闻采写水平，只有记者深入新闻发生地亲身感受和体验，精心并善于抓住新闻的闪光点，才能编写出好新闻，同时也才能反映出作为一名记者应该具有的最基本的职业道德和素质，才称得上是合格的记者。①

面对着这位经常接待记者的政府工作人员的追问，那些不注重现场采访的“通稿记者”确实应该反思。这样做，不仅是采访作风不扎实的体现，也是媒体没有履行社会责任、内部考核机制出现问题的表现。媒体应该严格要求和激励记者赶赴新闻现场，新闻记者也要尽量避免“不去现场”的不良表现。毕竟，真正的新闻是“跑”出来的，而不是复制、粘贴和在通稿上加上自己名字得来的。

现场是新闻生产的富矿，从新闻背后的进一步线索，到事件发生的蛛丝马迹，以至社会公众关心的重要事实，都可以在现场中得到体现。很多产生广泛影响的重要新闻，都是记者在现场向世界传递的宝贵的事实信息。

在公开的报道中，记者的现场采访要注意平衡，多方引用信息来源，尽可能采访牵涉事件的方方面面，给更多人说话的机会。因为，记者的职责是向公众传达事实，强调平衡的价值在于，提供客观、没有偏见的事实，让公众做出评价和判断。

奔走在现场的记者要有公平正义的职业理想，相信通过自己的工作，会促进很多问题和事件的解决。面对着天灾人祸的特殊场景，记者也要具有悲天悯人的职业情怀，能够体会采访对象面临的困难和痛苦，感同身受，设身处地，有着“同呼吸、共命运”的体恤之情。对于记者而言，弘扬正义、扶助弱者需要通过报道事实来实现。

在现场采访中，需要牢记新闻工作的基本原则：

- 全面报道，是职业原则，不要以“时间紧张”来忽略它。
- 客观理性，是职业追求，不要用“难以达到”来否定它。
- 核实求证，是职业责任，不要让“难于采访”来规避它。
- 平衡，是采访手法，也是职业信念，需要时刻记得它。

---

① 陈晓红．记者不注重现场采访值得关注．新闻与写作，2006（5）．

第三节 重要的职业素养：与采访对象沟通的能力

采访对象，是新闻细节的提供者，也是新闻故事的讲述者，更是重要的信息来源。与采访对象进行良好的沟通，是记者的基本责任和必备能力。作为一名记者，需要思考、归纳、提炼、写作、影像拍摄、网络技术等诸多能力，但无论新技术怎样发展，擅长与人打交道都会是记者尤为重要、非常突出的职业能力。很多资深的记者在年轻的时候，由于刚刚迈进这一职业的门槛，性格内向、不善言辞、不愿意接触陌生人，但从业几年之后，往往就显得健谈、自信，不怕大庭广众的场面，能够轻松自如地与各界人士打交道，这就是所谓的"职业改变人"，因为一项工作的历练和经历，改变了一个人的谈吐和面貌。一般来说，记者出现在采访对象面前的时候，应该给人留下诚恳、热情、真诚的印象，能够很快获得对方的信任，让他们能够顺利、自然地敞开心扉，将了解的内情和盘托出。尊重对方并懂得倾听，不夸夸其谈，不自说自话，是记者职业素养的基本要求。即便在采访对象不理解记者、排斥记者的情况下，记者也要保持耐心，富有同情心，能够尽最大可能理解对方的难处，化解尴尬的气氛，消除陌生感和不信任，建立起友善、温和而融洽的交流关系。

一、提问的原则与技巧

提问是检验记者能力的试金石，提问的水平，直接反映着一个记者的职业积累、社会经验、思考问题的深度、生活视野的广度。尤其是在电视、网络视频直播的状态下，记者会不会与人交流就会一目了然。中国的全国人大、政协会议被简称为"两会"，每年"两会"都会云集大批中外记者，国内外媒体广泛关注，在全方位的直播之下，很多记者在提问中存在的问题就会不断暴露出来。有的记者把"两会"的记者招待会、新闻发布会当成了展示自我的舞台，镜头前搔首弄姿、卖弄知识，话筒前废话连篇、推销自己，严肃的会议议题被出格越位的记者"抢了风头"，记者的不当表现反而成为国内外舆论的热议话题，"两会"的新闻大战俨然成为记者职业修养的检验场。

一位年轻的记者在"两会"采访时，面对着迎面走来的一位部长的热情问候，他的反应是"头脑一片空白，不知道问他什么"。实际上，关键时刻的采访提问能力与平时的积累有着密切的关系。艺术界有"台上一分钟，台下十年功"的说法，记者平日的观察、思考能力以及对中国社会基本国情和社情民意的长期关注，也是在最重要时刻提出好问题的关键。记者的工作对象是社会各界人士和各阶层民众，从政府总理、部委首长到街头巷尾的居民，都是记者的采访对象。只有广博的视野和对各行各业的了解，才能促进记者在采访中与采访对象深入交流。

曾有评论家将在2004年雅典奥运会期间的记者提问批评为"笨记者、傻问题"，虽然有些苛责和严厉，但却点出了公认的一个现实问题，即很多记者在举国瞩目的电视直播状态下，面对运动员的提问过于生硬、简单，甚至"不过脑子"，让采访对象哭笑不得。比如，一名记者采访伤后上场的女排运动员赵蕊蕊："全国观众都不知道你伤好到什么程度了，你能不能对着镜头给我们蹦两下？"赵蕊蕊无奈回答："我已经跳了一天了。"随后，转身而去。还有的记者要求乒乓球运动员："能不能笑一下？"

应该说，在比赛之后采访刚刚下场的运动员，这样的机会十分难得，时机宝贵，转瞬即逝，并且，在电视直播的状态下，很多观众期待着记者能够与运动员有很好的交流。但有的记者在不经意间浪费了宝贵机会，抛出一些没头没脑、十分不得体的问题，让运动员一头雾水，不知如何作答，也让观众感到无奈。

像"能不能跳一跳""能不能笑一笑"，在观众看来，属于"没事找事"型提问，记者没有与对方深入交流的诚意和态度，故意找一些莫名其妙的话题进行切入，结果适得其反，不但没有引起采访对象的任何兴趣，反而让观众感受到这一采访的浅薄和无聊。

（一）提问要有所准备

在直播状态下的采访，包括记者招待会、新闻发布会上的采访，能够留给记者提问的时间很短，这就要求记者精心准备需要提出的问题，在较短的时间内，用简洁、生动的语言调动起采访对象的兴趣，获得对方的积极回应和详细解答。如果怕自己临场发挥不好，或者胆怯慌乱，可以将问题提前写下来，在获得提问机会之后，保持镇静，可以不时看一下事前的问题记录，语速均匀地将其大声说出。要知道，此刻，你的提问将被影像记录，甚至被广大受众倾听，只有保持提问的语言简洁、思维灵敏，才能给人留下良好的职业印象和社会形象。

如果是非直播状态，不是大型的记者招待会，时间比较充裕，能够坐下来与采访对象交流，那么，准备的提问就要丰富多样。在了解采访对象的成长经历、兴趣爱好、专业成就、生活环境、家庭背景等情况的基础上，设计的提问要涉及方方面面，做到有备而来。提问能调动对方情绪，融洽气氛，促进即兴交流，从而使整个采访活泼生动。

提问涉及敏感话题时，要格外小心，生硬、不恰当的提问会给采访对象带来不愉快的感觉，要照顾对方的情绪和感受，避免因为对抗和尴尬气氛对采访活动造成困扰，进而影响到采访效果。

（二）与对方平等交流

无须仰视，更不能俯视，而需要平视。这种采访视角强调与采访对象的相对平等，在平等的基础上，相互理解，良好沟通，倾心交流。1998 年 3 月 19 日，第九届全国人大一次会议之后，新任国务院总理朱镕基在记者招待会上回答中外记者提问。几个问题过后，朱镕基主动示意主持人："请你们照顾一下香港凤凰卫视的吴小莉好吗？我非常喜欢她主持的节目。"一时间，坐在记者席上一直在担心难以得到提问机会的吴小莉感到意外和惊喜，现场的中外记者也为朱镕基的真诚和坦率、亲民的谈话风格所折服。吴小莉不负众望，问到了亚洲金融危机对香港的影响以及中央政府的态度，也问到了一个至关重要的问题，就是朱镕基总理在改革中的心路历程，一时间，这一提问为世界舆论所关注。朱镕基说：

> 这次九届全国人大一次会议对我委以重任，我感到任务艰巨，怕辜负人民对我的期望。但是，不管前面是地雷阵还是万丈深渊，我将一往无前，义无反顾，鞠躬尽瘁，死而

后已。我虽然很怕辜负人民的期望，但是很有信心。①

对于一个具有历史使命感和家国情怀的改革家而言，能够问及他的改革心路，无疑触动了他的内心情怀，这番话不仅成为朱镕基留给世界舆论的“标志性语言”，也铭刻在激荡世界、影响中国发展进程的改革历史上。这一提问无疑是成功的。

（三）简单叙述，尽量说出存在的矛盾与冲突

提问不能过长，如果啰里啰唆，冗长无趣，就会让采访对象感到厌烦，不但提不起对方的兴趣，反而破坏了谈话气氛。过长的问题往往还会给公众留下提问者故意卖弄的嫌疑，一些知识和背景应该被记者了解，但不能为了炫耀而喋喋不休，记者留给采访对象的印象应该是包容、含蓄和优雅得体的。有一年，在全国“两会”期间举行了一场关于上海世博会的记者招待会，邀请全国政协委员中的上海世博局的官员和相关人士与中外记者交流。《中国青年报》记者的提问如下：“曾经有一个非洲国家的官员到了上海，看到上海的城市面貌后，就很困惑地问中国的官员：‘你们为什么非说自己是发展中国家呢？’因为在他眼里的上海，是一个发达和现代气息浓郁的国际都市。据我所知，上海世博会是第一次在发展中国家举办，面对着很多国家的人很疑惑的目光，该怎样解释这一问题？”

确实，在上海的都市环境里，向外国人描述中国的发展水平以及东西部差距背景下的整体发展状况，会是很困难的。但有思想的提问，不光是简单叙述，三五句话就讲了一个小故事，而且能够将其中蕴含的矛盾指出来，唤起了采访对象的共鸣。

（四）避免对抗，友善而巧妙，提出公众的疑虑

有的记者，在重要的新闻发布会上，提出了充满敌意和对抗的敏感问题，激怒了采访对象，对方跑过来欲将记者驱赶出去，导致了现场混乱和新闻发布会的中断。虽然这样的场景，显示了采访对象的失礼和粗鲁，但对当事记者而言，就是采访的成功吗？显然不是。大型记者招待会的现场主持人在开场白中明确规则、有言在先，要求提问记者先举手示意，再决定提问机会和次序。但有的记者故意破坏秩序，没有举手就大声发言，使得同行的采访工作受到影响。一般情况下，记者要避免激怒采访对象，即使要提出敏感问题，也应巧妙地在与对方建立信任、消除对方疑虑之后，或放在整个采访活动的最后。

（五）追问被遮蔽的数字信息

有一年全国“两会”上，全国政协大会的新闻发言人赵启正在首场新闻发布会过后，最突出的印象就是“记者怎么不用功？”原来，在众所瞩目的新闻发布会上，有一位记者站起来问新闻发言人：“请问女委员有多少？”对此，新闻发言人哭笑不得。这是会前和会下随手都能查到的资料，关于代表、委员的年龄、性别、社会界别、职业构成等情况，已经提前向社会公开了。赵启正的疑惑是：“怎么能这样浪费一次宝贵的提问机会？我当新闻发言人都要提前做很多功课，掌握基本情况和必备的资料，怎么记者就不能提前做一些准备呢？”其实，在一些重

---

① 《朱镕基答记者问》编辑组．朱镕基答记者问．北京：人民出版社，2009：8.

大活动和新闻事件的新闻发布会上，很多公众不了解或被遮蔽的数字才构成提问的必要理由。比如，有记者问赵启正：全国召开“两会”到底花了多少钱？赵启正当时并不掌握这一情况，而是当场向记者承诺，会后向他通报。果然，在向有关部门了解之后，当事记者收到了这一问题的答复。尤其是重大突发和灾难事件，人员伤亡和重大财产损失情况可能在逐步统计中，在政府不能全面掌握信息和社会公众存有疑虑的情况下，记者反复核对和追问这些关键数字就成为一项重要的职业责任。

（六）寻求对舆论质疑和公众关心的事务的回应

接受记者采访的，不少都是掌握重要权力的官员和社会关注度比较高的公众人物，社会公众和舆论对其涉及的领域心存疑虑和极为关注，那么，记者有必要在面对采访对象时，将这些疑虑和关注点说出来，寻求对方对这些问题的解释和说明。这方面，以人物访问著称的意大利女记者法拉奇有过十分成功的采访经历。

> 法拉奇：“基辛格博士，您简直变得比总统名望还高，您对此是不是有什么解释呢？”
>
> 基辛格：“是的。不过我不想告诉你。我现在仍然在职，为什么要说这些？我看，你还是告诉我你的看法吧。我敢肯定，你对我有名望的原因也有自己的分析。”
>
> 法拉奇：“我可不太清楚，基辛格博士。我是想通过这次采访找出其中的奥妙，可是我还没有发现什么。我觉得一切取决于成功。我的意思是说，就像一位棋手，你走了几步高招。首先是，中国。人们总是羡慕吃掉对方国王的棋手。”
>
> 基辛格：“中国是我取得成功的重要因素，可是这还不是主要的。关键在于——嗯，为什么不说呢？我来告诉你。我还有什么疑虑呢？关键就在于我总是独往独来。美国人特别欣赏这种做法。美国人赞赏那种一马当先带领车队的牛仔，那种单枪匹马进入村庄或城镇的牛仔。他可能甚至连一把枪都没有，因为他进去不是为了交火的。他尽其所能，如此而已。在正确的时间指向正确的地点，这就算是个西部荒野的传奇吧。”①

法拉奇的采访，都会经过精心的准备。这次专访基辛格，一位国际外交的传奇人物，很可能涉及美国外交和内部关系等核心问题，法拉奇以跟总统的对比追问，让极富外交经验的对手充满了警惕，在“不告诉你”的自我保护说辞之下，又对法拉奇接下来的谈话充满了好奇，就像高手过招，既有无法接招的畏惧，也有盼对方出招的急切。法拉奇用下棋暗喻基辛格在外交上的成就，果然让基辛格心情愉悦，打消了顾虑，他把自己比作了闯入村庄和城镇的牛仔，将自己的外交经历看成是“西部荒野的传奇”。这次访问，法拉奇把公众关心的重要问题和外交风云背后的当事人心态都很巧妙地问到和呈现了，获得了积极的反响。

（七）准确表达采访的意图，避免产生不必要的误会

清晰表达自己的想法，是与采访对象沟通交流的基本前提。有的记者表达不够清晰，问题带有诱导性，反而引起了采访对象的误会。某地电视台得到线索，反映一家商场在开业庆典上放了大量的鞭炮，声响巨大，污染严重，给附近居民带来了困扰，因此引发了居民的投诉。记

① 法拉奇．风云人物采访记．北京：新华出版社，1983.

者赶到现场，进行了拍摄，为了更好地反映居民对这一活动的看法，记者采访了一位居民。

记者：那您对这个事儿怎么看啊？开业第一天就放那么多鞭炮，您怎么看啊？

居民：我就是趴窗户看。①

记者的原意是向这位居民征求对燃放鞭炮造成的噪音和污染的意见，没想到，被居民理解为观看鞭炮燃放的姿势和地点，从而带来了误会。可见，在与采访对象的交流中，准确、清晰地表达采访意图十分重要。

二、倾听的耐心、同情心是打开对方心灵的钥匙

采访的重要功能和主要做法是表达了了解问题的意愿之后，对采访对象的讲述情况进行倾听。记者首先是新闻信息的倾听者和采集者，富有耐心和热情地倾听，是采访活动成功的重要因素。倾听过程中，不轻易打断对方，让对方顺利、通畅地表达，保证采访对象讲述的连续性。当然，在对方陈述的过程中，在不粗暴打断对方的前提下，也要对一些没有讲清的问题和细节进行适度追问。核心的指向，依然是了解和勾勒事物的全貌，对可能欠缺的环节和模糊的信息进行补充。在这方面，记者不能有太强烈的自我意识，要换位思考，如果面临着自以为是、时刻标榜自己、傲慢自大的提问者，谁会把真实情况和心里话说出来呢？每个人都有自己的成长经历和生活经验，在自我意识里，每个人或多或少对不同于自己环境的群体有着认知误差和偏见。但从成为记者那天起，就要努力克服自己内心的偏见，客观、宽容地接纳不同群体，接纳不同性格、不同价值取向的采访对象。尤其是采访对象不配合的情况下，不能发脾气和表达傲慢情绪，让对方觉得不可接近，更加远离采访者。

在心理学中，有一个重要的概念，叫作“共情”，很多人通俗地将其理解为“通情达理、设身处地为他人着想”，有人将其称为“体验别人内心世界的能力”。成功的采访者往往都能深刻体会采访对象独特的生活经历所带来的心理因素和环境影响，能够走进对方的内心世界。

新闻背后

云南大学学生马加爵用铁锤砍死4名同学，然后出逃，成为举国关注的重要社会事件。马加爵被抓获后，司法审判处以极刑。在死刑行刑前48小时之内，《中国青年报》记者崔丽获得了独家采访机会，完成了报道《没有理想是我人生最大的失败》。据崔丽回忆：

> 走之前，我们报社做青春热线的陆小娅老师给了我很大帮助，她教我一些怎样面对这些人的采访技巧，她提醒我说，与马加爵面对面最关键的是要摆正记者的位置，要保持一种平衡、平等的心态，因为你不是法官，也不是检察官，不是来讯问他的。你就是一个记者，一个倾听者、记录者，要放下身段。这个记者的定位给了我很大的心理安慰，走时甚至连采访马加爵时穿什么颜色的衣服都考虑到了。
>
> 他们给我提供的采访场景就挺好的。你要是去看守所就知道了，是栅栏式的，如果他

① 朱洁，彭坤子，粟粟．采访提问100例．成都：四川大学出版社，2013：218.

坐里边，我坐外边，这气氛就不对，形成一种强弱势力的对立。后来，他们把我们带到一个房间，还说，这是我们看守所的“高间”，就像高干病房似的，那里边还挺温馨，空间很大，有窗帘，他一把椅子，我一把椅子。他戴着脚镣，那个椅子是特制的，上面有个挡板，把人关在里边锁上。我就可以坐在他对面，其实就是一种很平等的气氛嘛，看守所还挺开明、人性的。

说到遗憾，一个是时间短。给我的只有一小时。我们做心理的老师说，对这样的人做分析，至少要三四个小时。他其实谈到一个特别敏感的话题，似乎最大的谜团就是他的犯罪动机。就因为一次打牌的口角，就连杀4个人？当时为什么对他进行精神病鉴定，就是觉得要不是有精神病的话，怎么可能这么失常，让人不可理喻。但精神病鉴定出来，他没有任何问题，所以里头有最大的谜团——后来，我就问到他一个问题，关于他的性体验的问题。[①]

对于这个采访，记者崔丽进行了精心的准备，包括设计的问题，需要在极为有限的时间内全都问到。而且，随着马加爵行刑时间的临近，这样的提问机会不会有第二次。记者注意到自己的态度应该是与对方平等的，并从心理学的角度，尽量靠近和理解对方。当问到马加爵“有没有性压抑”的时候，马加爵愣了一下，只是说：“没有，挺好的。”但一些社会心理学家分析其杀人原因很可能与记者问到的这个问题有关。对方是一个杀人罪犯，从社会道德角度，很可能引来他人的谴责和愤怒，甚至用鄙视的态度对待他。但记者没有这样感情用事，而是采取了更为职业的做法，做一个倾听者，将其在人世的最后时光里所说的话记录下来，成为对社会有意义的一份珍贵的记录。

第四节　观察和记录

对事件、事态、人物、事物等进行基本观察，是采访活动中极为重要的方法。提问、倾听、观察、记录等行为方式，构成了采访的完整过程。如果说倾听考验着采访者的涵养和沟通能力，观察则带有采访者的主观色彩和内心的感悟能力。在记者眼前发生的一切，包括自然环境、社会环境的特征，天气、气候、景象，以及人的神态、衣着、举止，都是观察的对象。这些观察带有考察和经验判断，蕴含着丰富的新闻素材和故事细节，可以给新闻报道带来生动的感染力。尤其是记者带有个性眼光和独特口吻的描述，往往使得新闻报道增添了趣味性。

一、观察的作用和方式

新闻媒体招考记者，主考官会问：“你们有谁注意到了刚刚进门的时候，门口有多少级台阶？你们从门口走到现在站立的地方，大致的距离是多少米？”这样的问题，常常让应考者一

① 张志安．记者如何专业．广州：南方日报出版社，2007：143.

脸茫然，赶路、进门，很多人都行色匆匆，谁会注意到这些问题呢？但作为新闻记者，却常常要做这样的留意。很多新闻报道的细节，就来自细致入微的观察。所以，要做日常生活的有心人，逐渐锻炼出良好的观察能力。

这是一篇现场报道，它的成功得益于记者的观察。

【案例】

呼伦贝尔草原上的白灾人家

内蒙古海拉尔1月26日电（范立新、唐春枫、本报记者刘畅）门都齐齐格居住的毡房像一叶孤舟，孤独地立在暴风雪过后的草原上。1月26日清晨，天空还飘着零星小雪，武警呼伦贝尔盟森林支队的官兵找到了这里。低矮破旧的毡房里，牛粪燃烧正旺，一口大锅里，雪块正融化成温水。脚上的鞋子很破烂，门都齐齐格尽量用长袍遮盖着。

这里是苍茫的呼伦贝尔草原，确切的地名叫巴音乌拉，地处中俄边境附近的内蒙古自治区陈巴尔虎旗。门都齐齐格，一位69岁的蒙古族妇女，住在一个孤零零的蒙古包里，与36岁的儿子呼格吉勒一起，替别人看护着100只母羊和20多头牛。

此刻，面对前来救助的武警森林部队官兵，门都齐齐格担忧地说，羊儿的草料能维持20多天，自己取暖用的牛粪，只够烧半个月了。救援人员将两袋面粉和御寒衣物背进蒙古包时，门都齐齐格眼里闪动着泪花。

10天前，一场暴风雪席卷了呼伦贝尔草原，这是入冬以来的第12场降雪，造成灾难性的影响。对此，团呼伦贝尔盟委、盟红十字会组织了8万元的救灾物资，宝日希勒煤业公司等单位纷纷捐款捐物，但对分散在辽阔雪野上的受灾牧民来说，几乎是“杯水车薪”。

草原上大部分地区交通中断，门都齐齐格家与外界的联系也断绝了。白雪埋住了羊圈，儿子呼格吉勒只好骑着马到10多公里以外的地方求救。后来，清雪车把路开了出来，但再度放牧，除了一眼望不到边的皑皑白雪，羊儿找不到枯草充饥。“100只母羊，要在4月下羊羔，将来3个月怎么过呀？”门都齐齐格替人放养的母羊群，是陈巴尔虎旗民政局的扶贫项目，下了羊羔，才可能有收入。她最担忧的是“羊在一天天瘦下去”。

“看看你的病吧，还是救人要紧。”武警呼伦贝尔盟森林支队政委金德成也是蒙古族，他怜惜地拉过门都齐齐格的手，仔细检查是否有冻伤，随行军医王海科随即进行诊治，并留下治疗胃病、高血压、冻伤的药品。

救援行动是艰难的。天刚放亮，武警呼伦贝尔盟森林支队就派出30多名官兵，带着两大卡车粮食、御寒衣物、燃料等救灾物资，奔波在茫茫雪原上。中午时分，一辆车陷入了深达半米的雪坑里。10多个战士用铁锹挖，用人力推，30分钟后，才将汽车从雪坑里“救”了出来。

布仁赛汗也是一位蒙古族牧民，今年51岁。她家的两只黑色的牧羊犬在蒙古包前的雪地里哀嚎。251只羊、18头牛、30多匹马，替人放养的这么多牲畜，使她更为沉重：“刨去积雪才能吃到草，我的羊前蹄都磨破了，没法吃草了。”她认为，今天的雪灾是夏天旱灾的延续。

在陈巴尔虎旗，记者见到了旗党委书记杜学军和旗救灾办主任希日英。他们说，像门都齐齐格、布仁赛汗这样的受灾户，全旗共有1 736户，被风雪围困的受灾牲畜，已达43万头。在整个呼伦贝尔草原，同样遭受白灾的人家就更多。

（《中国青年报》，2002－01－27）

记者跟随武警森林部队在一望无际的呼伦贝尔雪原上寻找被围困的牧民，当发现一个蒙古包时，记者和武警部队的摄影干事率先打开门，进入这个蒙古包，一位上了年纪的蒙古族妇女发现外面来人了，赶紧用长袍把脚上破烂的鞋子遮盖起来。牛粪燃烧正旺，一口大锅里，雪块正融化为温水。这样的场景，是由记者在现场看到的，正是用心去观察这样的细节，才使得报道生动起来，超越了简单的数字和灾情通报，有了更细致、鲜活的描述。不管是茫茫的雪原，还是蒙古包里，人们随着记者的眼睛、耳朵而感受到雪灾之中的牧民生活。对牲畜和生活的担心，寥寥数笔，就勾勒出一幅雪原救灾的生动画卷。

有的记者在采访对象向自己陈述情况时，迫不及待地打断对方："停一下，你先等等。"然后把记录本、录音笔准备好，这时告诉对方："现在，可以说了。"其实，采访不仅仅需要记录，采访并不是从记者掏出笔记本那一刻开始的。记者的眼睛看到了什么、耳朵听到了什么、鼻子闻到了什么，这些感受同样是新闻报道的生动组成部分。采访对象看记者的神态，面对记者的下意识动作，都是采访观察的内容。

观察在采访中有重要作用，记者不能粗心，不能对生活中的很多事物熟视无睹，更不能麻木不仁和无动于衷。保持一颗敏感的心，敏锐地感知环境的变迁和事物的发展变化，对生活中的细节保持不断的新鲜感和强烈的好奇心，拥有这样的追求和气质，会对提高新闻记者的观察能力大有裨益。

二、记录的重点与表达的原意

新媒体环境下，信息传递的方式和新闻呈现的方法正在越来越多样化，很多记者更愿意拍摄视频。现场的视频记录固然重要，但记者拿着笔在采访本上进行采访记录，留下采访笔记，依然显示着其特殊的职业魅力。老记者这样劝说年轻的同行："别光顾着拍摄和录音，还是拿起笔吧，拿笔记录新闻事实的方式多好啊！"

拿笔进行记录，当然不能一字不落地原话照录，不能有闻必录，而只能是记下关键人名、地点和事情要点。采访笔记以不影响与采访对象的交流为前提，首要保证对方的陈述顺利、通畅。录音、录像要征得采访对象同意，而拿出笔和本进行记录，更容易得到对方的理解和认可。当然，采访笔记可以记录下时间、地点、人物姓名、关键场景、表情特征、数据、引语等。如果时间匆忙，记者的主要精力用在了与采访对象的沟通交流上，那么，采访结束之后，还可以在采访本上进行补充，凭记忆将很多重要的话语、细节进行复述、还原。当然，这一工作必须抓紧，一旦时间过长，难免会记忆错误和信息失真。要保证记者的记忆、记录都是鲜活和真实的，记者不一定要学会速记，掌握速记本领并不是新闻记者的必备要求。能够快速记录，并以自己能看懂为准。有的记者愿意把自己的理解"安"在采访对象的头上，其实，采访笔记最宝贵的是要记下一些“直接引语”，即关键细节、关键看法，尽量原汁原味，表达采访对象的原意。

采访笔记能够提供丰富的新闻素材，能够完整记录下新闻发生前后的真实情况。同时，对于很多资深记者而言，采访笔记意味着职业成长、生活历程和完整、初始的美好回忆。

在过去的新闻实践中，记者的采访笔记、拍摄照片、采访录音不光为采访活动提供帮助，在日后报道产生纠纷时，也被视为保护记者自身权益的法定证据。很多记者疲惫于整理录音，感觉采访结束之后，后续听录音工作量很大，感觉头晕脑涨，不胜其烦。其实，整理采访录音的过程，也是梳理信息、整理事实、完善细节的过程，对于采访与写作的衔接大有好处。

在《中国青年报》2002 年 1 月 27 日刊发的《呼伦贝尔草原上的白灾人家》报道中，很多重要信息来自记者留在采访本上的现场记录：“这里是苍茫的呼伦贝尔草原，确切的地名叫巴音乌拉，地处中俄边境附近的内蒙古自治区陈巴尔虎旗。门都齐齐格，一位 69 岁的蒙古族妇女，住在一个孤零零的蒙古包里，与 36 岁的儿子呼格吉勒一起，替别人看护着 100 只母羊和 20 多头牛。”

准确的地名、人名、人物年龄、看护牛羊数目，都依赖于记者当场的询问和记录，包括更多的情况：“10 天前，一场暴风雪席卷了呼伦贝尔草原，这是入冬以来的第 12 场降雪，造成灾难性的影响。”“100 只母羊，要在 4 月下羊羔，将来 3 个月怎么过呀?”还有另外一位名叫布仁赛汗的蒙古族牧民，替人放养“251 只羊、18 头牛、30 多匹马”。

这些记录之所以在现场询问的同时进行，就是为了保持了解情况的原始状态和准确性。有的采访活动虽然可以事后补充记录，比如突出的印象和记者难忘的细节，但关键的数字、名字却容不得丝毫马虎，不能出现任何错误。所以，一定要同步记录，保持基本信息的准确。而在这篇报道的最后，就出现了更为权威的数字。“在陈巴尔虎旗，记者见到了旗党委书记杜学军和旗救灾办主任希日英。他们说，像门都齐齐格、布仁赛汗这样的受灾户，全旗共有1 736 户，被风雪围困的受灾牲畜，已达 43 万头。”

从点到面，客观陈述，从一户人家、几个人遭遇的灾情到更广范围内的灾情，准确而详尽的数字增强了新闻报道的真实性，具有说服力，及时向公众报告了当地的雪灾状况。

随着中央厨房、网稿发布、微博传播、微信公众号、采编流程再造等媒体融合的步伐，越来越多的报纸记者在随手拍摄视频，电视记者也在发布移动客户端的文字稿，运用新技术进行立体的多种样式传播成了媒体记者的工作常态。在影像记录变得越来越重要的时候，传统的笔记、录音依然不可偏废，尤其是一些重大问题和重要事件中，影像资料缺失、缺位，就要通过文字进行还原，而有条理、有逻辑的新闻稿件也离不开采访时所做的真实记录。

第五节　关于采访的提示和建议

新闻记者的采访是重要而艰辛的职业活动，克服采访过程中面临的困难与障碍，通过与采访对象顺利的沟通与交流，了解更多的真实信息与事情发展的细节，可以大致勾勒出很多重要新闻事件的原貌。扎实、细致的采访为新闻写作提供了大量的素材，为整个新闻的制作和传播打下了坚实的基础。新闻记者应该保持自身的新闻敏感，充满强烈的好奇心，对事实的探究充满憧憬和敬畏。“太阳每天都是新的”，新闻记者在社会转型中，需要不断克服生存环境和传播方式变化所带来的职业压力和焦虑，始终对不断涌现的新鲜事物充满兴趣，以持续的对新闻采访的激情战胜职业倦怠。对很多社会问题和新闻事件保持持久的关注和观察，持续呼吁和推动一些问题的解决，并发现新的问题的苗头和指向，提示社会寻找解决问题的方法与渠道。新闻记者在新媒体传播的环境下依然会大有可为，越是在众声喧哗、众说纷纭中，越需要新闻记者的事实采集能力和公信力。

一、采访中的自我提示：多问几个为什么

具有集体性质的采访活动大多时间有限，新闻发布会上的提问时间短不过数十秒，长不过几分钟，一次会议或论坛的采访时间不过数小时，提前约定的人物访问时间也会有限定，即便持续时间稍长的旅行、探险等活动的采访，也总会有结束的时候，一切恢复到平静的状态之下。在有限的采访机会和时间里，新闻记者需要培养自己的“问题意识”，以问题为导向，拟定好“问题单子”，多问几个为什么，逐层递进，细致推敲，找到表象之下更深层次的事实、过程和真相。

二、与采访对象的约定：再联系

记者的采访本和手机通讯录里，应该记满采访对象的联系方式。一定尽可能地留下采访对象的手机号码，加上微信联络会更通畅。并且，在采访中尽量与对方打好招呼：“我可能还会跟你联络。”这样做的好处，就是在写稿、审稿、发稿等阶段，一旦发现人物名称、职务、总体情况、背景介绍、基本事实等存在模糊和误差，有再次核实、补充、纠正的机会。而新闻的再次核实，是记者采访活动的持续延伸和必然要求。如果没有留下联系方式，在需要核实的时候找不到人，这种“失联”状态也在某种程度上印证了采访者的粗心和失败。

三、细节从哪里来：避免“核心事实模糊”

采访不可避免地要追问细节，一个内心真诚和富有同情心的采访者来到的时候，对于采访对象而言，就获得了倾吐的机会和解决问题的希望。采访者一定要对事情和事件的全貌有个大致的评估和了解，避免因为情绪亢奋忘乎所以，一旦晕头转向，等到采访结束的写稿阶段才发现“核心事实模糊”，就会导致采访、写作等整个新闻报道的失败。珍惜采访机会，就要追问核心事实，在“到底发生了什么”这样的提问之外，一定要与采访对象就核心问题进行反复、细致的交流，掌握关键的细节和内幕。在采访结束之前，对敏感问题要有所涉及，不能因为问题有些尖锐就轻松绕过，并问问自己：“这样采访可以吗？现在结束会不会留有遗憾？”

四、用“问题”把采访对象留住

真正吸引采访对象的，可能不仅是记者的人格魅力和交往能力，往往问题本身更具吸引力和震撼力。对采访对象关心的领域和感兴趣的问题提前了解和设计，当对方迟疑和想快速离开的时候，抛出对其具有重要意义和影响的问题，使得采访顺利进行下去。这样做，并不意味着故意拖延时间，而是争取了解更多情况的机会，加深彼此的信任，保证交谈的深入和沟通的融洽。与采访对象相谈甚欢，甚至有惺惺相惜、相见恨晚的感觉，就会建立起牢固的友谊。这样的采访虽然不是常态，但却是新闻记者可遇不可求的最佳状态。保有稳定的信息来源，拥有广泛的支持者，是新闻记者重要的职业积累。这样的采访活动对新闻报道大有益处，影响深远。

五、专业知识的积累：做一个“懂行”的交流者

社会各行各业都有自己的专业领域和行业知识，新闻记者积累的职业和社会经验，就是要对各行各业都有基本的了解。哪怕谈不上深入，不一定精深和专业，但一定要掌握一些常识性的知识，做一个对各领域都有所知晓的“杂家”。有的“跑口”记者和行业记者，由于接触一个行业较多，长期浸润，本身就会成为通晓这一行业的“半个专家”。即便长期接触某一行业，记者也不可把自己的知识面缩小了，一定要有广泛的兴趣和视野，认识和交往各行各业的人士，拓宽信息来源和渠道。从这个意义上说，新闻记者应该是比较活跃的“社会活动家”。

六、避免迟到是最基本的职业素质

新闻记者应该是时间观念较强的职业群体，很多活动的开始时间都具有刚性要求，不可以迟到，更不能爽约。如果一个记者总是迟到、爽约，就会给人留下“不靠谱”的印象，难以获得对方的信任。所以，记者要提前设计好行程，避免堵车、误点造成的失误，预留出充裕的时间赶往采访地点。事实上，很多大型活动，比如全国“两会”，还有乘船参加科学探险、乘火车或飞机集中采访等，都容不得记者有丝毫的时间误差。从这个意义上来说，新闻是一个不能容忍记者迟到的行业。如果接连参加活动，就要做好日程安排，即使赶场辛苦，也绝不误场。

七、被采访对象误解了怎么办

新闻记者与采访对象接触是职业行为，很多采访对象是从所接触的个人身上感受到一个行业的形象和对其形成基本认知的。因而，在采访约定和实际接触中，记者应该给采访对象留下诚实、守信的基本印象。当然，这一要求不包括隐性采访、暗访等特殊形态。在一般采访中，承诺对方的，一定要做到，不能言而无信。在实际接触中，记者应表现出人文情怀和正义感，让采访对象认为记者值得信赖。当采访对象由于记者的报道而受到人际关系、生存环境和社会

声誉的负面影响时，要对对方有同情心，不能无动于衷。如果存在标题的猎奇、夸大和事实的不准确，要及时更正和道歉。

八、谨慎使用“隐性采访”

隐性采访是新闻采访的特殊形式，一般在监督报道中使用。隐性采访包括两层含义：一是隐瞒记者身份进行采访，类似于暗访、卧底；二是公开记者身份但隐瞒采访意图，也在一定程度上具有表面的迷惑性和隐蔽性。隐性采访应该谨慎使用，除非有不得已的原因，经过一定的媒体内部审批流程之后，再开展这一采访活动。这是记者职业领域的敏感地带，避免记者个人因接受请托、利益驱动而轻易使用这一方式。

九、防止报道失实的防线在哪里

采访本身就是核实事实的过程，没有蓄意编造，没有闭门造车，有的记者感到自己已经认真采访了，但为什么事后还是被证明“失实”了呢？尤其是单一信息来源的某个人的专访，很容易出现采访对象说什么，记者就相信什么，然后就报道什么。这种仅仅依靠口头采访、不进一步核实的采访方式是极为有害的。对单一的采访对象进行访谈，一定要提前了解和熟知背景情况，对相关人的可信度、信用度、社会声誉、成长经历进行详细了解。在面对采访对象的时候，及时指出相关传闻，巧妙地探讨敏感话题，倾听当事人的解释，并根据常识和社会阅历判断这种解释是否站得住脚。在完成采访之后，要多方倾听意见，找更多的知情人印证相关信息，在新媒体环境下了解这些信息的真实性、可靠性。记者在采访活动中的反复印证和核实求证的意识，是防止报道出现失实的可靠防线。

十、采访对象为何拒绝了你

被采访对象拒绝，是采访活动中的常见现象。低调做事、不愿张扬、保护自我、信息保密、难以相信记者等诸多原因，都可能导致采访对象将记者拒之门外。“无可奉告”“记不清了”“我不知道”“不太了解”，对方一旦采取这种不配合的态度，就会使得采访活动难以进行下去。也有的采访对象不善言辞，提供信息像“挤牙膏”一样，让记者采访艰难、收获甚微。面对困难，不要轻易放弃，找出问题的关键所在，有针对性地处理好相关问题。比如，找到与采访对象熟悉的人，动员他一起做说服工作，努力打消采访对象存在的顾虑，用真诚和热情的态度打动对方，引导采访对象说出知晓的情况。当然，不同的采访对象情况不同，如果对方盛气凌人，也可以用对抗性很强的敏感尖锐问题让其回心转意，转变态度，但一定要避免与采访对象发生冲突和辩论。在采访活动遇到挫折、不顺利的时候，记者的坚持精神十分重要。

十一、如何面对悲伤中的采访对象

不管是突发和灾难事件采访，还是普通的社会新闻采访，记者经常会碰到悲伤中的人。无情的水患、火灾、干旱、地震等，将巨大灾难留存在了现场。作为进入现场进行采访活动的新闻记者，要经历自身的精神洗礼和心理考验。同时，作为与采访对象近距离的接触者，面对着悲伤和痛哭的场景，需要有格外的人文关怀。在对方哭泣的时候，不要粗暴地打断，不要急于追问，而是通过适度的关心和安慰让对方逐渐平静下来。直到对方情绪完全稳定下来，用话语询问，或与其目光接触，表达出希望与其交流的愿望，在此情况下，才是记者开始了解事实的阶段。

记者在采访社会新闻的时候，包括在城市乡村里发生的劳动纠纷、家庭矛盾、人身伤害、言语冲突、治安案件等，也会有采访对象哭泣的情况，记者在试图让对方情绪稳定下来、能够正常交流之外，还要面对纠纷、对立的气氛。这时，记者除了必要的言语安慰，一定要避免轻易表态，不要轻易介入纠纷。“清官难断家务事”，很多纠纷纠缠着情感、利益，并非能够一眼看穿，泾渭分明。有的记者容易冲动，以为表达了正义感，却在纷争中将自己变成攻击对象。所以，面对这类情况，记者不要忘记自己是事实的倾听者、采集者，要有清醒的职业意识，保持客观、中立、理性的态度。

十二、证据的留存与使用

采访活动本身就是取得证据的过程，注意采集文本原件、复印件、影像、声音、实物等各方面的证据，并将它们很好地保存。新闻记者要到一切可能的地方去取证，在取得可以证实新闻事实存在的核心证据之外，一些复杂多样的辅助证据也会对新闻报道有所帮助，不要以为看似“毫不相关”就随意放弃。有些证据在新闻写作和传播过程中才显示出重要作用和意义。在写作中注意引用这些证据，为新闻报道提供有力的支撑。留存证据的意义不仅在于保证新闻的真实，也为社会留下宝贵的历史文献，同时，也作为新闻记者的法律意识和自我保护的见证，在产生法律纠纷时作为法定证据使用。

【阅读】

布雷迪．采访技巧．北京：新华出版社，1986.

高钢．新闻报道教程：新闻采访写作的方法与技术．北京：高等教育出版社，2010.

张征．新闻采访教程．北京：中国人民大学出版社，2008.

崔莹．做最职业的记者：对话英国名记者．广州：南方日报出版社，2009.

莱特尔，哈里斯，约翰逊．全能记者必备：新闻采集、写作和编辑的基本技能（第七版）．北京：中国人民大学出版社，2010.

【思考】

1. 你认为成功的采访基于记者的哪些素质和准备？
2. 采访的原则有哪些？有哪些是可以学到的提问技巧？

3. 碰到一位态度冷漠、不愿意交流的采访对象，你会用怎样的态度面对他？

4. 记录的数字、人名出现模糊，你会凭大致印象猜一下，还是设法找到采访对象再次核实？

5. 设计采访提问的过程中，你会怎样考虑采访对象的感受和进入敏感话题？

6. 忽略了采访现场的观察，你会请在场的人帮你回忆和印证当时的情况吗？

7. 若写作时发现重要事实缺失，你会重新采访、补充采访，还是将这一事实忽略？

8. 应该怎样克服在新闻现场遇到的困难？

【练习】

1. 一位政府部长刚刚上任，他负责的是环境治理和保护，有关部门安排你对他进行一次专访，请就采访提问进行设计，逐个问题进行探讨，拟定一个详尽、细致的采访提纲。

2. 中美面临着贸易争端和谈判，请以最新事态为由头，进行背景资料的整理、分析。

3. 某中央企业在国外的重要援建项目即将竣工，邀请记者前去采访，并希望根据新闻报道需要提出一个采访活动方案。请根据你的设想，列出需要配合采访的人员、机构、场地、资料的清单。

4. 某地发生了一起化工意外爆炸事故，造成重大的人员伤亡，你接到了采访任务，如果条件允许，出发前你会做哪些准备？

5. 请阅读并分析下面这篇文章，找出记者的采访与事实、证据之间的关系。

> 2001 年底，《焦点访谈》的一名记者用秘拍的手法制作了一期关于天津一个机动车检测场乱收费问题的节目。乱收费的基本情况是检测场逢车须修，修车的理由皆为刹车不灵和气缸不清洁导致尾气不合格。而且该验车场规定：要验车必须在本场维修，否则不予检验。而维修费大都在一千三百元左右。如果用户直接付钱，那么不修车也可以拿到验车合格证。情况虽然如此，但要制作节目必须有事实证据，而且这些证据应该是经得起质疑的。这是《焦点访谈》几年来播出这么多批评报道而从未引起法律诉讼的一个重要原因，我们强调要用完整的事实说话。
>
> 我初次看这个节目时的感觉是，节目所获得的事实经不起质疑。比如记者没有拍摄到完整的检测流程和每个环节的收费过程。更重要的是，我们如何证明所拍到的被收费检验的汽车原本是合格的，只是验车场为了乱收费而进行不必要的维修呢？
>
> 我要求他们重新修改并进行必要的补拍。我建议他们先设一个“套”，设定一个悬念和一个标准，具体方法就是找一辆进入维修期的机动车，将其先在一个权威的检测部门进行检测，证明车辆的各项应检指标是合格的，拿到一个权威的标准。再将它开到那个乱收费的验车场进行检测，检测结果将是一个悬念，同时也是一个巨大的“套”。如果验车场真的乱收费，它肯定钻进这个套，将其入套的过程拍下来，那就是最具说服力的、不容置疑的事实。事实证明，这个套的确成就了这期节目，成为这期节目最大的看点。这辆尾气排放本已合格的面包车在那家乱收费的验车场被测出尾气排放的指标是七千多，接下来就是收费清洗。而天津机动车检验中心的权威专家说：汽车尾气如果超过两千就不能开了，

超过七千难以想象。

在我的印象中，我们的电视节目“设套采访”是时任《焦点访谈》制片人赵薇的“撒手锏”和“拿手戏”，她用这样的方法制作了许多好节目，可以称为“设套专家”。用这种技巧，她获得了许多普通记者得不到的一手事实，这里的“设套”是指一种采访技巧而非违反职业道德的人为陷阱。①

① 孙玉胜．十年．北京：人民文学出版社，2012：130－131．

第五章

怎样写作消息

【学习要点】

在众多新闻体裁中，唯有消息能够及时地用滚动传播的方式报道突发事件、正在进行中的事件，冲在新闻的最前端，承担“第一报”的任务。

消息的构成元素包括标题、导语、主体、结尾和信息图表等。

消息的标题往往是报道的核心内容；导语部分一方面需要涵盖消息中的重要信息，另一方面需要吸引读者继续阅读；在主体部分消息的内容进一步展开；而结尾部分则以事实性信息收束消息。

导语中以直接式导语最为常见，消息的主体结构以倒金字塔结构最为常见。

消息中的背景使用需要精练，要以简要的文字说明必须解释的信息，从而为读者扫清阅读障碍。

消息可以说是新闻报道的“常规武器”，消息的报道面之广、传播速度之快、受众之普及和运用之频繁，都是其他新闻体裁所不能相比的，也是在新闻传播中不可替代的。

消息以最直接、最简洁的方式告诉广大受众新近发生了什么新闻，它能够更迅速、及时地向人们报道客观事物的种种有意义的变动。受众之所以接触媒体，主要是为了获得各种各样的新信息，而这主要靠消息这种新闻体裁来满足受众的需求。

第一节　消息及其基本构成元素

一、消息及其特点

消息是以简要的语言文字迅速传播新近发生的事实的新闻体裁，它主要告诉人们发生了什么事情，往往只报道事情的概貌而不讲详细的经过和情节，是最广泛、最经常采用的新闻基本体裁。

自从近代报纸产生以来，消息就在报纸上占据主要地位。在当前的新媒体时代，消息作为媒体信息的“基石”，其地位也没有动摇。

长期以来，消息这种新闻体裁形成了自己的特点。

（一）简明

简短、明白地概括新闻事实是消息有别于其他新闻体裁的本质特点。消息总是用尽可能经济的文字，简明扼要地反映新闻事实。在电子媒体兴起的背景下，网络、广播、电视往往成为第一时间发稿的媒体，其消息更为简短，文字干净利落，百字左右就将最新情况报道清楚；而报纸的消息往往失去了第一时间发稿的优势，出现了相对"详述"的倾向。但尽管如此，与其他新闻体裁相比，消息仍然属于概括报道，简明仍然是其重要的特征。

（二）讲求时效

消息要迅速及时地传播事物有意义的新变动的信息。消息的时效性如何，是衡量和判断其所报道的新闻之价值大小的一项硬指标。报道得越迅速及时，消息的时效性越强，其新闻价值就越能充分地显现出来。

消息尤其是动态消息，其时效性往往以日、时计，重大新闻和突发性新闻事件的报道的时效性甚至以分、秒计。早一分钟，就有可能发出"第一次信息"，是人们前所未闻的事实、最新鲜的信息，给受众留下深刻的印象，所谓的"先睹为快"正是如此。

而新闻机构之间竞争的一个重要方面正是消息的时效性的竞争。谁的新闻报道能最快地传递最新的事实，能迅速及时地满足受众的信息需求，谁就能在新闻竞争中赢得胜利。

（三）重心前置

消息的结构是倒叙式的，它通过导语将新闻事件的结果、新闻事实的精要首先呈现给受众。在这一点上，以反映事物最新变动为主的动态消息尤为典型。

这种"重心前置"的结构方式起源于19世纪中叶美国南北战争时期。当时，读者急于了解前线战况，而电信技术又不够成熟稳定，电报机经常出现故障且费用昂贵，于是前方记者只好将最新的情况放在报道开头尽快发出。这就形成了消息"重心前置"的写法。

这种写法符合新闻传播规律，具有很强的生命力。试想如果一位刚刚看了乒乓球决赛直播的人向其他想看这场比赛但因为种种原因没看成的朋友讲起赛况，一定会从"刚刚的比赛中国队赢了"开始说，而不会从"中国队第一局一开始很被动"开始说，"重心前置"的结构适合快速传播的需要。

值得注意的是，"重心前置"并不完全等于倒金字塔结构，非倒金字塔结构的消息仍然需要将最重要的内容或最核心的内容放在导语或报道的开头。

如新华社2018年3月18日李克强被任命为总理的新闻，导语是这样的：

> **新华社北京3月18日电** 十三届全国人大一次会议18日上午在人民大会堂举行第六次全体会议，根据国家主席习近平的提名，经过投票表决，决定李克强为中华人民共和国国务院总理。国家主席习近平签署第一号主席令，根据大会决定，任命李克强为国务院总理。

正文部分在简单介绍出席人员后按照时间顺序展开，这并不是一个倒金字塔结构，但"重心”放在导语上，“前置”的特点依然突出。

（四）更为客观

消息这种报道体裁一般不提倡记者直接抒情或议论，它要求记者尽可能地减少主观色彩，更加注重用事实说话，行文相对于通讯、特写等报道体裁来说更为客观。

在消息写作中，它更突出信息的“干货”，过滤掉了情感的“水分”，让事实直接进入人们的视野，对受众造成很强的心理冲击。

（五）有“消息头”

消息有自己的外在标志，称为电头或“本报讯”，总称为“消息头”。

电头，表明电讯稿发出的单位、地点和时间，加括号或用显著字体标出，置于稿件开头。新闻通讯社早期以电报、电传、电话等方式发稿，因此，通讯社总是以“××社×地×月×日电”作为消息头。

“本报讯”是报社自己的记者或通讯员采写的消息的标志。如果是外地采访，往往也会标明发稿的地点、时间，写成“本报×地×月×日专讯（或专电）”。

消息头的作用在于可以表明新闻稿的发出单位，以承担本单位发表新闻作品的责任，显示消息的出处并接受社会的监督。消息头一般还注有发稿的时间、地点，可以表现消息的时效与来源地，借以传达一些基本信息。新闻写作可以利用消息头中的信息，使得新闻导语更加简洁。

（六）一事一报

一条消息通常只集中报道一件新闻事实，即紧紧抓住最有新闻价值的核心事实，简明扼要地加以报道。一事一报的消息尽管可能包含很多信息，但往往只有一个核心事实，记者应该能用一句话概括这个核心事实，报道中的其他信息是为了支持这一核心事实而组织的。这样，不仅能更快地争得时效，而且可以使消息更加短小精悍、易读易懂。

在写作消息时，不要贪多求全、面面俱到；同时，即使是一事一报，也要分清主次，突出重点，并注意选例少而精。

二、消息报道的基本构成元素

（一）标题

标题通常位于报道顶部，旨在告诉读者报道的主要内容。它往往由编辑来写，但在一些采编合一的小型媒体中，记者也可以拟写标题。消息的标题往往是这篇报道的核心内容。

目前，很多媒体喜欢在主标题下面使用副标题，也叫“肩题”“概述句”“提要”，双行题可以使读者快速地获取报道的主要内容。在很多媒体上，一些重点报道都使用了双行题。下面就是一例：

习近平向俄罗斯当选总统普京致贺电
普京赢得俄总统大选得票率创新高

作为记者，尽管你无须自己写标题，但你可以按照标题提供的思路去写报道。如果你难以抓住报道的核心内容，不妨先给报道想出个标题，这样对写作会有所帮助。

（二）导语

导语位于报道开头，旨在告诉读者报道的主要内容。一条好的导语能够吸引读者继续读这篇报道。在很多报道中，导语通常只有一句话，但却涵盖了事实中最为重要的信息。

最为常见的导语是直接式导语，它通常概括叙述所报道的事件，回答何人、何时、何地、何事、为何、如何等所有主要问题。报道的其他部分详细说明何事、为何、如何。

如果回答上述问题会使导语过长，记者往往会有所取舍，即决定哪些要素最重要，需要在第一句话中就强调。如：

人民网首尔3月19日电 据韩联社19日报道，韩国检方决定提请法院逮捕前总统李明博。

（人民网，2018-03-19）

这则导语强调的就是何人、何事、何地。报道的其他部分会补充细节内容，包括此事如何发生、原因是什么等等。

（三）主体

主体又称为“新闻躯干”，是一篇消息展开新闻内容、阐述新闻主题的关键部分，新闻事实主要在主体部分交代和展开。

消息通常有导语，但有的短消息，尤其是“一句话新闻”或简讯可以不写导语。有些消息可以不交代新闻背景，很多消息都可以没有结尾段落。但无论哪一篇消息，都绝不能没有主体部分。

主体部分通常具有两部分内容：

一是呼应导语，展开阐述，即对导语中提到的主要新闻事实做进一步的具体阐述或回答，起到支持导语的作用。

二是围绕主题，补充引申，即对导语中没有涉及的新闻内容进行补充，提供必要的背景材料，以说明新闻事实的来龙去脉、前因后果，以扩大消息的信息量。

主体部分通过引语、描写、补充背景等方式提供更丰富的内容和细节，让受众进一步理解新闻。

（四）结尾

消息结尾，是指为了深化新闻主题、强化新闻价值或扩大新闻的信息量，记者根据新闻内容，精心设计的消息的收尾部分，它通常是消息的最后一段。

一般而言，消息的结尾应该包括以下内容：预测或预告未来的行动；以陈述句或引语总结全文但不重复前面的内容；补充更多的细节。消息的结尾千万要避免重复已经说过的内容，在消息中，如果你没有更新的信息告诉读者的话，就应该及时结束这篇报道。

如一篇报道北京四条新地铁年底前开工的消息，最后以北京副市长要求新地铁线路的站点设计充分考虑换乘的问题来结尾，用了副市长的直接引语来总结：

> “特别不要忽略的是另一种交通方式——步行，在站点周围 500 米或更大的范围，鼓励步行。”
>
> （《新京报》，2007－05－25）

值得注意的是，消息的结尾往往提供的也是一个事实，即使是评论性的内容，也是借口评论来呈现事实，不要来一通套话空话，也不要重复前面的内容。

（五）信息图表

在现今的消息写作中，图表、照片也是报道的一部分，这样的理念已经深入人心。虽说提炼事实可能是编辑的事，设计图表可能是美编的事，拍照片可能是摄影记者的事，但是，报道是否有图表、照片会影响文字部分的写作，考虑这个问题可以帮助你决定哪些内容写进文字部分，哪些不必写进去而由信息图表反映。而且，随着媒体融合进程的推进，越来越多的媒体需要由记者来对信息图表进行创意制作。

如香港回归 20 周年纪念报道中，新华社有一个《港剧是什么味儿？用数据品香港电视行业》的报道就用了大量信息图表，其中有一幅信息图表《挥之不去的“港剧金句”》很有意思，见图 5－1。

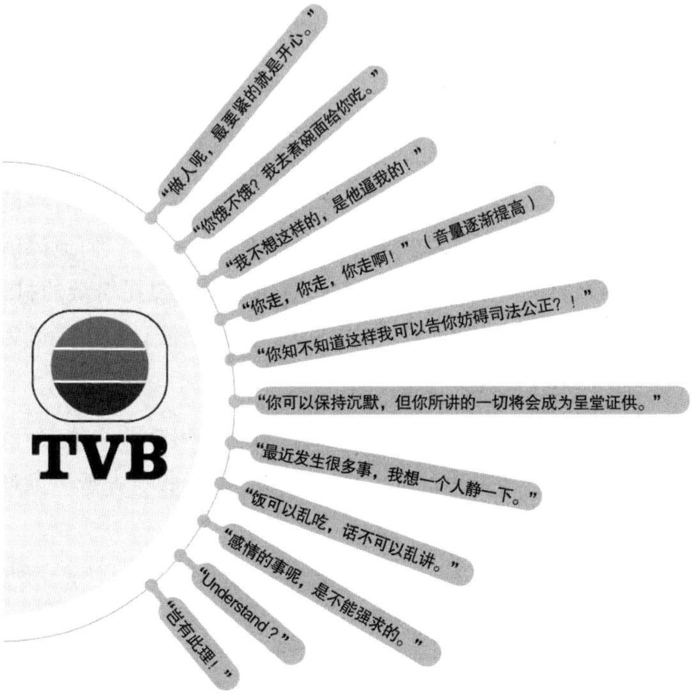

图 5－1 挥之不去的“港剧金句”

第二节　消息导语的写作

一、导语的类型

导语告诉受众报道的主要内容，它可以看作报道的引子或者预告。导语对于消息来说至关重要，它作为报道的开端，向读者承诺接下来要读到的内容。

对于记者而言，以导语来引起受众的注意，从而做好铺垫让读者过渡到下文只是一个方面。更为重要的是，导语能帮助记者决定采用什么结构来组织新闻。导语写好了，稿子的其余部分就自然而然地顺理成章。通过导语，记者能给新闻定弦定调，从而与想象中的读者建立一种交流与对话的感觉。

因为有了导语，新闻才成为一种特殊文体，它不仅仅是长期以来形成的一种行之有效的规范，更是一种思想传播方式。

有一个眼球跟踪研究项目曾监控过读者在阅读报纸时移动视线的情况。这个研究显示，读者只是浏览标题，很多读者开始阅读时经常只读开头几段，而不看完整个报道。①

导语是否有足够的吸引力而使读者能继续读下去在很大程度上取决于新闻写作。什么是优秀的导语？根据所写新闻内容和类型的不同可能答案并不一致，但有一条原则适用于所有的导语写作：一条奏效的导语应实实在在地吸引读者的注意力，并将其导向记者认为是新闻的基本点或报道角度的地方。

一般而言，导语有以下两种类型。

（一）直接式导语

直接式导语在第一句话里概括报道的主要内容，通常比较简短，只有一两句话。它直接陈述新闻的核心事实，开宗明义，在导语中就交代何人、何事、何时、何地等信息。

这类导语要求记者以概括的、直接陈述的方式写作，记者要在纷杂的材料中提炼出精华，以平实自然的语言加以概括和直接陈述。它的优点是，事实、信息的传递最为简洁明了，可谓“直线交流”，极易为受众所理解。如：

> **新华社酒泉12月17日电**　中国周四将首枚用于探测暗物质的空间望远镜送入太空，这是人类在寻找暗物质进程中迈出的最新一步。这种神秘物质占据了宇宙总质量的绝大部分，人类却看不见。
>
> （新华社，2015-12-17）

这类导语开门见山，直截了当，把新闻事实和盘托出，适合事件类新闻的报道。但需要注意的

---

① 里奇．新闻写作与报道训练教程：第三版．北京：中国人民大学出版社，2004：151.

是，这种写法悬念感不强，容易写成程式化的语言，将真正的新闻淹没在看似全面的概括中。

新华社北京9月7日电（记者王经国、李清华）中宣部、中央军委政治工作部和共青团中央7日在人民大会堂举行陆军第74集团军某旅班长王锐同志先进事迹报告会。中共中央政治局委员、中央军委副主席许其亮在报告会前会见报告团成员，代表习近平主席和军委其他领导，向王锐同志和报告团全体成员致以诚挚问候。

（新华社，2017－09－07）

这个导语虽然将时间、地点、人物、事件交代得很详细，但却没有新意，让人感觉似曾相识，换一个会议，换一个时间、地点，这种写作照样能够成立。

（二）延缓式导语

延缓式导语也是一种常见的导语类型，它不直接陈述主要新闻事实，而是运用描写、气氛渲染、解释、设问等手法先写一些相关的东西，再引出新闻事实。这类导语具有可视可感的效果，生动有趣，能以形象的画面感引起受众的好奇。另外，这类导语能以情境感染受众，让受众先有感性认识，再对事实进行理性的思考，从而可以强化新闻的报道效果。如：

本报讯（记者刘勇）这是千百年来第一只不靠自己飞行来鄱阳湖越冬的白鹤。11月19日，这只被命名为“白鹤三号”的小天使乘飞机从沈阳飞临鄱阳湖，在未来的几个月，它将在鄱阳湖这片白鹤越冬圣地疗养身体，寻找亲人。

（《江西日报》，2012－11－20）

这一导语没有开门见山，而是用一个反常的现象切入，在引起受众兴趣后再展开正文。这则消息如果要写成直接式导语的话，应该是这样的：

本报讯　一只曾经被捕鸟夹夹伤的白鹤，经过爱心人士照顾痊愈后，昨天乘坐飞机回到它的越冬地鄱阳湖。

而这样的导语可能就显得比较死板，吸引力不够。又如：

美联社（1990年）报道　在津巴布韦东北偏远山村的小河边，16岁的穆昆比正在洗衣服。正当她拧干衣服的时候，一道雷电打到她脚下的砂石上，使她成为雨季里遭遇雷击身亡的第93个人。

（美联社，1990－05－12）

下一段就不再说穆昆比的故事了，而是引出了核心新闻事实：专家们说这是世界上雷击致死人数最多的地方。

延缓式导语暂不告诉读者报道的主要内容，而是采用描写或讲故事的方法挑起受众的兴趣，甚至可能需要用好几个段落才逐渐进入正题。但当今的读者快速阅读的倾向仍然存在，最好有报道要点的段落能够早些出现，而不要花费太长的篇幅才涉及报道要点。

二、影响导语写作的因素

怎样决定采用直接式导语还是延缓式导语？选择导语类型一般取决于以下几个因素。

（一）新闻事实的性质

我们可以把新闻分为事件性新闻（event news）与非事件性新闻（non-event news）。

事件性新闻是指以一个独立的新闻事件为核心而展开的新闻报道，它十分强调新闻的时效，是对新闻事件的发生、发展的迅速反映。而非事件性新闻是与事件性新闻相区别的新闻报道，即对一段时间内或若干空间里发生的诸多事实、情况、事件的综合反映，提供带有分析性、启发性的总体性情况、倾向和经验等，主要反映的是事物发展变化中的阶段性、概貌性、倾向性、经验性或典型性，对时效的要求较为宽松。如果用比较通俗的话来说，就是事件性新闻可以概括为发生了什么事情，而非事件性新闻可以理解为出现了什么现象。

事件性新闻与非事件性新闻之间并不是完全割裂的，因为事件发展到一定程度就会成为一种现象，而现象本身也是由若干的事件组成的，之所以这样划分是为了操作上能够简单一些、明了一些。事件性新闻与非事件性新闻区分的标志就是时空的集中程度，事件性新闻发生的时空相对集中，而非事件性新闻发生的时空是相对分散的。

此外，根据新闻价值的显著程度还可以将新闻事实分为价值外显型新闻和价值内含型新闻。

价值外显型新闻受其他因素的影响较小，它本身就能充分说明自己的价值，如地震、火灾、战争、洪水、空难、气候异常等等，无须多做什么解释，它的意义一目了然。我们就把这类新闻叫作价值外显型新闻。

而另一些新闻光有事实本身很难把它的价值表达出来，需要借助其他的一些事实或对比，或解释，或分析，或评论才能把它的价值充分展现。我们就说这类新闻事实是价值内含型新闻。

根据以上两个指标，我们可以将新闻分为以下四类。

1. 价值外显型事件性新闻

这类新闻事实的时间和空间都相对集中，事实本身很有冲击力，能说明自身的重要性和价值所在。一般指反常的、突发的、首发的事件。这类新闻事实本身就是最具吸引力的看点，导语中一定要加以强调和突出，用最简洁、最直观、最快速的方式直击新闻事件本身，因此，采用直接式导语最为适合。如：

> **路透社北京10月16日电** 今天格林威治时间七时，中国爆炸了一枚原子弹，从而闯进了核俱乐部。
>
> （路透社，1964-10-16）

> **新华社曼谷9月9日电**（记者常天童）一架自中国广州飞往曼谷的泰国国际航空公司客机8日夜间降落时冲出跑道并起火，机上12名乘客受伤。其中包括9名中国乘客。
>
> （新华社，2013-09-09）

这样的处理方式比较平和朴实，但切中要害，让读者在第一时间获得了信息满足。如果对价值外显型事件性新闻不用开门见山的方式写导语的话，新闻的冲击力将大为削弱。

比如《北京青年报》在1998年8月8日刊登了这样一则消息，导语如下：

本报记者黎宛冰7日22时30分自江西九江报道　今天九江长江大堤的耐力终于到了极限。下午2时左右，大堤4、5号闸口七里湖地段出现险情。到了3点钟，大堤冲开一个30米的口子，长江蓄势已久的威力爆发了，以7米的落差扑向九江市。在距决口处东面约10公里的龙开河地段，在决堤不到一小时之内，约一万人聚集于此修建九江第二道防线，4、5号闸口如不能堵住，那么整个九江将失陷于水中。

这条导语没有直奔主题，而是绕圈子，把太多的事实罗列了上去，最重要的事实反而不明显了。

《中国青年报》同一天做的同样内容的报道，导语如下：

本报江西九江8月7日16时5分电（记者贺延光）今天13时左右，长江九江段4号闸与5号闸之间决堤30米左右。洪水滔滔，局面一时无法控制。现在，洪水正向九江市区漫延。市区内满街都是人。靠近决口的市民被迫向楼房转移。

总的说来，价值外显型事件性新闻的导语重在抓住核心事实，开门见山，切忌绕圈子。语言上以平实准确、简洁有力为佳。

2. 价值内含型事件性新闻

有一类新闻事件本身处于渐变过程中，还未完全明朗，或者是事件本身背景较为复杂，光有单纯的新闻事实并不能完全说明它的意义和价值。那么在导语中我们就应该在把事件叙述清楚的基础上，加入一些背景性事实，或借用事件发生时当事人的引语等把它的新闻价值点亮。在处理这类新闻时，延缓式导语将有比较大的发挥空间。如：

本报讯（记者张艳）被称为上海市最大最老的一个“煤球炉”开始熄火！昨天拥有65年历史的杨浦煤气厂关闭了日制气7万立方米的2号碳化炉，这标志着伴随东海天然气在浦东登陆，本市人工煤气将逐渐引退。

煤气厂关闭一个老碳化炉，这个事件的主干并不吸引人，也不能把它的意义表达出来，需要记者在导语中提示意义，才能让读者有进一步阅读的可能。

3. 价值外显型非事件性新闻

非事件性新闻是在一段时间内或若干空间里发生的诸多事实、情况、事件的综合反映，价值外显的特点在于这个综合的事实本身就能说明问题，让人一目了然。这类新闻的导语提炼主要事实时并不会有太多困难，困难的是如何把它表达得更生动。

在报道价值外显型非事件性新闻时，直接式导语与延缓式导语大有平分秋色之势，两种导语所强调的侧重点有所不同，报道的风格也会不一样。

直接式导语：

《洛杉矶时报》加利福尼亚州雷德伍德市讯　在致力于减少每年杀死多余宠物数量的行动中，圣马特奥县管理委员会周二通过国内的首例法律，要求猫狗的主人购买宠物繁殖执照或使他们的宠物绝育。

延缓式导语：

《纽约时报》加利福尼亚州圣马特奥讯 狗在她的怀抱中瑟瑟发抖，它潮湿的眼睛睁得大大的，充满了恐惧。

“放松，甜心，就好了。”半岛人道协会动物收容所经理克里斯·鲍威尔轻声地说。该协会每年要给 10 000 个没人要的宠物实施无痛死亡。

在旧金山湾区圣马特奥县半岛人道协会的官员已经厌倦了这种日复一日的死亡执行工作。他们提出一个新颖的建议来解决宠物过剩的问题：圣马特奥县管理委员会将于 11 月 13 日考虑他们提出的一项繁殖猫和狗的解决方案。

4. 价值内含型非事件性新闻

这类新闻是我们平常遇到最多的也最难做的新闻。

在事实的选择上，这类新闻头绪较多，新闻核心往往需要多次提炼才能显现。在写这类新闻的导语时记者必须向两个方面努力：一方面要求记者把价值内含的事实用尽可能明确、尽可能生动的方式说清楚，展现其新闻价值；另一方面要求记者把非事件性的事实用尽可能动态的、有时效的方式表达出来。

在这类新闻的导语写作中，延缓式导语使用得更多一些。如：

本报天津 2 月 15 日电 今天回到天津南开大学学习的许多外国留学生发现，该校的住宿费已经由每天七美元降到五美元。一位美国留学生说：“这是东南亚金融危机带来的‘好处’，看来我沾了不少光。”

（《人民日报》，1998-02-16）

这个报道的核心内容是东南亚金融危机的影响。又如：

本报讯 9 月 15 日，在七十三团金岗循环经济产业园一家企业里，点点焊花映红了工人们的脸，努尔兰聚精会神地操作着手中的电焊机，从他身上你一点也看不出昔日牧人的影子。努尔兰是该团八连哈萨克族牧民，自今年 3 月参加了团里举办的电焊工培训班后，在家门口的企业实现了就业，现在每个月收入 3 000 多块钱。

（《伊犁垦区报》，2012-09-24）

（二）报道的发稿时间

一般说来，时效性强的事件性新闻在第一次发稿时采用直接式导语的比较多，而如果是第二次发稿，一般采用延缓式导语的比较多。

这是因为采用直接式导语能将新闻快速传播出来，满足人们对新闻先睹为快的需求；而第二次发稿时，考虑到很多人已经通过媒体获知了这条新闻，或者对这条新闻有一些印象，就需要调整导语，使其更具悬念感、吸引力。

如英国当地时间 2016 年 8 月 3 日，伦敦市中心发生砍人事件致 1 死 6 伤，由于发稿时间不同，导致导语表述大不相同。

央视早间 9 点 10 分的报道，导语如下：

伦敦警察局称，当地时间 3 日 22 时 33 分（北京时间 4 日 5 时 33 分）接到报警，报警称一男子在罗素广场（又译为拉塞尔广场）持刀杀人。据警方最新确认，事件已致1人死亡，5人受伤，目前已经有一名男子被捕。警方表示正在调查砍人事件是否为恐怖袭击。

而当天出版的英国《每日邮报》则用了这样一条导语：

数小时前的伦敦持刀袭击案据信为军官李·里格比遇害案之后的首起恐怖杀人案件，今晨全副武装警察将守卫在各地铁站点、街道和旅游景点。

可见，这虽然是价值外显型事件性新闻，但在不同的发稿时间其导语的处理方式会有所不同。电视台因为要抢时效，它的导语就开门见山，直截了当；而报纸考虑到同样的事实已经被电视台或者网站报道过了，读者可能都知道了这一消息，它的导语就会相应改变。

（三）信息图表存在与否

图表的不断增多让记者的导语写作更为复杂。研究表明，吸引读者的首先是图片，其次是标题、简讯和其他视觉手段。因此，如果消息中有信息图表，采用直接式导语的比较多。

三、直接式导语的写作

（一）5W与1H的顺序

在直接式导语中，一般说来导语要完备地表述事实应具有六个基本要素，即何时（when）、何地（where）、何人（who）、何事（what）、为何（why）和如何（how），也就是5W和1H。一篇消息报道应尽可能地把这六项内容都讲明白，虽然有时由于事实还没有充分显露，或采访还没有充分展开，在六要素不全的情况下就要报道，但作为记者，应该把自己所能掌握、核实的要素尽可能地报道出来。如：

里约奥运开幕 绿色五环激情绽放 圣火点燃别出心裁

北京时间8月6日7时（里约当地时间8月5日20时），首次在南美大陆举办的奥林匹克夏季运动会在巴西里约热内卢正式拉开大幕，马拉卡纳体育场在这一刻成为了欢乐的海洋，第31届夏季奥林匹克运动会开幕式在这里隆重上演。206个国家和地区代表团以及首次亮相奥运会的难民代表团、约74 000名现场观众与全球数十亿通过屏幕关注的观众共同见证了这一盛事。

（新浪网，2016-08-06）

以上导语就比较详细地罗列了新闻事实的六个基本要素。

在写直接式导语时，你需要决定哪些内容要写在导语中，并按照什么顺序安排这些内容。判断哪个元素是最重要的——何人、何事、何时、何地、为何、如何，将你认为比较重要的内容放在报道开头的显著位置上。

（二）消息来源的处理

对于有争议或批评性的直接引语，它的来源应该放在导语当中。但在一般情况下，直接式导语写作中，消息来源不会在导语中直接出现，以免导语累赘；即使要提，也往往是笼统地提一下消息来源，而将具体消息来源放在主体部分。如：

《今日美国》讯 一项新的研究显示，在80年代被批评为功利主义者的美国在校大学生，现在对于环境等公共问题表现出了比挣钱更为浓厚的兴趣。

由美国教育委员会和洛杉矶加利福尼亚大学联合进行的面向在校新生的第25次年度调查显示了这一变化。

如果将这项研究的机构名称都放在导语中的话，导语就会过于冗长。

然而，刑侦报道的导语往往包含消息来源，尤其是当你的消息是通过电话采访得来或信息尚不确定时，一定要在导语中亮出消息来源。

（三）主动语态与被动语态

通常而言，主动语态比被动语态更为有力，更具强调性。因此直接式导语用主动语态的情况更多。但如果行为的接受者比施行者更为重要或者更有价值，使用被动语态就能起到强调的作用。如：

法制晚报讯（记者洪雪）山东省即墨市地税局副局长刘某，因被人举报渎职被检察院立案侦查，后因证据不足未被起诉。为了尽快恢复工作，刘某通过朋友认识了自称“局长”“主任”的几个能人，然而交纳了710万元后案件并未撤销，意识到被骗后，刘某选择了报警。

（《法制晚报》，2017-01-06）

这样的处理把接受者突出，而施行者往往也是显而易见的，其信息就能省略。

四、延缓式导语的写作

延缓式导语的类型比较多，常见的有以下几种。

（一）描述式导语

这类导语的特点是消息的开头出现画面，通过一段描述来引入报道的核心内容。

描述式导语能以形象的画面引起受众的好奇，并以情境感染读者，让读者先有感性认识，再对事实进行理性的思考，从而强化报道效果。如：

昨天下午，当南京市红十字献血中心的医务人员从聂红绫的胳膊上轻轻抽出针头时，她作为首批最后一位南大献血的同学坦然地笑了。血站的负责人说：“上千名大学生主动献血，一次采血五百多人，在全国也是少见的。”

（《人民日报》，1998-10-31）

写作描述式导语要求记者在采访中注意捕捉有形的画面，或者让采访对象间接地为你提供一些情景。同时，导语所描写的画面必须与所报道的事实有内在联系，有助于提示主题，不要游离于主题之外，不要为描写而描写。如：

> 猕猴住进了三星级宾馆，白兔呼吸着航天级的新鲜空气，鼠小弟每天聆听轻柔的背景音乐……在昨天举行的上海“国际实验动物科学大会”上，我国科学家发表报告指出，在过去10年，中国实验动物的福利状况大幅度提高，已接近国际标准。
>
> （《文汇报》，2002-05-08）

导语开头列出的情景正是实验动物福利提高的表现，如此描述让读者能够更直观的理解新闻；如果导语大肆描写会场的情况，就与新闻的主旨不相符，描写得再生动也没有用。

（二）橱窗式导语

橱窗式导语是由典型事例构成的导语，像橱窗里展示样品一样，通过导语讲述“样品”的故事，读者可以推而广之想见其他，进而由感性认识转入理性思考。

《中国最大的游牧民族走下马背》报道的是一个民族走向现代文明的历史性进步。它的导语是这样的：

> **新华社呼和浩特11月3日电**　经过几个月的家庭争论，内蒙古东部阿鲁科尔沁旗牧民那顺今天终于将祖传三代的一副马鞍送到了博物馆。
>
> 一大早，这个三代当过马倌的6口之家，人人身着典雅的蒙古族服装，有如送女远嫁一般，全家人一个接一个，默默地用双手把嵌银的马鞍从头到尾抚摸了一遍。
>
> “我把祖传马鞍放在博物馆，既可以永久保藏，还可以让后人世代记住我们是马背民族的子孙。”那顺说。
>
> 10年前告别养马的那顺特别解释：“不是我不喜欢马，是养马不合算了。有了拖拉机和摩托车干活，用不上马了。”
>
> （新华社，1998-11-03）

这个橱窗式的延缓式导语讲了那顺一家的故事，而那顺家正是其他人家的一个典型代表，他家的情况讲清楚，大家也就能看到其他人的故事。消息的主体部分再谈面上的事实也就顺理成章了。

写作这种类型的导语，关键是注意故事的典型性、人情味和趣味性，在表现“样品”的时候，可以注意写一些细节，细节往往可以发挥用事实说话的作用。又如：

> **本报讯**　一个产业项目需闯过20道行政许可事项审批关口，涉及8个部门及省、市、县三级政府和工业园区，最后完成项目审批时间长达698天——3月18日，记者在省政府最近一份调研报告中，看到了泰豪集团“晒”出的行政审批流程图。正是这纷繁复杂的审批“长征”，令起步较早的泰豪动漫项目实施进度缓慢，“‘动漫’变成了‘动慢’”。
>
> （《江西日报》，2014-03-19）

（三）悬念式导语

这种导语用让人惊讶的元素把读者吸引到报道中，导语的第一句话成为引入不寻常事情的一个悬念。如：

本报7月8日讯 今天，种粮大户陈卓只用了一天的时间，就完成了100公顷玉米地的喷药作业，而在往年，这项工作至少需要5天。

帮助陈卓实现这种“飞速度”的，是他租来的一架小型农用飞机。农民自己租飞机给农田喷药，这在我省还是首次。

（《吉林日报》，2015－07－09）

（四）提问式导语

以提问的方式写作导语，有助于受众把握新闻要点，有助于调动读者的阅读兴趣。同时，也可以促进记者抓住要害，明确消息主体的写作方向。如：

美联社5月23日电 一位女顾客拿着一条亮闪的红皮带问道：“这是用鱼皮制的？那些鱼鳞是怎么处理的？”

（美联社，1991－05－23）

写作提问式导语的关键在于设计好要提出的问题。导语的设问，必须扣紧主题，服务于报道主旨，同时，还必须揣摩读者的“兴趣点”，即问出读者感兴趣又乐于接受的问题。

第三节 消息主体的建构

消息导语之后的部分称为主体。如果把导语比作头，主体便是躯干。消息要有一个精彩的导语，以便吸引受众；同时，还必须有一个丰满的、均衡的主体，否则也不能算作合格的消息。

导语起的作用主要是将读者的目光吸引过来，而很难让读者完全了解事件全貌，也很难回答受众关心的所有问题；对于记者而言，仅凭导语也难以提示新闻的主题、实现报道意图。因此，主体就承担起对新闻事实做进一步交代、回答受众疑问以及表现新闻主题的重任。

建构主体的过程从本质上来说是按照某种关系来组织信息材料的过程，记者需要不断地设想读者到底想要知道什么以及需求的次序。主体要帮助读者理解新闻的焦点、冲突、背景和解决方法。在长期的实践过程中，主体的建构形成了多种结构模式，记者需要根据自己掌握的材料来选择到底采用哪一种结构模式。

一、主体的结构模式

（一）倒金字塔结构

倒金字塔结构是最基本的报道形式，它按照重要性递减原则组织信息，即从最重要的开始到最不重要的结束（见图5－2）。这种结构通常以直接式导语开头，导语包括基本新闻要素——何人、何事、何时、何地、为何、如何；不能放入导语的要素可以作为后面的支持性材料。这也是事件性新闻常用的写作模式之一。

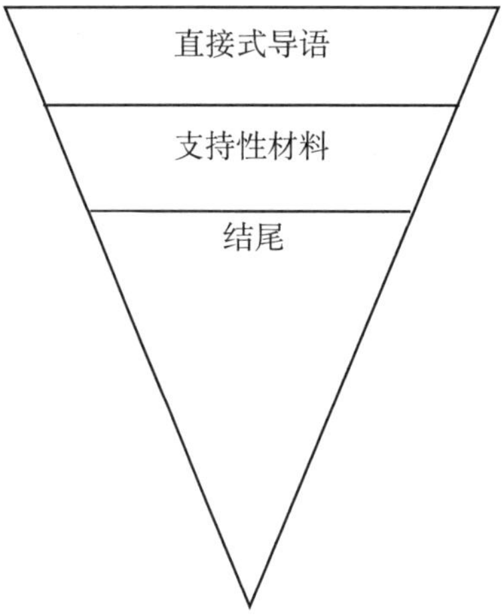

优点：
迅速地呈现关键信息。

缺点：
模式化，越往后信息吸引力越低。

适用范围：
适用范围广，突发性事件最常使用。

写作要点：
如何判断哪一个信息最重要？哪一个信息按照重要性递减顺序应该紧随其后？记者应该从受众角度出发，思考哪些信息会对受众造成最大影响，导语提出了什么问题需要立刻回答。

图 5－2　倒金字塔结构

倒金字塔结构还有利于编辑安排版面。如果版面空间不够，编辑就算拿掉最后一“块”，也不会影响全篇报道的完整性。

网络新闻也以倒金字塔结构为重要形式，因为网络信息量非常大，这种结构可以帮助读者迅速判断他们是否对这则报道感兴趣。当然，网络新闻不像报纸那样受到版面限制，受众如果对某个报道感兴趣，可以通过超链接阅读其他相关报道。

下面这则例文使用了标准的倒金字塔结构：

【案例】

农民租飞机给农田喷药
榆树种粮大户实现“飞速度”

本报 7 月 8 日讯　今天，种粮大户陈卓只用了一天的时间，就完成了 100 公顷玉米地的喷药作业，而在往年，这项工作至少需要 5 天。

帮助陈卓实现这种“飞速度”的，是他租来的一架小型农用飞机。农民自己租飞机给农田喷药，这在我省还是首次。

今天早上 8 时，在榆树市五棵树镇合发村的一条笔直公路上，一架有着彩色机翼的蜜蜂 3 号超轻型飞机，经过 100 米的加速滑行腾空而起，飞向 10 公里外的一片玉米地。飞机从玉米地上空快速掠过，机翼下面喷洒下一片白色的药雾。

现在正是玉米的拔节期，也是对玉米进行抗倒伏、增产、抗菌、杀虫等喷药作业的关键时期。陈卓说：“人工 2 个小时喷洒 1 公顷地，高架车 1 天喷洒 20 多公顷地，采用飞机航化作业省时高效，就是为了抢到庄稼用药的时间点。”

陈卓是榆树市远近闻名的种粮大户，他

牵头成立的田丰合作社今年托管了601公顷土地。从合作社成立开始，陈卓就下决心走现代农业发展的路子，合作社的机械化水平逐年提高，现有60多台（套）农机，实现了耕、种、收全程机械化。这次租来飞机喷药，让合作社的现代化水平实现了一次真正的飞跃。

飞机是陈卓从哈尔滨一家公司租来的。该公司负责人王立辉介绍说，今天是他们第一次与我省农民合作开展玉米航化作业，“农民自主开展的航化作业在全国也比较少见，吉林农民的思想真是现代”。

航化作业是农业机械化的一个“高端”标志。近年来，我省不断提高农机装备水平，去年全省农作物耕种收综合机械化水平达到77.8%，今年这个数字将达到80%，航化作业面积计划达到200万亩，我省现代农业生产将迎来“飞速度”。

（《吉林日报》，2015-07-09）

（二）时间顺序结构

讲故事的人喜欢从故事的开头讲起，一直讲到结尾，把故事的高潮放到最后。在一些新闻报道中也可以采用这种叙述方法。所不同的是，你需要先写出导语，告诉读者这篇报道写的是什么，然后再从头讲起（见图5-3）。

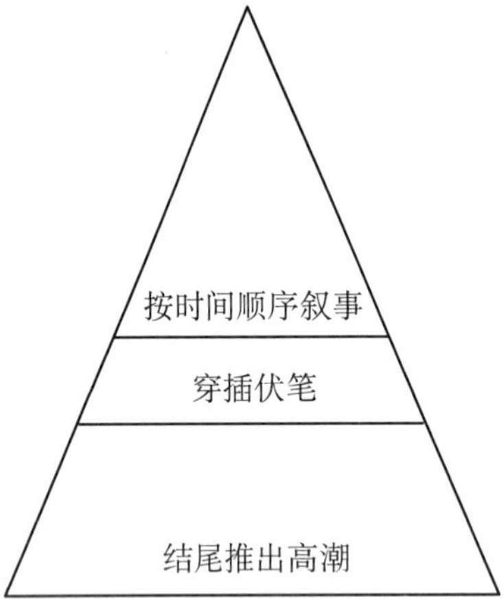

优点：
反映新闻事件的大致过程，表现前因后果。

缺点：
报道较长，节奏不够快，缺乏耐心的读者可能不愿意坚持读完。

适用范围：
有一定故事性的简短报道。

写作要点：
像讲故事一样使用一些伏笔，把后面要叙述的吸引人的事的线索写在前面，比如“某某没想到，这还不算是最坏的”等等。

图5-3　时间顺序结构

时间顺序结构不太适合没有太多故事性的新闻事实，如一次讲座，如果记者从头到尾报道下来，给人的感觉就是记流水账；但如果事情的发展有情节，一波三折，就可以考虑使用时间顺序结构。请看以下报道：

【案例】

道德荣誉，贷来“真金白银”

本报讯　昨日，大田县城区宝山路爱尔　兰休闲吧，店主陈幼香忙着招呼客人入座、点菜。这家店能顺利开张，源于我省为省级及以上道德模范提供的第一笔专属贷款。

陈幼香的爱人曾垂育，大田县桃源广电站站长。他不仅勤恳工作，还因一副热心肠广受好评。2010 年 6 月，桃源镇遭遇特大洪水，曾垂育冲锋在前，冒着生命危险抢救孩子、转移群众、抢修河堤。洪水退去，他又离开临产的爱妻，全力修复受损广电线路。2013 年 9 月，曾垂育荣获第三届福建省道德模范称号，被评为见义勇为模范。

当年 11 月 26 日，曾垂育上网得知，省委宣传部、省委文明办、中国银行福建省分行等联合下发《福建省道德模范金融服务实施细则》，为道德模范提供以纯信用为主的金融授信产品。

根据《实施细则》，金融授信产品的对象为：我省全国道德模范及其提名奖获得者；福建省道德模范，道德模范属于烈士的，可由省委宣传部、省委文明办指定其一名直系亲属，享受专属服务；法定代表人为道德模范的企业或道德模范参与创业、经营的微型企业。

在个人信用贷款方面，道德模范无须抵押，可获得由指定银行提供的 100 万元授信额度，可用于一切合法的个人消费支出，一次授信、循环使用、使用自主，并享受政策许可的最低利率优惠。

对此，曾垂育兴奋不已："爱人在餐馆打工多年，早就想独立创业，却苦于资金短缺。如果真能用省级道德模范荣誉获得贷款，爱人的创业梦就能实现了。"

第二天，他立即向中国银行大田支行提交贷款申请；上月 15 日，成功领到 50 万元的授信贷款；今年元旦，爱尔兰休闲吧开业。

据悉，三明市也积极推进对道德模范金融服务的具体方案。中国银行三明分行对三明市 12 名省级及以上道德模范回访，详细介绍银行对道德模范推出的授信支持、结算优惠等产品特点，以及网点 VIP 专属绿色通道、一对一服务、上门服务等特色专属服务，并建立道德模范服务档案，定期跟踪并指定专属客户经理负责对接。

这不，曾垂育最近又接到中国银行大田支行的电话："您的长城环球通白金信用卡已得到省行批复，可获得 10 万元以上授信额度，免首期（5 年）年费，全球通用。"

（《福建日报》，2014－01－29）

（三）沙漏式结构

沙漏式结构在开始时与倒金字塔结构很相似，在报道的开头，给出最重要的信息，然后按重要程序递减的方式组织几个段落（见图 5－4）。不同的是，当核心信息报道完毕后，主体余下的部分就按时间顺序叙述。

使用沙漏式结构的时候，新闻事件一般有戏剧性的情节，并且这个情节可以按时间顺序来叙述。

沙漏式结构与时间顺序结构不同的地方在于，时间顺序结构从主体开始就按时序行文，而沙漏式结构则是在主体中部才开始按时间顺序写作。

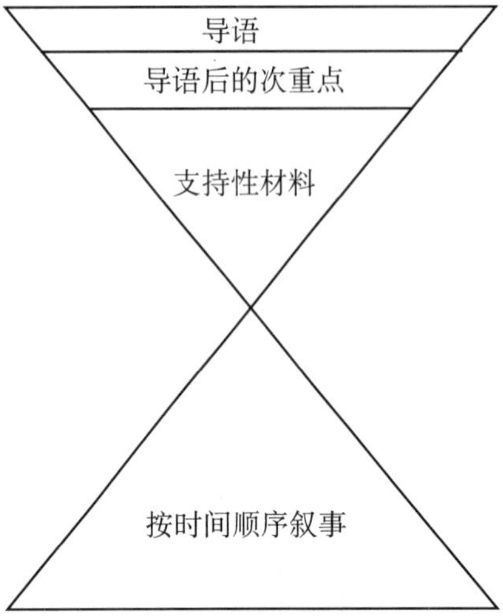

优点：
既有信息量大、节奏快的核心报道，又有按时间顺序写作的故事性内容。

缺点：
按时间顺序叙述的这一部分可能会重复报道开头提到的关键信息；就同一内容而言，报道篇幅较大。

适用范围：
法庭新闻常用此方式。

写作要点：
段落写得短一些；在开始叙述前，通常要给出一个消息来源，如“警察提供了以下事实”，之后就可以讲故事了。

图 5－4　沙漏式结构

【案例】

双胞胎哥哥使用过世弟弟的护照被边检总站民警查获

本报讯　昨日，当拿着双胞胎弟弟的护照从首都机场出境时，哥哥因比弟弟多一个痞子而被北京边检总站民警查获。

当事人吉姆称，为了纪念去世的双胞胎弟弟而想永远保留这本护照，才在明知不能使用的情况下一用再用。

目前，吉姆所持的护照被北京边检民警依法予以没收。

今天上午北京边检总站民警向记者介绍了该案的相关情况。

据介绍，当事人吉姆系非洲某国公民，有一个相貌非常相像的孪生弟弟，一般人很难准确分辨出二人，只有跟他们很熟的朋友才能分辨出。

2005 年，吉姆的孪生弟弟不幸因车祸去世。吉姆持用其弟弟的护照从我国南方某口岸入境。当护照内的签证过期后，吉姆一直非法居留在广州做二手手机生意。

近日，吉姆的母亲患病，来电说想见吉姆。为了能够顺利回国，吉姆持已经过期的护照办理了“准予 10 日内离境”的签证并被限期离境。

但让他没有想到的是，当他持孪生弟弟的护照在北京边检总站办理出境手续时被边检民警发现。

当时，边检民警觉得证件有问题，但也说不出到底错误出在哪儿，只是凭一种直觉。

本来以为办手续应该非常顺利，但看到民警不停地询问，吉姆有些紧张，手就不由自主地摸下巴，结果民警发现吉姆的下巴上有一个小痞子，而护照照片上则没有。在北京边检总站民警的连续追问下，吉姆承认使用了弟弟的护照。

（《京华时报》，2007－08－16）

（四）列举式结构

列举式结构不受事物发展时间顺序的限制，围绕一个大主题，将同一主题下的若干个点有序地组织起来，采用平行的方法进行铺排（见图 5－5）。

列举式结构中所列举的信息通常都比较简短，可以用圆点、小方框、对号等符号突出强调。

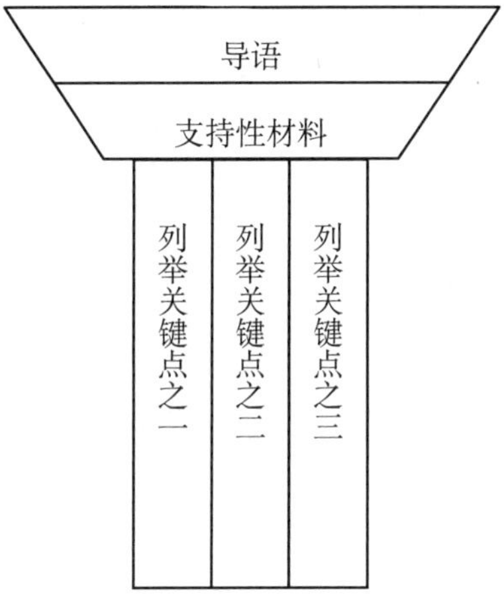

优点：
要点一目了然，信息量大。

缺点：
行文不够灵活，容易程式化。

适用范围：
报道中有几个要点要强调；关于政府会议的报道以及有许多要点要列举的技术研究结果的报道。

写作要点：
列举条目最好限制在五条之内；每条单独成段，以并列的方式列出。

图 5－5　列举式结构

一般来说，处在报道末尾或中间的列举就是报道中最显著的部分；处于文末的列举可以不止五条，但不能多太多。在会议报道中，列举的方法经常被用来逐条列出那些与导语无关的事项，列举通常用“另一方面”或类似的叙述方法来引出。下面的例子就使用了列举的方式来结构主体：

【案例】

4 个“小本本”串起辽宁百姓有保障的生活

本报讯（记者蒲若梅、谢文君报道）“‘王老抠’把 3 万块钱存款分给俩儿子啦！”这消息像长了翅膀，没几天就在桓仁满族自治县二棚甸子镇传开了。全村出名的老抠咋来了个一百八十度的大转弯？好事儿的村民特意到老王家问个究竟。

今年 69 岁的“王老抠”大名叫王显亮。只见老王从衣柜中拿出 4 个“小本本”，笑着说：“我今年越发想明白了，有了这几个小本本，我和老伴晚年生活就不用愁了，还紧攥着钱干啥？”

“这是农村信用社的‘一折通’，专门用来领国家补贴，像粮食直补款、良种补贴、家电下乡补贴等，”老王指着第一个小本本说，“你看，今年领良种补贴，比去年整整提前了一个月。”“这是贷款用的‘信用贷款证’，我可是一级信用户，有它，贷款不用抵押，方便多了。”老王指着第二个绿色小本本说。

“生病住院用这个小本本，省不少钱。”老王指的是“新型农村合作医疗证”。年初，他患病住院用去医药费 5 000 多元，但有了这个小本本，国家给他报销了 1 800 多元。

第四个小本本是去年底办的“新型农村社会养老保险养老金领取证”。从今年 1 月起，老两口每人每月都能领到国家发给的 55 元养老保险金。

王显亮视 4 个“小本本”为珍宝，因为它们串起老王有保障的幸福生活，而这一切，都源于我省的工作重点进一步向民生领域倾斜，资金进一步向民生领域投放。

今年上半年，全省直接用于民生的支出为438.5亿元，覆盖了百姓生活的各个领域。而从1月至7月，教育支出增长15%；社会保障和就业支出增长20.8%；医疗卫生支出增长17%。

不断增加的财政支出，让群众真真切切得到了实惠，老王数出一大串自己和身边人生活上的变化——

高速路、铁路修到了家门口；镇上建起了养老院；村里有了卫生站；村民饮上了卫生的自来水；贫困户住进了新居……连他的小孙子在县职业学校上学，政府还给拿一年的学费。

件件“幸福事”与我省的一组统计数据相互印证。今年以来，全省400多万企业离退休人员养老金月人均标准提高120元；城市和农村低保标准分别提高了15%和150元；新农合的补助标准提高到120元；帮助37万人实现就业，高校毕业生总体就业签约率达到了90%；60%以上的基层医药卫生机构实行药品零差率销售……

民心所需，民生所及。不用说，让王显亮感觉更踏实、更高兴的事儿，以后还有的是。

（《辽宁日报》，2010-09-17）

（五）华尔街日报体

华尔街日报体结构基于特殊到一般的原则，往往以一个与报道主题相关的人物或者事件开头，通常使用的是延缓式导语，然后在核心段讲述报道主题（见图5-6）。报道的主体部分有可能根据小标题安排，到报道结尾通常还要回到报道开头所提的人物或事件，全文就像绕了一个圈，结尾照应开头。

这种结构由于《华尔街日报》的大量使用而得名，目前被广泛地使用于各种消息和特写的写作。

优点：
从点到面，具体并且能实现一定的深度。

缺点：
容易兜圈子，报道冗长，逻辑把握难度较大。

适用范围：
现象类报道、趋势报道、特写报道等。

写作要点：
以延缓式导语开头，把焦点放在一个人物、场景或事件上面，导语选用的内容是受到核心事实影响的众多人或事物之一；
报道结尾要照应开头，可以使用导语中所提到的人物的引语或故事结果，也可以使用报道前面提过的某件事情的未来发展；
采访时就要找一个事件中的典型人物或者一则能够体现报道意图的事例。

图5-6 华尔街日报体结构

以下就是一则实例：

【案例】

既拥有市民身份 又保留农村“三权”

武城农民率先持证带“权”进城

本报武城讯　“有了这两个本本，进城落户就再没有后顾之忧了。”10月18日，武城县李家户镇党庄村31岁农民郭子伟一天之内领到了两个证件：新户口本和“农村集体经济组织成员转移备案证”（下文简称“转移备案证”）。他一手一个，兴奋异常：“紫本本，我迁户进城，成市民啦；红本本，老家权益保留不变！在城里待不住的话，还可以把户口再迁回农村！”

早在5年前，郭子伟就在县城有了稳定的工作，买了房，但一家人的户口却始终没有“进城”。“老家有8亩承包地、1处宅基地，万一户口迁走，地被收上去，将来在城里待不下去咋办？”这样的担心让他决意把户口留在农村。

今年4月，女儿降生。是要县城户口，还是要地？思来想去，郭子伟还是把闺女的户口落到了农村老家。

作为全省唯一的“产城融合推进就地城镇化”试点，6月12日，武城县委办、政府办出台《农村集体经济组织成员进城落户转移备案实施办法》，对进城落户农民进行转移备案，村、镇、县三级登记在册，永久保存，承认其农村集体经济组织成员资格，保留土地承包经营权、宅基地使用权、集体资产收益权和这“三权”的合法继承权。

得知这一消息，郭子伟动心了。

随后，武城县公安局发文规定，农民转户来去自由，持有“转移备案证”，日后仍可把户口迁回农村。这让郭子伟一家吃了定心丸，他们立即申请了转户和转移备案。

农民持证进城后，享受市民、农民双重待遇。教育、医疗、就业创业服务、低保五保待遇比农民高；而计生家庭奖励扶助、农村妇女“两癌”筛查等农民专属优惠仍然保留，转户农民“哪头炕热坐哪头”。武城还规定，转户农民在县城购房，县财政每平方米补助100元。

今年9月，进城落户农民“转移备案证”制度被写入了我省《关于加快推进农业转移人口市民化的实施意见》。

“6月颁发首证以来，全县共有1 580户转户农民领到了‘转移备案证’。”武城县长张磊说，“我们实行备案证书制度，目的是让自愿进城落户的农民没有后顾之忧。县政府对乡镇、部门不考核户籍城镇化率，只考核群众对政策的知晓率、对服务的满意率，严格遵守群众自愿原则，决不允许搞强迫命令。”

（《大众日报》，2016－11－04）

如果此文的结尾再回到报道一开头的“郭子伟”的故事就是更为标准的华尔街日报体结构了。

实际上，许多消息并非采用某种单一的结构，而是各种结构穿插使用。客观事物各有特点，富于变化，消息主体的结构必须从新闻事实的实际出发，量体裁衣，灵活地组织材料。

二、主体的过渡技巧

消息提倡多段落、短段落，以新闻跳笔来写作。但即使是新闻跳笔，段落之间的转接也不应该是突兀的。要进行段落间流畅的转接，有以下常用的技巧：

（一）思维顺序法

按照思维的发展顺序组织段落。如上一段中的信息如果提出一个问题，这个问题就需要在下一个段落中得以解答；再如，上一段落所表达的信息能够在下一段落用直接引语或者事实进一步补充、支持。这样，读者的思维能够自然地顺流而下，段落之间的衔接必然是既跳跃又紧密的。而这也是新闻写作运用新闻跳笔的心理依据。

（二）引语总结法

如果需要在一个说话者后介绍一位新的说话者，则可以先将后一位说话者所说的内容进行总结并与前一位的话勾连，形成矛盾或强化的关系，然后再导入新说话者的直接引语或释义性材料。例如《SARS 谣言 网络》一文中的片段：

> 网络注定是谣言的摇篮吗？为此记者访问了南京大学新闻系广电与网络教研室主任杜骏飞，他说："对于 5 000 多万人口的中国网民来说，如果正常的信息渠道不畅通，那么，不产生网络流言是不可能的，不发生混乱的流言和引发舆论的谣言也是不可能的。一方面，我们不能对这种完全可以避免的危害社会安全和稳定的传播危机坐视不管，另一方面，我们也必须尊重基于基本人性的传播学规律。"
>
> 清华大学的舆论学专家刘建明教授详细向记者介绍了"基于人性的传播学规律"。
>
> 他认为谣言的产生有很多原因，包括"危机下的恐慌""愚昧"等等，但是最主要的原因是"大道不通，小道乱窜"。在全局和上层信息不透明的社会，人们渴望了解真相的社会心理得不到满足，就会制造出谣言。

第一个划线处为杜骏飞的引语，文章作者从杜骏飞的直接引语中摘出"基于人性的传播学规律"并与下段刘建明的观点相勾连。

（三）关键词重复法

写作时以上一个自然段末句中某个能导出下一个自然段的关键词作为思维桥梁，将两个段落"缝合"在一起。

这个关键词也许是能够触发下一自然段回答的问题，也许作为衔接下一个观点的纽带。在实际应用中，你可以在下一自然段的第一个句子中重复这个关键词，并把这句话作为过渡句；你也可以顺着关键词所表达的意思进入下一个段落。但要注意的是不要原封不动地重复关键词，这样会使报道显得枯燥。

如《华尔街日报》曾报道北京奥运场馆在奥运结束后的经营问题，片段如下，中间的画线部分即重复的关键词，通过这些关键词来串联主体。

北京奥运会的举办费用及相关基础设施支出将近四百亿美元，数额之大超过了以往历届奥运会，据中国一些经济学家估计，这笔费用相当于 1976 年蒙特利尔奥运会以来历届奥运会总支出的 43%。

北京奥运会的所有相关设施似乎造得都比往届大。北京的奥林匹克公园面积比雅典奥林匹克中心大五倍，是纽约中央公园的三倍。它在故宫正北大约四十分钟车程的地方，位于北京的南北中轴线上，这条地带被认为是一块风水宝地，明清两代皇帝的宝座、天安门广场以及毛主席纪念堂等中国最具象征意义的标志物都坐落在这条轴线上。

据知情人士说，由于奥林匹克公园面积铺得太大，奥运会观众届时从一个场馆转到另一个场馆可能要花上半个小时。奥林匹克公园内的国家游泳中心是一座设计新颖的建筑，看上去就像一个被气泡衬垫覆盖的立方体，它的面积是悉尼奥运会游泳馆的两倍，比奥运会组织者要求的要大。北京甚至还在扩建机场，到 2015 年，其年接待能力可达到六千万人次，几乎相当于法国全国的人口数量。

悉尼奥林匹克公园管理局（Sydney Olympic Park Authority）的首席执行长布赖恩·纽曼（Brian Newman）说，北京奥运会有可能成为历史上规模最宏大的奥运会。

但北京奥运会的宏大和辉煌也让人不禁担心，奥运会结束后这座城市将如何有效管理那些场馆和设施？所有举办过奥运会的城市都曾遇到过这个问题，但问题的难度都不及北京的大。

（四）过渡短语法

一般来说，新闻跳笔不太提倡使用过多的过渡语、过渡句或过渡段，但如果段落之间的组接比较突兀，又没有更好的方法过渡，那么也得根据需要使用过渡语、过渡句或过渡段。

如需要插入背景时，你可以使用过渡语“过去”“两个月前”，或过渡句“事情是这样开始的”等。这样，从现在的新闻事实跳到过去的新闻背景就比较自然了。

如果要从一个观点转到另一个观点，尤其在关于讨论一些问题的会议报道中，你也可以使用过渡语，“关于另一个问题”“关于相关问题”“所讨论的问题还包括”等等来引出你下一段要报道的内容。

三、维持阅读兴趣的技巧

对于很多记者来说，没有什么比让读者记得自己的报道更让人开心的事了。为了让读者能从头读到尾，主体部分需要精心写作和构建。有许多方法来维持读者对主体部分的阅读。

（一）消息来源各自集中

一篇报道中某个采访对象的姓名在第二次被提及时，读者还会记得吗？实际上，仅仅过了一两分钟，读者就很可能已经忘记了他是谁。遇到这样的阅读障碍，很多读者会感到混乱并放弃阅读。为了避免这种情况，消息源各自集中的技巧是比较有效的。这种技巧是把同一个消息源集中在同一版使用，而不是把消息来源零星地散布于全篇报道当中。

报纸通常的做法是在第一次提到某人时用全名，在第二次提到时，就只需要写出消息来源的姓名便可。如果报道只涉及一两个消息来源，这么做并无不可，但如果报道涉及三个以上的消息来源，就需要使用消息源各自集中的技巧了。

当报道中有三个或三个以上消息来源时，你可以对每个消息来源只使用一次或者把同一个消息来源放在连续的段落中，把他的所有评论都集中于一个版内，然后告别这位消息源，不要让消息来源一会儿出现在前面，一会儿又出现在后面，除非消息源少于三人。

如果你必须在报道中的另一个位置再次使用某个消息源，你应该再次介绍此人的头衔或者相关资料以便读者能记住此人的身份。当然也有一种例外的情况，那就是众所周知的人物，如总统、市长、某位名人或者报道的中心人物。这类消息源的名字可以放在报道的任何位置而不会使读者混淆。

（二）增添细节

在消息的主体中，如果全是高度概括的事实，那么受众读起来一定是索然无味的。如果在报道中加入记者采访到的细节，一个有趣的小故事或经历就可以使主体有血有肉，富有生气和特色，也更能吸引受众读完全篇报道。请看这篇报道：

【案例】

危困地区领导异地在五星级酒店为儿子办婚礼

导语：

昨天，本台投诉热线接到一位下岗职工的电话，得知七台河市政府一位领导今天将在哈尔滨市五星级酒店香格里拉为儿子办婚礼。今天一早，记者赶到了结婚现场。

正文：

〔现场音乐声起，压混〕

（解说）上午10点28分，周奇先生、韩玲玲小姐的结婚典礼在《没有共产党就没有新中国》的乐曲声中正式开始。

（同期）司仪

尊敬的女士们，各位先生们，各位嘉宾，各位朋友，大家好！今天莅临婚礼的有：七台河市委副书记王贵忠，市长滕喜魁、张景孺，还有七台河市委、市政府、组织部、人事局、工商局、公安局的领导……〔压混〕

（解说）婚礼上，七台河市委副书记王贵忠代表来宾致辞。

（同期）王贵忠

无论老朋友，还是新朋友，但愿我们永远是朋友，朋友就是财富。让我们以今天这个喜庆的日子为契机，以江泽民“七一”重要讲话为指导，开拓创新，扎实工作，在各自的平凡工作岗位上做出不平凡的新业绩。

（解说）据了解，新郎、新娘都在哈尔滨工作，新郎的父亲是七台河市政府副市长周喜成。这时，周喜成正一面招呼客人，一面接听电话。

（同期）周喜成

啊，你好你好。啊，是，没在七台河，这不，正学习嘛，那边不方便。（停顿）来二百多人，该来的都来了，（笑声）大伙儿捧场。

（解说）在酒店的停车场里，记者发现60多辆“黑K”打头的小轿车，其中有“黑K00015”“黑K00032”“黑K00037”等，K字头的车都是七台河市的。

（解说）七台河市距离哈尔滨市450公里，一位从婚宴上提前退席的来宾说，为参加婚礼，多数人昨天就来到了哈尔滨。

（同期）来宾

领导让来的，礼钱也是以单位名义送的，都一万两万的。像我这小单位拿个两千块钱，人家正眼瞅都不瞅。

（解说）这场婚宴每桌不管酒水是2 600元，相当于七台河市一个职工大半年的收入，婚宴摆了28桌。七台河市是我省经济形势严峻的地区，全市42 000多名工人中，下岗职工达22 000多人。有的人已经7个月没有开出工资。

（黑龙江电台，2001-08-01）

这篇消息从标题、导语、主体到结尾，都是记者依据听知规律精心构思的。标题运用鲜明的对比，即把“危困地区”与“五星级酒店”组合在一起，使听众震惊，激发人们听下去。导语开门见山点题，交代提供新闻线索者的情况，迅速明确地凸显主体信息，给人们留下清晰的印象。接着，从参加婚礼的来宾层次之高、小轿车之多、礼金之重、婚宴规模之大等等，多侧面、多角度地报道这个婚礼的不寻常。等到听消息结尾时，消息出其不意地来了个一百八十度的大转弯——从豪华的婚礼转到危困的七台河市“全市42 000多名工人中，下岗职工达22 000多人。有的人已经7个月没有开出工资”，强烈的对比再次把听众的心紧紧抓住。

音响是体现广播传媒优势的主要手段，这篇消息运用了大量鲜活的典型音响，突出了广播自身的魅力。这篇报道的主体事实全是由现场音响传递的，原汁原味。由于采用隐性采访，记者不能向人提问和与人交谈，全靠在现场抓取富有表现力的音响细节，让听众如临其境，如见其人。如婚礼上来宾致辞不是常规的祝福新婚夫妇的吉祥话，而是大讲以江泽民“七一”重要讲话为指导如何开拓创新抓工作；婚礼上播出的不是《婚礼进行曲》，而是革命歌曲《没有共产党就没有新中国》。这两个典型的音响细节有力地表现了这些领导“很讲政治”“很革命”，可他们的实际行动却与此形成反差。消息对他们表里不一、言行不一的恶劣作风进行了讽刺。

这篇消息多次介绍引人思索的新闻事件的现实背景，运用了充分有力的对比性背景材料。如江泽民同志“七一”重要讲话刚发表一个月，这场婚礼就隆重举办了；又如提供新闻线索的是一位下岗职工；再如七台河市的基本情况的背景。这些背景充分地展示了婚礼事件的来龙去脉，大大增加了新闻的纵深度，起到深化主题、提升新闻价值的作用。

（三）使用直接引语和对话

在可能并且适当的时候，可以把直接引语和对话用于报道当中。它们可以让报道有戏剧的感觉，能增强现场感，让读者读起来觉得有趣。如新华社 2015 年 12 月 17 日的《中国新发射卫星有望揭开暗物质之谜》是一篇科技报道，就通过穿插暗物质粒子探测卫星首席科学家常进的直接引语使报道更生动活泼。下文为从该文章摘出的常进的直接引语。

“这就像是去寻找暗物质的‘儿子’，如果找不到‘爸爸’，那么我们总可以去找他的‘儿子’，并且从‘儿子’那里得到‘爸爸’的一些信息。”常进说。

不过，常进也谨慎地表示，科学家对在这次任务中找到暗物质的踪迹还没有十足把握。

“暗物质的物理性质还没有弄清楚，没有人能百分之百保证卫星一定能找到暗物质。”常进说。

“但只要它工作正常，就为我们打开了一扇新窗口。”常进说，“悟空”除了寻找暗物质外，还是一个宇宙射线望远镜，可以研究宇宙射线的起源、传播和加速。

（四）恰当处理枯燥但重要的材料

许多报道需要解释或背景，而这些解释或背景可能会很枯燥。在写作中，不要把所有的枯燥的信息都放在很长的一个大段中，把它们分解到各个小段落中并放在合适的地方是一个比较好的选择。

（五）使用信息图表

逐条列举信息，尤其是研究成果或者是政府报告的要点，是保持阅读流畅的一个好方法。你也可以考虑制作信息图表，将之作为表达统计数据和引起读者兴趣的一种途径。

（六）制造悬念并解开

消息的悬念通常是由导语来制造的，而主体部分往往是来解开悬念的；但如果所报道的事件一波三折，在主体中仍然可以继续制造悬念，吸引读者往下阅读，直到最后再抖开包袱。

四、消息的结尾

消息的结尾有其特殊性，即以事实结尾，事实讲到哪里，消息就在哪里结尾，无须再添加议论或抒情的文字。但这并不意味着写消息可以不注重结尾，如果结尾能选择一个合适的事实，可以使消息的主题更鲜明，使报道有回味的余地，甚至也能给报道带来审美价值。以下介绍几种结尾方式。

（一）循环式结尾

如果使用华尔街日报体报道的话，则结尾一般又回到导语，对导语中提到的人物或场景进行进一步补充，以取得首尾呼应的效果。

（二）用引语结尾

消息最普遍的结尾方式是用引语结尾，寻找一条能够总结报道基调或者主要观点的引语，将其放在最后，能让受众进一步加深对报道主旨的理解。当使用引语作为结尾时，一般把消息来源放在引语之前；如果用两句引语作为结尾，消息来源就放在第一句引语后面。不要让“他说”成为读者记住的最后一句话。如：

一些日本人也在公祭日来到南京。“中国人对南京大屠杀死难者的公祭，应该成为和平信号传递的新起点。”日本真宗大谷愿寺研究员山内小夜子说。

（新华网，2014－12－13）

（三）用未来行动结尾

许多报道以一个事件的下一步发展情况来结尾。如果报道本身具备未来元素，这种方法是一种很有效的结尾方式。它可以采用陈述的形式，也可以采用引语的形式。

如《新京报》2008 年 5 月 28 日报道汶川地震后产生的唐家山堰塞湖挖槽泄洪，消息的结尾是这样的：

武警水电部队一总队三支队支队长朱国良告诉记者，唐家山堰塞湖泄流槽原计划施工时间是 10 天，如果天气良好，设备及时调运到位，有可能 5 至 7 天就完工。

（四）用高潮结尾

这种结尾更适合故事性比较强的报道，它往往采用的是时间顺序结构，让读者把悬念一直带到结尾。如前面提过的沙漏式结构消息，最后才把边检民警如何识破冒用者吉姆写出来：

本来以为办手续应该非常顺利，但看到民警不停地询问，吉姆有些紧张，手就不由自主地摸下巴，结果民警发现吉姆的下巴上有一个小痦子，而护照照片上则没有。在北京边检总站民警的连续追问下，吉姆承认使用了弟弟的护照。

（五）用背景事实结尾

在很多时候，尤其是采用倒金字塔结构的报道，按重要程度降序排列事实的话，结尾很可能就是背景事实了。以背景事实结尾自然而然地收束全文，就像火柴燃尽一样戛然而止。有的时候，背景事实选择得好，还能给结尾带来意味深长的效果。

如 2001 年有一篇报道西藏互联网普及的消息《雪域高原互联网上拜年忙》，最后以西藏通信基础建设的背景事实结尾，让人感受到西藏的变化之大。

据自治区邮电通信部门的负责人介绍，作为祖国西部经济发展相对落后的一个省区，近年来西藏一直努力夯实基础，在邮电通信方面实施适度超前发展战略，各地区所在地相继开通了光缆，基本实现县县通电话，并进入长途自动交换网。目前仅拉萨市就有网吧 38 家。

第四节　消息的背景

一、消息中背景的使用

新闻有其发生发展的环境和前因后果的联系。关于新闻背景的使用，本书在第九章有更详细的讲解，本章仅对消息写作时背景的使用做一些提示。

对于消息来说，其背景信息的范围比较窄，一般是指新闻事实之外，对新闻事实或新闻事实的某一部分进行解释、补充、烘托的材料。

如消息《中国地铁列车今天穿过天安门广场》，其核心新闻事实是“北京地铁‘复八段’今日开通”，与此相关的新闻事实有地铁从哪里到哪里、全长多少公里、投资多少、建了多长时间、由哪个单位建设、有什么特点等等。请大家仔细阅读此文，看看除了新闻事实之外还用了哪些背景型信息。

【案例】

中国地铁列车今天穿过天安门广场

新华社电　5分钟前，一列银灰色的地铁列车，在仅距地面2.8米的地下，首次穿过世界最大的广场——天安门广场。

这是首都向她的共和国母亲50大寿献上的一份最珍贵的礼物。

今天通车试运营的地下铁道西起距天安门3公里的复兴门，东至距天安门8公里的八王坟，全长13.5公里。线路坐落在神州第一街长安街超浅埋层之下。为此，承担西单、天安门、王府井等首都心脏地段地铁施工设计重担的铁道部隧道工程局、铁道部第十六工程局和铁道部第三勘测设计院的建设者们苦苦奋斗了十个春秋。参加世界建筑师大会的各国专家参观后曾惊叹“中国又创造了一个奇迹”。

国务院副总理温家宝、日本国驻中国大使谷野作太郎等中外贵宾与地铁建设的功臣们，作为通车后的首批乘客，一起登上了国产新型电动地铁客车。从长安街东部的八王坟到天安门，列车运行刚好17分钟。

30年前的国庆节，北京建成了从苹果园到北京站全长23.6公里的地铁一号线，结束了中国无地铁的历史。

15年前的国庆节前夕，北京又开通运营了16.1公里的地铁第二环线。

早在5年前，北京地铁的年客运量就已突破5亿，而现在，平均每天乘坐地铁的旅客已达到140万。

北京地铁虽然在当今世界43个国家117个有地铁的城市中，开通年代和运营里程均排在30位以后，但却创下了满载率和单车运营公里两项“世界之最”。

投资 75.7 亿元人民币的地铁“复八段”的今日开通，使北京地铁通车总里程由原来的 41.6 公里增加到 55.1 公里，超过了香港的 43.2 公里，成为中国六个城市地铁之最。同时也使中国城市地铁的总里程逼近 150 公里。

目前，中国除北京、天津、香港、台北、上海、广州已开通地铁外，青岛、南京、重庆、深圳、高雄等城市也正在或计划建设地铁。

自 1863 年伦敦建成世界上第一条地铁，到 136 年后的今天，全世界的地铁长度已接近 6 000 公里。

（《人民铁道》报，1999－09－28）

大家可以看到，此文的后半部分联系到与北京地铁、中国地铁乃至世界地铁有关的许多情况和数字，使读者打开了眼界、丰富了知识，也使“复八段”开通这一新闻事实的意义得到加深。

由此可见，消息主体的展开在很大程度上要由背景材料协助完成。新闻背景在阐明新闻事实、传递信息、揭示新闻主题等方面发挥着重要作用。

二、消息中背景的选择

由于消息比较简短，其背景的使用应该和消息本身紧密相关。

（一）选择技术性解释专有名词、术语的背景

消息中有时会涉及很多专有名词、术语，如果不在消息中进行解释就会影响读者的阅读和理解。消息应该选择一些解释性背景来消除阅读的“拦路虎”。如上文中出现的“线路坐落在神州第一街长安街超浅埋层之下”，那么“超浅埋层”意味着什么呢？报道一开始就指出这段地铁在“仅距地面 2.8 米的地下”。另外，报道提供了一个侧面的背景，让受众理解这种超浅埋层的施工难度：“为此，承担西单、天安门、王府井等首都心脏地段地铁施工设计重担的铁道部隧道工程局、铁道部第十六工程局和铁道部第三勘测设计院的建设者们苦苦奋斗了十个春秋。”

（二）选择能说明问题的背景

在消息写作中，如果仅有新闻事实本身无法将问题说清楚，同时又由于篇幅有限不能进行大量的背景铺陈，就应该在选择背景时首先选择那些能解答事实本身疑点的背景。

如 2015 年 12 月 17 日，我国新发射卫星“悟空”到太空，新华社发布消息《中国新发射卫星有望揭开暗物质之谜》。

【案例】

中国新发射卫星有望揭开暗物质之谜

新华社酒泉 12 月 17 日电　中国周四将　首枚用于探测暗物质的空间望远镜送入太空，

这是人类在寻找暗物质进程中迈出的最新一步。这种神秘物质占据了宇宙总质量的绝大部分，人类却看不见。

清晨8点12分，长征二号丁运载火箭背负着暗物质粒子探测卫星（DAMPE）从酒泉卫星发射中心腾空而起。卫星以中国古典名著《西游记》中有着火眼金睛的美猴王“悟空”命名。

它将进入地球上空500公里高的太阳同步轨道，从那里观测太空中高能粒子的能量、方向和电荷。

“悟空”的设计寿命长达三年，不过科学家期望它能在轨工作五年。

在此期间，科学家希望这枚1.9吨重、如书桌般大小的人造卫星能帮助人类揭开暗物质的神秘面纱。

暗物质是现代科学的一大谜团，它既不释放也不反射电磁辐射，因而人类无法直接观测。

科学家早先引入暗物质的概念，用以解释宇宙间的质量缺失以及光在遥远星系中的异常弯折现象。如今，暗物质已被物理学界普遍接受，但科学家仍未能探测到其存在的直接证据。

科学家相信，我们已知的宇宙中，包括质子、中子、电子等构成的普通物质仅占约5%，其余都是看不见的暗物质和暗能量。

暗物质粒子探测卫星首席科学家常进说，揭开暗物质之谜对物理科学和空间科学具有革命性意义，让人类可以更清晰地理解星系和宇宙的历史与未来演变。

此前，科学家已通过国际空间站搭载的阿尔法磁谱仪以及位于瑞士日内瓦城郊的欧洲核子研究中心（CERN）的大型强子对撞机（LHC）等装置探索暗物质的真实属性，并取得了一些成果。

中国还在西南部的四川建立了地球上最深的暗物质实验室，位于地下约2 400米的深处。

而最新发射的暗物质粒子探测卫星将帮助科学家搜寻暗物质湮灭或衰变的证据。

“这就像是去寻找暗物质的‘儿子’，如果找不到‘爸爸’，那么我们总可以去找他的‘儿子’，并且从‘儿子’那里得到‘爸爸’的一些信息。”常进说。

“悟空”将在发射后的前两年对全天扫描，之后根据探测结果，对暗物质最可能出现的区域定向观测。

100多名中国科学家将对卫星数据展开分析研究。首批科学成果有望在2016年下半年发布。

常进说，“悟空”是世界上迄今为止观测能段范围最宽、能量分辨率最优的暗物质探测器。

据介绍，这枚新型探测卫星的观测能段大约是国际空间站阿尔法磁谱仪的10倍，能量分辨率则比国际同类探测器至少高3倍。

不过，常进也谨慎地表示，科学家对在这次任务中找到暗物质的踪迹还没有十足把握。

“暗物质的物理性质还没有弄清楚，没有人能百分之百保证卫星一定能找到暗物质。”常进说。

“但只要它工作正常，就为我们打开了一扇新窗口。”常进说，“悟空”除了寻找暗物质外，还是一个宇宙射线望远镜，可以研究宇宙射线的起源、传播和加速。

“悟空”是中国科学院四颗科学卫星系列的首发星。

另外三颗科学卫星，包括一颗量子科学实验卫星、实践十号返回式科学实验卫星以及一颗用于观测黑洞、中子星等重要天体的硬X射线调制望远镜卫星，将在明年陆续发射。

中国科学院国家空间科学中心主任吴季透露，这三颗科学卫星目前研制进展顺利。

“中国不应只是空间知识的使用者，也应成为空间知识的创造者。”他说。

消息在提及卫星探测暗物质的原理时引用了科学家的话作为背景帮助读者解疑：“这就像是去寻找暗物质的‘儿子’，如果找不到‘爸爸’，那么我们总可以去找他的‘儿子’，并且从‘儿子’那里得到‘爸爸’的一些信息。”

不少消息在背景写作中出现问题，往往就是因为没有抓住新闻事实的“问题点”，未能提供有针对性的背景。

（三）选择有新闻价值的背景

新闻背景虽然不是新闻事实本身，但作为新闻作品的一个有机组成部分，记者应该尽可能地选择有新闻价值的背景，增加报道的吸引力和说服力。

如《中国地铁列车今天穿过天安门广场》一文，导语中写道：“5分钟前，一列银灰色的地铁列车，在仅距地面2.8米的地下，首次穿过世界最大的广场——天安门广场。”“世界最大的广场”这一背景的加入，令新闻的价值显得更大，更有意义。

（四）注意背景的广泛性和多样性

记者在选择新闻背景时，应该注意来源的多样性，应当不拘一格，旁征博引。它们可以是某人的口述，也可以是文献资料、统计数据，甚至可以是一句歌词、一则顺口溜，只要能对说明新闻事实有帮助就可以纳入选择的视野。

三、消息中背景的写作

背景写作没有固定的格式，巧妙穿插是背景写作的基本特点。也就是说，背景写作依需要而定，它是为说明、补充、烘托新闻事实服务的，因此在消息中多呈跳跃式，哪里需要背景出场，背景就应该在哪里出现。

在实践中，记者们创造出了多种背景的写作方法。

（一）天女散花式

天女散花式是指背景写作犹如飞天的仙女散出的花——五彩缤纷、飘飘洒洒，有背景定语、背景句、背景段，位置灵活，随处可见。

1. 作为定语的背景

背景材料用来修饰和限定新闻事实或人物，起到一定指称的作用，为新闻事实或人物的出场打下基础。

例如消息《再见，莫尔斯电码》的导语，就使用了背景作为定语来修饰“莫尔斯电码”：

路透社伦敦2月14日电 发出泰坦尼克号遇难信号和第二次世界大战结束消息的莫尔斯电码，昨天成为科学技术无情发展的牺牲品。

（路透社，1999-02-14）

2. 作为句子的背景

在段落中陈述一个背景句，让背景与新闻事实进行某种对比或对照，引起读者的注意。如：

新华社合肥5月16日电 过去安徽曾有一些地方为获得国家各种补助，出现争戴“贫困县帽”的怪现象。近年，安徽省通过改革财税体制刹住了这一怪风。全省50多个财政困难县90%消除了赤字，去年全省财政增幅名列全国前茅。

（新华社，1995-05-16）

3. 作为段落的背景

作为段落的背景可以提供更多的内容，帮助受众理解新闻的内涵。

如《中国地铁列车今天穿过天安门广场》最后就用了若干背景段，让受众看清北京地铁在全国、全世界的情况。

这些缤纷的背景穿插在文中，出现于报道所需要的任何一个地方，可以是导语，也可以是主体、结尾，就像天女散花一样自如。

（二）一线穿珠式

一线穿珠式是指背景写作以时间顺序作为红线，把事物的前因后果、来龙去脉串起来，并集中地将背景呈现在报道中。

如《西安发现两千多枚秦代封泥》这一报道，中间有一段组织了多个背景以表现这两千多枚封泥发现的过程：

这批秦代封泥1995年首次出土于西安北郊秦代宫殿章台遗址附近，为相家巷农民在田中挖肥料坑时所发现。后辗转流入北京文物市场，北京古陶文明博物馆馆长路东之慧眼识珠，多次出资搜购看来“不值钱的泥块”1 000多枚。随后，西安书法艺术博物馆馆长傅嘉仪从农民处收了600多枚。西安市文物局又派出考古人员到出土之处进行科学发掘，又获得数百枚。目前总计共达2 000余枚。

（新华社，2000-02-14）

每一个背景就像一颗小珠子，通过时间线索串起来后，就可以呈现事物发展的过程。

（三）众星捧月式

如果把新闻事实比作月亮，那么可以围绕这一核心新闻事实，组织相关的背景材料来烘托。如汶川大地震发生后的第二天，北京的《京华时报》就推出了六个版的报道。其中，在汶川地震的消息后，配置了“近一年来五级以上地震”的新闻背景，通过罗列这些地震的震级、发生地点、损失等情况，让受众对汶川当时报道的7.8级地震有一个评估和定位。

要　领

● 消息以最直接、最简洁的方式告诉广大受众新近发生了什么新闻，是最广泛、最经常使用的基本新闻体裁。

● 消息最重要的结构特点是“重心前置”，即首先通过导语将新闻事件的结果、新闻事实的精要呈现给受众。

● 影响导语写作的最重要因素是事实的性质，一般来说，记者需要通过写作把新闻价值外显化、事件化。

● 消息的主体承担对新闻事实做进一步交代、回答受众疑问以及表现新闻主题的重任。建构主体的过程从本质上来说是按照某种关系来组织信息材料的过程，记者可以灵活使用多种结构。

● 消息主体写作提倡多段落、短段落，以新闻跳笔来写。但新闻跳笔需要以某种联系来衔接段落。

● 消息以事实结尾，事实讲到哪里，消息就在哪里结尾，无须添加议论或抒情的文字。

● 要重视新闻背景的写作，新闻背景交代得是否充分，其安排穿插是否巧妙，将在很大程度上影响新闻报道的质量。

【阅读】

中国新闻奖评选委员会办公室编．中国新闻奖作品选．北京：新华出版社，2001—2017.

里奇．新闻写作与报道训练教程：第三版．北京：中国人民大学出版社，2004.

门彻．新闻报道与写作：第 11 版．北京：清华大学出版社，2012.

【思考】

1. 影响导语写作的因素有哪些？请在媒体中找到相关案例来说明这一点。
2. 消息主体的不同结构各有什么优缺点？请结合实例说明。
3. 新闻跳笔的优势是什么？
4. 为什么消息写作无须添加议论或抒情的文字？

【练习】

1. 从近期的消息中各找出 5 条好的导语和 5 条坏的导语，请分析其优缺点。

2. 根据二维码中的文字材料，以 2017 年 4 月 6 日为发稿日期，写作两条角度不同的导语，并用倒金字塔结构写作一条消息。

第六章
怎样采写特稿

【学习要点】

特稿除了具有独家新闻报道、调查性新闻报道和现场报道的共有特质外，还要具备高度的文学性和创造性。

特稿的采访有不同于其他新闻文体的特殊性：特稿的采访是需要事先进行调查研究，进行大量案头工作的；特稿的采访是多维度的、穷尽式的；特稿的采访特别需要场景还原和细节的收集甄选。

特稿要讲好一个故事，讲故事就要注意故事的结构、故事情节的安排，需要会用、善于运用细节和场景。讲故事还要注意气氛、情绪，要制造悬念引人阅读。要会抓住新闻本身的矛盾和冲突，使故事好看，人物栩栩如生。当然还有文字，有魅力的文字是特稿的一大特性，这些都可以通过学习和练习来提高。

当你复盘一个故事的时候，坐在电脑前，现场的东西如电视画面一幕幕放出来。找到了细节与细节之间的逻辑，找到了那个“意义”，文字之旅就可以开始了。文字对于现场的还原永远是有局限的，但文字有文字的魅力。当它能够捕捉到画面的时候，这种画面就因为文字的锁定而固定下来，文字也因此具有了一种美。

不能忘记的是，对于特稿来讲，第一是事实，第二是事实，第三还是事实——特稿的文采是真实事实下的文采。这是要谨守的，不可逾越的红线。

特稿是一种用故事来展现新闻的文体，在硬新闻和软新闻的分类中属于软新闻。除了交代新闻的五个 W 之外，特稿还需要追寻文字的美，呈现复杂的真。这就是说一个优秀的特稿除了得具有新闻的基本特质，比如新、独家、深度、吸引力、关注度、重大性、影响力等等，属于特稿独特的、别种样式所没有的特质就是它“更加注重高度的文学性和创造性”。

当新闻发生时，媒体一拥而上；在新闻发生后，一般被认为不是新闻的新闻却仍然能被特稿记者发现其中的价值。一般的新闻记者就像追着球满场跑的运动员，而特稿记者却像观众席上的观众。他似乎要站得离事件更远一些，以便能够看到事件的全貌；他似乎要站得更高一些，以便能在纵横两方面为事件定位。也许日常报道的记者们都离去了，满地扔的都是“废料”，特稿记者才在现场寻觅，寻找真正想要的东西。

所以特稿讲一个故事，并不在于你要用什么方法、用什么技巧讲，你可以用最古老的方式，也可以用最现代的方式，但你必须完全地了解这个故事，发现这个故事对于我们今天的意义。这其实是对新闻的洞察与发现，在这种洞察与发现面前，最不像新闻的东西也可以写成最好的新闻。这看起来是一个虚无的问题，也是一个无法准确说清楚的问题，但却决定着作品的灵魂。对故事洞察、理解到什么程度有很多复杂的因素，和作者的专业水平、价值观、对人生的看法、生活阅历、态度、性情、经验等等都有关系。

记者在特稿写作时需要查看笔记、录音、影像等资料，对故事进行整体的复盘。这时，你更需要在心里一遍遍地过每一个场景和细节，反复思考几个问题：我为什么写这个故事？这个故事对大众读者的意义何在？他们为什么会对这个故事感兴趣？这实际上是在找一个普适的意义框架，好把你的故事镶嵌进去。假如没有找到这个框架或者找得不准确，那你采访材料的价值等于没有被发掘出来。

第一节　特稿的定义

“你说你写的是特稿，但这是新闻吗?”在编辑部里，常常会有人这样问特稿记者。这代表了即使是新闻从业者，也怀有对特稿的不同看法，甚至是疑惑。

“你去了飞机失事的现场，写回来一篇充满了细节故事的特稿，但你能告诉我们飞机失事的真相吗？那些活灵活现的细节对真相的揭露有用吗?”

特稿记者在这种时候常常无言以对。

一、特稿的定义

检索对特稿的定义，你会发现说法五花八门，对特稿的内涵和外延的定义各不相同。

通常来讲，新闻写作教材或者理论书籍以“限时报道”和“非限时报道”来区分新闻的种类。限时新闻，即有截稿时间的新闻；非限时新闻，即无截稿时间的新闻，其中包括调查性新闻、解释性新闻、特稿、评论、专栏文章等等。

特稿从大类上来分属于非限时新闻，也就意味着它可能会用长时间来进行复杂的采访，或者一直跟踪一个新闻的进展，从一个新闻的苗头开始，伴随着它的成长、发展，直到最后有一个结果。这还意味着特稿可能是长篇幅的。

另外还有“硬新闻”和“软新闻”的分法。硬新闻是人们早上起来就想知道的东西，硬新闻要回答人们想知道的五个 W：何事、何人、何地、何时、为何。被划入软新闻的特稿通常也需要交代这五个问题，同样需要记者深入现场，做扎实的采访和调研。有的时候，对于飓风、火灾、地震、战争等等硬新闻，特稿这一需要长时间采访和写作的文体，一样可以一展身手，并且其报道并不比消息类的报道逊色，有时反而更有吸引力。

二、特稿概念的沿袭

特稿的起源可追溯至 20 世纪中叶的新新闻主义，但在普利策新闻奖里，为特稿设置奖项却是后来的事。哥伦比亚大学新闻研究生院普利策奖评委会主席赛穆尔·托宾透露，特稿这一奖项是1978年4月7日新增加的，普利策奖当年的备忘录里并未提及为何做出在这一年设立特稿奖的决定。“显然是某个分支委员会递交了提案，最后评委会采纳了这项提案。”托宾说。[①]

1963年新新闻的代表人物汤姆·伍尔夫被*Esquire*杂志派去写一篇关于特制汽车的报道，稿子是一篇长达49页的意识流印象记，标题为《橘片样的糖果色流线型娃娃》，完全不像是新闻的写法。他在另一篇纽约格林威治村女子监狱的报道中，开头一口气用了40个“啊”，来描写女子监狱关押的女囚犯向着窗外调戏路过的小伙子的情景。

相比于以快速传播新闻信息为目的的旧新闻，新新闻更新颖、灵活、敏锐，题材更广泛，它大量借用虚构文学的写作技巧来描述新闻事件，具有非常强的实验性，一时间这种被冠以“新闻小说”的文体风光无限。20世纪70年代，汤姆·伍尔夫为新新闻进行了再次定义和阐释，在为《新新闻选集》而写的序里，列出了四项新新闻借用小说的技法：其一，事件始末通过情节而非概要说明来呈现；其二，以对话代替叙述；其三，通过事件中人物的视角而非旁观者的视角来陈述事件；其四，和写实小说一样结合诸如人物外貌、服饰、私人财物、肢体语言等细节描写，点明人物的社会阶层、个性、地位和社会环境。

新新闻退潮后，其合理的成分留下来，形成的就是“特稿”。特稿不能编造事实，但可以借鉴小说等文学的技巧。

在普利策奖的官方参选指南里，特稿奖项的说明是，“不是硬新闻，并且写作文笔质量极为出众。故事必须因其报道水平高、制作精巧、创意、表达简洁而令人印象深刻。投稿内容可以是一篇重要故事，或者一组独立的故事作品集（展示作者的涉猎范围），抑或是同一主题的一组故事。自2015年起，杂志与网站也可参选此项”。

“除了具有独家新闻、调查性新闻报道和现场报道的共有获奖特质外，特稿主要考虑高度的文学性和创造性。”这就是说一个优秀的特稿需要具有新闻的基本特质，比如新、独家、深度、吸引力、关注度、重大性、影响力等等，属于特稿独特的、别种样式所没有的特质就是它“更加注重高度的文学性和创造性”。

对于很多年轻的新闻从业者来讲，很难理解新闻中的文学性和创造性，这和新闻所要求的真实性不是冲突的吗？文学性和创造性与真实性的边界又在哪里？

特稿“根植于坚实的报道，必须准确无误，并带有鲜明的个人风格。优秀的特稿能使读者感受到鲜明的地方色彩和氛围，适当的话，还应带着一点幽默，但显然这样做会常常显得有点肤浅”[②]。美国《国家地理》前高级文本编辑卡罗尔·施瓦布对特稿的解释，或者能够对我们理解特稿有帮助。

另外，就国内特稿写作实践所涉题材而言，我们可以选择一些《南方周末》的优秀特稿，从其标题略窥一二。

《车陷紫禁城 一场秋雨导致的交通瘫痪》（2003年10月16日）；

《盲艺人的乐与路》（2003年11月27日）；

---

① 加洛克．普利策新闻奖：特稿卷．北京：新华出版社，1999：4.

② 伊图尔，安德森．当代媒体新闻写作与报道：第七版．北京：中国人民大学出版社，2015：106.

《人工盲童》（2004 年 2 月 19 日）；
《无情戒毒术》（2004 年 4 月 1 日）；
《经租房，半个世纪的纠葛》（2004 年 6 月 17 日）；
《悲情航班 MU5210》（2004 年 11 月 25 日）；
《神童到中年》（2005 年 7 月 21 日）；
《富豪征婚记》（2006 年 1 月 5 日）；
《没有了木卡姆就没有了生命》（2006 年 11 月 30 日）；
《你不会懂我的悲伤——杨丽娟事件观察》（2007 年 4 月 12 日）；
《鬼妻》（2007 年 6 月 14 日）；
《满语消逝的最后一瞬》（2007 年 7 月 25 日）；
《系统》（2007 年 12 月 20 日）；
《小镇猪事》（2008 年 5 月 1 日）；
《灾后北川的残酷一面》（2008 年 5 月 22 日）。

第二节　理解特稿

一、特稿是一个好故事

一篇杰出的特稿首要关注的应该是高度的文学性和创造性。

文学性和创造性最为典型地体现在一个好故事之中。普利策特稿奖充分强调了这一点。

“本专集所收录的代表作堪称文学的纯正典范，它们的作者都是真正会讲故事的人。”戴维·加洛克在编辑《普利策新闻奖：特稿卷》时对其中的作品和作者如此评价。

“不管怎么说，用第一位获奖人来说明如何确定正确的‘文学基调’是再合适不过的了：乔恩·富兰克林，凭借众人瞩目的《凯利太太的妖怪》一文而获 1979 年度普利策特稿奖。”

这是首获普利策特稿奖的作品。文章是对一次错综复杂的脑部手术的报道，正如文章的小标题“穿越大脑沟回的恐怖之旅”，故事从手术前的准备写起，设置的悬念立即揪住了读者的心，人们迫切想知道，凯利太太和脑外科托马斯·巴比·达克尔大夫合作与妖怪脑肿瘤作战的结果怎么样。这是一个有开头、有进程、有结尾的完整的故事。

> 有趣的是，《巴尔的摩太阳晚报》似乎没能很快意识到《凯利太太的妖怪》的价值，这篇相对较短的特稿被该报分两次刊登，并且被淹没在当天 C1 版末尾的位置，头版导读也没有向读者推荐这篇文章。①

但读者的电话像潮水一样涌进报社，大家都想知道故事的结局到底怎么样，这就是故事的魅力。

> 富兰克林说他试图将契诃夫式的叙事理论运用到新闻中……一个好故事应该有开头、

① 加洛克．普利策新闻奖：特稿卷．北京：新华出版社，1999：2.

中间部分和结尾……快步调的……或许特稿可能成为文学。

至于普利策奖评委会缘何在1978年注意到特稿，富兰克林自有一番理论。70年代和80年代，他留意到许多别的作家在写特稿时，都用到了同样的非虚构或短故事形式（nonfiction/short-story form）。富兰克林认为，普利策特稿奖的设立是对这一流派顺乎逻辑的认可。①

【案例】

这个十四岁男孩，决定切掉自己的左脸

山姆是一个14岁的男孩，脸部天生畸形，左脸有两个脑袋那么大。他走到哪里，都会被人瞪着眼睛观看、指点，仿佛他是某种奇怪的生物，山姆最大的愿望就是能让自己的脸看起来正常点。

作者汤姆·霍曼二世向我们讲述了这样一个天生不幸的故事，他也凭借此文获得2001年的普利策奖。

（微信公众号“地平线NONFICTION”，2016-08-30）

【经验谈】

现在看来，在我尝试着用一种自己能够驾驭的文体进行新闻表达的时候，我就是在写“特稿”了。1997年我在《新疆日报》，为《南方周末》等内地媒体写《野马的故事》《塔里木河，在一截一截地消失》《圆沙古城之谜》《交河故城：大地上最完美的废墟》的时候只是想把新闻写好，好到投递出去可以被选中，被选中之后还有人读了之后夸好，这就是我最质朴的想法。新疆离内地那么远，新疆的新闻对内地来说也是远、慢、旧的状态，能被选中并不是一件容易的事。我想，要让内地接受新疆的东西，就得给他们讲故事，讲好一个故事，讲一个好故事。这个故事要做到让读到的人忘不了，要合上报纸还要想一会儿。

讲好一个故事，讲一个好故事。这就是我坚持十多年的核心内容，也是我特稿写作的开始。

——南香红

而在我个人的理解中，特稿的定义还可以再清晰一些。故事和人的细腻呈现，应该是特稿的基本要义，它强调情节、细节，注重人物的内心挖掘。

广义上讲，每一篇客观的新闻报道，都是历史的一部分。要知道，历史不应该仅仅由线条粗犷的大事件和大人物组成，它也应该是可感知的，有细节的。而所谓特稿，就承担着为历史提供细节的职责。人们喜欢说，真实的生活比小说更有戏剧性，倘若如此，特稿编采者就需要捕捉到生活中的“小说”。

——关军

① 加洛克．普利策新闻奖：特稿卷．北京：新华出版社，1999：4.

二、特稿的真与美

相比新闻的真，新闻的美常常被忽略，这是一件非常遗憾的事。许多新闻记者认为传达真相是最重要的，有的记者甚至在自己的稿子里通篇都是事实和数据，并以此为傲。但有一点是不能忽略的，再重大的新闻事实，也需要向读者进行传播，如果读者在阅读上有障碍的话，就会大大地影响事实的传播。

如果一个新闻事实，可以以美的方式传播，为什么不这样做呢？但是特稿受到两个方面的制约，一是事实的真，二是传达方式的复杂性，做到真与美其实是非常高的要求。

特稿有时候不仅仅追求真相，特稿故事要告诉读者的，或许在五个 W 之外。它可能要表达的是一种状态、境遇或者命运。有的时候一个特稿作者想告诉读者的或许是一种情绪和气氛，一个场景，一些历史细节。

一个题材能否写成特稿故事，有三个标志可做判断依据：其一，这个题材具不具有故事性，即能不能把它写成一个故事；其二，它跟公众利益的相关性，即你写出来以后，大家会不会关心，想不想去读；其三，这个故事是不是具有延展性和戏剧性。

《南方周末》对特稿的描述："追寻文字的美，呈现复杂的真。"资深媒体人杨瑞春提及《南方周末》的特稿写作时曾指出：

> 对于我们的特稿探索，《南方周末》给予了当时媒体界所能给予的最大的支持，不过这并不意味着一帆风顺。《南方周末》有非常直接开放的评报环节，在这些时候，特稿也会时常被拿出来批判。比如南香红所写的太行山盲艺人，会被认为过于散文化而新闻性不够，即便是今天作为典范之作的李海鹏的《悲情航班 MU5210》，也曾经被质疑"文字之美"太过了而应该对事实本身做调查。这种批评当然是苛责，因为对坠机这样的一个技术性、专业性非常强的调查，要求记者在短短时间内摸到真相是不可能的。而那种用大量细节还原的坠机过程和对命运的悲悯却有别的报道所没有的力量。但这就是《南方周末》的业务讨论氛围，畅所欲言是其特征，每个人都在被审视，被评判。而这也是创新动力的来源。①

类似航班失事一般都是标准的硬新闻题材，通常不会做特稿，航班失事后大家最关心的是为什么航班会失事，这是第一反应，是第一需求。第二需求，是对事故背后原因了解的渴求，这是调查性报道的传统范畴。调查性报道通过深入详细的调查和解析，把事故的原因找出来。那么特稿能做什么呢？特稿关注的重点可能不仅是事故的原因，它关注的要远远大于一般新闻所追求的那个"真"，它告诉你一个航空灾难的状态，它可能表达的仅仅是一种悲伤的情绪，在悲伤中的人的无奈与无着。这看似跟新闻事实关系不大，一般的新闻记者也会忽略，或者有意不去做，而这恰恰是特稿可以发挥的空间。

特稿所追求的真的范畴要远远大于普通新闻的真，普通新闻承载不了的或者普通新闻不去

---

① 杨瑞春，张捷．南方周末特稿手册．广州：南方日报出版社，2012：序二．

关注的那些东西，对特稿来说却是重要的。

【经验谈】

当下中国需要记者用沉静的眼光来观察这个迅速变动的世界，需要记者用多维视角来认识这个复杂纠葛的世界，需要记者以人文的态度理解这个充满活力和欲望的世界，同时也需要记者以细腻的笔触来描摹和表述这个纷繁的世界。

——南香红

未来的中国深度新闻，一定会是“扒粪新闻”“调查新闻”“公共新闻”“新新闻”的结合体。

——李海鹏

这种讲故事的写作方法借鉴了小说家的许多写作技巧，这些写作技巧包括：重视人物，重视人物的动作、对话，重视场景设置和悬念的应用。它谨遵一条格言：别讲给我听，请展示给我看。

——《普利策新闻奖：特稿卷》

三、什么样的新闻可以成为特稿

这里包含着这样一个问题：同样的新闻，在别人笔下呈现的是特稿，而你写出的可能就不是。另一个问题是：这个新闻，你为什么要用特稿这种方式来写作？换句话说，特稿会让这个新闻变得有什么不同吗？

要　领

特稿的要素

特稿是一个好故事。好故事应该包含戏剧性、冲突性、独特性等要素，但特稿最主要的要素应该是延展性和复杂性。也许这个故事并不具有爆炸性的、冲击力的质素，它只是安静的、常态的，但却有足够的深度、广度和复杂性，它就有了特稿的特质。它的安静的表面隐藏了一些本质的和长久的东西，就像是一座有绵长矿脉的金矿，虽然一时一地的储量并不丰厚，但它有足够长的矿脉，给了你开掘的可能性。

好特稿的戏剧性、冲突性可以拿戏剧来做借鉴。戏剧尤其是舞台剧最重要的是情节饱含了冲突，冲突要一波波一环环推向最高潮，集中在一个点上爆发，冲突的强烈程度，是衡量戏剧的标尺之一。

如果我们细心体察就会发现，戏剧强调显性的冲突（为了轰轰烈烈的舞台效果）。但好的、高明的戏剧冲突，一定还有一个隐性的冲突埋伏着。这个冲突是巨大的、不可收拾的，它指向社会或者生命的终极矛盾，激烈冲撞而又完全无解，正如俄狄浦斯的弑父娶母、哈姆雷特的生存还是死亡，最终指向的是命运——人类根本性的、人力无法控制和化解的悲剧力量。

新闻和戏剧非常相似，新闻的冲突也是显性的。没有冲突的事件，不能说是新闻。新闻和戏剧一样，要有所提升同样得挖掘隐性的冲突。隐性的冲突一般不为硬新闻所关注的，而特稿正可以在此有所作为，它需要时间，需要作者的慧眼去发现和挖掘。

面对一件事是否为新闻的时候，一个有经验的新闻人就算用本能来判断也不会错到哪里去。比如这件事是否奇，是否险，是否独特，是否包含着诱人的魅力，一个新闻人应该随时对此保持着敏感，这是一种职业本能。然而，这些往往是普通新闻就可以传达的东西，特稿就不能止于此。

特稿的选择，是记者对世界的理解方式的选择，是记者对新闻的解读方式的选择，同时也是记者对新闻呈现方式的选择。

记者从某种意义上来说是一个流浪者，他总是在这个世界上不停地游走，哪里有新闻就到哪里去。特稿记者需要在新闻的事实里找到另外的东西，这一个和那一个新闻，它们彼此看似没有关系，但在深层或许存在共有的特质，我把它们叫作新闻的“永恒要素”。

如果对新闻的“永恒要素”进行归纳总结的话（事实上很难给出一个明确的归类和界定），那么也许可以说，特稿不仅要关注新闻当中那些显性的冲突，更要关注、发现、挖掘新闻当中那些隐性的、根本的冲突。

新闻背后

“它（《举重冠军之死》）的故事元素的确很饱满，有冠军、有猝死、有贫困、有孤独，使我的工作变得非常简单。”但是，在采访中李海鹏并没有仅限于此。李海鹏在采访手记中写道：“在一次和才力母亲的交谈中，才力的母亲一直在说话，我不得不经常性地打断她，把话题从她儿子的童年小事拉回到成年后的人生起伏上来。她似乎不理解我为什么要问很多细节性的事情，但是很显然，那正是她想倾诉的。伴随着激烈的手势，她详细地讲述了才力的最后几年的生活，对最后一天下午的回忆则详细到每个细节。”李海鹏认为这次采访有意外收获：才力贫困的父母一直资助才力，包括电冰箱、药品和应急的现金等；才力无论是在自己的家，还是在父母家，都感到惭愧。

“我得出的结论是，才力是个忍让而含糊的人，他的性格决定了他的个人命运完全听凭外部世界的安排。”这个发现，对于认识才力这个人是重要的，它是开启这个人物在当下社会和制度中人生悲剧的一个重要关节。

（《南方周末》业务会第七期，2006－08－24）

第三节　特稿的选题类型及来源

故事化的叙事方式是特稿区别于限时消息、解释性报道和调查性报道的特征，特稿在人物、事件、话题、潮流等等题材上没有限制，只要读者想知道、感兴趣，只要传播是有意义的，都可以用特稿来展现。

从中外特稿的选题类型上分，大致有以下几种。

一、人物类

这一类是特稿的传统专项，中外佳作无数。人物类特稿重在讲述深刻、曲折、感人的人物故事。其中既包括个体人物也涉及群体人物，既可以是无名小卒也可以是名震天下的大人物。“一个故事蕴含了一系列情节，当一个令人同情的人物偶然碰到一个复杂的情境，他的遭遇和他的反应就是情节的展开。”①

例如，李海鹏的《神童到中年》(《南方周末》2005 年 7 月 21 日)，20 世纪 70 年代末中国科技大学少年班的神童闻名遐迩，宁铂、干政、谢彦波这些当年最为耀眼的神童今归何处？该文叙述了他们独特的长大成人之路，以及长大成人后依然非同寻常的生存状态。

戴夫·柯廷的《亚当和梅根》(《科罗拉多斯普林斯电讯公报》1989 年 1 月 8 日)，讲述了一次严重的丙烷爆炸摧毁了沃尔夫一家的故事。“父亲和两个孩子严重烧伤，即使他们活下来，烧伤也会使他们毁容，他们看起来像两个小怪物。”戴夫·柯廷在五个月中一直跟着沃尔夫一家，与他们一起吃饭、一起购物、一起旅行，细致入微地观察到了他们生活中的每一个细节，用个性化的文学技巧，写成了一篇极好的新闻作品。

南香红的《两个男人的 20 年婚姻》(《南方周末》2005 年 9 月 29 日)，讲述了两个同性恋者历经 20 年的地下婚姻生活，才真正明了什么是情感，什么是爱，学会了如何去和相爱的人相处。记者走进他们的家，他们的生活，细致观察，展现了同性恋这一群体的内心世界。

二、事件类

事件类特稿是指对某一新闻事件选取特殊的角度而进行的报道。在某一引人注目的新闻发生时或发生后进行深入细致的采访，以特稿方式呈现。重大的、涉及公共利益的新闻发生后，其中必然有无数的切入方式，你需要找到特稿的角度和故事。

例如，林天宏的《回家》(《中国青年报》2008 年 5 月 28 日)，在汶川地震的巨大灾难背景

① 加洛克．普利策新闻奖：特稿卷．北京：新华出版社，1999：1.

下，选择一个极小的切入口，对个体故事进行放大，即一对夫妻背着死于地震的儿子的尸体回家安葬。记者一路跟随这对夫妻行走在艰难的回家路上，将无情的灾难、巨大的悲伤、今后生活的安排等一一细致展现。弱水三千，只取一瓢饮，是特稿经典的角度和写作手法。

再如，荣获2004年普利策特稿奖的朱丽亚·凯勒《倒数10秒：龙卷风实录》（《芝加哥论坛报》2004年12月5日）。2004年4月20日下午6点09分，龙卷风肆虐美国伊利诺伊州中北部的小镇尤蒂卡，镇上的酒吧“杜菲”逃过一劫，而另一家酒吧“里程碑”却被连根拔起，废墟困住了灾难发生时在酒吧中避难的十七人，其中八人不幸遇难，而幸存者们的生活则为这毫无征兆的灾难所完全改变。朱丽亚·凯勒抓取了飓风中的十个瞬间，以长篇幅报道了龙卷风袭击下人们的故事。

三、话题类

话题类特稿关注一些可能影响读者或者读者感兴趣的话题、现象。这些现象或者话题并不是一夜之间发生的，它们可能就发生在读者的身边。它们虽然为人所注意，但没有被很好地挖掘，或者没有人把它们写出来。

例如，柴会群的《鬼妻》（《南方周末》2007年6月14日）以河北邯郸警方破获的一起杀人案为切入点。一个农民杀了六个女人，为的是卖给一些想帮逝去的亲人娶鬼妻的人。鬼妻是中国民间的丧葬陋习，邯郸是一个古代文明灿烂的地方，在市场经济的冲击下，这种陋习以地下隐秘的方式流行起来。冷漠、贫穷、残忍等聚焦于鬼妻这一丧葬陋习而成的荒诞，诠释出正在进步的中国农村的另一面。

四、解释类

解释类特稿是指对复杂的新闻、新奇的事物、专业领域的成果进行深入细致的解释的报道。记者因为职业的特殊性而能接触读者接触不到的领域，知道读者不知道的事情。然而，有一些领域已经发生和即将发生的事，读者了解起来有比较大的障碍。或者换一个说法，这种复杂的、新奇的新闻不用特稿的方式，读者很难提起兴趣或者很难读懂，而特稿细致入微的讲述，为读者架起一座通往专业领域的桥梁。

例如，南香红的《罗布泊，小河墓地惊世再现》（《南方周末》2004年9月9日），介绍了罗布泊的一次重大考古发现。4000年前的文明，白种人，小河公主，集中埋葬，死亡殿堂……专业考古和普通读者的距离因为这篇特稿而缩短。久远、神秘但难以让普通读者理解的考古大发现，通过特稿的故事化叙事方式变得既神奇又引人入胜。

再如，荣获2016年普利策特稿奖的《纽约客》作者凯思琳·舒尔茨（Kathryn Schulz）《那场即将摧毁美国西北部的超级大地震》。

自日本2011年“3·11”大地震以来围绕在美国西北海岸人们心头的“大噩梦”：位于美国近海50英里（约80.47千米）处的卡斯卡迪亚断层（Cascadia Fault）有一天可能会裂开，引发地震和海啸。这个断层发生里氏8级以上的大规模地震的平均时间间隔是240年，300多年前该地发生最后一次“超级地震”。灾难似乎迫在眉睫，却又具体时间不明，人类显得无助又脆弱。

这个涉及了地质、科学、环境、历史等多个领域的问题，凯思琳·舒尔茨用她令人印象深刻的时空视野交织成篇，展现了对文字非凡的驾驭能力。普利策奖评委会认为，文章是对卡斯卡迪亚断层既雅致又科学的叙述，是环境报道与写作的杰作。

要 领

特稿的选题来源

- 报纸、杂志、网络（如微信、微博），一切可以得到信息的渠道。
- 身边的发现、偶然听到的一场谈话、身边朋友的故事。
- 科学会议、学术研讨会、专业人士的文章。
- 从新闻中发现第二、第三落点。这些新闻常常以消息的方式报道，实际上大有可挖掘的空间。

第四节 特稿的采访

一、特稿是采出来的还是写出来的

人们在夸赞一篇特稿的时候，总是说“这个文章写得太好了”，很少会听到“这个文章采访得太扎实了”。

新闻的老问题是，新闻是采出来的还是写出来的？采和写各占什么样的比例？

特稿是一种不容编造夸张的新闻文体，所以无论你讲怎么惊心动魄的故事，讲如何隐秘的私人生活，或者写什么特立独行的人物，都不可以编造，不可以随意改造事实性的信息，讲故事的所有材料都要来自采访和调研，采访无疑是最基础的、最重要的工作。新闻首先是采出来的，而不是写出来的。

就重要性、必要性而言，特稿的采访和其他所有的新闻采访是一样的，但特稿的采访又有自身的特点。

一般的新闻要求记者拿到最核心的信息，解决 5 个 W 的问题，就可以撤离现场，发出报道。时效性的要求让记者不能多有逗留，他需要在第一时间拿到信息，第一时间把信息发出去。

调查性报道的记者和有截稿时间的新闻记者不同。调查记者需要花更长的时间，更进一步地深入新闻的内核。但调查记者关注的是怎样一步步逼近真相，拿到更多的支持和印证核心事实的证据，以便揭开被掩盖的黑幕，而特稿记者关注的就远非如此。

特稿记者的采访是全息式的。“变成墙上的那只苍蝇。”西方成功的特稿写作者这样谈他们的经验。的确，读盖伊·塔利斯的作品，你会感觉是在看纪录片，有一台小型摄像机在你的头顶嗡嗡转动。

二、特稿采访的特殊性

特稿的采访不仅限于现场，记者必须在一个广泛的区域里进行搜集。这个范围可能纵向深入到历史深处，横向旁及一切与之相关的信息，并且在时间的纵轴上，它可能还是一种长久的、持续的关注、观察和思考。

举例来说，一般的限时新闻可能是现实层面的，随新闻变动而动，特稿就需要升上去俯瞰，沉下去打捞。特稿和一般新闻的区别不在于篇幅的长短，而在于关注方式或者观察方式、表述方式的差异。

作为记者，总是需要面对社会变动中诸多复杂而敏感的事实，这些事实通常是被故意掩盖、修饰和剪裁的。记者的困难在于，要在很短的时间内，拨开缠绕在事实表面的芜杂枝节，一步步逼近事件的核心，寻找孤立事实背后的深层关联。

日常报道的记者像是扑向新闻的一团火，特稿记者就像是在穿越一条通道，前方只有很微弱的亮光，特稿记者心里明白只有耐住性子，不断开掘，才能找到光明。

三、特稿采访需要事先谋划什么

（一）对于记者来说，首先要判断的是这个新闻是不是值得写

比如，新疆的普氏野马、北京的大堵车、白银的杀人案、资本的狂欢与寒冬……这些题材似乎都值得写。而一些看似不起眼的个案题材呢？一个姑娘因为整容而毁容，一个非常偏远的小城里的男人走在路上倒地因为没有人上前施救而死亡，一条狗掉在了井里上不来下不去而生死未卜。事实上，生活中的故事不是少而是太多以至于不好选择。

这个新闻值不值得写是一个需要思量的事，特稿的写作者通常采用个人化的工作方式，这就需要对此做一个掂量。当然如果有编辑团队则可以展开充分的讨论。

故事无论多小、多不起眼、多个体化，都需要把它放到一个框架中去，这个框架就是一个给故事找意义的框架，用它来量一量，这个故事仅仅是个人的体验还是能够在更广泛的人群里产生共鸣？只是对个人有意义还是对公众也有意义？世界上还有人过着同样的生活，有着共同的体验吗？或者反之，大多数人不能真正体验，或者不能身临其境，但人们却对之充满好奇和向往吗？比如，第一个登上月球的人的体验、杨利伟的太空飞行、美国白宫实习生莫妮卡·莱温斯基的私生活等。

给自己和读者一个充分的理由，这个故事值得写也值得读。

（二）在一个大事件里，有哪些细节没有被讲出来？

一个大新闻发生总是有无限的切入的可能性，有无数的可报道的角度。如果你要进入汶川地震的现场，或者已经在震后的废墟上，那么对于一个特稿记者来说，最好要想清楚，自己要找什么样的故事。汶川地震发生时太多的记者在匆忙转场，他们认为更大的新闻在“别处”，而不是就在“这里”。有记者本来已经处于后来在北京残奥会上跳舞的小姑娘截肢救援的现场，但因为要追更大的新闻而跑开。《中国青年报·冰点周刊》和《南方周末》的记者则被要求盯住重点的现场和个体的故事，于是有了《震后北川残酷一面》和《回家》。

实际上类似新疆的普氏野马、北京大堵车、北京旧城改造、艾滋病问题、养老医疗问题等等题材所包含的内容都太大太复杂了，这就需要找一个切入这些题材的角度。

有些新闻需要等待一个时机——一匹普氏野马因为难产而死亡了；北京因为一次秋雨而整个城市陷入瘫痪；一个家庭因为照料一个老人而陷入绝境。这时候写一篇特稿的机会才会到来。沉默的故事在一个点上爆发，静态样貌变成动态的了，变成一个大众关心的热点新闻了，这就有了传播的由头。

（三）在选好了一个故事后，要预想故事的关键点所在，并把它们排列出来

是这个故事，就是它。当这个选择做出之后，要做的工作是阅读相关的材料，预想故事的关键点：什么人是关键人物？什么场景是关键场景？故事的情节和走向是什么样的？这就是要获得进入故事的路径。

对于将要采访的故事人物来说，记者也是陌生人。很多东西难以确定，很多意外和偶然在等待着。如果没有路子进入人们的生活、进入故事，那么就算有最好的点子，写出来也会是糟糕的故事。

关键的人是谁？有几个？如何能够接近他们？故事有几个关键的场景？通过什么途径能够再现和还原这些场景？这些都需要有一个甚至几个预案。比如，你需要做一个整容的报道，整容是一种时下的潮流，但也充满风险，你想写成功和失败的故事。你计划好了要写的故事的人物、场景，打电话给最知名的整容外科医生，你向他解释了一番做这个题目的意义，他理解并认同了你（这是一个非常难的过程，恭喜你做到了），外科医生说，哪天到我办公室我们来聊一聊。你就需要赶紧说，不，我想要的不是坐下来采访，而是要看一看一场手术是怎样进行的。外科医生会说，那有什么好看的，不就是一场手术嘛！我们天天做。你要怎么向外科医生解释？你被卡住了吗？

如果你是事先计划了的，预想了采访的故事的场景、人物和关键点所在，你就会不惜力气再来解释。进入手术室，看一场手术，当《南方周末》做这个采访的时候，记者进一步想到了一场若干年前失败的手术如何再进行手术修复。《脸上的战争》便聚焦于这样一个典型的场景展开故事，宏观的材料和微观的细节编织在一场紧张的手术中。故事的冲突感、紧张感抓住了读者，很多难懂的数据和材料都随之变得灵活起来。

【案例】

脸上的战争

南香红

一个裁缝的经验是：衣服做大了可以改小，但如果做小了，就再也没有办法修改了。

一个美容整形外科医生的经验与此类似。他们也把用于整容修补的材料叫做“布料”，只不过这种“布料”是人的皮肉。

2006 年 4 月 20 日下午 4 点 30 分，肖红躺在中国医学科学院整形外科医院门诊手术室里。她将靠手术刀的切割弥补 8 年前的另一次手术。

…………

无影灯“啪”的一下打开，肖红条件反射地一下闭上了眼。

全部的灯光都集中在她的脸上。她的头发、脖子、胸部全部被白色的手术单包裹起来，只剩下一双眼睛。

陈焕然俯身向那张经过消毒液严格清洗的脸。

“别紧张啊。我们可能要几个小时呢。嗯，你的眉毛很漂亮，眉毛长成这样最有福气了。”陈焕然用夸奖的话调节气氛。

陈焕然是目前中国最知名的整形外科医生之一，十几年前以中国首例变性手术而闻名，其后国内 80%的变性手术出自他手。

“看到这只眼睛了吗?”陈转向在一旁的记者，“她这个双眼皮做得宽、愣、假，还有难看的疤痕。我们要把……”

“把饺子皮擀成馄饨皮。”手术台上只露出眼睛的肖红突然说。

大家都“扑哧”乐了。“功课做得好。是个好学生。”陈焕然夸奖道。

（《南方周末》，2006－07－14）

（四）检查你处于“故事信息流”的哪一个位置，什么是已经释放出来的，什么是未知的，你的目标是什么，要主攻哪一座山头

互联网时代最难的一件事是找到独家新闻，很多记者面临的状况是很多事和人已经被媒体报道过了。互联网时代的信息是随时随地释放的，几乎不存在尚未被开掘过的新闻矿山。故事发生后，信息在不断地释放，犹如一条信息的河，判断位于信息流的什么位置，知道自己的目标是什么，显然十分重要。同题竞争下最需要的是清醒的头脑和事先策划的细致的行动方案。

【经验谈】

就我关注过或者仔细读过的本报报道，很多都是同题的竞争，比如青藏铁路、唐山地震、彭加木、庞加莱猜想、陕西杀十人事件、孟母堂等等。我没有对本报的题目哪些是独家，哪些是同题做精确的统计，但估计同题的一定多于独家的，说不定同题竞争会在百分之七八十。如此看来，如何在同题竞争下显示出《南方周末》的水平，使我们的报道能够脱颖而出，的确是一个问题。

前一段时间我做了两次报道，都算是同题竞争的，一次是彭加木干尸事件，第二次是唐山地震。

彭加木是因为我对新疆的熟悉，我在新疆的媒体从业近二十年，也就是说对凡是和新疆有关的题目，都会有一个判断。彭加木失踪是我久已有的疑问，只不过多年没有机会去搞清楚。从疑问出发，就有了那一篇报道。

这个题目客观上来讲我们动手慢了，当我向编辑部报题的时候，三联的报道已经出来，那篇报道将围绕着干尸出现的科学界、新闻界的浮躁都写尽了，这本来是我要采访的一个方向，这让我感到绝望和压力。但有幸的是，我事先想做的当年考察队队员的报道有了非常好的收获，这一点是任何媒体都没有想到和采访到的，这使我们的那篇报道虽然发得晚，但有了独一性，这一次同题竞争，我们的表现还不错。

另一次是唐山地震，当时编辑部因为种种原因只能做两个版。可以想见，到了纪念日的时候，肯定是铺天盖地的报道，我当时就向编辑部建议，放弃这个题目。淹没，你花大力气，但还是会被淹没得无声无息，这想想都让人郁闷，没干活的激情。

但编辑部决定还是做。孤儿？不行，这个题目太显眼，别人肯定会抢；新唐山？不光做的人多，还没意思；地震时出生的人？他们对地震不会有什么印象，可以说地震基本上和他们无关；钱钢老师？我们曾想到一个城市和一个人，但立即被否了……在这种情况下，和编辑反复商量，决定做唐山人心灵的复苏，通过特稿的故事达到目的。但是这种题目，肯定需要篇幅来展开，两个版一万字怎么可能？

从没去唐山采访到回家写稿，我一直都在争取增加版面。后来各家的报道出来后，证明我们所选择的角度是独一的。这一点很让人欣慰。不爽的是，我们事先定的主稿采访对象张氏五孤儿的震后生活被《南方人物周刊》捷足先采了。他们的大记者在张家采了一个星期，我一听就蒙了，编辑的意思是，我们不愿意吃别人嚼过的馒头。

我心里也没底，做好了另选其他故事的准备，但我建议还是去张家看一下，心里还是舍不得，没有彻底放弃。我和张家的二姐、大姐谈了一个上午，被她们的故事打动得几次掉泪，但心里还是七上八下的，不知道这些东西是不是《南方人物周刊》的记者也准备用的。中午的时候，《南方人物周刊》的稿子传了过来，看过之后，我一下就释然了。我向编辑强烈建议，我们就做张家，我相信完全可以写出不同的故事，张家太符合我们的主题了。

同一个故事，我们出得比别人晚，不敢说我们做得比他们好，但可以说我们做的是独特的，我们传达的东西是不一样的。读者看同一个故事，会有不同的收获。

有时候，一个事件发生了，并不是我跑得快先到就能吃到最好的“那一口”。这时候考验的是一个记者的能力。记者对一个报道所呈现的样子，有着不可替代的决定权。记者在一线，编辑有时候也够不着，记者的主动判断是和记者的能力经验成正比的。

——南香红

（五）采访前需要做的功课

1. 调研故事的背景

你的故事是坚果的核，被厚厚的果壳包围，你看不到它的形状也尝不到它的味道。你需要通过研究果壳的材料和样子，大致掌握里面将是一个什么样的核。这些壳就是社会、经济、政治、历史、人情、世俗等等，它们决定着你的坚果核的样子。调研会为故事设立一个背景框架，提供故事的语境，相同的故事在不同的语境下会是截然不同的。如果不研究这些就直接去采访，到现场就会不知道什么是重要的，什么是不重要的，会进行无效的劳动，或者被假象蒙蔽。没有调研做背景的采访，记者会表现得没有定见，处于被支配的地位，让采访对象按照自己的思路叙述和渲染事件，记者会被牵着鼻子走。

2. 收集所有能收集到的资料、档案

这个工作在采访当中和采访后都可以做，但在采访前做更为重要。这会使你在短时间内掌握你平时没有掌握的专业领域的知识。记者的职业促使记者不断地从一个领域转向另一个领域，要求记者在短时间内学习并熟知相关领域的知识。

3. 制订采访计划

有的采访对象可能要求你提供采访提纲，有的则不需要，但你自己得有一个大致的采访计划。这个采访计划大致包括主要目标是什么、怎么找到使目标达成的联系人等等。

4. 检查一些小细节

例如，采访的时间、工具、衣着、交通工具等等，尽量想周全一些，避免出现对采访工作不利的意外。

四、特稿采访要多维度、穷尽式

特稿记者也有发稿的压力，但相对来说有更多的时间使采访更加全面和深入。因此特稿的采访是一种非常仔细小心的采访。

特稿的采访不仅仅是在现场的，记者还必须在一个广泛的区域里搜集资料。如前所述，这个范围可能纵向深入历史深处，横向旁及一切与之相关的信息，并且在时间的纵轴上，它可能还是一种长久的、持续的关注、观察和思考。这就是长时间、大背景、大区域的关注。

一个记者不可能在短时间里洞悉所有要义。比如，做北京旧城保护这样一个选题，一次拆迁事件——南池子的拆迁——就北京城来讲意味着什么？如果只看南池子，可能不会写得更深，只有知道了北京城自新中国成立以来拆与保的公案，继而把眼光放得更远，了解了北京城800年历史后，看现实的眼光才能一下子变得清晰。然后再将眼光放在世界都城的维度观照北京，又是一番豁然开朗，再进一步探索北京的未来，得出的结论就更加准确。

新华社记者王军刚开始只是一个驻北京站的记者，分在城建口，但因为时间和空间维度的知识积累，让他对北京旧城改造的题常做常新，持续关注多年并写出几十万字。他本人也成为城市规划和保护方面的专家型记者，其非虚构长篇作品《城记》《笔记本上的城市》等代表了他对这一问题研究的高度和厚度。

特稿记者可能都会有这样一种体会，就是每当做完一篇特稿就可以成为这个领域的准专家。而一个优秀的专家型记者，一生通常只能通达一两个领域，对某个领域开掘的宽度和广度，意味着这个记者学习和钻研能力的水平，也意味着这个记者在这个领域的地位和话语权，这就是所谓的“大记者”“隐藏在记者中的专家”。

一般的新闻可能是从事件发现出发，向现实的维度里寻找，而特稿就必须向历史、向未来两个方向寻找；一般的新闻可能更多地把眼光集中在事件本身，而特稿就要兼顾左右，在看起来没有多大关系甚至不着边际的事件之间发现线索。所以特稿的采访必须是多维度的，特稿需要再现一个完整的世界。这是特稿应该做到的，而且必须做到的。一般的新闻却不容易做到，因为它短，它需要抢时效。

我们的生活是复杂的，我们面对的新闻也是芜杂的，但它们背后的相关文化、人性与变革的东西是清晰的。而这正是我们这个社会需要了解和关注的，也是特稿记者所要守望的。

例如，李海鹏的《车陷紫禁城 一场秋雨导致的交通瘫痪》(《南方周末》2003 年 10 月 16 日）有多条叙事线索。

第一，现实维度：京 B-85007 的出租车司机崔钢林在一个秋雨连绵的下午驾驶着出租车在北京艰难地行进。

> 京 B-85007 在 10 月 9 日下午 5 点 20 分停在北京市朝阳区和平西桥北侧 50 米处，在它的前后是看不到尽头的阻塞车龙和连绵不断的秋雨。在庆祝建城 850 周年这一天，北京堵塞了，一条条通衢大道上竟然寸步难行。在前方 15 米处有个快慢车道的连通口，从自行车道上挤过来的一辆丰田汽车把车头摆进来一点点，准备插进车龙。在它后面，想加塞儿的汽车排成一列。5 分钟后，京 B-85007 仍在原点。“车太多了。”司机崔钢林说。

第二，历史维度：北京不堪重负的交通体系的形成，有其历史和现实的原因。

> 宽阔的交通干线曾是北京的特征，马可・波罗在其《游记》中赞美道，元大都的一些街道“其宽广的程度，前所未闻”。但是今天的汽车文化之下，那些原本为马车和骆驼准备的宽阔街道已经显得太过狭窄。为了拓宽街道，北京已经在建筑和文化上付出了巨大的代价，交通部门已多次表示，路已几无可拓之处。

接着是历史与现实的对接。

> 北京市区内的道路面积率为 11.4%，远小于伦敦的 25%，美国大中城市的 45%。

第三，空间维度：中外城市发展比较。

> 建筑学家库哈斯在其著作《S，M，L，XL》中认为，在人类城市文明史上，XL 型号的城市即超级城市，很难被定义为胜者还是败者，但毫无疑问的是市民的主人地位被大大降低，甚至沦为城市本身的附属品。在曾以悠闲生活为特征的北京终于达到 XXXL 号的时候，这个悖论已经成为现实，它发展了一种异化的繁华，而“堵车是繁荣的标志”，只是这异化繁华的一个表征。

五、采访到什么程度才算是完成

多维度、穷尽式是特稿采访的要求，但做到什么程度才能算完结？这实在是不好回答的问题。从某种意义上说，采访永远没有结束，很多记者终其一生研究一两个问题，他们用一生伴随着新闻的发生和发展。比如写下北京城改造历史的王军，他的研究目前的重点放在写作《梁思成传》上。比如记者南香红对细菌战的研究，也以 20 多年为时间长度。

特稿采访就是这样一种似乎没有完结时间的采访，这是由特稿故事本身的复杂性和延展性决定的。

【经验谈】

我们评价一篇非虚构报道好不好，我们说它优秀、有锐度、漂亮，这是一回事。如果这篇报道真好，我们认为它是顶级的，在我们内部通常会说："它给人一种大型的感觉。"

这个报道是大型的，它不是一个小型的。有很多小稿很漂亮，但是它们不具备这样的一个水准。大型来自哪儿？我们都知道一个作品，一个文本，不管它是非虚构报道、小说、散文，还是舞台剧，任何我们泛指的文本，它的大型都来自它的完整度和它的多义性，这非常重要。

大型一定是多义的，多义是由故事来完成的。我们的评价标准大概是三个层次，简单说：第一，是不是故事；第二，它的故事线怎么样；第三，它的实验性怎么样。这是一个递进的关系。

你这篇报道越好，后面的要素就越重要。但是第一步，它是不是故事，这个决定了它的基本的成败。

——李海鹏

是否大型、复杂、多义等等决定了特稿材料的好坏，这也决定了特稿采访必定不是短时间的、简单的。

媒体需要记者在一定时间段内完成采写任务，这是出版时间和成本控制的要求，这一定的时间段就可以理解成用来采访和写作的时间。

采访结束并不意味着一个故事的采访任务完成了 100%，有的记者往往花了很长时间而没有得到精彩的材料。

如何判断一个采访完成得比较好，或者是完整的呢？

第一，要做到的是基本拎清故事的来龙去脉，这个故事就可以讲出来了。这里面包括故事的主题、叙事线、情节等要素。

第二，你拿到的材料里有足够支撑故事的细节。如果故事是以人物为主，那么这个人物性格的细节都要做到活灵活现；如果故事展开是以场景为主，那么这些场景要做到可以看到、听到、闻到、碰触到，能够历历在目。

第三，理解这个故事的所有宏观背景材料、数据都已经采访收集到手，能够把故事放入相应的背景环境中去，使个体获得共性意义。

你可以根据笔记和录音对故事进行复盘，检查是否有不到位的地方，再进行相关的补充采访；也可以和编辑讨论，以确定采访是否到位。特别是那种在现场的采访，如果回到书桌前开始写作时发现有采访遗漏，补充起来就不那么容易了。

建议多想一些办法，比如：多拍照片、记录环境以便仔细复盘；重视笔记，笔记中除了记下事实之外，也可记下自己在现场的感觉、感受等主观的东西，也可以记下疑问以便再回头展开相关的采访；留下补充采访的空间和时间。办法因人而异，经验可向成熟的记者学习。一些小窍门可以有很大的帮助。

第四，拿捏宏观与微观的尺度。一些不成功的采访案例出现微观的采访不够细致、宏观的材料不够充分的情况，稿件呈现出来的是一种平庸、混沌的状态。这就是没有实现“升上去俯瞰，沉下去打捞”的理想状态：沉下去，没有沉到深处；升上去，没有升到最高。实际上两种状态互相影响，不能升到高处俯瞰，就不能完全做到理解故事的主题和意义，因为对意义理解混沌而无法去寻找相应的场景和细节，而细节和场景的不到位，又影响到主题表达的准确性。

特稿被称为新闻写作中的“手艺活”，就算进入人工智能可以写新闻的时代，特稿写作依然是人所专有的领域，而不可能被机器替代。手艺要做到什么程度才算到位？《华盛顿邮报杂志》专栏作家，现为伊利诺伊大学新闻学系主任的沃尔特·哈林顿讲过这样一段故事。

新闻背后

在叙事性写作中，手艺活扮演着非常重要的角色。保罗·亨德里克森（Paul Hendrickson）有一本书叫《寻找光》（*Looking for Light*），讲的是大萧条时期的摄影师玛丽昂·波斯特·沃尔科特（Marion Post Wolcott）的故事。这本书里面有一章叫作“一件工具的颂歌”（Ode to an Instrument），只有两页，其中描述了一种“格拉菲”（Speedgraphic）牌子的老相机。

大概有50年的时间，美国摄影师基本人手一台这个牌子的相机。保罗那两页说出了它那种令人惊叹的美丽。而我读了那两页之后只有一个感想，“我永远也写不出这样的东西”。

我问过保罗，问他是怎么把这两页写出来的。他其实是去了史密森尼博物馆（The Smithsonian Museum），找到了50年前这个品牌的原始产品目录的拷贝，还有关于这个品牌的相机的宣传文献。他又在一家古董相机店买了一台旧的格拉菲相机，这样他就能拿着它、感受它、抚摸到它的皮革，走上一遍它所有的复杂机械流程，听到它发出的快门开合和胶卷转动的声音，然后把这所有的细节都记录下来。

保罗还找到一位老摄影师，《华盛顿邮报》的比尔·斯尼德——他用“格拉菲”拍过。保罗问他：“比尔，这相机是怎么用的？”

然后比尔就沉浸到遐想里了，“啊，老款的格拉菲”。保罗说看斯尼德用这相机拍东西，就好像读一首诗。

这就是保罗如何写出那两页纸的过程。这就是叙事性新闻的手艺。它无边无涯。[①]

宏观和微观的掌握到什么程度才算到位？《圣彼得堡时报》的前写作教师罗伊·彼得·克拉克（Roy Peter Clark）讲到的“抽象阶梯”形象而生动地给予了我们答案。他认为，采访拿到的故事，就像一架梯子。梯子的顶端是宏观意义，是普适意义的框架，它给出写作者和读者理解故事的定位和意义；梯子的末端是场景细节。有了好的场景细节，你不用过多地向读者阐述或灌输意义，他们自然会心领神会。最可怕的状态，是在梯子的中间，不上不下。优秀的特

① 克雷默，考尔．哈佛非虚构写作课：怎样讲好一个故事．北京：中国文史出版社，2015：82.

稿，都是作者将宏观和微观协调到适当位置，让读者在读故事时就对意义有了深刻的理解。

新闻背后

对讲故事的记者来说，抽象阶梯是最好用的工具之一，尽管它并不是最容易理解的。我花了大概 15 年才弄明白如何得心应手地运用它。

S. I. 早川（S. I. Hayakawa）在成为美国参议员之前曾经是一名语言学家，他在出版于 1939 年的《行动的语言》（*Language in Action*）一书中首次提出了这个概念。早川写到，所有的语言都存在于阶梯上。最概括或抽象的语言和概念在阶梯的顶端，而最具体、最明确的话语则在阶梯的底部。

讲故事时，我们在阶梯顶端创造意义，而在底部去做例证。记者更乐于沿着阶梯向下，然而，问题在于我们既不能到达高处也不能恰到好处地抵达底部——用一句亚拉巴马州的老话说，山羊吃矮草。新闻倾向于停留在阶梯的中部，而我从写作教师卡罗琳·马塔莱纳（Carolyn Matalene）那里学来的教训却是，这是最危险的区域。

我们的教育体系就是抽象阶梯中部的极好案例。学校董事会从不谈论诸如文字素养或鼓励年轻的公民参加民主生活等关键问题——这是阶梯顶端的概念；也不会讨论加拉格尔小姐一年级的课堂上孩子们如何吃力地做阅读理解题——它属于阶梯底部。相反在教育体系中，老师被当作“教学部件”，而讨论的却是关于“语言艺术课程的范围和顺序问题”——这正是阶梯的中部。

阶梯顶端的写作是言说，它呈现概况；阶梯底部的写作是展示，它呈现细节；而抽象阶梯却可以帮助写作者弄明白如何在顶端表达意义，又如何在底部举出具体例子，并且避免中部的混浊状态。当你在精心布局的叙事中展现细节时，它会带领读者向阶梯上方走去，在他或她的脑海中，意义自然就从故事中获得了。如果你给我展现一个 14 岁的小女孩在一个大冷天把自己的上衣给了一个流浪者，你无须告诉我她多么富有同情心，她的行动说明了一切。①

六、现场观察与还原

一个卓越的记者首先是他具有卓越的观察能力和扎实的采访能力。有个说法是，好记者必须像台相机，能够让读者身临其境，但即使是一台相机，也要懂得在关键的时候对准关键的场景按下快门。

我们在现场采访的时候，应该有一个意识，就是向摄影记者和纪录片记者学习画面感和镜头的语言。看一篇文章，如果能够让读者感觉到现场如电影般一幅一幅画面自然展开在眼前的话，那就对抓住读者很有帮助。

其他新闻的种类，比如特写、调查性报道等都需要展现现场场景，特稿应该加上一个“更”字。场景对特稿来说意味着讲故事的基本元素，像修一座长城需要一块块砖一样，场景

① 克雷默，考尔．哈佛非虚构写作课：怎样讲好一个故事．北京：中国文史出版社，2015：103.

会把读者带入新闻现场，使他们能“看”到现场。读者除了获悉现场发生了什么事之外，还能感受到包括现场的空气怎样，阳光如何，人物的动作、表情、情绪，等等。场景可以起到将读者带入故事的作用。

特稿的故事除了正在发生的、记者正好到达现场的新闻外，大多数是已经发生过的新闻。也就是说，记者往往不在现场，现场情况究竟怎样，记者需要通过采访来了解，重建当时的新闻场景。重建现场就算不能做到100%，也要向那个方向努力。

不在现场的记者要做到重回现场，重建现场，除了需要不停地问问题之外，不要忘记用眼睛去观察。保持安静，不停地变换视角，从各个角度去观察。观察得到的东西有时候比问到的更多、更真实。现场的场面、人物、声音、气氛、味道、温度、质地等都是需要收集的材料。

最好的采访，是能够感受到新闻当事人的感受，所以很多特稿记者采取伴随和融入式采访。

就算是提问题也往往需要问一些小问题、闭合式的问题，而不是大的开放性的问题。比如现场在下雨，那就要问：“那天的雨下得急不急？雨水到脚面了吗？”

有时候一些小问题常常让采访对象觉得不可思议，他会认为，就是那样，有什么可问的。

特稿《太平洋大逃杀亲历者自述》的作者杜强对赵木成的采访持续了十天，他在地平线组织的作品讨论会上讲了当时的采访情景。

【经验谈】

但是赵木成呢，他表达的时候，总是用“啊”“对”“嗯”“不知道”“我忘记了”，所以我必须问很多闭合式的问题，让他来回答“是”或者“不是”。往往是我讲了很多很多的话，然后他就说“啊”，然后我又得问下一个问题，就是没有反应。

我在采访赵木成的时候，因为考虑到特稿写作需要非常多的细节，我问的时候会非常非常细致，比如说谈到刘贵夺向他借鱼刀的情节，我会问他说，你当时在做什么？你看到刘贵夺的时候他在做什么？他是蹲着还是站着？他问你要鱼刀的时候，你是怎么给的，左手给的右手给的？他左手接的右手接的？接了之后他说什么话？就是非常细致。

赵木成可能不理解，就会非常烦躁，到最后的时候总会打断我说，这个我不是都跟你说了吗？

——杜强

记者需要打开自己的所有感官，问、听、看、感受、触摸，甚至亲自去参与体验一把。

（一）特稿采访方式

1. 跟随式采访

记者跟随采访主人公几个月甚至一年、数年，以获得最详细的情况，采访到最细微的东西。

2. 伴随式采访

伴随着一个新闻的发生、发展和结果，随时记录。

3. 浸入式采访

参与某一群体中，跟他们一起生活，吃他们吃的东西，住他们住的地方，经历他们所经历的事情。有西方记者为了写监狱情况，就想办法把自己投入监狱，写流浪者就也去流浪，这多见于第一人称的写作，如皮特·海斯勒的作品。

4. 档案挖掘＋现场采访

以历史档案文献检索、收集、整理为主，有时加入一些现场采访。

（二）场景重建三原则

好的场景，无论是记者自己在现场还是经过重建还原，都必须体现三个原则：真实性、生动性、现场性。

- 真实性：精准，所有细节都必须百分之百精确。
- 生动性：鲜活，现场的样貌、气氛、情绪等要让读者能够感受到。
- 现场性：即时，场景有当下性和运动感，人物对话和互动可增加现场性。

（三）应该避免的问题

如今许多写特稿的记者，差不多都知道用描写一个场景的办法来开始他们的故事。但是，场景运用不当，往往会成为阅读的阻碍。我们将结合特稿佳作，介绍选择场景要做到的几点注意事项。

1. 场景通常是用来说明主题的，场景处在相应的语境中，才是有用有效的

只写场景而不注意将场景放入特殊的语境，会使场景要表现的意义模糊，只见一堆华丽的描写而不见意义。

【案例】

追踪万里采棉人

每次拾花工小心翼翼地完成一个拾花动作，收进身前白布大口袋里的人民币大约0.002 4元；如果一个拾花工要达到日拾花100公斤的较理想标准，就要在棉田里重复一个动作至少25 000次。

站在田间，俯身摘下一朵棉絮，它柔软而轻飘，这是农一师的产品，世界最优质的棉花，它怒放得如同一只小白鸽，而重量不过4克左右，掂在手心，几乎感觉不到它的存在，微微吹一口气，便悠悠地飘出好远。

或许它是这世间最轻的农作物之一，在这个季节，却要承载一种最沉重的劳作，最沉重的生活。

（《南方周末》，2005-09-22）

2. 场景是要经过精选的，而不是随意的，要选择典型、精准、生动的场景

刚开始写特稿的记者，容易在场景上花费太多的文字，堆砌太多的细节。这样容易使文章拖沓、节奏变慢。

【案例】

灾后北川残酷一面

队员们不停地挖出小花被、小花枕头，然后一个队员伸手下去，拎出了第一个孩子，紧接着是第二个。地震发生时孩子们正在午睡，死去后也保持着睡觉的姿势，小小的拳头握在胸前。

他们的身体是青色的和白色的，散发出呛人的气味，只有漂亮的头颅和柔软的身体仍旧是优雅的。

半小时后，3具尸体被拉了上来，两个女孩和一个男孩，两个女孩都编着小辫，每个辫子上都扎着五颜六色的彩带。救援人员把他们放到下面的草地上。围在废墟边上的两个男人突然张开嘴巴，随后跑下了废墟。他们就是两个女孩的父亲。

（《南方周末》，2008-05-22）

3. 场景和概述相结合，以避免各自的局限

一般来讲场景因为大量的描写而生动可视，但也因为描写而使信息量减小；概述一般来讲不生动但信息密集。场景和概述互相配合使用可使文章承载更大的信息量，节奏加快并且使意义彰显。

【案例】

经租房，半个世纪的纠葛

93岁的邵新和一生疯了三次，其中有两次是为了他的房子。（概述）

1994年是他最疯狂的一次，每天天一亮，这个已经83岁的干瘦老人手里拿一把刀，到处拍得“啪啪”响，蓬着发围着房子转，像一名战士护卫阵地一样巡视着“他的”房子。（场景）

“连走带跑的，脸都变色了，儿女拉不住，警察也没办法，可怜，不都是为了那房子。”老邻居王桂珠说。（概述）

（《南方周末》，2004-06-17）

4. 引语使用能够再现场景的画面感觉，但需要挑选具有戏剧化的对话

引语是新闻“要展示，不要讲述”的最直接的手法，引号之内是人物直接讲出来的话，代表着人物的身份、性格，说话的场景等。引语比描写等手法还原场景更为直接，但引语要精准，故而应进行慎之又慎的选择。

《农民工第二代》是写生活在城市中的农民工子女的尴尬，他们出生在城市，或者从小在城中长大，已经是城里人，但其未来却不可能待在城市里。文章的主角是一个12岁的小女孩，她在北京出生，却是农民身份。文章结尾用了直接引语。

【案例】

农民工第二代

在秋千架上，几个小女孩边荡边玩笑。

“我想考北大，读硕士。”一个小女孩说。

“我想当会计，开银行。”另一个小女孩说。

“我靠，你们这叫痴心妄想。说点实际的。”娇娇冲她们嚷道。

“那你就回家种田去！”其余小朋友大喊道。娇娇急了，追打她们，几个人四散奔开。

（《南方周末》，2004-12-03）

七、事实的查考

特稿的采访不仅仅只在现实中进行，特别是对于一些历史性素材的写作来说，在现实中是找不到采访对象的，能做的只有从历史档案进行开掘。尽管有一些和历史相关的题材，在现实中有亲历者、幸存者可以采访，但要还原大的历史背景，也需要进行大量的材料和档案收集研究工作。也就是说，很多采访是在案头进行的，是行进在历史中的。

阅读美国麻省理工学院历史学教授、美国艺术科学院院士、美国历史学会委员约翰·W. 道尔（John W. Dower）的《拥抱战败》，着实可以感受到档案和资料收集工作的浩大程度。

《拥抱战败》是一本记录战后的日本在原子弹的毁灭里如何重生的书。尽管这样的书多如牛毛，但约翰·W. 道尔的这本书却获得了2000年美国国家图书奖非虚构类图书奖、2000年普利策非虚构作品奖。书中所有的材料均来自采访，采访对象可能是当事人、亲历者、研究者、档案馆的档案、文件、书信、遗嘱、地图、宣传画、标语、资料馆里存的当时的报纸、传单、博物馆里的历史实物……细碎散乱的历史细节被一点点小心地捡拾起来，又按照事情原本的逻辑串联起来。每一个观点后面都有大量的事实作为支撑，每一章单独拆开来读，都是一篇绝佳的特稿。

> 1945年8月15日，正午前的一刻。此后发生的事情将永远不会被遗忘。
>
> 相原悠当时28岁，是静冈县郊区一个农民的妻子。
>
> …………
>
> 她当时正在户外劳作，一个报信的人从村里飞奔而来。他呼喊着天皇将会在正午时进行“玉音放送”，就跑开了。
>
> 与这个消息相比，即使是敌国美利坚大陆沉到海底的新闻，也不会更令人震惊了。天皇要讲话啦！自从继承天皇之位以来的二十年间，裕仁天皇从未直接向他所有的臣民们发过言。
>
> …………
>
> 村民们已经聚拢在地方上唯一的一台收音机前，这台收音机只能收听国家电台那个唯一的频道，接收质量很差。天皇的讲话被噼里啪啦的杂音包围着，讲话的内容也让人难以

理解。天皇的声调很高，口气拘谨而不自然。他没有用日常的口语，而是用一种非常正式的语言，时不时夹杂着典雅的古语。相原正在人群中跟其他人交换困惑的眼神的时候，她听到了一个新近因为东京轰炸才迁来此地的男人的自言自语。“这就是说，”那人喃喃道，“日本战败了。”

相原觉得所有的力气都从她的身体里流失了。当醒过来的时候，她发现自己匍匐在地。

对于这个场景，书中的注释告诉你细节的出处。“自从继承天皇之位以来的二十年间，裕仁天皇从未直接向他所有的臣民们发过言。”作者注释，1928 年一次阅兵式上的事故，曾导致天皇的声音在广播中漏出去，但那不是正式的发言。“一种非常正式的语言，时不时夹杂着典雅的古语”的“玉音”，是日本政界上下包括天皇本人经过反复琢磨和推敲的“政治语言”，其暗示了极复杂的心理和足以造成事后关于日本“战败宣言”的含糊不清；“匍匐在地”听“玉音”，指垮掉了的感觉、昏死过去，这不仅仅只有这个叫相原悠的、农民的妻子，而且是当时日本民众的普遍反应。

每一个细节都不是凭空而来的，都有据可考。查阅、使用档案是特稿采访需要具备的一项技能。

有时，当你合上笔记本结束采访的时候，采访才真正开始。随意的聊天中，突然之间的一次敞开，真正的东西出现了。这时候你所能做的就是静静地听、看、感受，让自己融入这样的氛围里化作无。

第五节　特稿的写作

一、特稿的结构

特稿的采访往往是宏大的、复杂的，采访结束，手里头必然有一大本笔记，翻检这些笔记，需要花费很长的时间。你可能还要到图书馆和档案馆里继续一番工作，然后想办法把那些复杂的场景、事件、人物、细节、档案等材料一一系统地组织起来，然后为你的故事建立一个结构。

叙述故事，结构是关键。你的故事要从哪里开始？怎么开始？故事展开的动力和逻辑是什么？又如何为它安排一个精彩或意味深长的结尾？

特稿故事的结构可以向戏剧学习，戏剧中的三幕、四幕剧就是一个开始、发展、高潮、结局的安排方式。或者京剧的折子戏也非常有借鉴意义，一部剧拆成若干个折子，每个折子是一个独立的小故事，若干个小故事连起来就是一部剧。如果没有时间演完全剧的话，则可以单独演其中一两个，因为它们独立成篇，有自己的开始、发展、高潮和结尾。

每个人如何开始自己的故事，如何安排高潮，如何结尾完全取决于个人的选择，因此一个故事十个人写可能写出来是十种样式，但对于一个吸引人的精彩的特稿故事来讲，一些规律是需要遵循的。

（一）开头

好的开头要在前三段抓住读者。南香红指出：

> 如果前三段还不能将读者抓住的话，那这个文章就死定了。我写稿子的时候总是试图一开头就抓住读者。如果自己感觉没有做到这点，就会重新安排整个结构。

特稿一般来讲是万字长文，这在网络时代对读者是一个非常严峻的阅读考验，如果前三段不吸引人，读者就会放弃。开头的时候，写作者可以做一个预设：一个人坐在你面前，你要给他讲一个故事，你怎么吸引住他？是大叫一声“嘿，坐好，我要给你讲一个故事”，还是用悬念透露出来惊人的事情的一角，在对方没有完全看清时，就快速把它藏起来，勾起他的阅读欲望？

要　领

可参考的几种开头方法

- 设悬念：引而不发。
- 亮结果：制造惊人、预想不到、想了解的效果。
- 设危局：将人物置于冲突和危险之中，如将水置于高处，蓄势而发。
- 阐述意义：恐惧、爱、恨、悲伤等，让人感到这是可以引起共鸣的故事。
- 趣味、幽默：一个轻松的阅读之旅即将开始。

（二）展开

好的展开以情节带动故事发展，充分展现故事的冲突性、戏剧性、复杂性和人物的性格。

情节开始展开并且复杂化，主人公开始面临棘手的问题或者危局。这意味着冲突的到来和戏剧化局面的出现。他们被冲突和不可解决的矛盾逼到了死角，看起来一切都没有办法化解，但又必须找到一条路；他们正在面临严峻的考验，或者就是悲剧性的命运正在徐徐展开，但他们得找到一种保持尊严的办法，就算面临死亡，也需要一条救赎之路。

许多好特稿都有一个潜在的结构：一个值得关注的人遇到一个难题，这个难题可能世界上每一个人都能遇到，即使遇不到也可能会感同身受。在激烈的挣扎与斗争中，主人公克服了难题，或者被难题击败，或者在某些方面被难题改变或者改变了难题。故事的中间部分，就是要着力展现和搭建这一潜在的结构。

在故事展开之时，大量的场景和细节是展现故事情节与冲突的要素，对这些场景和细节的描述至关重要。

要　领

讲好故事的几个关键点

● 抓住戏剧性、冲突性是讲好一个故事的关键。

● 找到故事的关键"结"（矛盾与冲突点），制造"结"，并且寻找解开"结"的方法，找到情节发展的内在动力。

● 冲突的最高境界，是命运的冲突，而这种冲突不像事件冲突那样，它往往是隐性的，需要发现和挖掘。使人物个性化，用个性化的人物来推动场景和情节。

（三）结尾

每个故事都有一个终点。在新闻写作中，倒金字塔结构完全无视结尾，在硬新闻的写作中，结尾是最不重要的，可以向上一段段删去而不影响对信息的了解。但特稿则完全不同，它如同一部小说、一个戏剧，必须有一个好的结尾。

> 编剧知道，如果一部电影没有精彩的结尾，人们走出电影院的时候会觉得好像浪费了自己的钱；小说家知道，你不可能写出一部没有精彩结尾的好书；演讲稿撰写人总是努力以一个高音结尾；每个人都知道，当你写一封情书，写一封信以求加薪，或者向电话公司写投诉信，最后一句的证据和内容都至关重要。①

要　领

可参考的几种结尾方法

● 一个生动的场景或细节。它们往往有比自身更丰富的东西，读者可以反复回味。

● 悬空。没有答案，引发思考。

● 总结。再次阐明主题和观点。

● 循环。首尾呼应，照应开头。

● 隐喻。将故事引向更深远的意义。

● 反转。开头给出预设，在结尾处给出的结果完全出乎意料，和开头相反。

---

① 克雷默，考尔．哈佛非虚构写作课：怎样讲好一个故事．北京：中国文史出版社，2015：159.

二、特稿的故事线

特稿是新闻的展开，是对新闻关键点的深入，这种展开就需要叙事。借助小说等文学的手法为整个故事安排好叙事线索，然后一步步推动着故事进行下去。

叙事线索，即故事线，对特稿来说尤其重要。它是区分一篇报道是不是特稿的一个重要因素。有的报道做得很详细，很深入，对事实的经过交代得很清楚，但它是没有故事线的，这样的稿子应该叫新闻，而不是特稿。正如李海鹏所说：

> 你的故事线决定你的作品是一篇好的非虚构报道，还是说你的作品就是一摊不知道是什么的东西。这个稿子有简单的故事线，这是非常简单的技术，但是能否拎清，就是一个非常重要的门槛。对故事线的把握，是一个技能。

故事线的安排方式有多种，一般要根据故事的复杂程度来决定。

例如，约翰·赫西（John Hersey）的《广岛》。广岛原子弹爆炸10万人死去，10万人挣扎在死亡线上，但作者只选取了6个人：一个寡妇，两个神父，两个医生，一个女员工。6个圆心，形成6条故事线，向外扩散。6个人的故事贯穿始终，所有的场景和细节都是他们所看到、感到的，完全是6个人的视角。6个人的悲伤、痛苦、不幸遭遇，互有交叉，赫西始终坚持只用他们的眼睛看，用他们的心来感受，随着他们来转换场景，拼起整个原子弹爆炸下的广岛。

要　领

可参考的几种故事线安排方式

- 按照故事发生的顺序而安排的故事线，一般是单一故事线，从头到尾连贯讲故事。
- 按照故事发生的顺序倒着安排故事线，先讲一个结尾，再开展故事，往开头处逆着追寻。
- 多条线索交错叙述，一个故事里安排多条故事线，先讲一段A线，再连接到B线，再连接到C线。或者A、B、C根据故事逻辑随机组合，几条线时而并列，时而交叉，共同行进到终点。

三、小说与特稿写作

特稿的高度文学性和创造性体现在写作中。

2006年8月《南方周末》曾开过一个内部业务研讨会，题目是“什么样的小说在影响我的新闻写作”，这个题目出来之后有几个同事表示存疑，认为新闻跟小说完全是相反的两个东西，一个是真实为本，一个是虚构的世界，这两个东西怎么能扯在一起？研讨会的主角李海鹏谈的是小说如何影响了他的特稿写作，其中谈得比较多的是《举重冠军之死》。

当时这个话题在同行里还是非常新潮的，在这些年中国的特稿实践中，小说对特稿的影响已经成了共识。在讲述一个故事的来龙去脉上，小说的经验要远远比新闻的经验多。

李海鹏在他的采访手记里曾说，他掌握了才力几个月的生活情况，这些情况足够铺开来写才力的一生。但他最后选择了只写才力最后的一天，故事从才力的母亲做了一个不祥的梦开始。

新闻背后

她儿子在梦里边对她说，妈你给我蒸两个包子，给我蒸包子给前面那两个人吃。这个话，老太太感觉很不好，给这两个人吃，他实际上就是说牛头马面那两个人。他儿子的意思是我要死了。这个我觉得可以有不同的理解，一种是这个老太太确实是做过这个梦，她确实因为多年以来生活的困顿、这种很孤独的生活，有这样一种宿命感，所以她才做了这个梦。还有一种是这个老太太她没有做这个梦，是事后儿子死了，她自己有一点印象，认为自己做了这样一个梦。但是无论怎么样，我当时觉得很有意思，后来我就把它写在了开头。

后来我们以前的同事张恩超，他是我大学的同学，这个报道出来之后他说，你这个报道写得像马尔克斯的一个小说，我想不起来他说的是哪一部，他一说这个我就有种恍然大悟的感觉，我说不是像你说的那一段，我说我现在倒觉得有点像《没有人写信的上校》那个小说。然后我就回想起来了，那个《没有人写信的上校》里面的故事事后我发现跟才力非常像，讲的是一个上校在内战的时候打仗，打仗的时候政府说，好，你打得不错，政府成立了，军人被抛弃了。国家摊牌了，说你退休回家，回家给你笔退休金。退休金是以信件的方式寄来的，上校这个时候已经很老了，等了二十多年这个信一直不来，一个被国家抛弃的这么一个形象，那么才力呢完全是这样的。上校在里边也做了这样一个梦，但是他那个梦具体是什么我现在想不起来了，用一个梦能够体现这样一个题材、这样一个人物，把它放在开头，整个人物有一种很孤独很绝望的宿命感，它可以起到这样一个作用：奠定整个基调。我后面就写得很顺畅。

（《南方周末》业务会第七期，2006－08－24）

李海鹏的这个案例说明特稿写作是可以借用文学的手法来进行的，只是不能虚构，文学的结构、情节的安排、画面感、镜头感、冲突、叙述的方法都是可以借鉴的。

某种意义上来说，特稿关注的新闻事件和戏剧、小说非常相似，也是有冲突、有戏剧性的，没有冲突、戏剧性的事件，不能说是新闻。好的特稿故事一般具有下列五个要素：戏剧性、冲突性、独特性、延展性、复杂性。借用文学的手法将这五要素充分展示出来，故事就会变得更吸引人。

四、如何突出特稿的戏剧性、冲突性

（一）时间、空间上高度聚焦矛盾和冲突

比如茨威格的《一个女人一生中的最后 24 小时》，用一天来表现一个人的一生。托尔斯泰的小说《伊凡·伊里奇之死》，也是用这个人最后的几个小时来表现他的一生。同样，李海鹏的《举重冠军之死》用才力的最后一天来写他的一生。

（二）寻找触发点，抓住戏剧性冲突爆发的一刻

比如写同性婚姻，找的是一对男同性恋者纪念 20 年婚姻的时刻。再如写中国科技大学的神童，找的是神童到中年的触发点。还如写孤独症，等的是中国第一例孤独症儿童 30 岁的机遇，“星星的孩子”长大了。

（三）彰显人物性格

塑造人物，要写出人物的鲜明特征，抓住人物性格的冲突。这个冲突是人物内里的、来自他本身的冲突，即所谓命运的冲突。比如举重冠军才力的悲剧来源于他的性格，他是一个含糊而忍让的人，个人的命运全靠外部来安排，体育制度在才力这个人身上显现了悲剧性。

（四）调动情感并非煽情

调动情感并不等于煽情，而是有意讲述饱含情感的事实。事实本身蕴含了情感，要学会去发现。

哥伦比亚大学梅尔文·门彻（Melvin Mencher）教授在谈到特稿时说：“事件具有人的维度，它才值得传播。”《普利策新闻奖：特稿卷》编者说：“假如需要的话他们会毫不犹豫地在叙事中注入他们的强烈情感。”新闻事实本身就饱含了情感，看你能否发现和感悟。

例如，李海鹏的《人工盲童》（《南方周末》2004 年 2 月 19 日）写道：

> 杨蔚依 2 岁又 3 个月大了，但并不懂得这个年龄该懂的社交方式，比如撒娇。她解决问题的方式只有大哭，而且如其父亲所说，是泼妇的那种哭嚎。当她哭得手脚使劲刨动，父母难受的程度“超过撕心裂肺”。
>
> 每天下午，她（李雨宸）拿着一根棍子掏床底，因为她记得自己曾偶然地掏到过一只核桃，当时它发出了喀啦喀啦的声响。另外她还喜欢在耳边撕报纸，当它嘶啦一响时，她就格外认真地谛听。

盲孩子和家人的痛苦，不需要记者着一个煽情的字眼就表现得淋漓尽致。

（五）用生动的语言营造氛围，使用带有色彩的语言

例如，南香红的《一次输不起的文明拯救：给敦煌莫高窟治“癌”》（《南方周末》2004 年 4 月 22 日）写道：

深居窟中千年的神佛们身患重疾。一场与时间和严酷环境抢夺瑰宝的战争因此展开，它试图挽救人类的文明记忆里的最后一些碎片。

鸣沙山崖，大泉河边，蜂巢一样的洞穴累累叠叠，众神已越度千年。

4 月 16 日晨，敦煌的天空瓦蓝，流沙澄黄，初生的阳光如万缕金箭在莫高窟攒动。

（六）多描述而少叙述

把静态的新闻写成动态。叙述性的语言容易让节奏变慢，让过程变长，而描述性的语言能够展现细节，能够活灵活现地再现现场，让叙述充满动感。

例如，李海鹏的《萨布瑞亚校长的事业》（《南方周末》2005 年 2 月 24 日）写道：

有时那只藏獒也会参与比赛，而且以自己控球为目标。它很聪明，会把球咬在嘴里，然后什么都不做。这样一来孩子们只好侧耳谛听，迷惘地询问：“球呢？球呢？”

傍晚时分，铃声大作，孩子们从按照年龄划分的班级教室里跑出来：老鼠班、兔子班、雪豹班和老虎班。他们在起居室里排列成行，侧面看过去，浑浊的眼睛就像八廓街小摊上的一排绿松石。他们低声喃喃片刻，然后就开始大口吞咽油汤面条。这个院子里突然就有了一种不断饥饿、不断生长的气氛。

能够借用文学的手法来写新闻，意味着需要大量阅读文学作品，这种影响是潜移默化的，有时候并不知道具体用了文学的什么手法，但文学的精魂一定在写作中成为灵感的来源。

五、细节并不是越多越好

细节的捕捉和运用是特稿的一个显著特征。对于展现场景、增加代入感和推进故事，细节有不可替代的力量。细节有助于传达有效、具体的信息，有助于营造现场气氛，有助于凸显人物性格或者事物的特征。细节在特稿写作中常常起着画龙点睛的作用。

但是需要注意的是，并不是细节越多越好。很多写作者要么看不见细节，将那些最有意味的细节一笔带过，要么沉溺于大量无意义的细节当中。只有用到恰到好处的细节才是生动的。

细节使用要用得有意义，明白为什么要用这个细节而不是那个，用细节来干什么，否则再多的细节也没有用，细节用多了反而使文章只见枝叶不见主干，显得拖沓。

要 领

细节的作用

- 细节是用于展现特定场景的，因此应该挑选最能表现该场景的细节。
- 细节必须是符合人物性格的，要找到符合人物的、独属于他自己的身份和性格的细节。
- 细节是有特定指向和目的的，它为讲故事服务。与目的不相符的细节，再精彩、再细致也应该舍弃。

在好的特稿写作里，细节的使用表现出以下三个特征。

(一) 精准

精准要求细节细致到分毫不差，精确到不容置疑。

例如，李海鹏的《悲情航班 MU5210》(《南方周末》2004 年 11 月 25 日) 写道：

> 它向左侧滑，又向右侧滑，无法稳定机体。机场人员说，到飞机消失时止，看到它摇晃了 3 次。
>
> 安昌荣看到的摇晃次数还要更多。这位私营小游乐场的老板是最有说服力的民间目击者。他的办公室处于观察飞机起飞过程的最好位置，几乎就在包头机场的跑道的延长线上，办公桌面前是一片视野开阔的玻璃窗。应该是在他点燃一根香烟的同时，8 点 20 分，飞机刚刚腾空，他就清清楚楚地看见了它。
>
> MU5210 在窗外，白色，高度 100 多米，机首冲着他，异样地摇摆着。左—右，左—右，晃得非常厉害，摆幅差不多有 60 度。安昌荣想，肯定出事了。更让他恐惧的是，它不是在升高，而是在下降。它正穿过寂静无声的 3 级西北风，轰鸣着向他的办公室的玻璃窗俯冲过来。

(二) 非它不可

非它不可要求细节为特定的场景和人物而设，无可替代。

例如，《广岛》中写道：

> 谷本先生发现沙嘴上大约有二十个男人和女人。他把船靠岸，催促他们上船，但他们没有动，他意识到他们虚弱得站不起来。他跳下船走过去，用手拉一个女人，但她手上的皮肤就像一副大手套一样滑落下来。这让他感到毛骨悚然，他不得不坐下来休息片刻，然后他去河边吐了。①

① 赫西．广岛．桂林：广西师范大学出版社，2014：63.

原子弹造成的伤害的特征是并没有明显的伤口。

（三）独特

独特要求细节的识别度极高，让人过目不忘。

例如，李海鹏、陈江的《灾后北川的残酷一面》（《南方周末》2008年5月22日）写道：

> 死亡的气味是在5月15日下午开始在北川县城里弥漫开来的。那是一种甜、臭和焦煳的味道。地震在北川为害最烈，由于缺少尸袋，仍有大量遗体被摆放在街道上废墟的空隙间等待处理。废墟下面可能仍埋有上万人之多，而且正在不断死去。

六、客观的边界

特稿以文采见长，这是显而易见的。但是它并不是文学，而是新闻，这是特稿不能越过的界线。记者职业的特殊之处在于他在新闻事实和大众之间的传递关系，这就决定了记者的两个基本职责：调查还原事实，精彩传达事实。读者在报纸上看到的报道是记者的最后完成品，其实在事实凝化成文字、通往最后完成品的路上，有众多的可能性。我们可以假定存在一个超然于个人判断的客观事实，但不同的记者对这个事实的表述可能千差万别。就是同一个记者在面对同一个事实的时候，也可以有众多不同的表述方式。

在文学性、创造性和真实性之间似乎很难划出一道明确的红线，读者在报纸上看到的报道是带有记者个性和体温的东西，特稿是强烈地打上个人印记的新闻作品，正如手工制造的物品，每一件都会不同，每一件上都有制造者的汗水和手印。从这个角度上来说，特稿的纯客观性是不存在的。

记者是一个旁观者也是一个参与者，是一个调查者也是一个判断者。当他要把一个事实搬到纸上时，他最大的困难在于，既要避免主观武断，又要体现记者立场，其间有着微妙的平衡和分寸。最重要的是你的叙述要打动读者，你的判断要说服读者，而这种打动和说服，不仅要靠事实本身的力量，还要靠记者充满智慧和趣味的叙述，靠记者富有弹性、充满色彩的文字。

特稿所选择进行讲述的新闻事实，远没有人们第一眼看过去那么简单。它有深刻的内涵，复杂的意蕴，使“真”成为“相对的真”，你从不同的角度看上去，就会看到不同的样貌。而特稿记者的目标是，用自己的努力，无限接近真实。

【阅读】

特稿

杨瑞春，张捷．南方周末特稿手册．广州：南方日报出版社，2012．

加洛克．普利策新闻奖：特稿卷．北京：新华出版社，1999．

魏玲．大兴安岭杀人事件．时尚先生 Esquire，2015（6）．

杜强．太平洋大逃杀亲历者自述．时尚先生 Esquire，2016（1）．

卫毅．白银时代：一桩连环杀人案和一座城市的往事．南方人物周刊，2016（9）．

1979—2017 年普利策新闻奖获奖作品（http：//www. pulitzer. org/prize-winners-by-category/211），通过该网站可参考《普利策新闻奖：特稿卷》没有收入的近年普利策新闻奖获奖作品。

非虚构作品

卡波特．冷血．海口：南海出版社，2013.

赫西．广岛．桂林：广西师范大学出版社，2014.

瑞恩．最长的一天．北京：解放军文艺出版社，2014.

阿列克谢耶维奇．二手时间．北京：中信出版社，2016.

曼彻斯特．光荣与梦想．海口：海南出版社，2006.

道尔．拥抱战败．北京：三联书店，2008.

王军．城记．北京：三联书店，2004.

陈徒手．人有病，天知否．北京：人民文学出版社，2011.

【思考】

1. 特稿可以大致分为几种类型？

2. 阅读《举重冠军之死》思考下列问题：

  （1）个人故事能否和某种更大的东西联系起来？

  （2）别人的、别处的故事怎么能让更多的人在里面找到自己，产生共鸣？

  （3）产生共鸣的东西是什么？

3. 阅读《举重冠军之死》《两个男人的 20 年婚姻》，找一找两稿的故事线，并分析它们有什么不同。

4. 阅读近五年的普利策特稿奖作品，选其中的一篇，分析其结构方法，可用图表或者文字进行说明。

5. 特稿相较于其他各类新闻，其采访的特殊性表现在哪些方面？

6. 阅读《太平洋大逃杀亲历者自述》，梳理一下这篇文章中的精彩场景，想一想这些场景对故事的重要性。

【练习】

1. 阅读《白银时代：一桩连环杀人案和一座城市的往事》，用 500 字写出这篇特稿的主题，除了五个 W 之外，这篇特稿还表达了什么东西？

2. 在报纸、网络和自己身边寻找选题并和老师讨论，确定一个题材，然后试着制作采访方案，收集与之相关的材料，进行实地采访并写成一篇不少于 3 000 字的特稿。

3. 2018 年 3 月瑞士开始正式禁止用沸水煮龙虾，理由是龙虾和其他甲壳类动物一样，拥有丰富的神经系统，水煮龙虾会让它们承受巨大的痛苦。因此在煮之前要将之拍晕或电击。而南京城北的森林动物园开始给大象剪指甲，大象在笼子里走路少不会自己磨掉指甲，如果不剪指甲它们将不能站立，而卧倒的大象自身体重会压坏其骨骼和内脏，危及生命安全。动物福利的话题成为网络热点，如果就此写一个特稿故事，你将：

(1) 如何做采访前的准备?

(2) 如何收集资料? 收集哪些线索?

(3) 如何安排故事的线索? 你会将故事的内涵和外延控制在什么样的范围内?

(4) 从什么角度来切入你的故事?

请就以上四个问题着手，写出一份详细的采访方案。

第七章 怎样从事深度报道

【学习要点】

调查性报道的学习，重点之一是对选题“公共利益”属性的判断；重点之二是学会对新闻事实的挖掘、呈现，以及证据的获取、使用和固定；重点之三是牢记写作要克制，十分证据写七分。

解释性报道的学习，重点是掌握解释性报道的特点，解释不是呈现更多观点，而是向受众提供更多事实，帮助他们更好地理解新闻。要树立一个理念：应注重日常对众多领域的涉猎，更要注重对某一领域的深耕，在重大新闻发生时，才能给读者呈现更深更广的观察空间。

经验可以积累，技巧可以学习。但更为重要的是，记者要有维护公平正义的勇气和使命感，要有追求真相的坚韧和责任感。寻找新闻，要善于发现；发掘真相，要到新闻现场；呈现新闻，要有受众意识。

调查性报道、解释性报道，是深度报道的经典呈现形态和重要体裁形式。与其他种类的报道相比，调查性报道侧重“是什么”，解释性报道侧重“为什么”。

无论是调查性报道还是解释性报道，要想写好，都要有大量的写作训练。首先要把新闻事实写清楚，其次才是把故事写得好看。初学者容易本末倒置，应当尽量避免。

第一节 调查性报道概述

一、什么是调查性报道

调查性报道是深度报道的一个分支。

关于调查性报道的概念，中外学者多有论述，涵盖内容不尽相同。总体来说分成两类，一类是强调揭露黑恶丑，一类则是强调采集、核实新闻事实的技巧和策略。[1]

1975 年，美国学者戴维·安德森（David Anderson）和皮特·本杰明（Peter Benjaminson）

① 王红，马飞．中西方调查性报道概念的比较．新闻世界，2010（5）：127－128.

出版了第一本关于调查性报道的专著《调查性报道》。他们认为，所谓调查性报道，即“报道那些被掩盖的信息……是一种对国家官员行为的调查，调查的对象也包括腐化的政治家、政治组织、公司企业、慈善机构和外交机构以及经济领域中的欺骗活动”。

美国学者梅尔文·德弗勒等人将调查性报道定义为“为获得内情和揭露丑闻而强调细致地收集事实的报道风格”。

美国新闻史名家埃德温·埃默里认为：“调查性报道就是指利用长期积累起来的足够的事实和文件，就事情的意义向公众提供一种强有力的阐释。”

甘惜分主编的《新闻学大辞典》中，将调查性报道定义为一种系统的以揭露为主旨的报道形式。这一定义与上述美国学者的界定比较接近。

相对来说，中国更多的新闻学者和新闻工作者对调查性报道的定义要宽泛很多，同时更加强调报道的建设性。

如学者郭镇之认为，调查性新闻报道是在新闻工作者积极参与、深入挖掘下，以思想和观点为导向、以隐藏的内幕为内容的对重大事实的揭露。调查性报道遵循客观性的常规，是“客观报道”的一种方式。

学者彭朝丞认为，调查性报道主要是记者对社会公众关心的新闻事件、新闻人物或深藏的潜在的社会问题、社会现象，经过周密的调查研究，用第一手材料和可靠的数据，写出的具有一定的权威性的一种报道形式。调查性报道以贯彻党的路线、方针、政策为主要内容。虽然对腐败行为、不正之风、丑恶现象也应有所揭露，但绝不热衷于收集、揭发离奇曲折、耸人听闻的内幕与丑闻，而应着眼于除弊兴利，用积极的、建设性的态度，推动社会向法治化、民主化的方向发展。

综合各种定义，调查性报道应当包括三个基本特征。

（一）事关公共利益

公共利益，从字面理解是指公共的利益。公共利益的倡导与维护，是现代国家的任务、政府追求的目标，也是媒体和新闻工作者努力的方向。如同“调查性报道”一样，“公共利益”一词虽然使用频繁、意义重大，但至今没有一个官方或得到普遍认可的概念界定。

有学者认为，公共利益可称为公众利益或者公共福利，是与私人利益或者个人利益相对的概念。准确地说，公共利益是一个特定社会群体存在和发展所必需的、该社会群体中不确定的个人都可以享有的社会价值。

对于公共利益的特点，有学者认为，公共利益具有客观性、普遍性、整体性、层次性、不确定性和长远性。客观性是指公共利益是真实、独立地存在于个人利益之外的一种利益；普遍性是指公共利益是由社会上不特定的多数人共享的利益；整体性是指公共利益是共同体成员的整体利益，是超越于个人利益的独立利益，相对于个人利益而言，它具有一定的权威性；层次性是指公共利益因共同体的大小不同而分成不同的层级；不确定性是指公共利益的内容具有一定的弹性，随着社会的发展而发展；长远性是指公共利益比个人利益更为持久。[①]

---

① 陶攀．2004年行政法年会“公共利益的界定”之议题研讨综述．行政法学研究，2004（4）：133－139．

从选题上看，调查性报道的题材和公共利益相关，这些公共利益涉及的人员越多，报道越受关注。比如 2009 年山西问题疫苗事件、2016 年山东问题疫苗事件的报道，2011 年甬温高铁列车事故的报道。

（二）真相被遮蔽

损害公共利益或他人合法权益的事件发生后，责任方或受益方会千方百计地阻止信息的传播，以此将知情人数控制在最小范围。舆论监督报道的特征之一是“媒体相对独立的采访”和“某些社会势力企图阻碍调查”并存，很多舆论监督报道都遇到被采访对象阻挠的问题，常常要与“公关”赛跑。

2008 年 9 月 20 日，山西霍宝干河煤矿发生一起致人死亡的责任事故，矿领导未按要求及时上报。事故发生后，9 月 24 日、25 日两天，共有 23 家“媒体”的 28 人前去采访。经初步核查，其中持有国家新闻出版总署“新闻记者证”的有 2 人。为阻止“记者”刊发报道，矿方向这些人发放了封口费。

相关判决显示，5 名涉案人员分别被判处 9 个月～1 年的有期徒刑。同时，5 人被列入新闻采编人员不良从业记录名单，终身不得从事新闻采编工作。①

（三）记者独立调查

有人试图掩盖真相，才会有记者的独立调查。之所以强调“独立调查”，是因为要区别于官方发布的调查结论。我们知道，面对一些重大问题特别是责任问题，有些官员会隐瞒或选择性发布信息，导致公众不能及时、准确、全面地获取真相。在这种情况下，记者的独立调查显得尤为重要。

当然，强调“独立调查”，并不是说记者一定要甩开职能部门不要别人的帮助，恰恰相反，记者没有超越其他公民的权限，很多时候必须通过第三方的协助才能一步步逼近真相。需要指出的是，记者的“独立”，更多地体现在独立求证、独立判断上。也就是说，记者要独立自主地核实信息的真伪，独立得出结论。记者基于成形的调查报告写成的新闻报道，并不能称为调查性报道。

二、调查性报道的演变

应该说，无论是学界还是业界，对调查性报道的认识，都是随着社会的发展变化而不断完善和更新的。

调查性报道发源于美国 19 世纪末 20 世纪初的揭黑运动，随后逐渐风行于西方媒体。

1896 年，美国《世界报》揭露了标准石油公司、贝尔电话公司的垄断行径以及纽约市议员受贿协助承包商谋取特许权的丑闻。1905 年，该报又揭露了公平人寿保险公司的高级管理人员挪用保险单持有者缴纳的基金自肥的丑闻。

这些报道中，记者已经在使用调查性报道的采访及写作方法，但报道的影响还很有限，

---

① 新华社．新闻的力量：新华视点十年回顾与展望．北京：新华社新闻研究所，2010.

“调查性报道”一词的提出，更是在半个世纪之后。

20世纪60年代至70年代，“新新闻主义”带动了调查性报道的兴起。这一时期，美国的报纸编辑部开始组建调查性报道小组。1967年2月，《新闻日报》率先成立了调查性报道小组，由一名编辑、一名记者、一名研究秘书组成，专门从事此类报道。

“水门事件”把调查性报道推上了巅峰时刻。1972年6月17日晚，美国民主党总部的一名工作人员在离开水门时，偶然回头看了看自己的办公室，突然发现房间里有几个灯柱晃动。疑惑之余，他返回大厦并通知了大厦的保安，保安立即搜查了相关房间并抓获了5名可疑人员，其中一人自称是美国中央情报局雇员。其实，此人是尼克松总统竞选连任委员会安全负责人，到竞争对手这里安装窃听装置。

第二天，《华盛顿邮报》在一版显著位置报道了这一事件，由此，两名年轻记者罗伯特·伍德沃德、卡尔·伯恩斯坦拉开了“水门事件”报道的序幕，尼克松总统最终被迫辞职。他们出版的《总统班底》被改编成电影后，调查性报道记者成了举国闻名的民间英雄。报道中使用的“深喉”一词，也成为日后对内部爆料人士的代称。

20世纪70年代以后，调查性报道在美国逐渐成熟。1975年，美国成立了“调查性报道记者与编辑协会”。1985年，普利策新闻奖设立调查性报道奖（Investigative Reporting Category)。

应该说，调查性报道的出现、兴起，是纸媒应对广播、电视等新兴媒体的挑战，由快向深转变的必然产物。中国的调查性报道也是如此，只不过比西方晚出现了几十年。

调查性报道被中国新闻界了解、接受则是20世纪70年代末80年代初期的事情了。

随着中国改革开放的逐步深入，社会生活发生了重大变化。一方面，政治环境的宽松为调查性报道的成长提供了空间和可能；另一方面，贪污腐败、权力滥用、环境污染等社会转型期出现的问题，为调查性报道提供了大量的素材。

1979年11月25日凌晨3点30分左右，石油部海洋石油勘探局所属的渤海二号钻井船，在拖拽中倾覆，造成72人死亡，直接经济损失3 700万元。事故发生后，一些领导千方百计封锁消息。《工人日报》记者得知消息后展开采访，经过艰苦努力，找到了遇难者家属，摸清了事实。在此后一个月内，该报连续发表了20多篇消息、专访以及6篇评论，并在报道中点名批评石油部部长，最终导致部长辞职，分管副总理记大过。

很多学者将渤海二号报道作为中国调查性报道的开端。事实上，调查性报道的萌芽早已出现。如有人认为，中国的调查性报道可以追溯到1873年《申报》对杨乃武与小白菜案的连续报道。

渤海二号事件后，媒体推出了更多揭露社会问题的报道，如《人民日报》的报道《白衣下的污垢》《蒋爱珍为什么杀人》等。

随着改革开放的全面深入，中国的新闻界也开始改革，尝试突破以往非黑即白的思维模式，《中国青年报》率先提出“深度报道”的概念并进行了业务实践。1985年，该报推出《大学毕业生成才追踪记》，关注新闻的灰色地带；1987年推出大兴安岭森林火灾的“三色报道”(《红色的警告》《黑色的咏叹》和《绿色的悲哀》)，成为灾难报道的典范之作。

这一时期，很多优秀记者兼具报告文学作家的身份，因为报纸篇幅有限，很多记者、作家以期刊为阵地，用纪实文学的方式发表了一批调查性报道。

进入 20 世纪 90 年代，电视的兴起改变了纸媒一枝独秀的局面。1993 年，中宣部宣传工作安排中，提出了加强新闻评论，就一些热点问题进行讨论的要求。据此，1994 年 4 月 1 日，中央电视台推出了《焦点访谈》，开创了电视述评式报道的先河。1996 年 5 月 17 日开播的《新闻调查》，通过大量深入扎实的报道引领了电视调查类报道的潮流。

纸媒方面，《中国青年报》《南方周末》《南方都市报》等不断推出优秀报道。《财经》杂志及此后的财新传媒等，在财经领域深耕，刊发了很多重磅报道。

新闻记录时代，也被深深打上时代的烙印。正如学者张志安所概括的，“启蒙”是 20 世纪 80 年代的关键，“监督”是 20 世纪 90 年代的热点，新世纪迄今，（深度报道）则在社会控制复杂、利益诉求分化的现实中，面临启蒙式微、监督受挫的困境。①

2003 年到 2013 年，被称为中国调查性报道的黄金十年，其间诞生了大量优秀的调查性报道。一个重大新闻事件发生后，会有来自全国各地的记者云集新闻现场。

随着网络媒体的兴起，纸媒受到越来越大的冲击，很多媒体裁撤了从事调查性报道部门，从事调查性报道的记者有的转行，有的即使仍留在媒体也大多转换了工作岗位。正如学者王天定所说，在权力与资本的双重挤压之下，如今的媒体行业，花果飘零，调查性报道陷入低谷，调查记者风流云散，一代人在中国重建新闻专业主义的努力功败垂成。②

不只是在中国，调查性报道遭遇了世界性的低潮。2018 年 1 月，美国兰德公司发布长篇报告《真相的凋零：美国公共生活的数据分析重要性降低原因初探》。报告认为，真相凋零时代有四大趋势：

- 对事实以及基于事实和数据解读的异见越来越多。
- 观点与事实之间的界限越来越模糊。
- 基于观点和个人体验的相关话题越来越多，甚至盖过事实本身。
- 对发布事实信息的权威来源信任度降低。

对照来看，中国社会也有这四大趋势的影子。调查性报道要想顺应时代的发展，必须从生产方式、呈现方式等方面加以改革。

未来的调查性报道形态如何？有学者认为，未来的调查性报道，可能会更多地以众筹的方式出现，或者由网民“众包”，新闻业大规模走向业余领域，更强调分工合作。

实际上，不管互联网如何改变新闻生产的方式，也不管网络媒体如何重构新闻传播生态，公众对高质量信息的需求是刚性的，严肃新闻、深度报道的需求空间仍是巨大的。社会的发展进步，只会对新闻工作者的专业能力、职业操守提出更高的要求。新闻专业主义强调的独立与客观，都有弥足珍贵的价值，它不会因技术的改变而丧失意义。③

不是所有人都需要调查性报道，更不是所有记者都能从事调查性报道。

---

① 张志安．记者如何专业．广州：南方日报出版社，2007.

② 专访王天定：想象调查报道的未来形态．（2018-02-12）［2018-05-06］．https：//cn. gijn. org/2018/02/12/%E4%B8%93%E8%AE%BF%E7%8E%8B%E5%A4%A9%E5%AE%9A%EF%BC%9A%E6%83%B3%E8%B1%A1%E8%B0%83%E6%9F%A5%E6%8A%A5%E9%81%93%E7%9A%84%E6%9C%AA%E6%9D%A5%E5%BD%A2%E6%80%81/? utm_content=bufferfa5dc&utm_medium=social&utm_source=twitter. com&utm_campaign=buffer.

③ 同上．

过去和现在，众多从事调查性报道的记者，用自己的智慧、汗水和执着，用脚采访，用笔还原，用一篇篇报道维护了社会的公平和正义，推动了社会的进步与发展。

未来，依然如此。

第二节　选题从哪里来

新闻媒体的竞争，在很大程度上是独家重大新闻的竞争。一家媒体，每天可以发布几百条甚至上千条新闻，但能“刷屏”的寥寥无几。重大新闻的首发，是检验一家媒体采编力量的重要指标，也是新闻机构赢得口碑的重要法宝。

2003 年开罗时间 3 月 20 日凌晨，美军空袭伊拉克，新华社记者及时发回“伊拉克战争打响”的消息，使中国的新华社得以抢先美国有线电视新闻网（CNN）10 秒钟向全球进行播发，从而使中国媒体成为全球第一家报道“开战”消息的媒体，抢到了宝贵的“第一枪”。[①]

不仅仅是通讯社，融媒时代的所有媒体都要在哪怕领先一秒的新闻竞争中拼抢。一条新闻能否首发，有很多影响因素，除去授权发布的时政新闻，其他独家新闻的竞争，要从第一时间获得线索开始。

与一般报道相比，调查性报道采写周期长，要想赢在终点，就应在起点上尽可能比别人早、比别人快。那么起点在哪里？起点在寻找选题、确定选题。

对记者而言，找选题不难，难的是找到好的选题。可以说，每天为好的选题焦虑，是一个职业记者的日常状态。那么，什么是好的选题，怎样才能找到好的选题呢？

一、调查性报道中好选题的标准

新闻的选题，就是一家新闻媒体的报道内容。报道什么，不报道什么，取决于媒体的价值取向、想要达到的传播效果以及目标受众的需求。

调查性报道中所谓好的选题，首先要符合选题的一般要求。

首先，时效性。最近发生的或已经发生一段时间但尚未被报道的事件。

其次，重要性。事件很重大或很重要，公众需要了解真相。当然，有的事件，在初期看起来很小但也可能会演变成跟公众密切相关的大事件。对重要性的判断，有赖于记者的知识、经验的积累和敏锐的洞察力。

再次，贴近性。任何一家媒体都有目标受众，选题应该关注他们的需求，报道他们及他们关心的新闻。

最后，可操作性。选题再好，也需要采访出来，再用文字、音视频等方式呈现出来。有的

---

① 让中国领先世界 10 秒的伊拉克勇士：新华社驻巴格达特约记者贾迈勒·哈希姆侧记．中国青年报，2003-12-09.

选题很好，但囿于记者的能力、时机、政治因素、商业压力等无法完成，只能放弃。对可操作性把控得当，可以避免人力物力的浪费。

对于调查性报道的选题来说，还需要具备其他几点。

第一，事关公共利益。什么是公共利益前文已有讨论，这里不再赘述。概言之，公共利益具有广泛性和群众性，对公共利益的维护将有利于公众的生产、生活、学习，对社会公共利益的破坏将影响到广大群众的生产、生活与学习，给公众带来不便等。

调查性报道的选题，几乎都和公共利益有关。2017 年普利策新闻奖调查性报道奖被《查尔斯顿邮报》刊发的《西弗吉尼亚阿片类药物泛滥导致死亡》获得，该报道聚焦西弗吉尼亚州阿片类药物泛滥导致高死亡率的事件。评委会对报道的评语是，报道面临了巨大的反对声音，是一篇有勇气的报道。

中国的新闻奖没有调查性报道类别，但近年来媒体推出了很多优秀的调查性报道，在维护公共利益上有着突出表现，比如 2014 年财新传媒关于谷俊山的报道、2017 年《中国青年报》关于“以房养老”骗局的报道。

第二，矛盾冲突强烈。有人说，没有冲突就没有戏剧。同样，没有矛盾冲突的新闻，很难成为一篇引人入胜的调查性报道。越是好的调查性报道的选题，越是可以用一两句话概括事件全貌且能勾起受众强烈的知晓兴趣，即故事有张力、矛盾能聚焦。

> 2010 年 2 月 12 日，农历腊月二十九，河北省某地级市财政局副局长金毅，在其一居所跳楼身亡。时年 45 岁的金毅，原为辽宁省辽河油田一名副科级干部，因涉嫌贪污贿赂被通缉，后神奇地进入河北某市政府部门工作，直至任职财政局副局长。金毅跳楼时，来自辽河油田检察院的相关办案人员，在当地警方的配合下，正准备对他实施抓捕。

通缉犯当上财政局副局长，既有强烈的身份反差，也是矛盾冲突的聚合点。上面这段文字，如果进行更简略的描述就是通缉犯当上了财政局副局长。

即使没有前面的大段描述，仅仅是一句话的概述，相信你的脑子里也会闪现一连串的问号：金毅是怎么躲过网上追逃的？是怎么伪造身份进入河北某市政府部门工作的？又是怎么被一步步提拔为市财政局副局长的？组织部门为什么没有发现他的问题？

再来看下面这个案例：

> 2011 年，27 岁的山西青年宋江明参加长治市环保局公务员考试，笔试、面试和总成绩均为第一名，因为体检的一项指标被检出不符合《公务员录用体检通用标准（试行）》的规定被刷掉。但是，宋江明随后在 3 家医院的 4 次体检结果均显示，此前参加公务员招录体检出现问题的那项指标每次都达标。究竟是自己的身体出了问题，还是另有隐情？
>
> （《中国青年报》，2011－11－09）

考试成绩好、体检不合格，不代表必然有黑幕，甚至是考试成绩第一、体检合格却不予录取也未必没有合理解释。但是，该项指标在 3 家医院的 4 次体检都合格，偏偏关键一次的体检不合格，这里面就有很大疑问了：到底是这名考生的身体有问题，还是有人动了手脚？如果确实有人动了手脚，动机是什么？谁是幕后黑手？受益人又是谁？

受众有了强烈的兴趣，接下来就看记者能不能通过采访解开这些疑团了。

二、调查性报道选题的来源

（一）网上爆料

随着技术的发展，信息传递的速度越来越快，很多新闻事件的当事人或见证人可以随时随地在网上发布“新闻”。对记者来说，这些碎片化的信息就是潜在的选题，及时捕捉就会赢得先机。

需要指出的是，一个线索变成一个选题，必须经过核实，初步核实是判断基本信息的真实性，深入核实则是针对细节问题进行更深入的探究。一段时间以来，很多新闻以“网曝”“据网上传言”开头，这是一种懒惰的表现，更是极其危险的做法。

一些重大新闻发生后，时常有好事者假冒当事人写“××自述”，或者假借政府部门的口吻作回应，更有甚者，以新闻稿的方式恶搞。这些文字在网上流传，一些媒体将其当成新闻刊发。但真正细究这些文字，编造得再像也会有明显破绽，媒体“中枪”归根到底还是记者编辑没有进行起码的核实。

2016 年 9 月 9 日，山西省屯留一中南校区高二年级负责人段某、孙某及 22 名高二年级班主任在学校放假后，到屯留县某饭店聚餐且饮酒，其间共花费 1 390 元，采取 AA 制付费。

9 月 30 日，屯留县纪委发布了一则“关于对屯留一中南校区部分教师聚餐饮酒问题的通报”，随即引发舆论关注，并受到诸多质疑。

10 月 14 日，网上开始流传一份文件，称“上述通报批评是该县纪委主观臆断、生搬硬套做出的错误决定。屯留县召开常委扩大会议研究决定，按程序免去屉世贵纪委书记的职务，并改组县纪委班子。纪委新班子会同县公安局、教育局对屯留县一中聚餐教师的聚餐原因、资金来源重新审议认定”。

第二天，某媒体刊发报道称“山西长治屯留一中 24 名教师放假后聚餐饮酒，被县纪委通报批评”一事有新进展，几乎全文引用了上述网传文件的内容。

事实上，这是一份彻头彻尾的假文件，而且编造痕迹很明显：如果记者稍加核实就会知道，屯留县纪委书记并不叫“屉世贵”，屉世贵是“替死鬼”的谐音；如果记者稍有常识就会知道，按干部管理权限，屯留县委无权免去县纪委书记的职务。

（二）读者来电来访

这是一个很古老却非常有效的渠道。读者看到一篇新闻，希望和记者编辑交流，有的是交换意见，有的是提供线索。

读者出于信任，专程找到某一家媒体或具体某个记者，提供新闻线索，在这种情况下，记者获取独家新闻的机会就会大大增加。

当然，随着社会的发展，采编互动的方式更加多样，读者不必亲自跑到编辑部和记者编辑见面，可以在网络上留言，也可以在社交工具中一对一地交流。

2008 年 3 月 31 日，《中国青年报》刊发报道《安徽界首、颍上法院院长：行贿事实曝光“乌纱帽”照戴》，披露了一个让人震惊的事实：2007 年 1 月底，震惊全国的安徽省阜阳市中级人民法院腐败窝案相继做出一审判决，该院先后三任院长尚军、刘家义、张自民被判入狱。尽管腐败窝案判决已一年有余，但一些行贿法官却仍然戴着买来的“乌纱帽”。就在 2007 年 2 月的界首市换届选举中，曾行贿 15 次的何涛连任界首市人民法院院长。同样在 2007 年 3 月 22 日，行贿者李松涛当选为颍上县法院院长。阜阳窝案受牵连的官员达八九百人，其中行贿买官办事者，除少数退居二线或有严重问题被撤职查处，问题官员大多数还在原来的位子上。

报道刊发一段时间后，编辑部接到一个读者打来的电话，称看到了上述报道，认为《中国青年报》是一家有骨气、敢碰硬的媒体，要向报社投诉阜阳市颍泉区委书记张治安打击报复举报人致死问题。投诉人一再强调，记者前来采访时一定要带上 3 月 31 日的报纸，说这是确认记者身份的证明，也能给当事人家属一些信心。

2008 年 4 月 22 日，《中国青年报》刊发了《阜阳“白宫”举报人蹊跷死亡调查》一组三篇稿子，此后连续跟踪报道，直到张治安被依法审判，追究刑事责任。

这样的例子还有很多。2007 年 2 月 27 日，新华社《新华视点》栏目播发《贫困县刮起奢侈风——河南濮阳干部建豪宅机关盖大楼》，引起强烈的社会反响。这篇报道的线索即来源于记者接到的电话举报。

2006 年 7 月的一天，河南濮阳一家民营企业负责人向新华社记者李钧德反映，她所在的企业——濮阳县金凌花园因抵制非法拆迁，被濮阳县机关事务管理局强行堵门，造成企业价值数百万元的珍贵花木被盗毁，损失惨重。濮阳县机关事务管理局之所以敢这样干，是为了腾出这块地给县四大班子领导建高档别墅。

经过认真细致的采访，李钧德采写了内参稿件，河南省委领导批示要求有关部门认真处理。公开稿件《县级干部建豪宅民营企业灭顶灾》发表后，很快记者就接到了几个濮阳读者打来的电话：金凌花园案只是一个偶然事件，此前，濮阳县已经有近百名领导干部住上了豪华别墅，面积最大的有 600 多平方米。此外，濮阳县各单位的办公楼也越盖越漂亮，为了盖楼，有的单位不惜挪用下岗职工的养老金等保命钱，有的则四处“揩油”，增加企业负担，还有的拖欠工程款，影响了社会稳定。

作为一个贫困县，濮阳县的这种情况是否真实存在？如果有，是孤立的个案还是反映了某种不良倾向？李钧德决定前往濮阳深入调查、剖析，最终写成了《贫困县刮起奢侈风——河南濮阳干部建豪宅机关盖大楼》的报道。

（三）线人

线人和当事人略有区别，他们往往是事件中的人，知道事件真相，但与该事件没有太多利益纠葛，出于某些原因（正义感或其他），主动向媒体爆料，希望将真相公之于众。

应该说，线人向媒体爆料是冒着一定风险的，记者应优先考虑他们的安全，尽力为他们的身份信息保密，不能因为自己的疏忽让他们暴露身份，遭受打击。同时，面对爆料，记者只需核实信息的真伪，完全没有必要追究其爆料的动机，有时候，甚至连对方的真实姓名也可以不知道。

什么人可以成为线人呢？可能是朋友，也可能是陌生人，但第一重要的是“信任”，一个人很难向完全陌生的人爆出内幕，除非他能确认对方能完全保守秘密不泄露自己的真实身份。

“深喉”是新闻史上最为著名的线人。1972年，在报道“水门事件”中，《华盛顿邮报》的报道一直遥遥领先，因为他们有一个知悉内情的线人不断爆料。为了保护线人的身份不被泄露，《华盛顿邮报》总编辑西蒙斯借用了当时一部知名色情电影《深喉》(*Deep Throat*)的片名，作为告密者的化名。“深喉”遂成线人的代称。

据称，深喉和《华盛顿邮报》记者伍德沃德见面7次，会面大多安排在凌晨2点的地下车库。记者想要约见“深喉”时，就把一个插着一面红色旗帜的花盆搬到他的公寓阳台上。而“深喉”欲约见记者时，就给记者寄一份《纽约时报》，并在报纸上画一只钟作为暗号。

2005年5月31日，时年91岁的美国联邦调查局前副局长马克·费尔特承认自己就是“深喉”。据称，此前世界上只有4个人知道“深喉”的真正身份：参与报道的两名记者、当时《华盛顿邮报》主编本·布拉德利、“深喉”自己。

(四) 同行

不同媒体的报道侧重点、尺度会有差异，不同记者的兴奋点、价值判断更是不尽相同，同一个选题，这家媒体可能无法报道，但另外的媒体可能就会很有兴趣。在这种情况下，同行之间交换线索的情况就会经常发生，为了一条有价值的新闻能够和读者见面，同行间本来竞争的关系就会变成亲密合作的关系。

(五) 公开报道

也许有人会说，一条新闻，别人已经报道了，我再怎么写也是拾人牙慧，还有什么意义吗？其实，即使同一新闻事件，不同人有不同的价值判断、采访深度、写作角度等，已有报道不一定是挖掘最深的、角度最好的，只要判断有深挖的价值，就可以成为报道线索。

2013年10月9日，《中国青年报》刊发《卸妆“世界奥林匹克数学竞赛”》，披露了“世界奥林匹克数学竞赛”(World Mathematical Olympiad，WMO)，靠着与有悠久传统的“国际奥林匹克数学竞赛”相近的名字，通过国际血统的包装和难以细究的权力背景暗示，在中国进行商业运作，但其身世和权威性却受到质疑。

这一报道，源自另一家媒体的一则报道。2013年9月19日，某报刊发《中国学子赢得金牌输掉素质》：中国学子日前在英国剑桥举办的世界奥林匹克数学竞赛总决赛中摘取16枚金牌，成为夺金大户，但不经意之间输掉了素质。昨日，金牌得主之一的武汉一初中三年级学生赵子源回国后谈到，国内学子比赛后要带队老师收拾多余材料，对自己触动很大。

报道称，比赛分两部分，首先是笔试，然后是数学建模。赵子源告诉记者，尽管中国学子最终完成了建模比赛，但外国学子手工制作更精美、团队协作能力更强。他还注意到一个细节：“外国学子做完模型后都是自己收拾剩下的材料。而中国学子几乎都把多余材料留在操作台附近，由带队老师负责收拾。”这一幕对他触动很大。“胜负固然重要，而小处体现出的是不可或缺的素质。不然分数再高，也算不上真正赢得了比赛。”

报道刊发后，很多网友质疑记者把“建模比赛变成了搭积木”，是编造假新闻。

《中国青年报》的编辑考虑，记者对建模的理解肯定出现了致命错误，但编造假新闻的可能基本可以排除。有没有一种可能，比赛本身存在问题，把搭积木对外宣传成建模比赛？

经过记者的深入调查，果然印证了编辑的一些推测，即比赛本身是存在问题的。

（六）律师、中国裁判文书网

调查性报道的对象多与社会的公平正义有关，涉及案件、诉讼，必然要和律师打交道。很多律师代理的案件有广泛的社会影响，他们也希望媒体能够关注。在很多时候，记者和律师有着共同的价值追求，属于天然的盟友。但需要注意的是，律师和记者有着各自的职业要求和不同的行为边界。律师的职责是维护当事人的合法权益，记者的职责是客观真实地报道事实真相。对包括律师在内的所有采访对象的发言，记者都应有自己独立的判断，不能成为某一方的代言人。

律师代理的可能只是某一个或某一类案件，相比之下，中国裁判文书网的资源会更加丰富，记者使用起来也会更加便捷，比如找到某一社会广泛关注的案件的判决书，对某一类型案件的判决进行统计分析。

2016 年 3 月，清华大学教授、博导付林被控贪污及挪用公款。山东大学教授陈哲宇被济南市天桥区人民法院一审判处贪污罪，获刑 4 年并处罚金 25 万元。

这几起引起人们较大关注的案件背后，是更多科学家因“科研经费使用”被认定犯罪的现象。

对于科研人员来说，使用科研经费往往意味着一不小心就会滑进“犯罪”的深渊。《中国青年报》记者在中国裁判文书网上以“科研经费”为关键词进行检索，共获得 287 个结果，其中有 34 份判决书与科研人员犯罪有关。数据显示，从 2013 年到 2016 年，与科研经费相关的案件呈递增趋势。

进一步梳理判决书，记者发现了一些共性，如涉贪科研经费者多为项目负责人，在外协公司扮演重要角色，用垫付应对经费到账滞后，经费管理各自为战等。记者用法院认定的事实找出了科研经费管理中亟待改革的问题，最终形成了一组《判决书里的“科研经费”犯罪》的报道，刊发在 2017 年 7 月 20 日的《中国青年报》上。

（七）政府部门官网及社交媒体

随着信息公开工作的推进，越来越多的政府部门在官网或社交媒体上发布信息。应该说，很多信息都有重要的价值，但一些信息未能及时引起公众的注意。对有心的记者来说，仔细研究这些信息，梳理政策的演变、某些提法的变化，可能会发现非常重要的新闻线索。

（八）官员、学者，学术论文或报告

很多官员、学者是政策制定的决策者、参与者，掌握大量有价值的信息，是很重要的信息来源。

学术论文或报告也是不容忽视的信息宝库，很多学术论文或报告的内容和公众息息相关，也需要及时关注。

2012 年 8 月 1 日，美国塔夫茨大学汤光文等在美国著名学术期刊《临床营养学》上发表了题为《“黄金大米”中的β-胡萝卜素与油胶囊中的β-胡萝卜素对儿童补充维生素 A 同样有效》

的论文，称2008年5月—6月，美国塔夫茨大学曾对中国湖南衡阳市25名6～8岁的小学生进行过转基因大米的人体试验。

此事经媒体报道后，立即在中美两国引起轩然大波。中央电视台《新闻调查》等媒体调查发现，试验期间，项目方在与学生家长签署知情同意书时故意使用“富含类胡萝卜素的大米”这一表述，刻意隐瞒了使用“黄金大米”的事实。

获得新闻线索，和记者的经验、资源有关，但更重要的是记者的职业精神和职业状态。所谓留心处处皆学问，留心处处皆线索，用心观察，用耳倾听，你就会一个一个地发现好线索、好故事。

第三节　怎样寻找采访对象

新闻事件的当事人、知情人、目击者，都是记者的采访对象。

一、寻找采访对象是记者的基本功

找人，是记者每天都要面对的问题。有的采访对象，记者知道联系电话、姓名、身份等信息，找起来相对容易。有的采访对象，记者掌握的信息少之又少，甚至连名字都不知道。能否在最短时间内找到采访对象，事关采访进程的快慢，在某些情况下甚至决定着采访的成败。从某种意义上说，记者必须练好“找人”这项基本功。

1967年，美国社会心理学家斯坦利·米尔格拉姆（Stanley Milgram）提出“六度分隔”理论：在人际交往的脉络中，任意两个陌生人都可以通过“亲友的亲友”建立联系，这中间最多通过六个人就能达到目的。

按这个理论，一个新闻事件发生，记者找到采访对象（当事人或知情人）应该是很轻松的事了。然而事实并非如此，对记者来说，时效性更为重要，新闻竞争不允许记者不计时间成本地找到采访对象。

找人其实是试错的过程。在多数情况下，记者不知道谁知道什么，只能依靠模糊的有限信息来推断谁可能知情，第一个不对再找第二个，第二个不对再找第三个，直到找到对的人为止。如果足够幸运，记者找的第一个就成功了；但在一般情况下，记者还得逐个尝试。

能不能在自己的朋友圈发布消息，公开征集信息呢？显然，这是一个途径，但不适用于所有采访，因为有的题材在刊发前要严格保密，公开征集相当于自我暴露。

怎样尽量缩短试错时间，比同行更快更早地找到采访对象？以往案例中的方法、技巧值得学习借鉴，一些新的技能也需要记者掌握。

比如，早有人说记者要成为社会活动家，广交天下朋友。这里的“广”，应该包括地域的广泛性和职业的广泛性。前者要求记者在全国乃至国际范围多交朋友；后者是说记者要交各行各业的朋友，既要有“居庙堂之高”之人，也要有“贩夫走卒引车卖浆”之辈。这样，新闻事件发生时，记者的信息才会灵通，人脉资源丰富后找人也会更便利。

二、寻找采访对象的常用方法

寻找采访对象，有一些常用的方法。

（一）互联网检索

很多新闻事件，看似突然发生，其实早有迹象可循，只是这些线索散落在互联网的某些角落，记者没有看到或看到了也没有引起注意。当新闻事件发生后，这些信息成了新闻的背景资料，才被赋予了特殊的价值。

互联网检索，并不是什么高难度的技术问题，很多时候比拼的是耐心。多一分耐心、多一分细心，就能比别人有更多发现。

互联网检索使用多了，记者就会总结出符合自己习惯的技巧。比如：想搜索某一领域的专家，可以到中国知网上找相关学术论文；找重大突发事件的当事人，当地贴吧上的信息更新相对及时、多样。

新闻背后

2012 年 9 月 15 日，西安发生大规模“保卫钓鱼岛”示威游行，后来发生当街拦截、砸毁日系汽车事件。一名参与游行的青年，手举一块“前方砸车，日系调头”的纸板站在路边，帮助驾驶日系汽车的人躲避失去理智的人群。

有人把这一幕拍了下来。当晚，这张照片在微博中被转发数十万次。《中国青年报》记者想要采访这个青年，但除了这张照片，对当事人的信息一概不知。记者秦玲子接受任务后，在人人网上找到了有这张照片的一篇帖子，一条一条翻看下面的留言，一直翻了几百条，快要绝望的时候，突然一条留言跳了出来：“这不是微博上的怪兽李小胖吗？”

根据这一线索，记者跑到微博上搜“怪兽李小胖”，一看头像就和当事人对上了，由此，记者找到了当事人李昭。微博私信中，记者介绍了自己的身份，说明是他西安的“乡党”，接着讲了记者对他“举牌”的理解，告诉李昭，“我们不是那种渲染和夸大事实的媒体”。李昭回信表示愿意接受采访。2013 年 5 月，李昭等报道对象在做客《中国青年报》时说，当时同意接受采访，因为高中时就是《中国青年报》的读者，信任这份报纸。

（二）人际搜索

面对非常模糊的信息，记者要动员自己的人脉资源进行雷达式“扫描”，争取在最短时间内获得有价值的信息。当然，更多时候，人际搜索、网络搜索是结合使用的。

新闻背后

2015 年 12 月 11 日，《人民日报》发表评论《杜绝“造盆景式”的作秀扶贫》，批评一些地方扶贫中的弄虚作假现象，指出“脱贫攻坚，来不得半点投机，注不得半点水分。把心思放正，老老实实，像耕种苗圃那样，耐心浇水、细心施肥，才能换来满园青翠，而不只是盆景摆设”。

评论提及，有的地方喜欢“造盆景”，也和部分上级干部作风漂浮有关，与考核指挥棒有关。有个地方，为了让上级考察时看到自己的扶贫成绩，派一些小学生披着装化肥用的白塑料袋，趴在领导路过的山坡上。领导远远望去，山坡上尽是“美羊羊”，大加赞许。地方干部“喜洋洋”，皆大欢喜。假如验收组深入一下，鬼把戏不就戳穿了吗?

为了政绩，让小学生扮演小羊造假欺骗领导，这是一个非常荒诞、非常恶劣的事件。如果这是一个调查性报道的选题，该怎样在最短时间内确定并找到采访对象呢?

以下是文章作者寻找“小羊”的过程：

先看已有条件：某地为展示扶贫成绩，让一些小学生披着装化肥用的白塑料袋，趴在领导路过的山坡上扮演小羊。信息很模糊，但可以确定的信息是，贫困地区（很可能是贫困县）、山区、养羊（适宜发展畜牧业）。

记者的任务：确定“小学生扮演小羊”事件的地点（县一级即可），找到知情人（组织者、参与者或其他）。

途径 1：直接找到评论的作者，询问事发地点。尝试后发现此路不通。

途径 2：发动自己的社会关系，看有没有人知道这件事。尝试后发现此路也走不通。

途径 3：检索相关报道。尝试后发现，此事没有报道。

途径 4：根据已知信息，以“贫困县＋羊＋山”为关键词进行检索，筛选出三四个县。再用这几个县名匹配“学生”，特别检索贴吧中的信息，找出关联度最高的 F 县。

接下来，以“F 县＋羊”为关键词检索，发现有相关报道，其中包括央视《焦点访谈》的一期节目。

找到这期节目。但遗憾的是，节目中没有提及“小学生扮演小羊”。

记者于是找到该省的资深媒体人求助，答复：听说有这件事，某某记者曾写了报道但未能刊发。

至此，事发地点已经确定。下一个目标是找到知情人，某某记者成为首要寻找目标。

找到记者联系方式，打电话。对方表示，时隔久远，难以提供更多帮助。此路不通。

事情似乎陷入停滞，但重要的收获是知道了事发地点。

向可能与 F 县有交集的同行求助。一同行将信息发在自己的朋友圈中。

一天后，奇迹发生了。有人在其朋友圈回复：我就是当年的小羊!

与此人取得联系后，对方告诉了记者更多情况：当时扮演小羊的学生有一两百人，包括一些中学生，披的是羊皮袄和薄膜，不是麻袋。当时还有人瞭望、指挥，训练爬行速度，防止“小羊”移动太快……

（三）到新闻现场去找人

罗伯特·卡帕（Robert Capa）被誉为 20 世纪最伟大的战地摄影师，他的名言是：“如果你拍得不够好，是因为你离得不够近。”事实上，这句话不仅适用于摄影记者。有人说，在现场周围 100 米的地方，总会有知情者。如果使用网络搜索、动用人脉寻找没有效果，最直接的办法就是到新闻现场去，总会有新的发现。

新闻背后

2006 年 4 月，《财经》杂志发表了记者王和岩、康伟平的报道《程伟案中案》，披露了发生已一年半却被权力封锁得严严实实的司法腐败大案：2005 年 7 月，天津海事法院会计程伟因涉嫌挪用公款、贪污和行贿三项罪名被逮捕，涉案金额合计高达 1 亿多元人民币。此前，程伟在受检方调查时，曾通过塘沽区人民法院书记员李某、开发区人民法院执行员刘某某打探检察院调查情况，要求说情开脱罪责。包括天津海事法院两名工作人员、天津开发区检察院一名反贪局官员，以及当地多名银行员工，共 11 人牵涉其中。

程伟案及其案中案涉案人员虽然职务并不很高，却成为 1949 年新中国成立以来司法系统发生的最为重大的“窝案”。《财经》的这篇独家报道，最初源于一个非常模糊的传闻：2006 年 2 月 20 日的编前会上，编辑称，听说天津海事法院发生了一桩会计涉嫌贪污、挪用 6 000 万元公款和执行款的案件。此外没有任何信息。

记者是如何找到采访对象的呢?

初步核实：记者托朋友私下打听，证实有这个事。

实地采访：2 月 22 日，记者前往天津。经朋友帮助，辗转找到天津一名法院工作人员，对方表示不能提供帮助。记者无功而返。

一段时间后，经人介绍，天津海事法院的一位工作人员同意和记者王和岩见面。见面三个多小时，关于案情对方只字不提，记者只好起身告辞。这时，对方小心翼翼地递过一张小纸条，上面写有两个人名：程伟、刘晓环。这名工作人员告诉记者：“这是涉案的会计和出纳，我能帮你的只有这个。”

这是关键性突破。接下来，王和岩将目光聚焦在程伟身上。听采访对象说程伟在天津开发区阳光新干线小区好像有栋别墅，被天津高院查封，王和岩决定去那里碰碰运气。在这里，记者巧遇了一名知情人士，获得了重要信息，采访由此打开局面。

我们再看另外一个例子，记者通过“一句话”挖出一个重大典型事件，通过实地勘察成功“大海捞针”。

新闻背后

2004 年 5 月 9 日，新华社《新华视点》推出一组稿件，披露江苏铁本钢铁有限公司违规建设钢铁项目问题。该报道在全国媒体中率先揭出铁本项目在违法占地、银行贷款、项目审批、环境评审等方面存在四大违规，引发国务院 11 个部委联合调查，总理主持国务院常务会议专题讨论，国家出台一系列重大宏观调控政策控制投资过热。社会舆论认为，在中央加强宏观调控的关键时刻，这组报道发挥了积极的舆论引导作用。

这个报道的线索来自“一句话”。2004 年 3 月 16 日，新华社记者陈芳、张洪河在就土地问题调研时，一名专家表示，现在投资主体日益多元化，国土部门调查了很多案子，但说情的多。他无意中提到“听说江苏常州就有个企业在长江边建钢厂”。

凭着多年报道土地问题的积累，陈芳对这句话进行了评估：一是建钢厂占地规模比较大，审批手续可能比较严格；二是选在长江边上建钢厂必然会引发环境问题；三是大建钢厂有可能是当前投资领域过热行为的缩影。

记者在网上查阅资料，并向有关主管部门询问，但是没有得到任何信息。记者决定到常州现场探寻。3月20日中午，记者驱车前往常州，由于不知道钢厂的具体位置，只能一路打听“往长江边”怎么走。下午5点，记者辗转来到了常州市新北区魏村镇的长江村一带，才见到了令人震惊的场景：一眼望不到边的耕地上，是一排排高架设备、被毁坏的耕地和拆迁后的瓦砾。这正是铁本项目的施工现场。接下来，记者采访了施工方、失地农民等，开始了正式采访。

需要强调的是，水无常态、文无定法。每一次采访都有各自的情境，一种采访方法，上一次采访用很成功，下一次采访用可能完全失灵。采访方法因人而异、因时而异、因事而异，需要记者见机行事，灵活运用策略方法，这既是新闻工作的挑战，也是新闻工作的乐趣。对记者来说，更重要的是调动个人主观能动性，用自己的钥匙打开一把把锁，用自己的聪明才智体验一次次的成就感。

第四节　调查性报道的采访与写作

任何一种新闻体裁，想写好都需要用心，如采访时要设计好问题，写作时要锤炼标题、提炼主题、精心构思。

调查性报道也不例外，但要求更高。调查性报道的特性是揭露他人试图掩盖的涉及公共利益的真相，一方捂盖子，一方揭盖子，本身就具有强烈的对抗性。记者采访，没有任何超越于其他普通公民的权利，更没有司法部门的强制手段、政府部门的行政权力，不能要求他人一定接受采访，也不会因行为目的的正当性拥有豁免权。恰恰相反，记者的一切采访活动，都要接受法律、法规、职业道德、新闻伦理的约束。因此，记者要在多重制约中，揭露被掩盖的真相，需要突破各种障碍，比如怎样在短时间内获得采访对象的信任，怎样辨别信息的真伪，怎样确定采访的方向等。

调查性报道的写作同样有很高的要求。调查性报道不可避免地会触及一些人或团体的利益，诉讼是对方常见的反击方式。因此，记者写稿时一定要有避免陷入诉讼的意识，努力做到“文章不写半句空”，报道中的每一个字都是有证据、有信源的。言之有据、准确无误，是调查性报道的第一要求。在此基础上再去优化报道的语言、结构等，让读者看到一个好故事。

一、调查性报道的采访

记者采访的过程，就是替代读者到新闻现场，去看、去问、去感受，替读者消除各种不确定性的过程。众说纷纭时，记者要用专业的技能去看、去问、去核实，最终告诉读者“事实是这样的，不是那样的”。

如果把报道比作一座大厦，采访就是这座大厦的地基。地基打得牢，大厦才会稳。采访中的所谓“牢”，是指采访扎实，记者要找到适合的采访对象，问到该问的问题，且对每一个回答都进行必要的核实。举例来说，记者采访市民对北京雾霾治理成效的评价，可以在街头随机采访一些路人，但如果要采访北京如何治理雾霾，北京市环保局负责人才是适合的采访对象。

（一）记者要到新闻现场去

记者采访新闻，如同战士打仗，应该到现场，这本不是一个问题。但在越来越多的记者对着朋友圈写新闻的今天，有必要旗帜鲜明地提倡“记者要到新闻现场去采访”。在现场，记者才能发现更多线索、更多细节。只有从新闻源头采访得来的新闻素材，信息损害的程度才最小，也就是最可靠，反之就容易失真。尽量接近新闻的源头，坚持做实地采访、不到现场不写新闻，是保证新闻真实性的最可靠的办法。①

电话采访，是一种便捷高效的方式，但应该注意，除非别无选择，采访应该是记者和采访对象面对面的交流，这样记者可以获取更多信息，采访也会更加深入，而电话采访会流失很多信息。

2000年普利策新闻奖得主马克·斯库福斯（Mark Schoofs）的忠告是：无论外界如何变化，调查记者都应到新闻现场去，远离电话和邮件，直视采访对象的眼睛，用第一视角去观察。

新闻背后

2009年12月12日凌晨，湖南安化县一偏僻山村发生重大杀人纵火案，村民刘爱兵持猎枪袭击本村村民，并纵火烧毁6栋村民房屋，致13人死亡、1人重伤。

《新京报》记者孔璞印象深刻的是一个一个纽扣掉在地上的声音。按当地风俗，人死了，要把他穿过衣服的纽扣剪下来。一个村二十多户，死了十多个人，几乎家家都在守夜，未亡人倚着棺木，默默地剪着纽扣，纽扣一个接一个掉在地上，甚至摸黑走在村道上都能听到这种声音。“我第一次知道，人一生会有那么多纽扣。”

一个调查记者，为了这些“纽扣掉落在地上的声音”，深夜坐着摩托车在山路上颠簸十几公里跑到新闻现场，而获得的这些细节还不一定能够写进报道里。这不是值得不值得的问题，因为，离真相近些更近些，是记者应尽的职责。

（二）记者要打开所有的感官

这一要求不仅适用于特稿的采访，调查性报道的采访也是一样。判断一个记者会不会采

① 柳斌杰．新闻记者培训教材2013：下册．北京：人民出版社，2013：360.

访，主要看他在采访中的表现：不会采访的记者，把采访简单地等同于“记者提问—采访对象答—记者记录”；会采访的记者，除了嘴问、耳听、手记，更重要的是用眼看、用鼻子闻、用手摸，总之是调动所有的感官，去捕捉采访对象的一切，包括人的相貌、衣着、神态、动作，环境背景中的气味、装饰、陈设、布局。

这些信息，放在稿件恰当的位置，就会让读者更容易理解报道中的内容，当然也会增强报道的可读性。

（三）记者要学会质疑

新闻界中有一句话：“即使你妈妈说她爱你，我们也要去求证一下。”这句看似极端的话体现的是记者的质疑精神。初学新闻的人会认为：实施侵害的一方，因为想掩盖真相而容易说谎，故应警惕其言行的真实性；被侵害的一方是弱势，其言行值得信任。应该说，这种想法是极其危险的，因为弱势并不天然代表真实、不撒谎。事实上，被侵害方出于各种目的，会有意或无意隐瞒对自己不利的事实，记者若不质疑，就会给自己的采访带来被动。

质疑，不代表对采访对象不信任，它只是获得证据的必要一环。有了质疑，记者才会求证。得到证据，报道才能完成。

对记者来说，轻信是大忌，尤其是对核心事实的认定，一定不能因为是某位领导、某个熟人说的，就放弃验证，最后承担责任的只能是记者本人。

（四）记者要舍得花时间和采访对象沟通

一方面，调查性报道的事件，过程复杂、涉及人员多、时间跨度大，相应的，记者投入的时间、精力比写一条消息多很多。加上还有采访对象不愿意面对记者，这无疑加大了采访的难度，延宕了采访的时间。

另一方面，绝大多数媒体对记者有工作量的考核，考核结果又和记者的收入挂钩。面对这种考核，任何一个记者都希望尽快完成采访，从而尽快开始下一项工作。

不愿意多花一点时间和采访对象沟通，已经成为当前记者采访的通病。为节省时间，记者当然希望采访如同到超市购物，选好商品，交钱走人，甚至不用和收银员说上一句话。但采访毕竟不是购物，采访是记者和陌生人的交流，采访对象不会仅仅因确认记者身份就会倾诉实情，他还要通过交谈与记者建立信任。很多情况下，采访甚至报道结束后，记者还有必要和采访对象保持联系。有哪一个人愿意对陌生人吐露心声，又有哪一个人愿意和功利心极强的人倾心交谈呢？而这些都需要记者付出必要的时间成本，拿出自己的真诚。

调查性报道的采访，应注意以下几个方面。

1. 做好案头工作

记者采访前，应做好资料的搜集、整理工作，包括熟悉相关专业知识，了解采访对象的背景甚至性格特点，掌握采访地的交通、天气情况等。做好这些准备工作，有利于记者确定采访方向，设计采访问题，安排采访行程等。

2. 平衡

一个新闻事件往往涉及矛盾对立的两个或多个利益主体，记者的任务是倾听各方的诉求，如同法官办案一样，既要搜集对被告不利的证据，也要搜集对被告有利的证据，然后再根据重要性逐一辨别真伪。

值得注意的是，在新闻实务中，某些涉事单位特别是政府部门尚未完全转变观念，认为记者采访是“添乱”，不愿意及时回应。记者出于安全刊发的考虑，往往也会选择在稿件刊发前向其求证。以上两种情况，客观上都造成了稿件的失衡，需要采访对象和记者共同努力，争取早日解决这一问题。

3. 由外围到核心

这是由人对事物认知的客观规律决定的。调查性报道的对象，开始往往只是一个模糊的信息，之所以模糊，是因为信息在人际传播中存在递减效应，每传递一次信息递减一分，同时，人们会在传递中加入自己的理解、情感等因素，降低了信息的准确度。

记者采访，一般是先从外围开始，在逐渐逼近核心人员中廓清事件真相，或在逐步搞清事件真相中锁定核心人员。

4. 交叉信源验证

史学研究中有句话，孤证不立，即如果只有一条证据支持某个结论，这个结论是不成立的，也是不可接受的。法律上也有孤证不能定罪的说法。比如，法律规定，与一方当事人或者其代理人有利害关系的证人出具的证言，不能单独作为证据使用。

证据必须交叉验证才能使用，尤其是言辞证据。但是，如何才算交叉验证值得深入探讨。比如，记者为求证某一说法的真实性，采访了三个知情人，这三个人都确认此事存在。这算交叉验证了吗？不一定，因为有可能这三个人是从同一个人那里听到的，也就是说，如果信源不是独立的，采访人数多没有实际意义，因为没有达到验证的目的。

二、调查性报道的写作

调查性报道的写作，和其他新闻体裁的写作有很多共性的要求，如客观、真实、准确。同时，调查性报道还有很多特殊要求，如特别重视证据的使用、信源的使用等。

（一）调查性报道写作的总要求

总体上说，调查性报道写作的要求是：事实准确，逻辑清晰，证据扎实，语言简洁。从文本形式上说，报道应用“短句短段”，每一句话都要尽可能短，两三句组成一段，每一段的文字控制在 150 个字左右。文字要提供有效信息，剔除那些“正确的废话”——放在报道里没错，但不会提供有价值的信息。

1. 事实准确

这是最基本也是最重要的要求。事实准确包括当事人的姓名、性别、居住地、职务等信息准确，也包括引语的完整、概括的精当等。

2. 逻辑清晰

有的新闻事件涉及面广、时间跨度大，如何表述清晰，对记者的逻辑能力是一个考验。记者可以按时间顺序列出大事记，理清其中的人物关系、事件关系，试着用两种以上的讲述方式说清事件的来龙去脉，最后选择最优的方式形成报道。

3. 证据扎实

所谓扎实，不仅指每一个证据都有合法来源，更指证据之间能形成完整的链条，证据链没有漏洞，可以指向唯一的结论。

4. 语言简洁

调查性报道的故事比较曲折、人物关系复杂，因此篇幅会比较长。同时，因为某些原因一些细节难以呈现，因而可读性会受到一定程度的损伤。在信息碎片化的今天，调查性报道的篇幅要尽量压缩，动辄五六千字的报道很难吸引人了。因此，记者要努力提高自己的文字表达能力，删掉不必要的求证过程、没有信息量的细节等，写出简洁明快的报道。

（二）调查性报道写作应注意的事项

1. 客观、平衡

人们常说，客观真实是新闻的生命，但应该承认，百分之百的客观是不存在的，因为客观所包含的内容其实是被主观塑造的，记者采访谁、不采访谁，甚至先采访谁、后采访谁都是主观决定的。我们强调客观，是要尽量避免主观，一个记者把客观作为追求的目标，就会努力做到中立，在采访、写作中不偏不倚，公平对待所有采访对象，尤其是道德意义上的“坏人”。

写作中的平衡，当然不是机械地认为用了100字表述正方观点，也要用100字表述反方观点，而是要准确、完整地表述所有相关方的观点、意见。

2. 克制

初学调查性报道写作的记者，容易错误地以为自己掌握了全部真相，用非黑即白的方式给采访对象贴标签。写作中容易口含天宪，站在道德制高点臧否人物，因而写得满。

实际上，不管记者获取的证据多么扎实，写作中都要保持克制，十分把握写七分，遇到问题才会有闪转腾挪的余地。

3. 只写有证据的事

并不是所有的新闻事件都能写成故事，因为故事要有丰富的细节支撑，而报道特别是调查性报道，只能写有证据的事。记者采访中得到的一些细节，再有意思，如果没有证据支持也只能放弃。因此，很多调查性报道读起来没有那么丰满。

4. 防止“寸铁伤人”

古语说，太阿止须一面锋，自古伤人唯寸铁。意思是，太阿（古代的名剑）只需要一面锋利，从古至今伤人的只有寸铁。这是一句劝学的话，勉励人们学习要专注，一旦磨砺成宝剑，便可剑指天下。

借用这句古语，调查性报道的写作，尤其要注意不能“寸铁伤人”。越是一些细小的错误，越容易被忽略，但也正是这些看似不起眼的错误，影响着整篇报道的真实性。例如，围绕轰动一时的常林锋案，一些媒体在报道中出现了纰漏。

常林锋原为中国电子报社副总编辑。2007年9月因涉嫌杀妻焚尸被刑拘，一审因故意杀人罪、放火罪被判处死刑，缓期两年执行。常林锋不服提出上诉。在被羁押6年后，常林锋被二审法院当庭宣判无罪。

6年中，媒体对常案报道很多，但主人公的名字，有的写成“锋”，有的写成“峰”，甚至在同一篇报道中，既有“锋”又有“峰”。读者会问，一篇连案件当事人的名字都不停变化的报道，可信程度到底几何呢？

5. 保护信源

因为有人千方百计地掩盖真相，所以那些站出来接受记者采访揭露真相的人才显得宝贵。写作中，记者要注意，哪些信源可以公开，哪些信源必须严格保护。需要严格保护的，可以完全将之隐匿，同时注意防止有人从报道透露的信息中推断出信源的身份，比如“他”或“她”的性别。

不仅在采访期间要注意采访对象身份的保护问题，报道结束后也应如此。比如，有的记者习惯写采访手记或发微信朋友圈，讲述自己的采访经历。这样会在无意中透露采访对象的身份信息，从而让采访对象陷入困境。

6. 禁止合理想象

记者为了增强报道的现场感，让报道更生动，在采访不足的情况下，凭借想象“脑补”出一些细节，即所谓的“合理想象”。合理想象名为“合理”，但终究是“想象”，想象出现错误时就会产生假新闻。因此，所谓“合理想象”是应当严格禁止的。

我们以《纽约客》驻华记者欧逸文（Evan Osnos）的《野心时代》里一段描写林毅夫的文字为例：

> 时值一九七九年，五月十六日，天上月细如丝，在中国外岛的金门，二十六岁的陆军上尉溜离岗位，来到岸边。他行动时尽可能安静，爬过矮树丛来到俯临海岸的突堤。若是他的计划被识破，他就会蒙羞万年以致被处决。

这段描述有问题吗？有人发现了问题。1979年5月16日是农历四月二十一，从月相上看，农历十五是满月，二十二、二十三是下弦月，二十一是从满月向下弦月的过渡，不可能“月细如丝”。查《野心时代》的英文原版，“月细如丝”是“under a slivers moon”的错误翻译。①

第五节　记者为什么错了

在发掘真相的过程中，记者会面临各种各样的陷阱，稍不注意就会掉进去，结果就是报道出现错误。一个优秀记者，不是从来没犯过错误，而是有足够的知识、经验和阅历来发现陷阱，然后跳过去或绕过去。

前人的教训可以成为后来者的镜鉴。本节列出的几则报道，发表时都是轰动一时的新闻，后来却被证明基本事实都是错误的。值得探讨的是，为什么事后看能轻易地发现问题所在，而记者采访、写作时却浑然不觉呢？

---

① 2018年3月9日对周至美的访谈。周至美曾在《潇湘晨报》《南都周刊》等任记者。

采访是一个不断证实或证伪的过程，这个过程中，起点是记者的质疑，中间是求证的方式、方法和技巧，终点是用恰当的文字（或音视频等）呈现给读者。在下面的例子中我们可以看到，有的错误是记者失去了质疑精神造成的，有的是记者有质疑精神却未能坚持造成的，有的是求证的方法错误或疏忽造成的。

采访总有陷阱，陷阱还会经常改变。努力求证、善于求证，是记者保护自己、揭露真相的有力武器。

【案例】

唐慧，湖南永州人。“湖南永州少女被迫卖淫案”中受害者11岁的乐乐（化名）的母亲。据公诉机关指控，2006年10月3日下午，周军辉强行将乐乐骗至秦星、陈刚开设的某休闲屋卖淫。此案经历两次重审、四次判决后，2012年6月湖南省高级人民法院做出判决，秦星、周军辉被判死刑，4人被判无期徒刑，另有1人获刑15年。因未通过最高人民法院死刑复核，2014年9月，湖南省高级人民法院重审，秦周二人改判无期徒刑，并处没收个人财产、罚金若干。

2012年8月3日，永州市公安局零陵分局以“扰乱社会秩序”为由，对唐慧处以“劳动教养1年6个月”。后唐慧起诉永州市劳教委并于2013年7月15日二审胜诉。

在乐乐案重审期间，2010年6月1日，永州市零陵区邮政分局保安队长朱军在零陵区法院枪杀3名法官，3人受伤，凶犯朱军当场自杀身亡。

来自全国各地的记者纷纷赴永州采访，但官方没人接受采访，很多记者只能守在零陵区法院门口。正当记者苦苦寻找知情人时，枪击案两天后，唐慧出现了，她告诉记者，朱军是乐乐的干爹，他是为乐乐的事情气不过才去枪杀法官的。

为了让记者相信，唐慧还描述了朱军和女儿的往事：朱军给乐乐买玩具，乐乐失踪后帮忙寻找，还帮她写上访材料，支持她告警察，嘱咐她不要胆小怕事，“自己的事情自己维护”等。

一些记者把这些写进了报道，当然也提到了乐乐案，该案由此走入公众视野。

但是，也有记者发现了问题。《大河报》记者朱长振就是其中之一，他验证的方法是，从手机里调出朱军的照片给唐慧看，发现唐慧竟认不出来。手机里的照片，并不是为了验证唐慧的话特意拍的，而是记者在零陵区邮政分局采访时看到墙上的职工信息拍下的。

记者由此判断，唐慧在撒谎，从而避免了上当受骗。

【案例】

2006年2月24日，某报刊发报道《警察枪击无辜青年 吴邦国批示讨回公道》。报道称，海南省东方市一名青年骑摩托车上街买菜，看到税务所设卡收税，因没有缴纳车船使用税，他担心被罚款而调头离开，一名警察突然开两枪将其击伤。警察要求私了遭拒后，竟谎称该青年是在逃犯罪嫌疑人，公安局在没有深入调查的情况下，认定民警开枪是正当的，予以通报表扬。

报道称："据（海口市）琼山区检察院一位人士向记者透露，该案在这么短的时间内侦查完毕，是因为吴邦国委员长亲自做了批示……此后，经过不到一个月的调查，一起被拖延了6年之久的涉嫌故意枪击伤人事件有了结果。"

该报道一时引起轰动。很多媒体转载或跟进报道，该报道获得了第17届海南新闻奖特别奖。

报道也引起了相关领导的高度重视。此后，涉及枪击案的4名警察被追究刑事责任。

然而，2007年8月10日，全国人大常委会办公厅信访局出具公函称："经查，（吴邦国委员长）无此批示。"

既然没有批示，媒体报道所说的批示一事是怎样出笼的呢？

据该报记者回忆，报道线索是海口市琼山区人民检察院提供的，吴邦国批示是检察官王昌泽和时任副检察长王干向他证实的。当时，他还联系了摄影记者准备拍摄该批示，但王昌泽和王干以保密为由予以拒绝。

记者说，琼山区人民检察院给他复印了对开枪警察文某的起诉书，自己和摄影记者到东方市采访后，以起诉书为主撰写了报道。经王昌泽同意，报道也署上了王昌泽的名字。

然而，面对调查，王干否认向记者讲过有吴邦国委员长的批示。王昌泽则拒绝回答是谁捏造了批示，称自己没有在任何媒体上发表过报道，也从未投过稿。

【案例】

2014年5月14日，某媒体推出《地沟油去哪儿了？起底京畿地沟油黑色产业链》系列报道。报道称，记者历时一个多月的暗访，发现在京畿地区，一条地沟油生产链仍然在隐秘而高效地运作着。记者一路跟踪，发现运有疑似地沟油的油罐车最后进入了嘉里粮油（天津）有限公司的厂区，其所属的益海嘉里旗下拥有"金龙鱼"等食用油品牌。

5月15日，益海嘉里召开新闻发布会，称记者将"嘉里油脂化学（天津）工业有限公司"误认为是隔壁的"嘉里粮油（天津）有限公司"，处理废弃油脂是前者的正常业务。文中记者所写的"经确认，这家大型工厂厂区为'嘉里粮油（天津）有限公司'"，是严重的事实错误。

后来，该媒体更正了相关报道，该记者发表声明承认错误并致歉。

【案例】

2018年1月30日，有媒体刊发报道《寻找汤兰兰：少女称遭亲友性侵，11人入狱多年其人“失联”》，该文披露了一起匪夷所思的案件：2008年秋，黑龙江五大连池的14岁女孩汤兰兰（化名），向警方告发自己的40多名亲属及乡邻，称自己6岁起就受到家族中几乎所有男性亲属（爷爷、爸爸、姑父、姨夫）的性侵犯，母亲、奶奶则为施暴者提供帮助，甚至强迫她卖淫。结果，汤兰兰的爷爷在看守所羁押期间死亡，包括其父母在内的11人获刑。十年中，有人已经刑满释放，有人继续服刑，但这些人都不断提出申诉。

该报道发表的第二天，另一家媒体发表评论《被全家“性侵”的女孩，不能就这么“失联”着》。这两篇文章引发了舆论的批评，其中一点就是报道的“失焦”——本来应该追问公安办案、法院审判中的问题，却变成了要求一名受害者出面回应。

一个事件真相到底如何，当事人的解释自然非常重要，在汤兰兰案中也是如此。汤兰兰的母亲认为冤枉，想从汤兰兰口中知道真相，进而去寻找分别十年的女儿，这当然没有问题。记者为了查明真相，跟随汤母寻找汤兰兰，也是合理的。但问题是，在标题中突出“寻找汤兰兰”、在报道中展示汤兰兰户籍更改信息（虽然用马赛克遮挡了相关内容），就使报道的方向产生了偏差。正如一些批评所说，记者已经认定汤兰兰一手造成了这起冤案，而排除了汤兰兰是一名受害者的可能。

我们根据报道中的信息推演一下得出这个结论的过程：记者采访了一方当事人，汤母、辩护律师等，查看了相关证据资料，试图找案件的另一方（汤兰兰的干爸干妈、汤兰兰本人）却没有结果。采访中，记者越来越认定这是一起疑点重重的冤案，是汤兰兰把父母等亲人送进了监狱。作为重要的当事人，汤兰兰应该站出来说明真相，记者为了查明真相，应该找到汤兰兰。

这个逻辑有问题吗？我们只能说，这种可能性是有的，但并不是唯一的。有没有一种可能，本案中多数人是冤枉的，但也确有真凶？有没有另外一种可能，汤兰兰确实是受害者，但凶手另有其人？这样的可能，还有很多种，但从报道呈现的信息看，尚不能得出排他性结论。

更重要的是，查明事实真相，是审判机关的义务和职责，一个案件在宣判之后依然疑点重重，应该站出来的是法院，“寻找法院”是记者更应当做的。

避免报道“失焦”，记者应警惕自己的偏见。一个记者，越是坚定地认为自己的结论是有依据的、是无懈可击的，写作时越应该保持克制。面对自己，面对舆论，记者都应时刻提醒自己：也许我们是错的。

第六节　解释性报道概述

一、什么是解释性报道

所谓解释性报道，是指在报道新闻事件的同时，运用背景资料来分析事件发生的原因、意图或预示其发展趋势，以帮助读者更好地理解复杂的社会问题的一种报道，要求“以今日态度核对昨日的背景，从而说出明日的意义”。

解释性报道与调查性报道同属深度报道范畴，但二者又有很大不同。两者关注的都是重大的、事关公共利益的事件，调查性报道侧重回答的是“是什么”，解释性报道侧重回答的是“为什么”。两者努力的目标都是消除新闻的不确定性，如果说，调查性报道是在“雾锁楼台、月迷津渡”时“拨云见日”，告诉公众真相，在“可见度、清晰度”上发力，解释性报道则是在读者“不识庐山真面目”时，让公众登上顶峰“一览众山小”，启发公众深度思考，在“深度、广度”上下功夫。

解释性报道与评论的区别更明显。前者要用已有事实向受众解释某一新闻事件，而不是记者凭借主观好恶评价某一新闻事件，记者或许有自己的态度，但态度隐藏在素材的选择、取舍中；后者则是作者通过逻辑推理的方式对某一新闻事件进行评判，作者的态度要旗帜鲜明地亮出来。

一篇合格的解释性报道，应当向受众提供更多的与该新闻事件紧密相关的事实，帮助受众更好地理解该新闻事件的意义、影响等，而不是向受众提供更多的观点。

解释性报道与新闻专题也有所区别。新闻专题是指某一新闻事件或新闻话题的报道集合，通过报道的量努力呈现给受众更全面的信息；解释性报道则是对新闻事件进行有针对性的分析，进而提出有深度的观点和看法。

二、解释性报道的演变

关于解释性报道产生的时间，学界有两种看法，一种认为其产生于第一次世界大战期间，另一种认为其产生于 1929 年经济危机爆发期间。

“解释性报道”一词，出现得比较早。早在第一次世界大战时，美国新闻学者柯蒂斯·麦克道格尔就提出了解释性报道的概念。美国新闻学者沃伦·艾吉认为：“解释性报道的趋势始于第一次世界大战以后。”①

1914 年 6 月 28 日，奥匈帝国皇储斐迪南大公夫妇在萨拉热窝视察时被枪杀，成为第一次世界大战的导火索。一战中，大约有 6 500 万人参战，1 000 多万人死亡，2 000 多万人受伤，成为欧洲历史上破坏力巨大的战争之一，影响则波及欧洲大陆以外的众多国家。

动荡中的人们，渴望知道新闻事件对自己、对国家甚至是对世界的影响，但当时的新闻仍在强调新闻的“纯客观”——媒体只负责报道新闻事实，不能评论、分析。人们无法从新闻中得知战争的起因及趋势等。

如果说一战距美国人很遥远，那么 1929 年爆发于美国的经济危机则让美国普通民众有切肤之痛。这场危机始于美国，迅速蔓延到欧洲大陆，大量银行倒闭，工厂破产，工人失业。迷茫、挣扎中的人们，不再满足于从新闻报道中知道发生了什么，而是更加迫切地需要知道为什么会发生、影响是什么。当客观报道已经不能满足人们的需求时，人们开始呼唤更加“解渴”的报道形式出现。

著名政论家李普曼指出：“各种事件接踵发生，而这些事件本身似乎是毫无意义的。于是，

① 艾吉．实用新闻学基础．北京：中国新闻出版社，1988.

一个‘为什么’变得与‘是什么’同样重要的时代开始了。当时如果驻白宫的记者仅仅报道发生了什么而没有提供事件发生的原因和含义，那他只完成了一半工作。”①

不管是“一战说”还是“经济危机说”，有一点是公认的：解释性报道文体的产生，和公众对新闻的需求密切相关。

有了需求，还要有人才储备。随着美国新闻事业和新闻教育事业的不断发展，越来越多的受过专业训练、具有丰富实践经验的记者成长成熟起来。他们长期从事某一领域的报道，逐渐成为这一领域的专家，他们不仅熟悉报道领域的最新进展，和专业人士密切联系，而且对报道领域发生的事件有着深刻独到的见解。比如《纽约时报》科学记者威廉·劳伦斯，被称为“原子能比尔”，第一个报道了铀原子裂变后产生巨大能量等科学研究的进展和成果。1945 年 4 月，他应美国政府邀请专门报道原子弹研究和试验的情况。

同时，广播、电视的兴起，让纸媒遇到了空前的压力。因无法在速度、直观上与两者竞争，报纸开始在深度上发力，解释性报道成为纸媒在报道深度上的成功探索。

有社会需求，有人才储备，有竞争压力，解释性报道便应运而生了。

1931 年，纽约《太阳报》开辟专栏，每周末将一周新闻加以归纳解释，这是美国最早出现的解释性专栏。

从 20 世纪 40 年代开始，解释性报道成为美国报纸的必需品。美国的主流媒体中，如《纽约时报》《华盛顿邮报》《洛杉矶时报》等，解释性报道占 70%以上版面。在西方其他国家的大报中，解释性报道所占的版面大约有 50%。②

1985 年，普利策新闻奖设立解释性报道奖。从十余年的获奖情况看，虽然获奖作品体裁有时难以和调查性报道区分，但大部分作品是对重大政治军事事件、复杂的社会现象和艰深的专业问题进行探析、解释，以揭示其深层意义。③

随着互联网科技的飞速发展，越来越多的读者通过互联网获取新闻。和解释性报道刚刚兴起时的情形类似，互联网提供的快速而碎片化的信息已经不能满足公众的需求。

2014 年以来，美国一批解释性新闻网站、频道及新闻应用上线，比较有名的包括 Vox.com、《纽约时报》的 The Upshot 以及 ESPN 旗下的 FiveThirtyEight 三家网站。借助技术的发展，这些网站在解释性报道的报道手段、叙事模式以及传播方式上不断创新，比如：除传统的图文、动画、音视频呈现手段外，大力发展数据新闻；创造出卡片式报道模式，受众可以根据需求、偏好，自由抽取阅读；重大新闻发生后，增强与受众的互动，根据读者反馈的各种信息动态更新新闻报道，使作品发表不再是报道的结束而是开始。④

一般认为，解释性报道进入中国，是在 20 世纪 80 年代中后期。但也有观点认为，具有解释性报道特点的报道早已出现。比如 1948 年 11 月 5 日，毛泽东为新华社写的《中原我军占领南阳》，全文约 1 100 字，如何占领南阳仅用 39 个字简略带过，通过历史背景介绍点出南阳的战略地位和解放军占领南阳的意义，再用相当篇幅介绍解放军一年来的成绩及对局势的展望。

---

① 曼切尔．新闻报道与写作．北京：中国广播电视出版社，1981.

② 李良荣．西方新闻事业概论．上海：复旦大学出版社，1999.

③ 李普曼，赖斯顿．新闻与正义．北京：中国人民大学出版社，2009.

④ 文卫华．移动互联网时代解释性报道的创新发展．中国记者，2016 (7)：73 - 75.

20 世纪 80 年代中后期，我国涌现了一批解释性报道佳作，如《邓小平与十四大》《中国采取紧急措施拯救大熊猫》等，这股热潮在 1990 年左右降温。①

随着互联网的普及和技术的发展，人们获取信息的渠道更加多样、速度加快。在经历一段时间的碎片化信息的洗礼后，更多人重新重视对新闻的解读、分析，媒体也开始思考如何用新闻的深度和广度争夺受众。新闻网站发挥特长，及时整合海量信息，使用音视频、动漫等表现方式，增强和读者的互动。

数据新闻成为众多媒体努力的方向。2013 年 6 月，财新传媒成立数据可视化实验室。2014 年，新华网成立了数据新闻部。

近年来，一些专业领域发生重大新闻时，一些专业人士、机构（如丁香园、果壳网、侠客岛等）通过自媒体、网站等渠道对新闻进行解读，因及时、专业、语言清新，吸引了众多忠实的拥趸。

社会生活日新月异，公众获取信息的渠道大大畅通、便捷，但信息的繁杂有时反而造成人们选择上的困扰。今天，公众对解释性报道的需求不是减少了，而是比以往增加了。但是，正如一些研究者所言，跟受众的需求相比，我国的解释性报道目前还存在很大的提升空间。

比如，新闻机构、记者对解释性新闻敏感度在降低甚至是消失。一些重大新闻发生后，同质化报道不断推出，反转新闻越来越多，人们对事件不是更清楚了反而是更糊涂了。

再如，报道的专业化水平低。2014 年 3 月 8 日，马航 MH370 从马来西亚吉隆坡机场起飞后失联。机上 227 名乘客中有 154 名中国人。该消息很快成为全球媒体关注的焦点，中国媒体更是重点报道。然而，由于缺少核心信源，中国媒体的关注点更多地局限在马航中国乘客家属所在的酒店，当时有“中国媒体有三宝，转发、滴蜡和祈祷”的调侃与讽刺。

实际上，由于近年来媒体特别是传统媒体人才流失的加剧、考核方式的精细与功利，我们很难要求记者对某一领域有深耕和沉淀，反映在解释性报道中就出现“专家依赖症”，报道速生速死，难以起到应有的答疑释惑作用。

中国社会正处在重大转型期，变化是唯一不变的主题。受众的需求呼唤优秀的解释性报道及时出现，技术的发展推动着解释性报道呈现方式不断创新。在越来越强调媒介融合发展的今天，媒体如何才能提供及时、专业的深度报道，记者怎样才能采写专家级的报道，无疑是亟待解决的问题。

第七节　解释性报道的采访与写作

解释性报道是深度报道的一个重要组成部分，也是受众需求旺盛的新闻报道“增长点”，但是，并不是每个新闻事件都需要写成解释性报道。

---

① 王继周．新世纪我国解释性报道研究．广州：暨南大学，2015.

一、解释性报道的适用领域

有学者认为，在当今社会转型的大背景下，需要进行深度解释的新闻大致集中在以下四大领域：社会文明进步的成果，各级领导机构做出的重大决策，阻碍社会发展进步的障碍和弊端，重大突发事件。①

下面分别举例说明。

（一）社会文明进步的成果

社会文明进步的成果事关每一个人的生存状态、生活质量。对社会文明进步成果进行解释，有助于受众对自身所处自然环境、社会环境的理解，激发他们为创造更加美好的生活而努力的信心和决心。

2015 年 1 月，美国企业家马斯克宣布了通过发射卫星向全球提供高速互联网连接的计划。同年 9 月，马斯克正式向美国联邦通信委员会（FCC）提出申请，发射 4 000 多颗近地轨道卫星，组建卫星宽带网络“Starlink”，用于向全球提供卫星互联网服务。这一计划可以给全球偏远地区提供高速、低延迟的互联网连接服务。

2018 年 2 月 22 日，两颗互联网卫星成功发射。消息一出即引起社会广泛关注，互联网诞生至今，已经广泛而深刻地改变了人类生活，享受便捷、快速、安全的上网服务也成了大多数人的生活基本配置。互联网卫星对人类生活会产生多大的影响？如果有，对中国的互联网用户影响会有多大？这些都需要有报道予以解释。

（二）各级领导机构做出的重大决策

各级领导机构做出的重大决策，影响面广，群众关注度高。做好政策类新闻的解释性报道，首要的是准确、及时，重点解释好某项政策会对普遍民众的生活产生哪些影响。这就要求记者对政策本身有一个正确的理解，还要知晓政策出台的背景、历史沿革、未来影响等“前因后果”，然后用新闻语言表达出来。

2009 年 6 月 15 日，美国财政部公布中国减持美国国债 44 亿美元。第二天，这条消息占据各大媒体的头条。在当时经济形势十分敏感的背景下，此举意味着什么？减持会不会成为趋势？如何看待当时中国持有的大量美国国债？

新华社《新华视点》编辑室调集央采中心、国际部及驻外记者进行采访，当天下午推出深度报道《44 亿美元会漾起多大波澜——专家解读中国减持美国国债》。

政策解读一旦出现偏差或错误，就会对人们的生活造成重大影响，甚至会引起人们的恐慌。这类例子也不少，媒体应当引以为戒，避免因自己的片面理解，曲解、误读政策。

2018 年 2 月底，公安部推出新举措，3 月 1 日起，增加非本人名下机动车交通违法网上处理渠道。一些媒体解读这项规定时出现错误，变成“3 月 1 日起，通过自助渠道处理非本人车

---

① 高钢．社会转型期呼唤解释性报道．新闻战线，2005（7）：47－50.

辆的交通违法，必须先实名注册并绑定对应车辆，然后才能处理”。

消息一出，北京、西安、武汉等大小城市的交警大队违法处理大厅人满为患，人们扎堆儿在新规实施前办理绑定业务。交警部门不得不在现场和媒体上辟谣。

（三）阻碍社会发展进步的障碍和弊端

所谓障碍和弊端，有的是政策层面的，有的是观念方面的。对这些阻碍社会进步的因素进行剖析，有助于公众更清晰地认识哪些应该破除、应该怎样破除。

《一桩令人难以置信的强奸案》（An Un-believable Story of Rape）获得了2016年普利策新闻奖的解释性报道奖。这篇报道讲述了两起分别发生在美国华盛顿州和科罗拉多州的强奸案。第一个案件中，警察将强奸受害者认定为报假案做伪证的骗子并将她告上法庭；第二个案件中，两名女警从不同地区的强奸案件中找出联系并将强奸犯绳之以法。两个故事交叉讲述，交汇点则是两个故事的罪犯是同一个人。

普利策新闻奖的颁奖词称这则报道“检视并揭露了执法系统对强奸案件调查的失败以及对受害者创伤治疗的无能”。实际上，这篇带有调查性质的报道指向的是一种偏见：关于强奸的迷思——人们通常认为，受害者被陌生人强奸后拼死反抗，事后立马去报警。然而，事实并非都是这样，受害者的反应可能各不相同，有歇斯底里的，也有非常冷静的。而且，很多人往往不会立刻就报警。任何带有偏见的假定都会带来错误的后果。有这种迷思的警察，如第一个案件中的警察梅森、受害人的养母等，很容易将受害者认定为骗子，从而让她们受到双重伤害；破除这种迷思的警察，会像第二个案件中的女警加尔布雷斯一样，在“倾听和验证”中一步一步锁定犯罪分子。

（四）重大突发事件

突发事件不在人们预料范围内突然发生，重大突发事件对人会造成突然而猛烈的冲击。所谓“重大”，并非单指损失惨重、伤亡人员多或影响广泛，有的事件可能不是死伤人员最多的，但因和媒体的目标受众关系密切，需要媒体做出快速反应，回应公众关切的问题。

2007年到2014年，中国发生多起针对PX（对二甲苯，可用于化工产品的生产）的抗议事件。2007年6月厦门PX项目、2011年8月大连PX项目、2012年10月宁波PX项目都在公众的抗议声中停摆。2013年5月，中国石油在昆明安宁的1 000万吨/年炼油项目遭到民众的反对。2013年7月30日，福建漳州古雷PX项目发生焊缝开裂闪燃事故。

针对民众对PX项目的担忧，有关政府部门表示“PX项目绝对安全”，专家也呼吁公众要保持理性和克制，不要谈PX项目色变，并以新加坡等国家的PX项目为例，来证明PX项目的安全性。

有危机管理专家统计，早在2007年漳州腾龙芳烃PX爆炸之前，中海油惠州炼厂等四处PX装置也都出现过起火事故，起火原因都是焊口的焊接不合格导致的。从理论上讲，这都是属于管理层面的问题。管理不善，才导致理论上安全的PX项目变得不安全。

但是，公众的疑虑并未消除，很多项目在选址时就遭遇抵制。网络上甚至出现“PX恐惧症”的词条。

2013年7月30日至8月2日，《人民日报》求证栏目又推出了《探析PX之惑》系列报道，包括《PX产业，我们可以不发展吗》《日本PX工厂如何保障安全》《韩国PX积极扩容增产》和《PX如何走出困境》，详细向公众解析"PX项目"的必要性、安全性问题，并指出："PX焦虑"根源是项目决策程序不够透明；公众对环评、安全、监管不太信任，容易相信网络不实传言；破解PX困局在于加强管理，确保生产安全，重建民众信心；引入公众监督和独立的专业评估；项目信息公开科学；建立利益补偿机制。

二、怎样进行解释性报道

如何进行解释性报道？美国新闻学教授卡尔·林兹特诺姆认为，应该在报道正在发生的新闻事实时，注意适当补充以下事实，即"历史性的、环境性的、简历性的、数据性的、反应性的"事实，这样可以使正在发生的新闻事实更令人明白易懂。

历史性的事实，要求记者提供历史背景，解释事件的来龙去脉、前因后果。

环境性的事实，不是单指自然环境，更包括社会环境，记者提供这一事实，有助于读者了解事件的相互关系。

简历性的事实，指人物履历、趣闻轶事，让读者更容易看清新闻人物的成长经历，更容易理解为什么现在会发生这样的事件。比如，对一些升迁或落马官员的报道。

数据性的事实，指统计得来的数据，提供这类事实可以让读者明白新闻事件的宏观意义，经济新闻中经常使用数据性事实。

反应性的事实，指新闻事件发生后相关政府部门或人员的表态、评论。所谓选择即态度，记者通过选择不同的反应性事实，可以不动声色地表达自己的价值立场。

解释性报道对记者的要求很高，主要是新闻敏感和专业化。

一般的新闻敏感，是指记者对某件事是否属于新闻进行判断。对解释性报道来说，记者要对一条新闻是否应该深入挖掘、公众是否期待了解更多进行判断。能否正确判断，和记者的专业化水平高低密切相关。专业化水平高的，能够一叶知秋，敏锐地判断出看似不起眼的新闻背后，其实隐藏着一个新闻宝藏；专业化水平低的，即使一条新闻大鱼游到面前，也会视而不见。

解释性报道，要求记者用新闻的方式进行专家级的表达。所谓新闻的方式，既有时效性要求又有将专业知识通俗化表达的"翻译"功力要求；所谓专家级的表达，是指报道的"解释"要体现较高的专业性，人云亦云、"放之四海而皆准"的分析没有任何价值。

以上这些要求集中于一点，即记者的专业化。古人说，大抵有基方筑室，未闻无址忽成岑。记者只有在某一领域有着深入研究，才能发现这一领域的新闻，也才能积累相关的资料、信息、人脉，当新闻事件发生后才能在最短时间内形成最具专业水准的解释性报道。

新闻背后

新华社记者宋振远是三农问题专家，他采写的《三农问题十大主题》《小岗三问》《求解粮食问题的不等式》等都产生了重大影响，其中对"食品为何成为物价上涨的第一推手"问题所做的报道，被认为“媒体首次从成本的角度介入报道物价问题，堪称一篇以新闻形式呈现的科学论文”。

宋振远认为：“专业化的好处是，一旦有什么新的如三农方面的新闻、事件和政策，（三农记者）就容易形成快速准确的联系、预判和分析，报道的针对性更强，能兼顾时效与深度，在表述和报道效果上也具备了基于积累的专业水准。”

（一）解释性报道的采访

1. 敏锐发现热点，迅速确定难点

一个事件发生，公众多是通过新闻知晓的。有的新闻会迅速引起关注并引发热议，人们迫切希望知道“为什么”。但也有的新闻当时并没有引起公众的注意，陆续发布的消息逐渐成了人人都知道但没人能说得清的状态。我们姑且将前者称为“强新闻”，后者称为“弱新闻”，无论面对强新闻还是弱新闻，记者都应有一双慧眼，敏锐地捕捉到它们。

解释性新闻解释什么？记者解释的重点，应该紧密结合读者理解、认识上的“难点”。读者有困惑，报道才有存在的必要。能够解答读者的疑问，解释性报道才有价值。记者采访前，要认真梳理公众关心哪些问题，有针对性地采访相关专业人士。

《手机巨人诺基亚为何倒下？100 分的输家》（台湾《商业周刊》2011 年 7 月 6 日封面报道），获评“2012 年亚洲出版人大奖最佳解释性报道”，这篇报道全面分析了诺基亚陨落的原因。

诺基亚手机曾经风光无两，2008 年，诺基亚手机的全球市场占有率高达 40%，每天有 9 亿人使用诺基亚手机。因为它，手机开始真正走入普通人的生活。诺基亚手机以质优价廉著称，在中国消费者中，至今还在流传用诺基亚手机砸核桃的故事。

诺基亚也并非在某一天突然衰落的。与 2007 年的高峰相比，诺基亚 2011 年市值暴跌 87%，市场占有率从 2008 年的超过 40%降到 2011 年的 25%。债务评级接近垃圾级。

单个消息公布，也许只有少部分人关注。消息连起来看，人们就会产生疑问：诺基亚为何沦落至此？

没人能准确说出原因，大家只会说：“因为太大，所以诺基亚无法应变，来不及推出智能手机，在高端市场被苹果的 iPhone 占据，低价市场被中国的山寨手机侵蚀。”

2011 年夏，《商业周刊》记者前往芬兰诺基亚总部采访。采访对象包括专教诺基亚个案的教授、1984 年任诺基亚集团旗下手机公司的首席执行官、在诺基亚工作 8 年负责诺基亚早期智能手机 N60 系列行销的前员工、观察诺基亚超过 10 年的芬兰经济研究所研究主管、一位不愿意具名的诺基亚前设计主管以及台湾的两名教授、手机厂商华冠副总经理。当然，从报道看，记者行前进行了大量的资料搜集工作。

记者通过采访，逐一排除了关于诺基亚已有的似是而非的结论，得出自己的结论：“诺基亚犯的错，就是把自己的优点极大化后，没留余地让自己冒险，最后，成为一百分的输家。”

报道刊发近三年后，2014 年 4 月 25 日，微软宣布正式完成对诺基亚设备与服务部门的收购。一个手机巨人的时代就此终结。

2. 鉴别问题真假，确定主攻方向

新闻每天发生，热点各有不同。公众热议的问题当然是记者需要关注的问题，但是有的问题是真问题，有的问题则是假问题。所谓假问题，可能是由信息沟通不畅造成的，即问题早已解决，但相关人员不了解，也可能是公众情绪化或人为造出来的争议话题。有的问题则是真问题，但短时间内无法找到答案，比如雾霾问题。

对于信息沟通不畅造成的假问题，记者可以寻找采访资源，为公众答疑释惑。对于一时无法解决的真问题，记者不应回避，可以当作课题跟踪研究，长期观察，以便在时机成熟时第一时间予以报道。

3. 调动采访资源，多方深入采访

有人把对一个专家的访谈当成解释性报道，这显然是一种误解。诚然，专家访谈确有答疑释惑的作用，在新闻实务中大量报道采用这种方式，但这距离严格意义上的解释性报道还非常遥远。解释性报道，应该向读者提供更多的事实，而非某个专家的某种角度、某种观点。另外，现有报道中仍存在严重的“专家依赖症”。有的是记者的专家资源过少，翻来覆去总是那一两个专家；有的是专家自己是“万金油”，哪些领域都能谈、哪些领域都敢谈。

解释性报道，同样需要记者深入采访，特别是到新闻现场采访，搜寻相关数据。专家观点只是报道内容之一，即使是同一领域的专家，也应尽可能多地采访，广泛听取他们的意见。

2016 年 10 月 13 日，泰国普密蓬国王逝世。泰国是中国传统上的友好国家，也是中国游客的热门旅游地，2015 年泰国接待中国游客近 800 万人次。普密蓬国王去世消息公布后，中国公众关心的是泰国政局是否稳定，旅游是否会受到影响，游客、商人是否安全，如果写关于泰国国王去世的解释性报道，这些信息是必须包括的。要回答这些问题，记者显然不能满足于采访一两名专家或业内人士，最好要有现场、有数据、有分析，不能只是“专家说”“专家又说”。

（二）解释性报道的写作

任何文体的新闻写作都是建立在采访基础上的，采访越扎实，写作就越容易。对解释性报道来说，“关键技术是用相关事实去说明新闻在特定背景下的意义”①。

具体来说，解释性报道写作应注意几点。

1. 回应关切

我们在采访部分已经讨论过回应关切的问题，记者采访时，要根据公众对新闻事件理解上的“难点”设置问题。但在新闻实务中会出现一种情况，即采访对象提供了大量超出记者预期的内容，如何处理这些内容，还是要根据它与主题的相关性来判断，公众关心关注的予以保留，无关的可以忽略。

2. 善用数据

数据的精确性决定了数据的说服力，相比笼统的描述，使用数据显然更直观、更让人信服。同时，恰当使用数据，能让读者清晰地感知某一新闻事实的宏观定位。普利策新闻奖得主

---

① 高钢．社会转型期呼唤解释性报道．新闻战线，2005（7）：47－50．

马克·斯库福斯认为，数据可以量化记者所调查事件的发生频率，为报道增加实证的骨架。有时从数据本身就可以看出问题。①

当然，对中国记者来说，要想获得数据往往非常困难，尤其是所谓的大数据分析，既有数据不公开的现实困难，又有较难逾越的技术壁垒。但是，正如人们常说的，只要思想不滑坡，办法总比困难多。在新闻实务中，有记者通过查阅文献、以公民身份申请信息公开的方式获得了相关数据。

2014年7月2日，《南方都市报》推出《收容教育三十年》的报道，没有人愿意提供全国收容教育所的数量。记者获取信息的方式是根据19个省份官方就政府信息公开申请的答复，对未公开答复的其余省份进行逐一采访，最终获得了一份除贵州省（该省是采访中唯一拒绝公布相关信息的省份）之外中国收容教育所的数据信息。

我们再看另外一个例子。

《芝加哥论坛报》自1986年3月2日起连续7天刊发了一组共5万字的关于基因疗法的报道。该系列报道获得普利策新闻奖解释性报道奖。报道中，记者大量使用了相关数据，对相关问题的重要性进行说明。

例如，在《基因疗法将重塑我们的未来》中，讲到基因疗法可以用来控制和治愈那些致死致残的遗传性疾病，报道提供了相关数据：遗传疾病造成了五分之一的儿童死亡，近一半的堕胎以及高达80%的智力障碍。在医院的病人中，40%的儿童和13%的成年人都是遗传病患者。

在《一个勇敢的女孩等待着奇迹治疗》中，报道介绍12岁的患病女孩艾莉森是脱氨基酶（ADA）缺陷患者后，马上给出一组数据：它是一种非常罕见的疾病，每15万名新生儿中会有一名患有此病。患此病的儿童很少能活过3岁。报道后面补充了相关信息："艾莉森能活到现在是因为她体内还制造着那么一星半点的ADA——只有正常水平的2%～3%——而且她还每月都注射一次免疫球蛋白。"

3. 学会翻译

解释性报道中，会有一些公众陌生的专有名词，如科技、医学、军事题材的报道。怎样把晦涩艰深的专有名词表述得通俗但不失真，考验着记者的功力，也是解释性报道必须面对的问题。

再以上述基因疗法的报道为例。

记者搜集资料时，搜到了500多篇专业论文，花了好几个月才明白有关术语，进而得以分清哪些是重要的论文，哪些是无关紧要的材料。写作中，记者使用了大量生动形象的比喻，让读者轻松理解了那些看不见、摸不到的物质。

比如，介绍基因时，记者写道："我们身体的每一个细胞都有一套相同的基因，其数量在5万至10万之间，由一种叫作染色体的弯弯曲曲的组织把它们像珠子一样连在一起。"类似的比喻还有很多，如"这些基因都挂在一种叫染色体的链状结构上，染色体在细胞内一圈一圈地盘起来，就像小弹簧一样"。

---

① 崔莹.BuzzFeed调查报道主管：在美国做调查报道越来越难.（2017-12-01）[2018-01-12].http://cul.qq.com/a/20171201/009408.htm.

【阅读】

布隆代尔．华尔街日报是如何讲故事的．北京：华夏出版社，2006.

李普曼，赖斯顿．新闻与正义．北京：中国人民大学出版社，2009.

高钢．新闻写作精要．北京：首都经济贸易大学出版社，2005.

樊崇义．刑事诉讼法学．2版．北京：法律出版社，2009.

朱玉．一千零四十小时：早产儿氧中毒失明情况调查．(2004-01-15) [2016-12-07]．http：//health. sohu. com/2004/01/16/64/article218626457. shtml.

石扉客．上海滩特警乌龙"剿匪"记．(2009-08-14) [2017-01-23]．https：//news. qq. com/a/20090814/001463. htm.

石扉客，季天琴，周至美，等．起底王立军．南都周刊，2012 (48).

王和岩：谷俊山系列报道。

【思考】

1. 采访对象拒绝接受采访，你怎样说服他/她？

2. 采访对象要求审稿，你如何处理？若采访对象说"我说的这一部分你不能写"，你该如何应对？

3. 报道发表后，采访对象要求删稿，该如何应对？

4. 在浅阅读时代，深度报道想吸引更多受众，应做哪些方面的改进？

【练习】

1. 认真阅读一篇调查性报道，分析其信源、结构、逻辑、语言等，假设自己是一名记者要采访此事，推演一下记者采访前的案头准备、采访顺序安排、问题设计等。

2. 认真阅读一篇调查性报道和一篇解释性报道，分析它们的优点和不足。

3. 以所在学校信息公开现状为主题，写一篇调查性报道，要求有问题呈现、背景介绍、相关人员采访等，篇幅限制在3 500字左右。

第八章

怎样从事专业领域报道

【学习要点】

专业领域报道一定要深入浅出，对专业知识了解要深入，但表达却要通俗。

要学习积累专业资源，包括专家资源、文献资源、网站资源等，建立该领域的资料库，并关注专业领域相关机构的日常活动和信息发布。

专业领域报道也会遇到一些陷阱，比如：财经报道中纷繁复杂的数据需要反复确认其准确性和含义；事故灾难报道中会有一些不适合传播的内容，或者是涉及遇难者或受害者隐私的情况；法制报道中要保持中立，不要站在道德高地进行误导性解读等。

可视化图表等创新手法被广泛应用到专业领域报道中。

新闻媒体为了更加专业、高效地报道相关领域，通常会在媒体机构内根据社会行业和领域进行报道分工，从而形成日益细分化的新闻报道类型，包括时政新闻、财经新闻、事故灾难新闻、法制新闻、科技新闻、健康新闻、体育新闻、教育新闻、环境新闻、农业新闻、旅游新闻等。而随着社会分工的进一步细化，新兴行业层出不穷，新闻报道的专业类型随之日益更新。

“隔行如隔山”，新闻记者需要在某个特定行业与领域长期从事该领域的调查研究，才能对该领域形成深入了解，更加全面地从事新闻报道和分析。但对专业的了解距离成为出色的专业领域报道记者来说只是迈出了“前半步”。在专业新闻报道中，专有名词、术语等非常枯燥，会使受众产生距离感并难以理解，降低受众的阅读兴趣。因而，记者还需要遵循新闻报道的一般规律，通过采写、编辑加工、媒介呈现，用受众可以明白的语言形象地表达相对枯燥的专业知识。这“后半步”着实考验记者的新闻功底，“深入浅出”已成为专业领域报道的核心要求。

本章将结合案例与点评，依次介绍时政新闻报道、财经新闻报道、事故灾难新闻报道、法制新闻报道和科技新闻报道这五大专业领域报道具体的采写技巧和需要注意的问题。

时政新闻报道需要记者具备高度的政治素质和政治敏感，在报道时要有强烈的责任意识。要避免时政报道空话、套话较多的通病，“写活”时政报道可以在选题上巧用心思，善于利用微观和宏观相结合的手法，并深度挖掘时政信息，增加新闻厚度。时政会议报道需要挖掘能让读者感兴趣的信息，并要努力发现会议中具有“新闻点”的新信息，还要善于运用可视化图表、增强现实（AR）等新媒体技术展现枯燥冗长的会议内容。

财经新闻报道具有高度的专业性，又和百姓生活紧密相连。好的财经新闻需要将专业性与可读性相结合，记者要学会把复杂的经济现象用“故事”表达出来，达到“雅俗共赏”的效果。财经记者除了需要关注日常经济数据外，还要从其他领域的报道中寻找选题线索，在普通新闻中看到其背后的经济意义。财经记者掌握一手、独家的信息来源至关重要。同时，在数据处理方面，记者首先要保证数据的准确性和全面性，并注意运用恰当方法转化、处理数据信息，同时在可视化呈现上进行有益探索。

法制新闻报道需要记者日常在法律专业知识上储备自己，多方信源求证核实信息，慎用社交媒体上的素材，尽量还原事件真相。做到客观、平衡地展现法制事件，并做好相关记录，理性判断，不轻易下定论，不做倾向性解读。在进行报道时，还要特别注意信息公开的尺度，对有损国家利益和社会公共利益的内容，涉及个人隐私的内容，暴力色情的犯罪细节等都要进行删除和过滤。

事故灾难新闻多为突发新闻，在第一时间赶赴现场、获取有关事故灾难的一手资料是记者的第一要务。在重视时效性的同时，记者还要及时和多方沟通，灵活应变，要通过深入调查谨慎地报道新闻事实，弄清真实情况之后才能进行报道，以免误导公众甚至引发不必要的恐慌。记者还需要加强同政府、社会之间的协同合作，相互之间密切配合，才能够更好地对这类新闻进行报道。此外，创新报道策略同样能够有助于有效地展开报道，比如运用科学的手段对一些突发性的灾难事件的进展和处理情况等进行跟踪报道。

科技新闻报道要“写软、写活、写真”，将知识性和趣味性融合在一起。写出妙趣横生的科技新闻报道，成为考验科技记者的一道门槛。记者要学会使用拟人、比喻、对比、巧借典故等文学技巧，还可以利用丰富的媒体融合手段活泼展现科技信息。科技记者除了日常培养科学素养、增强“伪科学”辨别能力外，也要注意严谨性和准确性，不要为扩大稿件影响而故意夸大科学发现。

要　领

做专业领域报道的记者需要遵循的基本规律

- 好好研究所要报道的专业领域，了解该领域的基本情况和以往的报道情况。
- 发现该领域的核心信源，包括专家、相关企业负责人、行业协会相关人员等，整理出他们的联系方式，并积极地与他们建立和保持联系，多向他们打听行业动态。
- 建立该领域的资料库，包括该领域常用资源网站、核心机构名单等。
- 了解该领域的日常会议和新闻发布活动等。
- 专业新闻的选题虽“专业化”，但也要做到“大众化”。要挑选受众感兴趣的专业话题，要以生活中与受众息息相关的事件为主要的方向来选择，也可考虑根据社会上的热点事件去发掘专业选题。

● 在对专业领域相关事件进行分析时，仍要考虑其专业性和深度，不能过于浅显，要多思考，将专业性与大众性巧妙结合。

● 专业领域报道的语言使用要尽量通俗，对较难理解的、生硬的专业术语通过通俗、生动的语言来表达，降低稿件的枯燥性，巧用比喻和贴近受众生活的例子来帮助读者了解专业知识，拉近报道与受众的距离。

第一节　时政新闻报道

时政新闻，也被称为“政治新闻”“时事新闻”。在《中国新闻实用大辞典》中，政治新闻是报道国家、政党、社会团体、知名人士的政治主张、行为、活动，以及社会上政治事件等方面的新闻。[①] 简单点说，时政新闻，是对时事、政治等领域题材的新闻报道，主要包含政治会议新闻、领导人活动和公共政策等。近些年来，新媒体蓬勃发展，时政新闻在发挥舆论导向功能外，也注重响应市场需求和读者需求。

由于时政新闻性质和内容上的特殊性，时政新闻记者要具备高度的政治素质和政治敏感，在报道时要保持强烈的责任意识，不偏听偏信，在采访写作中注重多方查证，以追求新闻报道的准确真实。此外，时政新闻的宣传色彩更为浓厚，容易出现空话、套话较多的通病，本部分将重点分析时政新闻写作的基本原则和方法，为“写活”时政报道提供一定的思路。

一、时政新闻采写的基本原则

（一）追求宣传价值和新闻价值的统一

时政新闻的内容具有特殊性，政府决策、领导人活动及各种会议具备重要的宣传价值，这要求记者在采访写作时始终坚持正确的舆论导向，积极宣传党和政府的主张，积极承担自身作为一名媒体人的责任。此外，也要追求新闻价值，传统的时政新闻报道模式较为单一，传播效果并不好，只有将宣传价值与新闻价值统一起来，把文章的严肃性与可读性结合起来，才能实现更好的传播效果。

① 冯健．中国新闻实用大辞典．北京：新华出版社，1996：77.

（二）善于“以小见大”，以微观写宏观

“以小见大”作为一种写作手法，是指从小处着手，以具体而生动的事物或人物来切入，表达重大的主题，把宏观的事物微观化。这个切入点并不是任意选择的，要既能突出新闻事件主题，又能增强文章的可读性。稿件中具体的场景、对话，生动的细节描写，能够增加文章的表现力，使文章更有感染力，让读者更有代入感。要掌握“以小见大”的写作手法，需要时政新闻记者从选题策划、采访写作、成稿这一系列过程中，始终保持对选题清晰敏锐的认识，拥有较强的观察力和写作能力。

（三）挖掘和解读信息，增加新闻的深度和厚度

时政新闻要避免停留在报道事件的表面。对于受众而言，获取有关事件的表层信息已不再是他们阅读新闻的唯一目的，而是更想探究隐藏在表层信息背后的东西。因此，记者在写作时，应当合理地穿插新闻背景，通过运用新闻背景来增加新闻的深度和厚度。同时，还要“抽丝剥茧”，积极联络行业专家帮助读者理清时政事件背后的价值和意义。

（四）具有创新意识，善于寻找与众不同的选题角度

时政新闻的来源渠道较为单一，容易造成同质化报道的情况。要想使自身的报道脱颖而出，必须寻找与众不同的报道角度，尽量跳出传统时政报道的选题思路。

二、两大主要类别的时政报道

对于时政新闻来说，主要报道范畴涵盖会议报道和政府相关公共事务/政策报道。我国的时政新闻确实承载着比其他题材更多的宣传任务，因此要始终引导正确的舆论方向。此外，时政新闻也要与时俱进，不断创新报道模式和形式。

（一）会议报道

1. 会议报道的基本要求

传统的会议报道往往遵循套路，模式单一，无法提起受众的阅读兴趣。报道会议的难点在于从会议中挖掘让读者感兴趣、和读者生活相联系的信息，以及挖掘枯燥冗长会议中具有“新闻点”的新信息。下面列举的要点概括了会议报道可以搜集哪些素材，从哪些角度展开。这些要点可能不会在一篇新闻报道中都出现，若是面面俱到则可能使会议报道缺乏焦点。记者只需抓住一两个值得报道的点，深挖其背后的信息，写出此次会议最值得关注的地方，便是一篇好的会议报道。

要　领

会议报道如何展开？

- 会议的主要内容：投票、决议、出台政策的情况。
- 召开会议的时间、地点、目的。
- 召开会议的相关背景。
- 会议的主要发言人及其背景、发言主题。
- 此次会议的核心信息是什么？这些核心信息是在什么背景下提出来的？是为了应对什么现实问题？
- 参会者人数、背景、现场反应及对会议信息的看法。
- 会议讨论中是否产生了争议？
- 此次会议信息会与什么人产生直接或间接关系？他们对这些信息又会如何回应？
- 会议的组织者及其立场。
- 采用图表清晰展现会议流程。
- 下一场会议的安排。

2. 会议报道需要注意的问题

（1）切忌把开会本身作为报道主角，忽视会议中真正具有新闻价值的内容。

（2）切忌把报道写成会议综合消息，罗列每一个议程、领导的讲话等，焦点不集中。正确的做法是，从会议的每一个发言、记者提的有趣的问题入手，挖掘出有价值的新闻。

（3）切忌沉迷于长期使用的会议报道套路，开头是某会议在何时何地隆重召开，有谁出席、谁讲话，然后就是长篇引用讲话稿。这种僵化的写作套路使读者提不起阅读兴趣，也无法迅速捕捉与读者自身有关的信息。因此，会议报道可以根据具体情况，采用倒金字塔结构或者华尔街日报体来写作。倒金字塔结构依据报道主题将文章内容按重要性排序，使读者能迅速接收最重要的信息；而华尔街日报体则以某个小故事、小场景开篇，能够引起读者的阅读兴趣。

（4）报道宏大的议题时，切忌语句冗长复杂。应使用通俗易懂的语言，长短句交错使用。

（5）会议报道切忌平铺直叙，要适当使用会议发言人、观众、受会议决策影响的当事人等的引语来陈述会议内容。

3. 会议报道的创新方式

随着媒体融合时代的到来，会议报道发生了许多新变化。媒体为了吸引受众眼球，纷纷创新报道内容和形式，生动形象地解读权威信息，创造出不少成功的融媒体作品，更符合当前年轻读者的碎片化阅读习惯。我们以 2018 年“两会”报道创新为例，人工智能、众筹 MV 和大量融媒体产品应运而生，新科技与新媒体的结合成为我国重大会议新闻的报道趋势。

其一，增强现实技术带来全新阅读体验。

2018 年 3 月 8 日，新华社客户端发布了《AR 看两会｜政府工作报告中的民生福利》报道，网友点击新华社客户端首页下方的“小新机器人”，使用 AR 功能扫描二代身份证带有国徽图案的一面，便可以更加直观深入地浏览《政府工作报告》（见图 8－1）。AR 技术被应用到“两会”报道中，帮助广大用户更深入地了解“两会”。

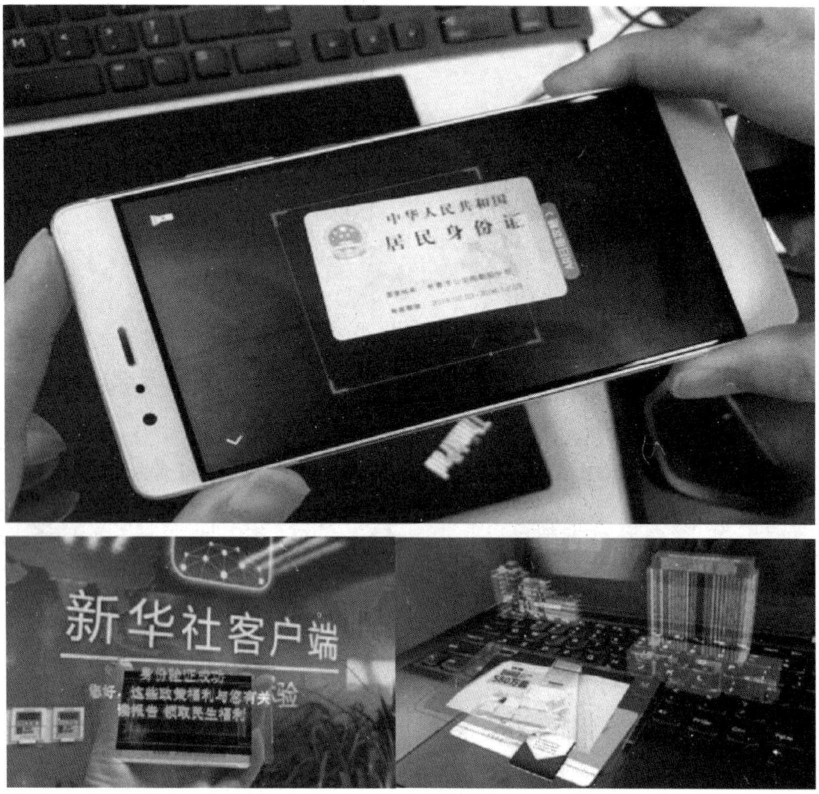

图 8-1 使用 AR 功能浏览《政府工作报告》

其二，H5、手机直播、微视频等形式的融媒体作品大量出现。

在 2018 年“两会”期间，各家媒体都争相推出创意独特的融媒体作品，H5 产品被大量生产出来。网络直播也从 PC 端转移至移动端，手机直播变得非常流行。而 2018 年“两会”报道中的微视频变得更强调互动性，如央视新闻移动网推出首个互动微视频产品《一拍即问》，汇总各地拍客拍摄的最想请代表委员解决的社会问题，向全国政协委员提问。

其三，策划热点话题吸引年轻人。

为了吸引更多人尤其是年轻人关注“两会”，人民日报社新媒体中心发起“中国很赞”众筹 MV 活动，明星、网民齐参与。2018 年 3 月 7 日晚，人民日报社“两微两端”（《人民日报》法人微博、《人民日报》微信公众号，以及《人民日报》客户端中英文版）正式发布 MV《中国很赞》，迅速在微博、抖音、快手等年轻人关注的新媒体平台上形成热点话题。

其四，可视化图表被广泛运用。

在 2018 年“两会”报道中，众多媒体都使用了可视化图表表达会议信息。基于可视化图表的新闻报道，既能更好更直观地传递信息，也能给用户眼前一亮的审美体验。十三届全国人大一次会议上，国务院各部门进行了重大的重组和改革，新华社适时推出了图表新闻《图解：国务院机构改革后国务院设置组成部门》（见图 8-2），用可视化图表取代了纷繁复杂的文字，使国务院组成部门的调整和设置一目了然。

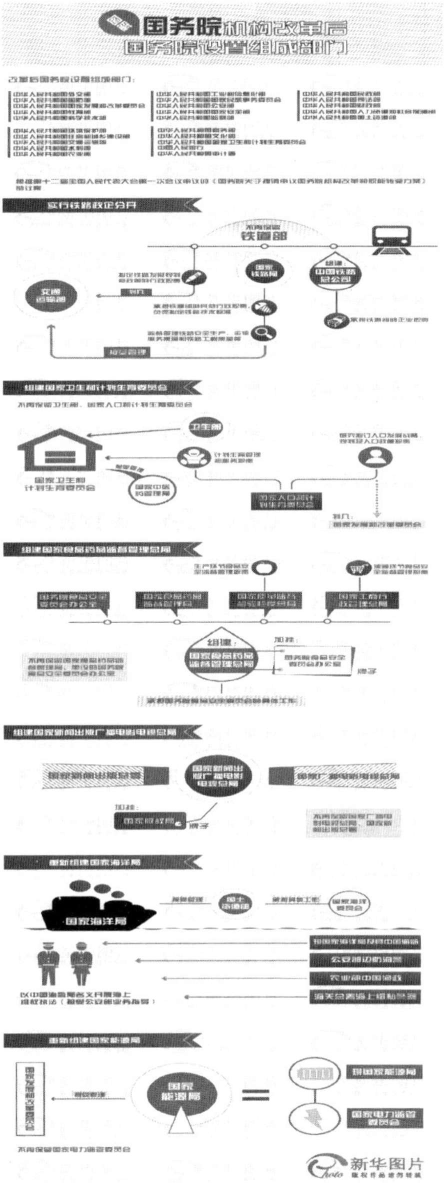

图 8－2　《图解：国务院机构改革后国务院设置组成部门》

（二）公共事务/政策报道

除了会议报道，公共事务/政策报道也是时政新闻报道的重点。在做这一类新闻报道时，重点是要使相关的公共事务和政策与老百姓的生活产生联系，积极获取老百姓对这些事务、政策的看法，并通过老百姓的真实体验反映出这些公共事务、政策如何影响他们的生活。从百姓视角出发，通过“以小见大”的手法，适当加入一些生动的细节描写，可以让枯燥的时政新闻鲜活起来。与此同时，也要学会挖掘公共事务、政策背后的深层信息，增加新闻报道的深度和厚度。

下面是一则关于“取消手机漫游流量费”的公共政策报道，我们可以看出记者是如何把这一公共政策的背景及其对老百姓的影响通过报道呈现出来的。

【案例】

提速降费三年 移动用户资费下降83.5% 人均年省160多元

手机明明“躺着”好几G本地流量，到外地还得重新掏钱买全国通用流量。不少手机用户可能都吐槽过类似的经历，这个问题很快有解了。

今年的《政府工作报告》指出，取消流量“漫游费”，移动网络流量资费年内至少降低30%，让群众和企业切实受益，为数字中国建设加油助力。

工信部副部长陈肇雄3月6日在接受媒体采访时表示，将确保手机流量“漫游费”于7月1日前取消。随后，三大运营商纷纷表态，坚决贯彻落实加大网络提速降费力度的相关要求，确保相关举措全面尽快落地实施。

“本地流量用不完，全国流量不够用”

北京的李女士手机账户里至今还有14个G的本地流量，可前不久李女士去外地旅游，短短三天的时间，她就花掉了两百多元流量费。李女士说，这个卡是当初办理中国联通宽带赠送的，平时不经常去外地，没有关注过流量还要区分本地和全国。“当时觉得每个月有15G的流量，肯定用不完。在外地旅游时也是肆无忌惮地用。”

她向记者回忆，在外地时收到了短信提醒，只显示流量超出了多少兆，需要扣费多少。“第一次提醒我的时候已经扣掉120多元了，当时我觉得自己还有那么多流量，可能是发错短信了吧。第二次收到短信提醒，已经扣了130多元，我上网一查才知道有本地流量和外地流量的区别。”

李女士的遭遇并不是个案，不少网友都遇到了“本地流量用不完，全国流量不够用”的问题。用户王先生告诉记者，北京移动平时会不定期赠送本地流量，但是想真正用上这些赠送的流量并不容易。“只有套餐流量、流量加油包流量用完的情况下才能使用赠送流量。比如说我的套餐里是全国流量，我在本地上网使用的也是全国流量，并不是它赠送的本地流量。有时候，我在月末那几天去外地出差，套餐内的全国流量已经用完了，赠送的本地流量在外地又不能用，只能花钱购买流量包。”

今年《政府工作报告》中不仅提到了取消流量“漫游费”，还提到了移动网络流量资费年内至少降低30%。

随着移动互联网的发展，人们用手机上网的需求越来越强烈。工信部发布的《2017年通信业统计公报》显示，2017年手机上网流量达到235亿GB，比上年增长179%，在移动互联网总流量中占95.6%；全年每月人均移动互联网接入流量达到1 775MB/月/户，是2016年的2.3倍，相当于每年人均互联网接入流量约为20.8GB。

工信部去年底公布，手机上网流量平均资费降至26元/GB。记者据此计算，流量资费年内至少降低30%之后，平均资费将从26元/GB减少到18.2元/GB。即使2018年人均使用流量维持在20.8GB，平均每人每年的移动流量资费也将由原来的540.8元降低到378.6元，人均每年减少162.2元的移动数据费用支出。若再加上取消流量漫游费，用户在流量上的费用支出将减少更多。

三年来移动用户资费下降83.5%

2015年5月，李克强总理在主持召开国

务院常务会议时，确定加快建设高速宽带网络，促进提速降费，并提出多项具体措施。三年时间过去了，我国运营商在提速降费方面取得了一定成效。

工信部数据显示，在提速上，光纤宽带与移动 4G 网络规模全球第一，70%以上用户使用 50M 以上宽带，近 10 亿用户用上 4G 网络。工信部部长苗圩今年在“部长通道”接受采访时指出，三年来，宽带用户单价下降了 90%，移动用户资费下降了 83.5%。

陈肇雄在接受媒体采访时表示，取消流量“漫游费”最大的难点是两个方面。第一，从企业经营来说，它有个业务转型的问题，也就是取消漫游费、降低流量费，企业收入会减少，所以它必须发展新的业务，来弥补这方面，这会有一个过程。第二，从技术上讲，它调整套餐、调整计费软件功能需要一定的时间。

近年来，流量收入超越语音、短信等传统业务，成为运营商的主要收入来源。不少人担心，取消流量“漫游费”会给运营商的业绩带来较大影响。电信分析师付亮认为，取消流量“漫游费”会对运营商业绩造成一定影响。“流量资费的下降会影响整个运营商的收入。移动网络流量资费年内至少会降低 30%，流量作为运营商重要业务之一，它资费的下降肯定会给运营商带来不小的挑战。”

付亮告诉记者，从长远来看，运营商很难从基础电信业务如电话、短信、上网等中挣钱，国家也不允许，运营商就必须主动进入新的领域去探索发现新的收入来源。

（《新京报》，2018-03-16）

上述报道以与广大受众生活息息相关的经历和感受开头，一下子抓住了读者的兴趣，也拉近了与读者的距离，第一段最后说“这个问题很快有解了”，又吊起了受众的胃口，激发读者继续阅读、了解 2018 年“两会”这一最受民众关注的惠民政策。

“本地流量用不完，全国流量不够用”这一部分运用了“以小见大”的手法，文章并没有通篇宏观叙述政策的影响或利好，而是通过李女士、王先生的典型个案从微观角度阐述这个问题，一下子使报道生动鲜活起来。这种宏观政策结合微观体现的写法在时政新闻报道中非常普遍。记者在写作时一定要考虑从微观层面展现政策是如何影响特定人群的以及这些特定人群的回应等。

此外，记者通过自己的计算，把这项惠民政策到底会对老百姓的生活形成什么样的实际影响进行了比较清晰的阐述。记者在某项公共政策出台时，一定要用自己的语言把这项政策如何影响老百姓的生活清清楚楚地写出来。若是此处再加入老百姓对这项政策的回应就会更好。

文末，电信分析专家对该政策进行了相关评论和解读，这也是时政新闻增加深度和厚度的通行做法。

三、时政报道的日常线索积累

通常，我们进行时政领域报道，日常可以从以下几个方面获取新闻线索：

（1）党政机关出台的重要政策文件。这些政策文件一般是公开发布的，都有明确的指示，记者可以仔细研读这些政策文件，可以根据文件中提到的线索进行追踪报道，对文件中民众关心的内容进行摘要报道，对事关民众切身利益的政策进行深入解读等。

（2）党政机关的各种重要会议。会议本身、会议发布的决策或文件、与会者的谈话、会场内外的状况等都有可能成为有价值的新闻线索。

（3）各级政府部门的新闻发言人及联络员。当前政府及各部门都有特定的新闻发言人及联络员，他们对部门的情况非常了解，是时政新闻记者应当重视的信源。记者应与他们保持密切联系，并关注他们的微博、微信朋友圈动态，以便及时获得潜在的新闻线索。

（4）党务政务网站及“两微一端”。中国最具有影响力的党务政务网站包括中国政府网、中国人大网、中国政协网等等。政府机构往往会将其网站与其微博、微信公众号、移动客户端联合起来发布官方政务信息，权威解读政策法规，为时政新闻记者提供官方权威的新闻线索。

（5）深入基层一线。当政府颁布新的政策文件后，记者应当跑起来，深入基层一线观察政策落实的效果，倾听民众的声音，在实地中发现和追踪新闻线索，使报道更加生动鲜活。

第二节 财经新闻报道

随着人们生活水平的提高，财经类信息与公众生活的方方面面变得更加密不可分。财经新闻报道的内容覆盖与社会经济生活有关的所有领域，自中国社会发展进入转型期以来，公众对宏观及微观经济生活的持续关注促使财经新闻的热度居高不下。

楼市的景气程度决定人们的买房意愿，消费结构的变化又改变了人们的购买行为……经济环境影响人们行为的同时，人们的经济选择又再次塑造了新的市场，而在其中提供信息、起着沟通作用的正是媒体的报道。如今，从传统报纸、广播、电视到新兴的客户端、微信公众号、微博等，专业的财经新闻栏目比比皆是。在这样的背景下，财经新闻的报道数量和细分领域如雨后春笋般发展，受众需求的多元化促使财经新闻有了更加多元的视角，也向财经新闻的生产提出了更强的专业化要求。

《华尔街日报》的一位总编曾说：“二流的记者能把事情向专家说清楚，一流的记者则能把同一件事向一个小学生说明白。”这正是财经新闻的特殊性所在。一方面，财经指数、经济环境的变化影响着人们的经济选择及日常生活；另一方面，生涩的经济学原理和复杂的图表又让普通人摸不着头脑。因此，财经新闻提供的经济信息就成了连接二者的桥梁。财经新闻记者在具备高度专业性的同时，需要迅速发现经济事件、现象与公众现实生活的勾连，并用通俗易懂的语言向公众讲清楚这些现象、事件及其背后的意义。

请阅读以下案例，注意观察记者如何通过简单易懂的语言描述复杂的原理。

【案例】

三问区块链：是什么？有什么用？会成新风口吗？

近段时间，有关比特币的新闻非常吸睛，区块链也跟着火了一把。资本市场上，各种区块链概念股的股价涨跌犹如过山车般惊心动魄。从反应敏锐的资本市场可以看出，区块链正站上风口，受到各方高度关注。

什么是区块链？

…………

工信部指导发布的《中国区块链技术和应用发展白皮书2016》这样解释：广义来讲，区块链技术是利用块链式数据结构来验证与存储数据、利用分布式节点共识算法来生成和更新数据、利用密码学的方式保证数据传输和访问的安全、利用由自动化脚本代码组成的智能合约来编程和操作数据的一种全新的分布式基础架构与计算范式。

交通银行金融研究中心高级研究员何飞进行了通俗解释："简单地说，区块链就是一种去中心化的分布式账本数据库。"去中心化，即与传统中心化的方式不同，这里是没有中心的，或者说人人都是中心；分布式账本数据库，意味着记载方式不只是将账本数据存储在每个节点，而且每个节点会同步共享复制整个账本的数据。同时，区块链还具有去中介化、信息透明等特点。

"区块链技术本质上是一种数据库技术，具体讲就是一种账本技术。账本记录一个或多个账户资产变动、交易情况，其实是一种结构最为简单的数据库，我们平常在小本本上记的流水账、银行发过来的对账单，都是典型的账本。"腾讯金融科技智库首席研究员王钧说，安全是区块链技术的一大特点，主要体现在两方面：一是分布式的存储架构，节点越多，数据存储的安全性越高；二是其防篡改和去中心化的巧妙设计，任何人都很难不按规则修改数据。

以网购交易为例，传统模式是买家购买商品，然后将钱打到第三方支付机构这个中介平台，等卖方发货、买方确认收货后，再由买方通知支付机构将钱打到卖方账户。由区块链技术支撑的交易模式则不同，买家和卖家可直接交易，无须通过任何中介平台。买卖双方交易后，系统通过广播的形式发布交易信息，所有收到信息的主机在确认信息无误后记录下这笔交易，相当于所有的主机都为这次交易做了数据备份。即使今后某台机器出现问题，也不会影响数据的记录，因为还有无数台机器作为备份。

（《人民日报》，2018-02-26）

上述报道引用权威信源工信部对区块链的准确定义，突出专业性和严谨性。通过业内专家的口吻，对区块链的定义进行通俗解释，用公众更加容易明白的话语对区块链的定义、特点等加以补充说明，增强公众的认知。在严格的概念界定及相关补充解释后，最后一段以公众熟悉的网购为例，通过展示在区块链技术支撑下的网购流程，更加简单、形象地展现区块链技术的特征，使公众更加直截了当地了解该技术的关键所在和运用价值。

一、财经新闻采写的基本要求

除掌握基本的采写要求外，财经新闻记者还需了解相关的报道技巧。由于财经报道具有严格的时效要求，掌握一手、独家的信息来源至关重要。如与业内人士、政府相关负责人、专家学者等保持紧密联系，密切关注公司财报、行业情况通报、股票指数以及第三方机构评估等，都能帮助记者及时、有效地掌握财经信息。

（一）选题发掘

1. 从数据中发现选题

财经新闻记者除了需要关注日常经济数据外，还需要从数据中发现可做的选题，如一段时间内猛涨或猛跌的工业指数、某公司连日飘红的股票价格、突然改变趋势的经济数据等。财经记者需要具备高度的经济敏感性，从数据异常中发现问题，并通过调查找出答案。

广夏（银川）实业股份有限公司曾在中国股票市场上以极高的收益率创造了“奇迹”。2001 年《财经》杂志记者凌华薇、王烁迅速察觉到数据的异常，并经过一年多的跟踪采访，还原了银广夏的“神话”的本色，将背后的特大造假骗局展现在人们面前，成为中国财经报道史上难得的经典。2018 年初，獐子岛集团股份有限公司发布的《2017 年度业绩预告修正公告》显示“三季度公布的盈利 1 亿元预期调整到亏损 5.3 亿到 7.2 亿”，并表示“部分海域的底播虾夷扇贝存货异常”。针对数据异常及“扇贝跑了”的解释，多家媒体对事件疑点进行了调查报道。

2. 从其他报道中发现经济选题

除常规选题报道外，记者还可从其他领域的报道中寻找选题线索，从普通新闻中看到其背后的经济意义。如 2018 年初，亚布力阳光度假村董事长毛振华控诉亚布力管委会欺负投资者一事引起舆论热议的同时，东北雪乡又频频爆出“宰客”新闻。多家财经媒体抓住报道背后蕴藏的东北经济低迷、投资环境不良等发展难题，深入解析东北经济环境困顿的原因及出路，引起社会广泛关注。通常，一个区域的经济问题总是与社会、政治等诸多领域相互交织的，在日常的社会事件中隐藏的经济现象，亟待记者进行深入挖掘。

（二）专业性要求

在各新闻门类中，财经新闻是专业性要求较强的门类之一，财经新闻记者需要掌握扎实的专业知识。财经新闻要求记者具有新闻和经济的复合背景，这对单纯学习新闻专业的学生提出了严峻的挑战。

随着财经新闻的门类越来越多，分工更加细致，现在的财经新闻记者通常将主攻方向放在1～2个领域，如股票、房地产、经济政策、税收等。在有了基本的经济基础和报道经验后，选择 1～2 个感兴趣或熟悉的领域作为自己的报道主攻方向，将大大提高记者的竞争力。

同时，优秀的财经新闻记者对专业知识的学习绝不限于课堂。除了在实践中善于思考和提出问题外，还需要阅读大量优秀的财经报道刊物如《经济学人》《华尔街日报》等，也可通过采访的机会多向专家请教相关问题。

（三）可读性与故事化

财经新闻要求的高度专业性并不代表其晦涩难懂、充满学术气息。好的财经新闻需要将专业性与可读性相结合，达到雅俗共赏的效果。在可读性的探索方面，除了措辞上力求通俗易懂外，故事化也是常用的手法。展现宏观政策对生活影响的日常事例、生动的创业故事等常年受到读者喜爱。

请看下面两则关于中国核电经济效益的新闻，思考两种写作方法的区别及效果。

【案例】

中国核电上市两年记：起航四代核技术、“走出去”战略提速

10月12日，中国核电公告称其今年前三季度累计发电量已达748.09亿千瓦，同比增长达16.64%。

事实上，年初以来的多项变化，只是中国核电近年来特别是上市以来进入快速发展快车道的一个横切面。

中国核电中报显示，中国核电2017中报实现营业收入162.35亿元，同比增长14.89%；归属于上市公司股东的净利润25.45亿元，扣除非经常性损益的净利润25.4亿元，同比增长14.14%，净利润增长率大幅领先电力行业平均状况；而在去年年报中，中国核电净利润更是大增18.71%。

（《21世纪经济报道》，2017-10-18）

中国核电技术强势逆袭：出口一座核电站相当于出口两百架客机

华龙一号是中国自主创新、集成创新和机制创新的成果，是我国在30余年核电科研、设计、制造、建设和运行经验的基础上，投入大量精力，充分借鉴国际三代核电技术先进理念，汲取福岛核事故经验，采用国际最高安全标准研发设计的三代核电技术。

2015年10月，中广核与法国电力集团签约，正式投资英国三大新建核电项目，其中布拉德韦尔B项目将采用中国自主三代华龙一号技术。

“出口一座华龙一号核电站相当于出口200架大型商业客机，这对带动我国装备制造业5 400家企业走出去，提升‘中国制造’和‘中国智造’的影响力都是极为重要的。”中广核董事长贺禹说。

落地老牌核电强国英国，将成为我国产业迈向全球价值链中高端、培育若干世界级先进制造业集群的重要标志。

（《人民日报》，2018-03-07）

《中国核电上市两年记：起航四代核技术、“走出去”战略提速》用大段数字、百分比表现核电技术的营收，但未举例说明，使读者难有直观感受。

《中国核电技术强势逆袭：出口一座核电站相当于出口两百架客机》在介绍完华龙一号的数据后，采用直接引语的方式将华龙一号与读者熟悉的商业客机相比，更加直观、易懂地突出

华龙一号的商业价值。

（四）国际视野

随着经济全球化程度加深，财经问题已不再局限在一国范围内，不同国家经济利益相互交织，竞争与合作的情况日趋复杂。比如，最新的道琼斯指数变化可能对某行业贸易产生影响，进而造成该行业相关产品的价格波动，影响居民生活。因此，在报道宏观政策、进出口贸易、国际合作等选题时，记者应具有国际视野。在了解事件本身的基础上，多在不同国家市场状况、政策差别等方面做功课，以求在事件的经济、社会等多方面影响上深入挖掘，加强报道深度。

二、财经报道的技巧

（一）信源拓展

财经报道具有严格的时效要求，掌握一手、独家的信源至关重要。下面，我们将提供几个常用的信源渠道，以供参考。

- 行业信源：政府相关部门、行业公司、银行、行会等的负责人。
- 专家信源：高校、研究院、非政府组织、国际经济组织等机构的专家学者。
- 公开信息信源：公司财报、行业情况通报、股票指数等。
- 背景信息信源：专家评论文章、第三方机构评估等。

（二）数据处理

数据是财经新闻的重要组成部分，数据可以直接反映财经新闻的核心、表现经济现象及趋势。但在实际运用中，记者在处理数据时需要掌握一定的技巧，以求达到准确性和可读性的统一。

1. 数据的准确性和全面性

在财经新闻中使用数据，首先要保证其准确性。记者在采写时，需多次复核数据，切不可为经济利益捏造数据。同时，在报道某一对象时，需对其关联数据进行全面挖掘，对其趋势进行科学预判，提升报道的实用性。

2. 数据信息转化

一般情况下，记者获取的财经信息中含有大量的经济术语及对应数据，对于这些数据，切不可直接呈现，而要用通俗语言进行转化，以便读者理解。对于生涩的概念和数据变动，记者需先判断其经济内涵，再进行有效解读，并对必要的数据化繁为简，让读者更加容易掌握财经信息及走势。

3. 重点数据处理

对于一则新闻中反映事件核心的重点数据，可将数据处理后直接放进标题。如在某季度农产品价格的通报中，鸡蛋价格变动最大，则可直接将该数据处理后呈现在标题中——《3 月鸡蛋价格跌至近8年低点》。

4. 注意运用比较

在财经报道中，单一、孤立地运用数据较为枯燥。在呈现某个重点数据时，最好对该数据进行横、纵方向的比较，以说明该数据的特殊性，提高报道的说服力。如在表达某国GDP增速高达多少、创历史新高时，需要说明该国近年来的经济发展状况及增速，必要时还要说明该增速在全世界占据怎样的地位，给读者更加全面的印象。

5. 留意异常数据

在做常规报道时，记者要留意财报、股票等的异常数据，从中发现问题。这就需要记者具备良好的专业素养和新闻敏感，对异常数据进行追踪和分析，从而发现其背后的经济意义。

6. 可视化呈现

受大数据技术发展的影响，财经报道不仅在内容上有了质的飞跃，对报道形式也有了更高的要求。如今的财经报道需要在掌握海量数据的基础上，经过科学的数据处理及趋势判断，更多地以可视化方式呈现给读者。如搜狐的“图解财经”、财新网的“中国新经济指数（NEI）”等，都体现了良好的互动性，满足了不同用户的个性化需求。

三、财经报道需要注意的问题

（一）客观与平衡

财经新闻具有监督市场、引导、预见等作用，对经济发展具有重要影响。但由于财经新闻的特殊性，报道易卷入经济利益，有偿新闻、有偿不闻等现象仍然存在，对经济环境产生了消极影响。因此，记者在进行财经报道时，应秉持客观立场。对真正具有新闻价值的经济事件进行报道；对有争议的事件，通过多方采访平衡话语；对于商业“神话”要保持警惕，多存一份质疑，不可随意附和。

（二）警惕“数据陷阱”

面对大数据时代纷繁复杂的数据，记者需要认真加以鉴别。在获取商业报告数据及行业数据时，最好通过两个及以上信源进行复核，尽量引用权威数据，保证数据的真实性和准确性。在后续的写作及可视化过程中，也需要严格按照规范进行数据处理，防止在程序上造成数据失实。同时，在数据解读方面，要注意找准与读者的“共通空间”，准确交代数据范围，以免造成误读。如此前有媒体报道“我国家庭医生已覆盖超过5亿人”引起读者质疑，原因在于报道未对该处“家庭医生”的定义、范围等进行解释。

（三）不可轻易下判断

在财经报道中，经济事件、现象往往反映一定的影响及趋势，但记者在报道过程中不可轻易作臆测、下结论，而应通过采访相关专家、学者，通过他们的口来下判断。

第三节　法制新闻报道

法制新闻在国内外有不同定义，但其报道主体都是当地的法制活动，如宏观层面的相关刑事、民事案件以及法院判决，微观层面的对犯罪嫌疑人、受害人及家属的报道等。由于国内外的法律体制不同，因此不同国家在报道程序上有所差别。作为法制新闻记者，除了要具备新闻敏感、新闻写作等基本能力之外，还要灵活运用积累的法制知识对案件进行报道。帮助公众了解案情、普及法制常识和守法意识，是法制新闻记者的基本职责。

从报道内容上讲，法制新闻报道主要涉及以下几方面内容：立法新成果；法制机构的设置、调整以及有关人事变动的新情况；立法机关、行政执法机关、检察审判机关的相关举措；案件、灾难事故，刑事、民事、行政、经济等诉讼活动和相关法律问题；有关国计民生的法律问题和现象；海外相关法制信息。①

在报道法制新闻的过程中，一方面需要注重事件的新闻价值，另一方面需要注重其特殊性，即在法律规定的范围内进行报道活动，不对相关司法案件、法条和涉案人物进行越界解读。

一、法制新闻采写的基本原则

（一）法制新闻的线索获取

法制新闻的线索和素材获取主要分日常和突发两个方面。在日常法制报道中，记者和编辑可以关注：司法机关、人民团体和企事业单位的情况通报；通讯员的投稿和情况反映；人民群众的来信和来访投诉等。如果有类似江歌案的一些突发法制新闻出现并成为舆情热点，记者也需要做好准备随时介入调查报道。

知识窗

法制新闻报道的相关资源

政府网站资源

● 国务院法制办公室官方网站（http://www.chinalaw.gov.cn/）

● 司法部官方网站（http://www.moj.gov.cn/）

● 最高人民法院官方网站（http://www.court.gov.cn/）

● 最高人民检察院官方网站（http://www.spp.gov.cn/）

● 国家监察委员会官方网站（http://

① 李矗．法制新闻报道概说．北京：中国广播电视出版社，2002：59-60.

www. ccdi. gov. cn/)

门户网站资源

- 法律界（http：//www. mylegist. com/）
- 东方法眼（http：//www. dffyw. com/）

出版社资源

- 人民法院出版社（http：//www. court-book. com. cn/）
- 中国法制出版社（http：//www. zg-fzs. com/）

媒体资源

- 《法制日报》（http：//www. legaldaily. com. cn/）
- 《检察日报》（http：//newspaper. jcrb. com/）

高校资源

- 中国政法大学（http：//www. cupl. edu. cn/）
- 华东政法大学（http：//www. ecupl. edu. cn/）
- 西南政法大学（http：//www. swupl. edu. cn/）
- 西北政法大学（http：//www. nwupl. edu. cn/）

（二）法律专业知识的储备

1. 了解专业法律知识

法制新闻记者需要基本了解法理学、宪法、经济法、国际法、刑法、行政法、民法等，可以通过国家司法考试的相关书籍获得相应的知识。

2. 了解司法机关的审理流程

如刑事案件分为侦查、审查起诉、审判三个阶段，一般是先由公安机关负责立案侦查，之后再移送检察机关，检察机关提起公诉后，再提交给法院。司法审判分为一审、二审和终审后的执行等程序。记者对庭审案件进行报道，则要认识到如果对于犯罪嫌疑人的案件定性仍未确定，对判决结果的报道是阶段性的，那么在这过程中不应做误导性的解读。

（三）法制新闻的采写

1. 多方信源求证，还原事件真相

法制事件通常冲突性强，各方关系、利益错综复杂，需要记者充分的调查才能够理清事件头绪。对于法制事件事实的挖掘，则需要对法律从业者、研究人员、涉事人员和家属等进行深入采访，不可偏信一方，要多方核实，交叉印证，随时保留、备份相关证据。此外，要咨询律师和专家，请他们对于事件进行解读，防止出现误判使得公众对事件的理解出现偏差。在事实没有调查清楚前，要谨慎报道。

2. 客观、平衡地展现法制事件

记者在对庭审案件进行写作时，需要对案情内容、原告与被告争论的问题、案件发展的新情况进行记录和报道，以帮助读者了解案情进展。此外，在一场法制案件中，可能涉及几个主体，即原告与被告、政府部门与普通百姓、中央和地方、外商与中国企业、公诉人与被告人等，在写作时，记者则需要处理好这些行为主体在报道中出现的篇幅和比例，做好权衡。

要 领

法制案件需要挖取的事实

- 事件经过，包括时间、地点、所涉人物、发生经过的细节等。
- 造成的损失，包括财物的损失和人员伤亡的情况。
- 相关机构对案件的调查进展、庭审的情况等。

3. 做好相关记录，理性判断，不轻易下定论，不做倾向性解读

在真实情况不清晰、涉事双方各执一词、相关部门调查未完结的情况下，记者进入新闻现场，主要履行的是“记录”的职能。首先对事件的场景进行如实记录，可以采用录音笔、录像机、相机等工具对现场的声音、影像信息进行留存；其次就是对涉事双方在现场的表现和对事件发生的情况的叙述进行记录；最后要对相关部门采取的临时性措施进行关注。在结论还没做出、事实未明朗前，不做任何论断。

【案例】

杭州保姆纵火案：一场意外中断的庭审背后

杭州中院位于上城区之江路，21 日早 8 时许，气温刚过零度。数十家媒体的记者陆续在法院门口聚集，等待入内旁听。

8 点半左右，林生斌的车出现在杭州中院门口。他在黑衬衫外套了一件黑色大衣，脚穿黑色皮鞋，神情疲倦。火灾发生后，他一直靠服用安定药物入眠，常常能够看到早上的日出。“以前我睡眠很好，小贞经常说我像猪一样。”林生斌说。

9 点整，庭审开始，被告人莫焕晶被法警带入出庭。她也穿了一身黑灰色的衣服，脸上的表情很难看清。

早在开庭前，林生斌就通过媒体表示，放弃对莫焕晶的民事赔偿诉求，只求法庭能够从重判决。然而，这场本来预计 1 天结束的庭审，不到一个小时就被意外中断。

9 时 10 分，莫焕晶的辩护律师党琳山表示“有话要说”。他向法庭提出管辖权异议，要求停止案件审理，等待最高法院指示。党琳山说，这是一个全国瞩目的案件，浙江省高院和最高人民法院都可以管辖，也可以指定其他法院来管辖，杭州中院并不是唯一具有管辖权的法院。

9 时 19 分，审判长表示，刑事案件中犯罪地法院拥有管辖权，并决定依法继续审理。

在主审法官接下来的发言过程中，党琳山四次表示“我抗议”。最后一次打断时，他说请杭州市中院尊重全国人民的智商，对于这样一个违法审理，本律师退出庭审。

9 时 27 分，党琳山退出法庭。临走时喊话莫焕晶：我不在场的情况下，任何人提问你都不要回答。

9点半左右，法官表示本案将延期开庭。杭州中院还在其官方微博中表示，将由被告人另行委托的辩护人或者法院依法为其指定的辩护人准备辩护。

庭审后，党琳山在其个人微博发表声明："本律师为了抗议杭州市中级人民法院违法审理'莫焕晶放火、盗窃案'，退出了法庭的审理！同时，本律师发布莫焕晶的亲笔声明，请杭州市中级人民法院尊重被告人的辩护权！同时，本律师也提醒律师界的朋友，要爱惜自己的羽毛，不要未经当事人委托就坐在辩护席上！"

12月9日，莫焕晶写下声明，表示不会更换律师。

（《新京报》，2017－12－21）

《新京报》有关这段庭审的报道在用词和描述上相对来说比较克制，在描述庭审过程时采用时间线索，对庭审过程中原告、被告、辩护律师、法官的相关行为和态度都进行了记录。通过一些细节的客观描述，也能够让读者了解一些审判之外的细节。

记者在对稿件进行操作的时候，应注重和社会新闻、人物特稿等写作方式做出区别。由于有些案件仍在审理中，相关细节仍未明确，记者对案件的报道会影响受众对于事件的认知；因此，记者应该尽量采用更为客观、全面的记叙手段，规避形容词的使用，尽可能白描现场情况。

二、法制新闻报道的注意事项

（一）注意信息公开的尺度

对涉及国家机密、有损国家利益和社会公共利益的内容予以删除和过滤，对于涉及公民隐私的信息不予报道。下面概括了不予报道的细节信息。

知识窗

不予报道的细节信息

有损国家利益和社会公共利益的内容包括：

● 国家机密：国家政治机要、军事秘密情报、外交秘密情报、商业秘密情报等。

● 公安、检察机关在办案过程中使用的侦查手段和方法。

● 司法机关正在侦查、检察、审理过程中而尚未终结不宜公开披露的相关案情：侦查计划、案情线索和证据、尚未得出结论的检查报告等。

涉及公民隐私权的内容包括：

● 可能对公民人格和名誉权造成侵害的内容。

● 非法获得的他人财产状况。

● 未经许可获取的受害人、证人和举报人的姓名、住址、电话等信息。

● 个人的社会关系、婚姻状况等内容。

● 未成年人犯罪案件中未成年人的姓名、住所、照片等资料。[①]

① 袁国立．新闻报道中公民隐私权保护问题研究．新闻战线，2015（4）：131－132.

（二）不做误导性解读，不站在道德高地进行“审判”

在法制报道过程中，记者很容易扮演“救世主”的角色，在事实还没有弄清楚的情况下，就急于为一方鸣不平，对另一方进行道德审判，轻易对事情下结论。而记者对法制事件带有偏见或倾向性的解读，不仅会对涉案各方寻求事件公正解决造成困扰，有时还会错误引导舆论，干扰司法。

（三）不要过度展现犯罪手段

有些案件报道为博眼球夸大犯罪过程的细节、渲染暴力色情等，这样的报道容易产生不良的社会影响。虽然为“抢新闻”“抢流量”将法制案件进行煽情化报道容易获取更多读者，但记者更应以法律和事实作为基本准则，遵守职业道德。

（四）谨慎使用社交媒体上的素材

法制新闻大多涉及各方利益冲突，各方在陈述事实时更容易出现夸大、诋毁、捏造等情况。微博、微信等社交媒体通常成为各方陈述自己利益观点的平台，记者在使用这些平台上的相关信息的时候，需要对内容进行谨慎甄别，核实后才能使用。比如涉及地点的信息，需要记者进行实地探访，以确认社交媒体中对场景描述的细节的真实性。再如涉及相关人物的信息，则需要求证于公安部门和对人物进行采访，获得一手信息。

此外，记者在引用、转载相关观点的时候，需要确认观点发布者的身份信息。由于网络身份具有一定的隐秘性，不少身份可以轻易伪造，因此记者在引用观点时应仔细甄别。

（五）采访地点的特殊性

法制新闻采访进行的地点会涉及特殊场所如监狱、法庭、看守所以及案发和侦察现场等，记者在进行采访活动时要注意遵守相关场所的规定，不要“越界”采访。

2018 年张扣扣案发生后，多家媒体对张扣扣案进行了报道。其中有媒体采访了张扣扣的姐姐，在报道中呈现了她对于案件过程和张扣扣行凶动机的叙述；还有媒体对张扣扣的人生历程进行挖掘，探析犯罪嫌疑人的心理动机。此外，还有媒体对当时出现的几种说法进行汇总性报道，对相关司法症结进行分析。

媒体披露后，公众对此进行热议。由于部分媒体在对张扣扣案进行报道时，将事件简化为“十年后为母复仇”，导致不少网民认为张扣扣为母复仇是“英雄之举”。舆论热度一度居高不下，对于相关司法判决的公正性造成了一定程度的影响。

记者在进行采访时，在宏观层面上要处理好媒体和司法部门的关系，媒体履行报道事件、舆论监督的功能时，应首先找准自身的定位；在微观层面上要注重平衡报道，把握好内容叙述的方向和程度。

知识窗

容易被误用的法律小知识

什么是“前科”

“前科”是指曾经被人民法院判处过拘役、有期徒刑以上的刑罚，已经执行完毕后又重新犯罪。

什么是“犯罪嫌疑人”

根据法律规定，被指控犯罪的人在公安、检察院两个阶段统称“犯罪嫌疑人”，而在法院审判阶段统称“被告人”。犯罪嫌疑人和罪犯不同，依无罪推定的原则，除非经审判证明有罪，犯罪嫌疑人是无罪的，不可称其为“罪犯”。

“法人”和“法定代表人”

法人是具有民事权利能力和民事行为能力、依法独立享有民事权利和承担民事义务的组织。

法定代表人是指依法代表法人行使民事权利、履行民事义务的主要负责人。

第四节　事故灾难新闻报道

事故和灾难具有突发性和破坏性，这类新闻总是能够在报纸上占据重要的位置。在事故灾难新闻报道中，媒体是公众和政府之间的桥梁，是公众了解信息的平台，担负着重要的责任和使命。

一、事故灾难报道的基本方法

（一）协调各方灵活应变

事故灾难新闻报道具有很强的不确定性，记者要学会及时和编辑讨论可行的报道计划，履行报道职责，灵活应对紧急的变化。到达现场后，记者应积极了解事故灾难发生地相关机构对于事件的应对计划，包括如何保障公共安全、实施救援计划和安排撤离等。如果发现相关部门并没有针对不同的灾难性事件制订完备的应对计划，这也是值得报道的新闻。同时，备好编辑、其他记者、摄影师、应急机构等的电话号码，甚至是一些公共机构官员的私人电话，随时获取最新动态。

（二）兼顾时效性和准确性

鉴于这类新闻大都具有突发性，时效性成为这类报道着重考量的因素。记者除了需要在第一时间赶赴现场、收集资料外，还需要尊重新闻事实，获得确切的消息之后才能将其写进报道，对于新的信息也要经过反复核实才能使用，写作时一定要尽量注明信息来源，所以在事故灾难报道中，要做到时效性和准确性的平衡。

报道中的新闻要素要尽可能齐全，不一定能包含事故灾难的全部内容，但与新闻主题相关的要素是必不可少的。

要领

事故灾难新闻中必须包含的要素

- 事故灾难现场的情况。
- 遇难者和伤者的姓名、身份信息以及去向（注意这些信息需要反复核对）。
- 灾难或事故相关人员的陈述。
- 造成的财产损失。
- 事故或灾难发生的时间、地点和起因（尽量是官方说明而不是受害者或者目击者的陈述）。
- 救援实施情况和救灾物资供给情况。
- 事故灾难发生时有无出现特殊天气、特殊环境状况等。
- 官方的评论。

不同类型的事故灾难新闻在报道时除了需要点出以上几点信息以外，还需要根据实际情况添加新的细节信息。

在报道中加入当事人、目击者、亲历者等信源的叙述和评论将让新闻报道更加有生命力。在转述受访者的表述时，要学会准确适当地使用直接引语，这比大量的间接引语更有力。但在对事故灾难的基本情况进行认定时，一定要谨慎，多方核实，因为目击者的消息可能不够准确，也不够全面，所以最好找到官方的权威解释再做说明。

事故灾难报道的细节要精确，使用读者能理解的表述，比如“因地震造成停水4万户、停电645户”这句，如果将受灾区域总的用户数量与实际受到影响的用户数量进行对比，那么对于地震产生的影响读者就能有一个更加直观的了解。

【案例】

江西发生一起交通事故 已致10人死亡

新华社南昌2月20日电 20日上午10时30分许，江西赣州市宁都县长胜镇境内发生一起交通事故，已致10人死亡。

江西省公安部门介绍，事发车辆是一辆属于瑞金市瑞祥运输服务有限公司的中型普通客车（核载19人，实载32人），该车由赣州瑞金市驶往瑞林乡，当行至宁都县长胜镇境内319国道429.2公里处转弯下坡时，车辆冲出路外，翻入深约10米的深沟，造成9人当场死亡，1人经抢救无效死亡。

目前，伤者已经送往事发地周边多个医院进行救治。

（新华网，2018-02-20）

这则事故报道的导语包含的信息有事故发生时间、地点和伤亡情况，然后在第二段中记者又补充了车辆情况、事故原因和伤亡人员接受治疗的情况。在进行导语写作时，没有必要交代所有关于事故的细节信息，应概括事故核心信息，将更多的细节信息在接下来的几个段落中按照逻辑顺序或事实重要性展开。

因为交通事故发生的原因和结果不一定相同，所以记者在报道时可以根据实际情况将事故发生时的路况和天气情况、涉事车辆情况和车辆损害程度、交警方面的反应、司机的目的地、车速以及是否有英雄行为或涉及大规模的施救行为写进报道，以充实报道的内容。

【案例】

台湾花莲地震已致2死数十人受困 尚无陆客伤亡信息

中新社台北2月7日电　台湾花莲近海6日23时50分发生里氏6.0级地震。震度达7级的花莲市区目前已知有多栋建筑物倒塌或倾斜，造成2人遇难、逾200人轻重伤、数十人受困。尚未有大陆游客伤亡的信息。

花莲市区倒塌或倾斜的大楼为统帅饭店、国盛六街2号、国盛六街41号和商校街2号阿官火锅店所在的云门翠堤大楼。

媒体援引官员的话说，之前有关军方花莲医院倾斜，指的是门诊部，晚上无人。

2名死者分别是统帅饭店的一名60岁女性以及从民宅送医的一名66岁男性。

地震发生时，统帅饭店一名男员工受困于地下一层，通过手机求援，约4小时后被救出，毫发无伤。

地震发生后，许多当地民众和游客入住花莲县政府连夜在体育馆设立的收容所。

因此次地震震级高，台湾地震监测机构将两天来当地发生的近百次明显震感地震和小区域地震，包括里氏5.8级地震在内，均列为前震。7日凌晨以来，当地又发生多次大小余震。

据台湾多家媒体报道，地震专家说，此次地震为花莲当地1972年以来最严重的地震。主震之前发生如此密集前震的现象也十分罕见。

花莲7日停班停课，因地震造成停水4万户、停电645户。

台湾当局领导人蔡英文、行政机构负责人赖清德已要求全力救灾。多支军方及台湾多地救援队已赶赴地震灾害现场。

（中国新闻网，2018-02-07）

该报道导语点明了地震发生的时间、震源和震级、造成的人员伤亡以及财产损失。由于地震发生在台湾地区，所以导语中补充了其他省份游客的信息，以增强新闻的接近性。后续段落对地震造成的影响进行了详细的介绍，包括受到影响的建筑、遇难者基本情况、灾民的安置情况以及地震对当地人生活的影响等。

二、事故灾难报道的创新点

（一）注意挖掘事故灾难中的人物故事

在灾难性事件中，可能会出现一些无私无畏的英雄行为，通常记者也会抓住这类线索进行深度报道，不论是救援人员、不惧危险的无名英雄还是遇难者背后的故事等，都值得记者去挖掘。另外，在大型的灾难中，灾后重建、受灾人群的后续生活也是人们关注的内容，在灾难中重生的人和事都可以写成激励人心的故事。

（二）运用可视化技术更直观地反映灾难和救援情况

大数据时代，人们获取数据的渠道变得越来越丰富，数据的处理和呈现变得更加具体和直观，越来越多的记者将数据可视化融入新闻报道。新闻报道已经不再限于图文报道，可视化的报道方式让新闻报道动了起来，更加直观具体地呈现事实，也能够更多地启发读者思考，从而增强新闻的影响力。

与灾难性事件相关的历史背景、同类事件的情况、灾难中救援知识的科普等都可以并入可视化的报道，读者不需要读完上千字的报道就能够迅速了解灾难性事件的具体情况。当下新闻的呈现方式变得越来越丰富，记者应该紧跟潮流，结合新的信息化技术，让自己的新闻报道变得生动起来。

在对2012年科罗拉多州雪崩的报道中，《纽约时报》运用了文字、图片、幻灯片、视频、动画和网页效果等多媒体技术从多角度深入地报道了此次雪崩的具体情况。①

图8-3是该报道对实时雪崩现场进行还原的动画截图，画面中包含了雪崩的速度、海拔高度及文字描述等信息，读者在观看动画时还可以听到模拟声，声音会根据雪崩的速度变得急促或者缓慢，生动地还原了雪崩的场景，给读者身临其境的感觉。

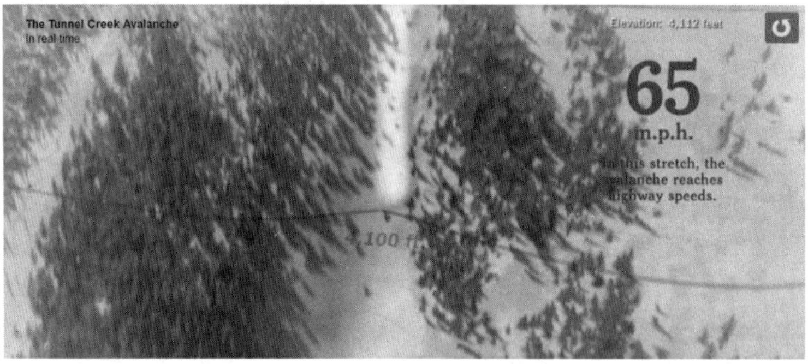

图8-3 《雪崩》的动画截图

资料来源：http：//www. nytimes. com/projects/2012/snow-fall/index. html＃/？ part＝blur-of-white.

此外，在这篇报道中，作者还运用了文字和网页特效介绍雪崩发生的地点，用三维动画和文字向读者分析了雪崩的成因，用文字和嵌入式视频和图片式幻灯片呈现了对幸存者的采访。

当然，《纽约时报》的这篇报道耗费了较多的人力和财力。在有限的条件下，记者可以进行相对简单的可视化设计，比如通过扇形图或散点图来展现人员和财产损失状况，或者是用处理好的卫星地图来展现自然灾害的影响范围等。

图8-4是《华盛顿邮报》网站上一篇关于飓风哈维报道的配图，作者结合柱状图和地图，通过对比让读者更加直观地看到并理解哈维飓风的影响。

---

① 庄捷，邓炘炘．体验式特稿传播 Snow Fall．新闻战线，2013（8）：112-114.

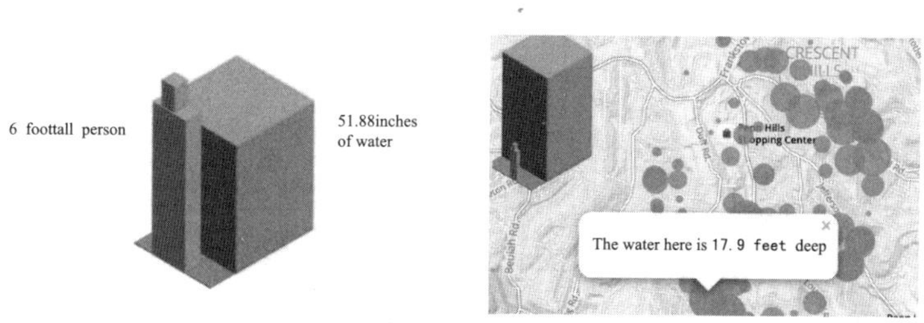

图 8-4　关于哈维飓风报道的配图

（三）人工智能技术被广泛运用到灾难等突发事件报道中

随着互联网技术的高速发展，新兴媒体平台将新闻从报道“新近发生的事实”变成了呈现“正在发生的事实”，时效性对于突发的事故灾难新闻来说变得越发重要。2017 年 8 月 8 日四川阿坝九寨沟发生地震后，国家地震台网研发的智能机器人用 25 秒的时间就编写和发布了一条关于地震各方面信息的消息。所以，在进行这类新闻报道时，记者要学会多利用新兴技术和途径获取关于灾难性事件的影响、造成的人员伤亡、财产损失和搜救情况等信息，并及时发布和更新信息。①

三、事故灾难报道要注意的问题

（1）事故灾难报道往往会涉及一些不适合传播的内容，或者是涉及遇难者或受害者隐私的情况，或者是事件本身过于血腥不宜描述等，记者在报道时要注意始终突出对人的关注，不论是新闻现场的人还是读者。记者有义务还原事实但也有责任保护受害者的感受和隐私以及读者的感受，不能一味追求传播效果。

（2）在事故灾难报道中，记者还可以适当加入一些科普知识，帮助读者学习、了解在遇到类似的情况时怎样更好地进行自救甚至帮助身边的人。

（3）在进行事故灾难报道时，记者除了关注事故本身，还可以考虑同一区域或同类型事故发生的历史，补充相关的背景，通过一些统计数据的对比来启发读者，增强新闻的传播价值。

（4）灾难性事件的影响深远，要想全面地进行报道就需要从多个渠道获取信息，当事人、目击者、政府部门和官员、专家学者、救援人员、微博网民、相关组织、媒体记者等都可以成为消息来源。

第五节　科技新闻报道

苏联的科普作家伊林说过：“没有枯燥的科学，只有枯燥的叙述。”将科技新闻写好，提升

---

①　郭平．如何做好突发性新闻报道．传媒观察，2017（7）：62－63.

科技新闻的传播效果，让科学“流行起来”是新闻工作者义不容辞的责任。中国人民大学新闻学院高钢教授在《新闻写作精要》一书中，对科技新闻工作者提出两个要求，一是全面深刻地理解所要报道的科技成果，二是找到一种有效的报道方式。

由于科技新闻本身具有较强的专业性与知识性，早些年的科技新闻报道因为过于“生硬”被受众及专家学者诟病，当时大多的科技新闻报道存在着数量少、投入力度低、报道方式单一、受众参与度低等诸多问题，这些问题严重影响我国科技新闻报道的发展。

随着互联网的普及、媒介技术的不断发展，媒体行业对于科技新闻的报道方式和手段在不断革新。对于“神舟十一号”“航天二号”“嫦娥三号”等科技新闻的系列报道可以说是媒体行业对于科技新闻报道转型的初探。媒体行业正在不断优化内容生产方式、创新产品形态，充分利用不同媒体平台的优势，力求科技新闻报道方式多元化、立体化。

一、科技新闻的报道技巧

如何把生硬的科技报道写软、写活、写真，将知识性和趣味性融合在一起，成为科技记者的一道门槛。在这一点上，果壳网、36 氪等一批网络媒体首先开始发力，出现很多爆款文章，成为新科技报道的先驱。总结起来，写活科技报道主要有以下可以借鉴的技巧。

（一）巧用文学技巧

1. 拟人

拟人化的导语比较吸引人，也更通俗易懂，可经常采用。如将“嫦娥三号”拟人化，以“玉兔”的视角进行“嫦娥三号”的报道。

2. 比喻

对科技专有名词进行形象的比喻，让艰深的专有名词与受众熟知的事物产生强联系，能迅速拉近高精尖技术与读者的距离，使受众产生继续了解的兴趣。如将“FAST 望远镜”比喻成“超级天眼”。

3. 对比

科技新闻往往涉及数据，但受众对数据缺乏直观的感受，所以用受众日常可接触、可理解的事物做对比，更能加深受众的理解。如对于“超蚕丝”有多细，作者在写出数据之后将其和蚕丝做对比，“细度只有蚕丝的 1/3”①。

4. 巧借典故

包括引用古诗词、联系经典著作中的人物及桥段，以增添科技报道的文学色彩。

（二）创新新闻写作手法

除倒金字塔结构之外，科技新闻还可以开创新的写作手法。如《玉兔探月日记》就选择日

---

① 邢志鸿．略论科技新闻通俗化表达．科教文汇，2017（11）：163－164.

记体叙事，采用第一人称、故事化的叙事方式，以更为感性的方式进行科学报道及科学知识的普及。①

（三）注重数据可视化呈现

新闻可视化包括二维、三维、多维以及交互的可视化模式，可实现对复杂信息的重新整合，提高报道的易读性和深度。一般的可视化形式既包括传统的图形、表格、漫画、时间线等，也包括融合互联网技术的H5、交互地图、虚拟现实（VR）等。

（四）扩展跨专业、多领域、多学科的视角

美国非营利媒体Nautilus发行了新式的科学报道出版物，包括深度报道、印刷杂志、插画等，并邀请哲学家来进行环宇科学话题与哲学领域重大问题的交互提问，以此建构学科之间的联系。Nautilus尝试在科学媒体领域建立一个更广阔的、多学科交汇的科学视角。②

要　领

科技报道可挖掘的主题和可报道的内容

● 科技政策：国家科技战略定位，国家关于科学研究的相关政策以及重大改革措施等等。

● 科技研究：在科技课题立项时就进入跟踪采访状态，及时掌握研究的进程和状况，掌握科学研究成果报道的主动权。

● 研究主体：对科学家团队的科学人物、科学家的工作过程进行采访，进行新闻线索的挖掘。

● 科技需求：主动调查，深入工厂、企业等生产一线，了解实际的生产实践对科技有什么具体的需求，形成科学成果的“供”与“需”的对接。

● 技术转化：科技成果从研究到应用转化周期比较长，这就使得科技反馈时间比较长，记者可以从该研究成果的应用范围、应用周期以及产业化过程中遇到的问题等角度进行采写。

● 科普：关注科普活动、科普成果，可关注各地科协在街头、展览馆、学校里组织的各种展览、讲座活动，关注“中国科普”“首都科技网”等专业科普组织的进展；关注反谣言科普热点事件如“水能变油”等话题。

● 市场反响：对科学技术运用的市场成果、公众认知度进行采写，并通过专家采访对该项科技的发展前景进行预测。

---

① 李宏．文学元素让科技报道有趣有魂：系列报道《玉兔探月日记》赏析．中国广播，2015（10）：88－92.

② 曾欢欢，郭婧．新媒体时代科技新闻的传播：关于区块链带来内容信任的设想．新媒体研究，2017（5）：1－2.

【案例】

柑橘家的混乱八卦史，都上 *Nature* 了！

你吃的橘子不一定是橘子，都是因为柑橘这一家太乱了

如果用一个字儿来形容柑橘家族里那些个亲戚之间的事情，那就是“乱”，如果要再加一个形容词的话，那就是“特别乱”。整个柑橘家亲戚的故事堪比神话。

…………

所以长久以来，给柑橘家族编制一个靠谱的家谱，仍然是科学家们日思夜想的事儿。这事儿是因为柑橘不但好吃，还是世界水果贸易的重头。

随着技术手段的进步，在吃了大量橘子、橙子和柚子并进行了大量的DNA分析之后，美国能源部联合基因组研究所的科学家终于理清了柑橘家的家谱，在《自然》杂志上发了一篇超长的论文，加上附件足足有20页。

这篇超长论文的内容总结起来大概就这么几句话：

第一，我们吃的柚子是柚子，香橼是香橼，橙子是橙子，但橘子不一定是橘子。

第二，世界上所有的柑橘都是相亲相爱的一家人，香橼只当爸，柚子只当妈，橘子既当爸也当妈。

第三，柑橘全家很可能都是“喜马拉雅山人”，800万年前下山之后，东去宝岛，南去澳洲，一切随缘。

然后，通篇文章里都潜藏着作者的怨念，这些关系太难搞了，太难搞了！你们柑橘家的关系还能更混乱一点吗？

答案是，它们可以的。

查个柑橘家谱为啥这么难

柑橘家的家谱为啥那么难查？那是因为这个家族实在是太乱了。通常来说，在自然界，物种之间都会有一定的界限避免串种，科学的说法叫生殖隔离。打个比方就是，猫和老虎是无法产生后代的。然而柑橘它们家，每个原变种之间、杂交种之间、杂交种和原变种之间都可以进行杂交，牛不牛？

…………

从喜马拉雅来的柑橘元老

大约800万年前，整个柑橘家族很可能都起源于喜马拉雅地区。其中我国云南的西南部、印度的阿萨姆地区以及相邻的区域是起源的中心。也就是说，世界上所有柑橘类水果的根都在这座著名的山脉之下。

…………

柑橘的祖先走下喜马拉雅山之后，一路向西，一路向东，一路向南，最先分化出来的是莽山野橘（citrus mangshanensis）和宜昌橙（citrus ichangensis）。注意，这俩植物跟橘子和橙子并没有啥关系，只是有个共同祖先的远房亲戚而已。

到了距今600万年，一路向西的柑橘家族中产生了三大元老之一的香橼（citrus medica），而向南的行进路线上出现了柚子（citrus maxima），向东的路线上出现了小花橙（citrus micrantha）和金柑（fortunella japonica）。

向南行进的柑橘们，一路拼杀到了澳大利亚，在距今400万年，在澳洲生根发芽，衍生出了像指头一样细长的澳洲指橙（citrus australasica，就是那个果肉像鱼子酱的特殊柑橘品种），以及表面圆乎乎、皱皱巴巴的澳洲来檬（citrus australis）和澳洲沙地橘（citrus glauca）。

在距今200万年的时候，柑橘家最最最重要的物种出现了，那就是宽皮橘（citrus reticulata）。它是可以迅速剥皮的物种，后来成为商品柑橘家族的核心——作为商品的柑橘类水果，可以跟柚子没关系，可以跟香橼没关系，但多多少少都与宽皮橘有关系。随着干旱的持续、海平面的下降，宽皮橘的小弟立花橘（citrus tachibana）顺利通过了露出地面的台湾地峡，进入我国台湾省。

就这样，柑橘家族的原生种类完成了在地球上的初步扩张。在柑橘家族后来繁衍壮大的过程中，真正唱主角的虽然仍是柚子、香橼和宽皮橘这三大元老，但现在可以确定，包括莽山野橘、宜昌橙、金柑、澳洲来檬和澳洲沙地橘在内的至少另外7个物种也都做出了贡献。只是，在接下来的故事中，莽山野橘和宜昌橙蜗居深山，澳洲的柑橘家族也去自娱自乐了，金柑偶尔跟兄弟姐妹们发生一些联系。

柚子是柚子，橙子是橙子，橘子真不一定是橘子

现在已经查清楚了，柚子真的是柚子，真的不能再真了。如果按照辈分来说，柚子可以说是整个柑橘家族的老祖母。并且，柚子老祖母对孩子身材的影响非常大。这次的研究发现，柚子的遗传成分占得越多，孩子的个头就越大。橘橙、甜橙、西柚、柚子的排队就是这个规则的外在表现。

橙子就没有那么明确了。橙子应该分为酸橙和甜橙。在之前的分类系统中，曾经有学者把甜橙塞进了酸橙它们家，合并成了一个物种。但是，这种做法是不对的。在最新的这项研究中，发现这种合并就是人为的扭曲行为，酸橙和甜橙根本就不是一家子，它们有完全不同的身世。

酸橙是柚子和宽皮橘的直接后代，柚子是妈，宽皮橘是爸。对甜橙来说，柚子依然是妈，但是爸爸就很混乱了——可以肯定是柚子妈和橘子爸的私生子，在研究中被定义为早期混杂橘。

…………

看着酸橙的丰富生活，甜橙当然也不甘寂寞，它找到了柚子老祖母，只为当爸爸。甜橙与柚子老祖母爱情的结晶就是葡萄柚。因为葡萄柚有更多来自柚子的遗传基因，所以葡萄柚的个头也比橙子老爸要大很多。

好了，最后再来理理橘子这一堆物种的关系。

…………

我们应该感谢这种混乱。就像传说中北欧诸神的混乱造就了世界一样，柑橘家族的混乱让我们在盛夏时节可以享受冰凉的柠檬水，在隆冬时节可以围坐在火炉旁边剥橘子（虽然不一定是橘子），当然也可以背着柚子这种天然水果罐头去远行。

柑橘大国有隐忧

中国是柑橘三大元老的老家，中国对柑橘的栽培和记载也有着悠久的历史。在宋代韩彦直的《橘录》中就记载了28种个性不同的柑橘外貌以及它们的栽培方式。但是，如同其他水果的命运一样，柑橘在中国的饮食体系里一直都是个配角，充其量就是个尝鲜的恩物而已。

与西方育种业在工业革命之后的强劲市场刺激不同，中国的水果市场长久以来缺乏强劲的动力，一直都是自给自足。这就造成了我们的优秀水果品种从来都是地域品种，比如说莱阳的梨、上海的水蜜桃、迁西的板栗。说得更直白一点，在过往的很长时间里，中国的水果种植者都是自娱自乐而已。我们几乎找不出一个像海沃德猕猴桃或者纽荷尔脐橙这样霸占世界各地果园的品种。

时过境迁，中国的市场发生了天翻地覆的变化。便捷的电子支付、发达的物流体系让水果市场的容量陡然增大。然而，中国的原生品种仍然居于劣势。

所以写到最后，我只是希望中国的柑橘品种能够有一个更让人挠头的混乱家谱出现，那个时候我们也就不用只靠爷爷辈儿的南丰蜜橘了。

（果壳网，2018－02－11）

上述文章第一部分介绍什么是柑橘家族以及相关研究。将柑橘拟人化，将其物种关系比喻成“家谱”，新颖又恰当，生动有趣。此外，将高深复杂的论文进行通俗易懂的科普，总结成受众易于理解的几段话。

第二部分用打比方的方式介绍什么叫“生殖隔离”。用受众已经认知的事物解释专业性的概念，通俗易懂。

第三部分重点讲述科学研究的成果——柑橘家族演变的历史。作者充分运用很多生动的细节描写，并且将柑橘拟人化，娴熟使用大量动词，生动形象。

第四部分讲述柑橘家族成员的现状，将目前的柑橘家族成员和受众的生活联系起来，解释清晰，使受众有更为直观的感受。

第五部分是对柑橘在中国市场的现状的分析。作为文章的升华部分，结尾把科学研究和市场潜力结合起来，使这篇科普文章同人们的生活和现实更加贴近。

上文对“柑橘物种”的报道告别了科学理论知识堆积的“灌输式”旧套路，通篇用生动的比喻、诙谐的网络语言等圈粉无数。文章主题丰富、逻辑清晰、层层推进，不仅仅关注柑橘这一生物物种本身，还对科学家做出的种种努力进行深挖，结尾处对科学研究和市场发展进行交叉叙述，体现多元学科的观照。

二、科技报道新闻线索和素材的来源

（一）会议及活动

各种创新企业、部门举办的科技论坛、会议、科技活动等。其中既包括新兴科技公司举办的有关创新进展的发布会，也包括各地举办的高新技术成果交易会等年度科技创新活动，这些会议及活动成为科技新闻报道的重要新闻源。此外，涉及重大科技政策、制度创新的会议也可成为科技报道的内容。

（二）基地

龙头企业、重点实验室、科研院所等基地的基础研究、创新性突破进展是具有高含金量的科技报道来源。

（三）人物

包括深耕技术研究的科学家及其团队、科技创新企业带头人、创业青年科学家代表、科技垂直领域的专家学者等，与这些信源保持良好的关系会使新闻报道得到事半功倍的效果。

（四）互联网资源

科技报道具有专业性，记者需要注重日常积累，需要注重对科技专刊以及创新设计类的网站、博客及学术论文网站的关注，如科学网、果壳网、36 氪、虎嗅网、钛媒体、*Science*、TechCrunch、Paul Graham、Science Channel、*Nature* 等，对话题进行挖掘，对资源和专业知识进行积累。

三、科技报道的形式创新

（一）媒体融合丰富报道手段

科技报道要善于利用直播、游戏、互动平台、融媒体页面等多种形式实现融合报道。比如，新华社对于“神州十一号”从发射到返回的过程进行了系列策划报道。从预热报道的游戏、H5、连线太空特约记者等小互动产品，到空间实验过程中的《太空日记》等系列精品，再到《征途，星辰大海》《他们错过太多，就是为了来自太空的微笑》等后续盘点，这些新闻产品融合使用漫画、动画、游戏、微视频等手段，集新闻性、科普性、交互性于一体，向融合报道又迈进了一步。①

（二）增强互动，营造“共同感”

从受众的角度出发，记者应满足不同受众的需求，增强互动以吸引用户参与，更好地实现科技新闻的传播。在“神舟十一号”的系列报道中，新华社在与用户互动、拓展传播影响方面做出了积极的尝试。新华社在其两微一端、脸书（Facebook）、微博等国内外网络媒体上广泛搜集全球受众的提问和想法，并设置“连线新华社太空特约记者”“提问中国航天员”等热点话题，引导受众参与讨论。此外，央视在“神舟十号”的报道过程中，在微博上同步开展了“寄语神十”“我的太空梦”等有奖话题征集活动。与受众互动正在成为大型科技项目报道策划的“常规动作”。

四、如何避免掉入科技报道的陷阱

（一）培养科学素养，避免伪科学

对新闻报道中涉及的数据、科学原理等专业性的内容进行多方核实和查验，避免盲目追求热点、犯低级错误、误导受众；在有争议的科技报道如 PX 等话题中，应遵守公正平衡报道的原则，保持价值中立，不预设立场，同时确保消息来源的多元性，提供不同专家对同一科学问

---

① 刘国铮．策划驱动媒体融合 直播牵引产品形态：新华社、人民日报、央视新闻天宫二号与神舟十一号载人飞行任务报道点评．中国记者，2017（1）：37－38.

题的不同看法，避免被卷入舆论纠纷或被某些利益集团利用。在验证核实的基础上，为了增强权威性和确切性，需注重直接引语的使用。

（二）加强保密意识，避免泄密

科学实践常常会超出同时代的生产实践，各国的科技创新竞争激烈，因此科技保密要求比较高。新闻报道在科技保密工作中很重要，一不小心就会给国家带来严重损失。因此，科技新闻记者应加强保密意识，审慎对待手中的材料，搞清楚科学技术的保密范围，划清保密和非密的界限，严格执行新闻出版保密规定。[①]

（三）“转译”正确精准，适当说明，避免生硬

科技新闻报道会经常翻译外文的科技动态。记者在编译的过程中，首先要完全弄懂报道所涉及的科技原理，确保科学术语的正确性和严谨性。此外，在准确翻译的基础上，应从公众日常出发，用通俗的语言形象地解释这些科技现象。

（四）专注于科技创新本身，避免过度煽情

讲好故事确实能够提高新闻传播的效果，科技新闻同样需要讲好故事，但是记者需要克制自身对于讲故事的冲动，重点应放在科学性上，保持专业、准确、严谨。比如，不要一味地渲染科技人物“节假日不休息”“坚持带病工作”等煽情的气氛，而是要重点关注研究成果的学科背景和影响。另外，为了避免主观色彩浓厚，应审慎使用“国际首创”“最先进”“突破性进展”这些词语。

【阅读】

冯菊香．专业新闻报道研究．北京：线装书局，2012.

万茵．时政记者．南昌：百花洲文艺出版社，2016.

莫林虎．财经新闻经典报道选读．杭州：浙江大学出版社，2010.

南香红．巨灾时代的媒体操作．广州：南方日报出版社，2009.

布鲁姆，努森，赫尼格．科技记者报道指南：第二版．北京：中国时代经济出版社，2009.

罗杰斯．数据新闻大趋势：释放可视化报道的力量．北京：中国人民大学出版社，2015.

【思考】

1. 选择两三家你感兴趣的主流媒体，关注当年“两会”期间它们对同类事件的报道内容，比较这几家媒体的报道，思考其报道角度有什么不同以及这种差异产生的原因。

---

① 刘杰．浅谈科技新闻的泄密与防范对策．新闻知识，2017（7）：33－35.

2. 阅读一两篇优秀的财经报道，分析其在采访、写作、数据处理等方面的特色。

3. 当民众对于司法判决产生怀疑和争议的时候，作为记者，应如何对这一现象进行报道？

4. 事故灾难新闻报道应如何保持感情色彩和报道客观性之间的平衡？

5. 在感兴趣的科技领域找一篇最近的研究文章，思考如何把枯燥的科学发现转换成大众可以理解的叙述。

【练习】

1. 复旦大学医学院的杜美蓉团队在《科学信号》（*Science Signaling*）杂志上发表了一篇研究文章，论文摘要如下。通过本章的学习，尝试根据以下论文中的最新研究成果写出一篇通俗化的科技报道。

Tim-3 的全名是"T 细胞免疫球蛋白及黏蛋白域蛋白-3"，Tim-3 有一个配体 Gal-9，Gal-9-Tim-3 信号通路有重要的免疫调节作用，可以促进免疫耐受。此前研究发现，Tim-3 可以抑制异源移植的排异，提高异源皮肤移植的成活率。

杜美蓉和同事们研究了正常妊娠女性的血液、发生早期妊娠习惯性流产女性的血液，还建立了怀孕及流产的小鼠模型。他们发现：对于习惯性流产的患者来说，自然杀伤细胞表面的 Tim-3 表达有所减少，所以血液中受到 Tim-3 信号刺激的自然杀伤细胞产生的抗炎细胞激酶也较少。

对于早期流产或者自然杀伤细胞功能有缺陷的小鼠，移植受到 Tim-3 信号刺激的自然杀伤细胞就能减少它们的流产率，而移植没有被 Tim-3 信号刺激的自然杀伤细胞就没有效果。

数据表明，或许，医生们可以检测孕妇血液受到 Tim-3 信号刺激的自然杀伤细胞，并以此作为一个可靠的指标，预测习惯性流产是否会发生等情况。①

2. 如果你去参加"国家卫健委首场新闻发布会"，思考一下你可以从哪些方面深挖这次会议中透露出的信息。

国家卫健委举行首场新闻发布会：选址北京医院 聚焦人口老龄化

新京报快讯（记者许雯）新组建的国家卫生健康委员会 3 月 26 日在北京医院举行首场新闻发布会。记者在会上获悉，国家级老年医学研究中心正在筹建中，建成后将专门研究衰老与抗衰老以及老年人疾病防控问题。

在新一轮国务院机构改革中，国家卫生计生委、全国老龄办、国务院医改办等部门职责整合，组建国家卫生健康委员会。其主要职责包括拟定国民健康政策，协调推进深化医药卫生体制改革，组织制定国家基本药物制度，监督管理公共卫生、医疗服务、卫生应急，负责计划生育管理和服务工作，拟定应对人口老龄化、医养结合政策的措施等。

---

① Li Y, Zhang J, Zhang D, et al. Tim-3 signaling in peripheral NK cells promotes maternal-fetal immune tolerance and alleviates pregnancy loss. Science Signaling, 2017, 10 (498).

与以往不同的是，本次新闻发布会选在了北京医院举行。资料显示，北京医院是由国家卫健委直属的国家级大型公立医院，以老年系统疾病诊断和研究见长。近年来，随着老龄化问题的日益突出，国家先后成立了国家老年医学中心以及国家老年疾病临床医学研究中心，分别于2015年和2016年落户北京医院。

据介绍，国家老年医学中心的主要职责包括开展我国老年相关疾病疑难危重症的诊断与治疗，定期发布我国老年人群健康状况报告、老年重大疾病监测及防治报告，预测我国老年重大疾病发病和死亡、疾病负担、危险因素流行和发展趋势等，这也是目前全国唯一以老年医学为中心的研究平台。

北京医院常务副院长奚桓在发布会上透露了国家老年医学中心建设的最新进展。他表示，北京医院正在积极筹建，规划、申报立项任务，希望在不久的将来能很快通过国家论证，正式立项，推进建设。

（《新京报》，2018－03－26）

第九章
怎样运用背景和数据

【学习要点】

使用新闻背景是新闻写作的常规技术，更是推进报道深入的独特艺术。

记者要了解背景材料的类型和形态，合乎报道意图地使用背景材料。

使用背景材料要彰显主体新闻、表达立场倾向、建构新闻事实的解释系统。

记者不能止步于做背景材料的“搬运工”，要让背景材料与新闻事实发生“化学反应”。记者要掌握背景材料写作技术，不能喧宾夺主地干扰主体事实、打断新闻叙事。

数据应该相对客观、中立。运用数据，能使报道更为精确，但是记者也要避开“数据陷阱”。

了解互联网为背景写作和数据运用提供的新空间、提出的新要求。使背景、数据的处理和应用更为优化。

新闻在报道和传播的过程中，存在着两大限制：

一个限制是时间，记者采访报道受到截稿时间的制约，受众阅听也需要在有限的时间内完成。

另一个限制是信息不对称，记者经过长时间的采访认知，对新闻信息的了解相对全面丰富，而受众对信息的了解相对贫乏单一。信息不对称影响受众在有限时间内的阅听效果，也影响新闻的传播力、引导力、影响力和公信力的实现。

消除上述限制的途径之一，就是运用好背景和数据，以有效降低信息的不确定性。

第一节　背景的作用

在视觉艺术中，背景指图画、摄影里衬托主体事物的景象，或者舞台、电影里的布景。由此引申，新闻背景就是报道中用以衬托、凸显主体事实的材料。

如何定义新闻背景？它与新闻事实的关系是什么？它在报道中具体起怎样的作用？

一、理解背景的两种视角

对新闻背景的认知和理解，有两种视角：微观视角从报道材料的角度出发，宏观视角从深度报道的解释系统角度出发。

（一）作为材料的新闻背景

我们先来看一条获得中国新闻奖一等奖的消息《1 445 种全新病毒科被发现（主）“RNA 病毒圈”或被重新界定（副）》①，请大家扫码阅读，找出其中运用了哪些背景材料。

作为读者，你的阅读体验如何？这种体验与背景材料的运用是否有关联？

《1 445 种全新病毒科被发现》全文

科技等类别的硬新闻报道，时间限制和信息不对称限制尤为明显。为了让受众更好地阅读、理解科技新成果，记者必然要通过背景材料降低阅读门槛、软化报道。

例如，记者对报道中涉及的核心概念“RNA 病毒”，提供了知识背景材料：“RNA 病毒是生物病毒的一种。常见的 RNA 病毒中就有公众很熟悉又避之不及的，诸如艾滋病病毒、‘非典’病毒、埃博拉病毒、禽流感病毒等。其在病毒复制过程中变异很快，所以很难研制出相应的疫苗。”记者对“宏转录组测序”这一术语也进行了注释：“这种测序是以特定样品中微生物群落的全部 RNA 为研究对象的，从转录水平上分析微生物群落中活跃菌种的组成及其相关情况。”

遗憾的是，背景材料的使用并不充分，也不到位：

一是核心概念“RNA 病毒”的背景材料姗姗来迟，到第三段才出现，本应在导语中就及早说明；二是报道中还有不少专有名词未做注释说明，如“病毒科”“RNA 病毒圈”“宿主转换”“共进化”“水平基因转移”等，形成阅读中的一只只“拦路虎”。

可见，缺少了背景材料这一“绿叶”的陪衬，新闻“红花”便失色不少，造成传而不通的困境。

从材料的视角出发，新闻背景的定义多样，但强调的大致有以下三个共同点。②

- 新闻背景是关于新闻事件的历史和环境等材料。
- 新闻背景是用来说明新闻事实的旧事实。
- 新闻背景是新闻的有机组成部分。

在惜墨如金的新闻报道中，作为旧事实的背景材料为何能拥有不可或缺的地位？

首先，背景对于新闻事实的意义，就像舞台布景对于表演、暗夜对于星光、素裹对于红装一样，能补充、反衬或烘托新闻事实和新闻主题，背景的参与使新闻事实获得更充分的关注。

其次，背景对于解决传播中的信息不对称问题具有积极意义。它能迅速填平报道在传播中

---

① 1 445 种全新病毒科被发现．光明日报，2016-11-24.

② 甘惜分．新闻学大辞典．郑州：河南人民出版社，1993：164.

的知识鸿沟，提升新闻的可读性。

如果从新闻生产的全程来看，背景并不是到写作环节才登场的。在选题阶段，记者和编辑部需要掌握选题的背景材料，以优化选题及其角度；在采访阶段，需要掌握采访对象、报道对象的背景材料，以掌控采访主动权。针对背景材料的挖掘设计提问，也是采访中的一个方向。

所以说，背景是贯穿新闻生产全过程的素材类型和工作方法。

（二）作为解释系统的新闻背景

更进一步理解背景材料，我们必须认识到，新闻的发生发展都处于特定的时空之中，如果仅仅孤立地报道新闻事实本身，而“不展示新闻事件存在的环境，不说明新闻事件与环境之间的相互关系，就不可能真正报道出新闻事件的真相”①。

在新闻报道中，背景就是再现新闻事实发生发展的拟态环境，构建起一个解释系统。记者将新闻事实置于其生发的环境中去，从而探寻新闻事实与各种社会变量之间的关联，使认识深化、报道深入。

如何构建解释系统？逻辑上，一般从纵向和横向两个维度展开。纵向背景从历史、发展、趋势的维度解释新闻事实的来龙去脉；横向背景从环境、社会的维度解释新闻事实的关联和影响。

我们以《深圳特区报》记者陈锡添的通讯名篇《东方风来满眼春》为案例。这篇报道以时间轴的方式详细记录了邓小平同志视察深圳、发表“南方谈话”的事实。在报道的开头，记者使用了两段背景材料：

> 众所周知，邓小平同志是创办经济特区的主要决策者。早在1979年4月，他在听取当时中共广东省委主要负责人的汇报后说：可以划出一块地方叫做特区。陕甘宁就是特区嘛。中央没有钱，要你们自己搞，杀出一条“血路”。次年8月，全国人大常委会正式通过并颁布《广东省经济特区条例》，中国经济特区就这样诞生了。深圳特区是邓小平同志亲自开辟的最早的改革开放的试验地之一。它的发展情况，小平同志当然十分关注。
>
> 1984年，特区建设遇到不少困难和阻力，有些人对办特区持怀疑观望态度。是年1月24日，当时任中共中央政治局常委、中顾委主任的邓小平同志，同王震、杨尚昆同志在中顾委委员刘田夫和广东省省长梁灵光的陪同下，到深圳视察，给深圳特区题了词，肯定了深圳特区的建设成就，肯定了办特区的方针是正确的，给了特区建设以决定性的支持，坚定了人们办特区的决心和信心，使特区的建设事业继续推向前进。
>
> （《深圳特区报》，1992-03-26）

这两段背景属于纵向背景，再现了在深圳经济特区诞生和遇到困难两个时间节点上，邓小平同志发挥的历史作用。由背景材料构建起的解释系统，把邓小平同志视察深圳、发表“南方谈话”的新闻事实放置到改革开放的历史长河中去，彰显了新闻的价值。

解释系统决定了对具体背景材料的选择和使用，而具体背景材料的使用则提升了报道的信息容量，延展了报道时空，实现了报道的深度。

---

① 高钢．新闻报道教程．北京：高等教育出版社，2010：120.

作为材料的新闻背景和作为解释系统的新闻背景，在实践中并非截然分明。前者是指其具体形态，后者是指其功能效用，两者是“术”与“道”的关系。具体的背景材料是构建解释系统的砖瓦，解释系统是选择和使用背景材料的蓝图。

二、背景材料的三大作用

背景材料在报道中起着哪些独特的作用？具体来说有如下三点。

（一）有效消除阅听门槛

新闻报道是大众传播，不少国外媒体都把受众的知识水平定位在14岁左右。这就要求记者运用背景材料做出必要的说明、注释，消灭阅读中的“拦路虎”。

在报道中，以下几类内容通常需要说明和注释，在这一情境中所使用的背景材料可称为注释性材料。

1. 非常识性的人物、事物

对于报道中涉及的重要的人名、地名、事物，如果不属于常识，受众较为陌生，就应当贴心地提供背景材料。

在《东方风来满眼春》中，记者对邓小平同志在深圳的视察点皇岗口岸、国贸中心、先科公司、华侨城等一一做了背景介绍。这样做并非是导游导览，而是帮助深圳之外的受众了解这些视察点是深圳特区建设中的地标性符号，从而更好地凸显视察的象征意义。

2. 专业术语、新词

在新时代，新政策、新思想、新事物层出不穷，无论是大众报道还是专业报道都不可避免地会遇到很多新鲜词语。必要的注释说明，能避免这些词语成为传播中的“噪音”。

一些新词、术语在刚出现时，需要在报道中注释、解读，例如前文案例中的“RNA病毒”，还有“虚拟现实（VR）”“人工智能（AI）”“区块链”“青瓦台魔咒”“301调查”等。在经过创新扩散后，一些新词逐渐被公众熟知，例如“PM2.5”“萨德系统”等，就不用在报道中注释说明了。

不同媒体定位、不同受众情况，都会对注释性背景材料的使用产生影响。

专业媒体、垂直类媒体面向特定的受众传播，就没有必要对一些专业常识性的背景做出说明。如财经媒体就不需要去解释“IPO”“MBO”“创业板”“私有化”等，互联网媒体也不需要注释“算法”“UGC”等名词。而大众媒体不仅要注释和说明，还需要进行语言的转换，使注释浅显易懂，不然就会煮出一锅夹生饭，造成新的阅读障碍。

一些对国内受众来说没有接受障碍的信息，在对外报道时则需要为海外受众提供背景材料；相应的，在国际报道中，也需要为国内受众提供相应的背景材料。

例如，新华社的消息《“梁山伯”结婚了》，在导语中介绍了人物身份：

> 在银幕上饰演古代悲剧“梁山伯与祝英台”中两位主角的范瑞娟和袁雪芬，都已建立起幸福的家庭。
>
> （新华社，1957-01-08）

报道不用再对“梁山伯与祝英台”做知识背景介绍，因为“梁祝”故事在中国家喻户晓。但是如果对外发稿，就需要提供背景“中国版的罗密欧与朱丽叶”了。

孔子说，“言之无文，行而不远”。消除阅读门槛，是增强新闻可读性、提升报道传播力的起点。背景意识应该成为从事大众传播的记者必备的理念，而使用背景应该是记者必会的技能。

（二）呈现事实关联

新闻事实的发生，必有其自身的因果和与其他事实的相关性。运用新闻背景正是为了“反映新闻事实的来龙去脉，烘托主要事项的价值”①。事实的关联，可以使用对比性、解释性背景材料。这类背景材料从两个维度发挥作用。

1. 通过纵向背景呈现来龙去脉

运用背景材料与新闻事实进行纵向的对比、衬托和烘托，能够更全面地展现事物发生发展的来路以及未来发展的趋势。

《东方风来满眼春》就运用大量背景材料，展现深圳特区成立以来的今昔对比，凸显了改革开放的伟大成就：

> 车子缓缓地在市区穿行。这里，8 年前有些还是一汪水田、鱼塘，羊肠小路，低矮的房舍。现在，宽阔的马路纵横交错，成片的高楼耸入云端，到处充满了现代化的气息。
>
> 国贸中心大厦，高高耸立，直插云霄。这是深圳人民的骄傲。深圳的建设者曾在这里创下了“三天一层楼”的纪录，成了“深圳速度”的象征。

今昔对比，是背景材料衬托新闻事实的一种手法。它能将新闻事实的变动凸显出来，让受众打破“理应如此”的认知模式，感受到变化的剧烈。

2. 通过横向背景呈现影响关联

运用背景材料进行横向的关联，能够以普遍联系的视角，探寻新闻事实与其他事物之间的关联。记者对事实的认识深入了，报道也就深入了。

以宏观社会背景观察新闻事实，是横向背景写作的常用技巧。《财经》杂志的《人民医院大规模感染调查》就较好地使用了这一技巧，背景材料把人民医院个案置入社会背景之中，从而深入地解释了人民医院疫情发生发展的本质原因：

背景一：

> 那是北京官方宣称只有“输入型病例”发生的时期。秦某没去广东，无法想象她会在北京凭空染病。人民医院急诊科将秦某初步确定为“发热，待查”，决定将其留院观察。

背景二：

> 13 日是星期天。这天，国务院召开了防治“非典”的紧急会议，温家宝做重要讲话，直指疫情严峻。次日周一，胡锦涛在广州视察了广东疾病控制中心。

---

① 杨保军．新闻事实论．北京：新华出版社，2001：31.

此时，北京官方宣称的非典患者数字从19例升至22例，后来有所调高，承认至4月14日已有37例。这些数字无疑与事实有天壤之别。

这是重大变局即将来临前的一周。在人民医院，情况还在恶化。

背景三：

医院内部，感染还在增加。24日零点，在新上任的代市长王岐山的直接过问下，医院正式被隔离。

（《财经》杂志，2003-05-19）

这三处背景是分散在正文之中的。聚合到一起可以看到，记者通过背景一至三，疏而不漏地勾勒出北京及全国“非典”防治工作的进展，完整描述了政府和社会对“非典”的认识逐步深化、应对逐步到位的艰难过程。

宏观社会背景与报道主体事实——人民医院的大规模感染事件形成横向关联，把人民医院成为“疫院”和“非典”传染源的事件置入了全国防治“非典”的宏观社会系统中。这样，报道就跳出微观层面，对产生问题的原因做更加理性和深入的说明，对问题的解释也就更加深刻了。

（三）巧妙表达报道倾向

新闻报道贵在真实、客观，记者需要“藏舌头”，把自身的立场、倾向嵌入事实的选择和叙事中。使用背景材料表达立场、倾向和态度就是新闻“用事实说话”的写作路径之一。

下面这则消息的背景材料起到了什么作用呢？

在银幕上饰演古代悲剧“梁山伯与祝英台”中两位主角的范瑞娟和袁雪芬，都已建立起幸福的家庭。

在旧社会里，女演员被人们称为“戏子”，低人一等，有的被卖去作妾，筱丹桂因婚姻不如意，被迫自杀；马樟花为了婚姻自主，受尽流氓的迫害，气愤而死。有的难得有了心爱的人，也因为受到各方面的阻拦，不能成婚。

（新华社，1957-01-08）

可以看出，记者选择的背景材料与新闻事实之间构成了悲剧与喜剧、历史与现实的对比，产生了戏剧性反差的叙事效果：首先衬托出两名演员与爱人结婚这一新闻的社会价值，其次不露痕迹地基于背景材料与新闻事实的对比，以小见大地建构起新社会人民享有包括恋爱婚姻自由在内的各项民主权利的报道主题，体现了较高的“用事实说话”的水平。这类背景材料也被称为对比性背景、解释性背景。

语言学、符号学的相关理论告诉我们，写作能够达到“能指”与“所指”的不同的层次。“能指”是通过自己的感官所把握的符号的物质形式，“所指”是符号使用者对符号所涉及对象所形成的心理概念。[①] 叙事的“能指”层次，是表达事物本身的情况；而高超的表达则要彰显

① 费斯克．关键概念．北京：新华出版社，2004：262.

出“所指”，即事物的象征意义。由于新闻写作是一种受限制的写作，因而运用背景材料建立解释系统，让事实“说话”，就成为重要的叙事技巧。

第二节　背景的类型

俗话说“文无定法”，背景材料的运用同样如此。背景材料可以分为不同的类型；与此同时，在不同的报道文体、题材中，背景材料的形态及其运用技巧也各不相同。

从学习的角度着手，我们需要先对背景材料进行分类，然后分别掌握其运用规律。

一、背景的多维分类

对背景材料的认识，可以通过各种分类来实现。

从写作的角度来看，受众直接感知到的是背景材料的内容和形式：

按内容分类，可分为人物背景、事物背景、地理背景等。

按形式分类，可分为数据、典故、轶事、诗词、文献等。

另外，按背景材料与新闻事实的拼接逻辑分类，可分为纵向的历史背景和横向的环境背景（包括自然背景、社会背景）；按背景材料发挥的功能分类，可分为注释性材料、对比性材料、解释性材料。

下面，我们从内容分类入手，介绍背景材料的类型及其特点。

1. 人物背景

报道中涉及的人物，如果不属于知名人士，应当提供身份背景，体现其作为报道对象、消息来源的合理性、可信度。

需要充分注意和讨论的是，如何选择人物背景。

在报道北京 2012 年“7·21”特大暴雨遇难者丁志健的《广渠门桥致命 3 小时》中，记者就对丁志健的职业身份背景进行了较好的处理：

> 他所供职的“中国幼儿科学启蒙杂志”《阿阿熊》，已经出版了 8 月号新刊。在封底上，仍可看到他的署名——编辑部主任：丁志健。
>
> （《南都周刊》，2012－07－31）

接下来，记者从他编辑的最后一期杂志里发现了一篇“巧合”的文章，顺手拈来展开叙事：

> 巧合的是，在他最后经手的这一期杂志里，有一个“阿阿熊大冒险”的故事，题目叫《水上行走鞋》：
>
> 阿阿熊想做一双能在水上行走的鞋。纸鞋、木鞋、塑料鞋……各种鞋都试过了，可每一次刚踏进水里，就沉了下去。他的好朋友咬咬龙于是送了他一双“水上行走鞋”。阿阿

熊穿上踩进水里一试，果然没有沉下去。原来，咬咬龙正趴在云彩上，用力地拉着长长的鞋带。

接着，记者把作为背景的故事与新闻事实组接到一起，使两者发生“化学反应”：

在广渠门桥下一筹莫展的丁志健没有遇到咬咬龙，他的 SUV 车也没有长长的鞋带，头顶上只有盖过全城的乌云和雷电。

故事的最后一幅漫画中，阿阿熊抬头望天的困惑表情，而今看去，颇给人宿命感。

从内容来看，这些背景材料的选择围绕报道主人公的职业情况；从形式来看，是故事，且是充满童真和宿命感的故事；从逻辑来看，是横向切面的材料；从功能来看，对比衬托出主人公不幸遇难的魔幻现实主义色彩。报道对人物背景材料的运用，已经超出了介绍人物的基本层次，而是进入叙事的层次，使背景材料起到了跌宕起伏、扣人心弦的叙事效果。

可以看到，人物背景在报道中能够起到独特的作用，具体来说：

- 参与塑造人物的个性、复杂性、矛盾性。
- 用人物的性格、行为、身份等恒常系统来解释当下的事实突变，使人物形象丰满、立体。

当然，人物背景的选择和运用也需要特别注意：

- 报道中的人物背景，不是传记，也不能像人物百科词条那样面面俱到。
- 要围绕报道主题，确定人物背景选择的维度。
- 不能单纯地罗列人物背景，应当使其参与叙事，与新闻事实产生“化学反应”。
- 除了人物的个体背景，还需要注意人物的社会关系背景。

2. 事物背景

《广渠门桥致命 3 小时》中，丁志健遇难的地点“广渠门桥”是报道的核心空间场所。出于报道主题的需要，记者围绕广渠门桥的排水能力选择材料。例如：

广渠门桥是一座下凹式立交桥——桥下道路的最低点比正常的道路要低 3 至 6 米不等，形成一个深 V 形的坡道，雨水很快就汇集到最低点，极易造成断路。全北京有 70% 的立交桥都是下凹式的。

这段背景是对广渠门桥及北京其他立交桥采用的下凹式构造的介绍。形式是数字＋描写；组合逻辑是纵向＋横向背景，纵向将广渠门桥的构造与现实的排水能力做了关联，横向则是把它与北京其他立交桥关联起来。背景材料起到了注释和解释的功能。

值得注意的是，广渠门桥背景之后，记者补充北京存在大量这类立交桥的背景，实现了背景信息的累加，这被称为“累加式背景”。报道视线由广渠门拉到全北京，构建了由点到面的递进。事物背景对“7・21”北京暴雨造成重大生命财产损失的原因做了探寻，突破了纯粹的天灾报道思维。

同样，事物背景及其运用也具有其特征：

- 要合乎报道目的地选择事物背景，体现事物的新闻价值。

● 要凸显事物的细节和独特之处。

● 组合运用数字、描写、类比、联想等多种写作和修辞手法，打破事物背景的说明文文风。

● 要力图呈现出事物发生发展以及事物之间的规律和联系。

3. 地理背景

对报道中涉及的空间、地点等做出说明，向受众介绍事实发生的地点，便于受众理解事实发生的环境因素。

在消息《长江上游仍在砍树》中，记者对产生砍伐现象的空间——长江上游流域做了较为详细的背景说明：

> 四川宜宾市以上的长江三大干支流中，金沙江、大渡河两岸的森林早已所剩无几。雅砻江主要流经人烟稀少、交通闭塞的横断山脉，但现在，这条江两岸的森林资源也遭到了十分严重的破坏。
>
> （新华社，1998 - 08 - 19）

接下来对报道重点关注的雅砻江进行了背景说明：

> 全长 1 517 公里的雅砻江主要流经四川省甘孜、凉山、攀枝花等地市州。因水急谷深，沿江所伐树木主要以顺江漂流的形式运往下游，然后再装上火车经成昆铁路运出。

这两段背景材料，一是向受众介绍了长江上游三大干支流（金沙江、大渡河、雅砻江）的信息，了解新闻发生的地点的特殊性；二是根据报道需要，为受众描绘了一幅长江上游三大干支流的不断遭受砍伐以致森林被砍伐殆尽的全景图，凸显出生态灾难的严重性、危害性。

在地震、灾难、事故、战争、恐袭等突发事件的报道中，受众对地理背景信息的需求更为迫切，记者编辑要重视提供地理背景，从而为救援和伤亡估算提供应急支持。

2017 年 8 月 8 日，四川九寨沟地震发生约 18 分钟后，中国地震台网发布由写稿机器人自动编写的新闻稿件，共五百多字。在第一部分地震信息之外，其余大部分是相关地理背景，包括震中地形背景、震中人口分布背景、震中村镇背景、震中周围县区背景、该地区历史上的地震分布、震区天气等。写稿机器人还为报道配了数张地图、地形图，将上述背景信息做可视化处理。机器人写作这些图文背景信息，仅用时 25 秒。

根据中国地震台网速报目录，震中周边 200 公里内近 5 年来发生 3 级以上地震共 142 次，最大地震是本次地震。按震级大小，前 50 次历史地震分布如图所示。

地理背景的特点和运用，可以归结为以下几点：

● 介绍事实发生的地点。

● 从空间维度介绍事实发生的环境因素。

● 彰显事实发生空间的新闻价值。

● 地理背景要做精心的选择，要而不繁，避免面面俱到。

● 地理背景来源要权威，信息准确无误。

● 具备地理背景可视化意识和技术。

二、积累背景的路径

背景对报道具有独特的价值，那么，记者如何有效地获取和积累背景材料呢？

（一）背景获得的路径

有新闻学者把记者需要获取的背景材料分为两类：一般背景材料和特定背景材料。相应的，背景材料的获得也可以通过两条路径：长期积累和短期搜集。

一般背景材料，不针对特定报道对象，是记者在工作中对自然、对社会、对人物等知识的了解和掌握。这类背景，上至天文下至地理，无所不包，是记者判断选题、理解和认知新闻传播环境的基础。这类背景材料需要长期不断地获取和积累。因此，我们常常说记者是“杂家”，是学习型职业，要通过长期的学习、阅读、采访，形成自己的背景资料库。

特定背景材料，一方面指记者在新闻实践和自我职业规划中逐步建立起来的优势的专业方向，例如财经报道、法制报道、文化报道等，对某领域中的人物、事物、专业知识、学科体系等有系统的掌握，这同样也是一个长期积累的过程；另一方面指在对特定选题展开报道时，记者需要通过短期搜集，获取相应的背景材料。短期搜集针对具体的报道进行，是记者采访写作中的重要环节。在采访准备阶段，可以通过查阅以往报道文献、搜索引擎、数据库，掌握背景材料；在采访中，可以向采访对象提出新闻背景方面的问题。

例如，《广渠门桥致命3小时》中，记者就从北京市水务局河湖管理处原总工程师处获取了有价值的事物背景，构建了解释系统：

> 李裕宏分析，由于水源不足，为保持城市景观、生态环境和用水，北京市区大部分河流在上游建闸，南护城河上就有龙潭闸、太平街闸，常年保持较高水位，降低了河道的泄洪能力，大雨来临再提闸撤水，偌大水体泄不及，与暴雨重叠，对下水道排水势必造成严重顶托，使立交桥下大范围积涝滞水。

（二）背景积累的维度

那么，记者对背景材料的积累有哪些维度呢？前面我们讲到了纵向与横向背景材料，这也正是记者日常积累背景材料的两个重要维度。

1. 纵向维度

纵向维度指记者从事物内部着手，围绕事物起源、发展、高潮、未来的时间轴，搜集、积累一般和特定的背景材料。事物既指具体的事物，也指一个类别的事物以及宏观的社会变迁。

2. 横向维度

横向维度指记者着眼事物外部，发掘与该事物关联的更多的同类事物，或者发掘与该事物相互影响的事物，寻找事物间的相关性。

纵向与横向的维度交织，形成一个“十”字形状。它既为记者积累背景材料提供了指南，也构成了报道和解释事物的常用坐标系。

第三节　背景的呈现

背景材料是旧事实，那么它在报道中的合适位置在哪里？背景材料以怎样的形态出现在报道中？在解答这些技术性问题之前，我们需要讨论安排背景材料的位置的原则是什么。

● 原则一：背景写作不能干扰叙事。

这是因为，背景材料是为新闻事实和报道主题服务的旧事实，在报道中处于从属地位。因此，报道中的背景材料不能干扰、打断新闻报道，使叙事出现卡顿感，破坏报道的流畅性。

背景材料要自然地嵌入报道正文中，使之与新闻事实发生“化学反应”。为了减少对主体事实的干扰，充分体现背景材料的价值，还可以将篇幅较长的背景材料以独立成文的形态安排。

● 原则二：更好地发挥背景材料的作用。

形式是为内容服务的。背景材料的位置需要一文一案地具体分析，运用极为灵活，并无定式。但是，背景的位置是为发挥出背景材料的作用服务的。因此，如果要发挥注释性作用，背景与被注释的人物、事物、专有名词等的位置就要紧接安排，体现出相关性；如果要发挥对比性作用，背景与新闻事实就可以平行安排，形成蒙太奇效果；如果要发挥解释性作用，背景就要按照层次和逻辑进行安排。

在了解这些原则之后，我们具体来看看，在报道中以什么位置安排背景材料为好。

一、常规背景安排的三种位置

（一）背景段落式

这类背景材料形式独立，在报道中以独立的句子或者段落出现。

独立式背景段落的写作，适合较为集中的背景介绍，写作相对全面、完整。

在传统的消息写作中，独立的背景段落常常出现在导语之后，被称为“第二段背景”。这种位置安排常常因为导语中的信息需要提供背景材料，因此要立即中断新闻叙事、安排背景，使受众能够更好地理解新闻。但是在实践中，如果这种需求并不十分迫切，就不一定使用“第二段背景”，以免变成“八股文”。

在消息写作中，较为独立的背景段落通常采用断裂行文的写法，不需要花太多工夫做文字上的缝合，只要使其逻辑顺畅即可。而在通讯、深度报道中，则要更多地考虑报道文本之美，这就要根据行文和叙事的需要安排背景材料，实现由新闻到背景，再迅速地由背景切换回新闻。

（二）背景整合式

将背景材料化整为零，打散成碎片之后在报道中按需出现。整合式背景材料可以出现在标题、导语、主体、结尾等位置，安排灵活。这种写作方法，适用于背景材料体量不大、无须集中使用的情形，它大大减少了独立背景段写作带来的与新闻事实的割裂感，写作相对流畅。

有学者将这种背景安排称为“天女散花式”“碎片式”。不过，需要注意的是，整合式背景并非简单地将整段背景拆成语言碎片，其实质是将背景材料与新闻事实进行整合，使背景材料在语法上、叙事上都与主体事实有机融合。

整合式既可用于消息等体裁的轻量化背景写作，也可用于深度报道的精细化打磨。

在运用中，要注意语言的整合和叙事层面的整合。

1. 语言的整合

通常将背景材料化作定语、状语、同位语和引语等形态，减少背景材料的突兀感。如下面的例子：

> 在银幕上饰演古代悲剧“梁山伯与祝英台”中两位主角的范瑞娟和袁雪芬，都已建立起幸福的家庭。

对于特稿、深度报道而言，背景材料的处理更是对记者写作能力的考验。《一个灾区农村中学校长的避险意识》讲述的是 2008 年四川汶川大地震中安县桑枣中学校长叶志平的故事，主体事实之一是校长修补教学楼的事迹，不可避免地涉及诸多建筑术语，不注释就会形成阅读障碍，注释不当则会形成叙事中断。我们来看记者的整合处理：

> 对新建的楼，他的要求更是严。楼外立面贴的大理石面，只贴一下不行，他不放心，怕掉下来砸到学生，他让施工者每块大理石板都打四个孔，然后用四个金属钉挂在外墙上，再粘好。用建筑外檐装修的术语讲，这叫“干挂”。
>
> （新华网，2008－05－24）

又如：

> 接着，他又对这栋楼动了大手术，将整栋楼的 22 根承重柱子，按正规的要求，从 37 厘米直径的三七柱，重新灌水泥，加粗为 50 厘米以上的五零柱，他动手测量，每根柱子直径加粗了 15 厘米。

“干挂”“三七柱”这些建筑术语对受众形成了阅读障碍，必须进行背景注释。但是如何不让这些术语把报道拖慢、变枯燥呢？记者的策略可以归纳为两条：其一，严格控制术语数量。按必要性来筛选、精简专业术语数量，减少术语过多带来的阅读障碍。其二，化整为零、语言缝合。在写作上，不使用形态明显的名词解释式的方法，而是不露痕迹地把背景材料化作各种语法成分，缝合进报道中，背景与新闻事实间的形态界限被模糊，避免了受众“出戏”。

2. 叙事层面的整合

深度报道更注重对文本可读性、思想性的打磨。记者在写作中，更加注重叙事技巧的运用，通过叙事者、叙事视角、叙事时空的切换，实现主体事实与背景事实的穿插调度，使之与新闻事实发生深度“化学反应”，融为一体，为报道主题服务。

下面是解释性报道《人民医院大规模感染调查》中的例子：

朱大夫和席医生清楚地感觉到，这位秦某有些像“非典”患者。不过，她并不具备“非典”患者诊断的首要前提：过往接触史。当时，统一颁发的诊断标准规定患者必须密切接触过“非典”患者（标准 1.1），至少曾经去过疫区（标准 1.2）。而秦某坚称，在过去的一周内，她一直在家，只去过一次超市。

记者将“过往接触史”及其注释材料，转换成讲述患者秦某故事的视角，材料成为故事中的一部分，与新闻融合度较高，叙事流畅。

通讯、特稿更加注重写作的创造性和故事性，因而对背景材料的处理更为用心。

《南都周刊》的报道《广渠门桥致命 3 小时》中，记者在报道结尾处集中安排了三段背景材料。这样密集地使用背景段，是否会造成阅读障碍呢？我们来看一下：

1978 年出生的丁志健，北京大学研究生毕业后一直居住在北京，娶妻生子。（背景 1）1943 年，梁思成在其完成的中国第一部建筑史——《中国建筑史》中，曾高度礼赞北京城：“明之北京，在基本原则上实遵循隋唐长安之规划，清代因之，以至于今，为世界现存中古时代都市之最伟大者。”（背景 2）他礼赞的是明清北京城。

在这次水漫京城的一片惨状中，位于市中心的地势较低的故宫、北海公园西侧的明代团城，安然无恙，600 年前的排水系统经受住了考验，它们正是梁思成礼赞的明清北京城的核心地带，而此次被淹的广渠门，恰恰位于明清北京城的东南边界。

112 年前的广渠门，曾见证过清政府的耻辱。当初八国联军直逼北京，因朝阳门守军较多，多次攻城不下，于是便从守备较弱的广渠门攻入——清政府把年岁较大的旗兵都编入守城队伍，他们平日只吃皇粮不当差，养尊处优，无法抗敌。（背景 3）

112 年后，因为着急回家，江苏人丁志健也决定对广渠门放手一搏。他在桥下的积水前踩满油门，却没有冲出恶龙的陷阱。

背景 1、背景 2、背景 3 都是以较为明显的独立段落出现在报道中的，特别是背景 2、3，内容丰富、材料集中，适合独立使用。

背景 1 交代了报道主人公的情况，是人物背景，以人物所生活的地点北京为由头，串联下文的围绕北京城市排水防洪规划的背景材料。

背景 2 是事物的历史背景，通过引用文献，提供了明清北京城市规划的科学说明。这一背景属纵向背景，对比出现今城市规划的问题。

背景 3 是历史背景，讲到了八国联军从广渠门攻入的历史，补充了广渠门桥的“软肋”特征。

作为叙事者，记者在背景写作中做了以下叙事整合：

从叙事时间来看，打破了线性叙事，形成现在—过去—现在的叙事。由丁志健的现在叙事，插入梁思城对明清北京城市规划礼赞的历史，最后再回到现在，丰富了报道文本的信息、情感容量。叙事时间的变化，形成了独特的叙事节奏。历史叙事的插入，如慢镜头一般，使丁志健遇难的瞬间被定格、放大，放慢了叙事节奏，增强了报道的氛围。

从叙事手法来看，历史上北京、广渠门的故事与当下的洪水、伤亡形成对比，增强了报道的反思性，升华了灾难报道的反思主题，可称得上是“豹尾”。

背景整合式对写作的打磨工夫要求更高，但其效果明显，能有效提升报道文本的可读性和美感。

（三）背景新闻式

在新闻事实的辐射下，背景材料的新闻价值会被再发现，有时甚至会出现以背景事实为主体的新闻报道，即背景新闻。这时，背景材料就不仅仅是陪衬新闻事实的“绿叶”，而具有了独立的新闻价值和篇章形态。这类报道常被冠以“新闻背景”“新闻链接”等名头。

例如，央视《“百名红通”1号人员杨秀珠贪污受贿案：一审宣判杨秀珠被判刑8年》（2017年10月14日）的主体新闻，就配置了两条背景新闻（见图9-1）：一条是人物背景《杨秀珠其人》，时长44秒；一条是事件背景《“百名红通人员”已有48人到案》，时长1分06秒。

《杨秀珠其人》是主体新闻人物的详细背景材料，以纵向维度介绍了杨秀珠贪腐事实、出逃及被遣返过程等，补充了主体新闻。

《“百名红通人员”已有48人到案》是事件背景，它在更高层次上介绍我国针对百名外逃人员的“红色通缉令”及其实施的效果，这个背景材料可称为“累加式背景”。这条背景新闻以横向逻辑将杨秀珠置入“百名红通”、党中央铁腕反腐的环境背景中，大大提升了受众对主体新闻的认知视域，凸显出反腐的效果。

图9-1　央视为主体新闻配置的新闻背景

背景材料制作成独立的背景新闻，使主体新闻精练、简约，又使背景材料较为充分地展开。而化长为短的文本，本身也适应了移动互联时代微内容传播的要求。

当然，背景新闻虽然独立成篇，但仍然与主体新闻一起刊播，且新闻价值低于主体新闻，在编辑和编排上应当予以体现。

二、新媒体背景安排的三种位置

在互联网传播情境中，网络新闻文本具备了与其他新闻文本不同的特征，对新闻写作和用户浏览行为都产生了新的影响。

具体到新闻背景材料的运用和呈现，网络新闻写作有如下形式。

（一）超链接式

超链接（hyperlink）是网络新闻文本与其他文本的本质区别之一，通过超链接实现相关页面的关联、跳转，也就形成了非线性的叙事方式，提升了受众在阅听过程中的主动权。通过超链接提供背景，是网络新闻写作的重要手段。

网络新闻中，除了运用常规的背景处理技巧之外，常常使用超链接的方式处理背景。报道正文中出现的关键词、专业术语等，可通过点击超链接访问背景材料。这样，报道文本的完整性、流畅性不受影响，同时还把点击访问背景材料的选择权交还给了受众。

以《纽约时报》的融媒体报道经典之作《雪崩》为例，报道对正文中出现的人物、事物等背景，仅以定语的方式提供简约而必要的介绍（见图 9－2）。受众若想对人物做进一步了解，点击报道中的超链接进行访问即可。

这些处理方法体现了新媒体的交互性特征，为记者编辑运用背景材料提供了更广阔的空间。

Many of them happened into the Foggy Goggle on Saturday night.

Among them were professional skiers like Saugstad, 33, a former champion of the Freeride World Tour. There were reporters and editors from Powder magazine and ESPN. There were executives from ski equipment and apparel companies. There were Stevens Pass regulars, some with broad reputations in the niche world of skiing, glad to spend time with the assortment of guests.

"It was a very, very deep, heavy, powerful, strong group of pro skiers and ski industry people," said Keith Carlsen, a photographer and former editor of Powder.

Rudolph was the connecting thread. Some visitors, like Saugstad, were at Stevens Pass for a promotional event aimed at expert female skiers, sponsored by Salomon, the ski equipment maker. Rudolph skied with the group all day Saturday. He organized and hosted a catered dinner for the women later that night in Leavenworth, a serious outdoors town dressed as a Bavarian village, 35 miles downhill to the east.

Powder had come to spotlight Stevens Pass for a feature article on night skiing. When the magazine's editor, John Stifter, arrived by train to Leavenworth two days earlier, he found Rudolph's car waiting for him. Inside were keys to the car, keys to a slope-side cabin and two Pabst Blue Ribbons in the cup holders.

At the bar, Rudolph mentioned an idea to a few people: Tunnel Creek on Sunday. Invitations traveled in whispers and text messages, through a knot of friendships and slight acquaintances.

Elyse Saugstad
33, Professional freeskier

Keith Carlsen
38, Photographer and former editor of Powder

John Stifter
29, Editor of Powder magazine

图 9－2　《雪崩》中的背景材料呈现

（二）独立页面式

网络新闻背景的第二种形态，是把重要的背景材料独立编排，并且背景材料的数量、类型的丰富程度大大超出了传统的背景材料。这就充分发挥了网络媒体没有版面、时长限制的优势。

如《雪崩》案例中，编辑将人物头像及简要的背景信息在报道页面的右栏单独列出，详细的背景材料通过超链接跳转到新页面呈现（见图 9－3）。受众访问到的背景材料，不仅仅是文字介绍，而且拓展为图集、音视频等多媒体形式；内容也从与报道相关的人物背景，拓展为人物拍摄的摄影作品、兴趣、爱好等。这些丰富、多元、图文并茂的材料，使人物形象更为立体丰满。

同样，雪崩的事物背景、雪崩发生地的地理背景、雪崩发生的科普知识背景，也都处理得比传统媒体更为丰富和详细。

该报道对背景的制作是令人惊叹的，各种动画、视频、图集使背景的可读性、交互性大大增强。而通过受众自主的点击和阅读所形成的数字媒体交互叙事，在一定程度上也模糊了新闻与背景之间的界限，凸显了背景信息的必读性。

（三）相关新闻式

网络新闻文本与传统文本有一个明显的不同，即通过关键词做相关新闻链接。相关新闻链接与主体新闻形成一个整体。这也是网络新闻的背景处理方式之一。

例如，新浪网在转载《特朗普签署“台湾旅行法” 鼓吹“美台官员互访”》报道之后，系统根据主新闻关键词“特朗普”“中美”等生成了作为背景的如下相关新闻（见图 9－3）：

图 9－3 作为背景的相关报道及其呈现

网络媒体通过对主体报道设定关键词，由系统生成“相关新闻”链接，在报道之后呈现。这些相关新闻多为已经发表过的旧闻。这种常规处理手法，使背景新闻围绕主体报道形成一个相对全面的理解情境，拓展了阅读视域。

第四节 背景的写作

背景材料意味着新闻事实叙事的暂停，因而很可能会打乱报道节奏、延缓叙事时间。因此，使用新闻背景的写作既要讲究技术性，更要追求艺术性，以更好地发挥背景材料在报道中的作用。

一、围绕主题精选背景材料

背景材料内容丰富、类型多样，在使用时需要严格筛选。选择判断的标准，即是否为报道所需要。

在《富士康“八连跳”自杀之谜》中，自杀者卢新是报道的核心人物之一。记者选择了几条背景材料来塑造人物、进行叙事：

2008 年，他曾参加过湖南卫视的“快乐男声”。

卢新是大学新干，是坐办公室的。

2009年底的富士康新干班才艺大赛中，他凭演唱《你的样子》获得了第二名。

喜欢哈士奇、喜欢林志玲。

（《南方周末》，2010－05－18）

记者所选择人物背景材料的维度多样，既有卢新的工作情况，又有他个人的经历、喜好和兴趣。看似碎片、芜杂的材料，为人物贴上了“乐观、多才多艺、有前途”的形象标签。而这个形象，却被他的自杀行为完全颠覆。背景与新闻事实形成的强烈反差，产生了戏剧性的叙事效果，提升了社会对卢新所在的富士康员工群体、新生代打工者群体的关注。

在《广渠门桥致命3小时》中，在探究北京暴雨致广渠门桥下人员死亡的原因时，记者选择了几条背景材料：

这些雨水泵站都建于上世纪，当时的城市建设都是向苏联这样的干燥国家学习的，制定的标准很低且不科学。桥区排水管道只按照1至3年一遇的大雨而建，但这场豪雨达到了61年一遇，排水设施自然会“拖后腿”。

不止是泵站，也不止是广渠门桥，北京的整套排水系统都在欠账。北京市排水系统的设计大多是1到3年一遇，一般道路是1年一遇，重要一些的地区，例如环路、城市主干道是2到3年一遇，而天安门和奥运村等地区是5年一遇。5年一遇的排水标准能应对每小时56毫米的降雨。相比起来，纽约、巴黎、东京等都市的排水设计多为5至10年一遇。

这三条背景材料围绕报道主题，选择介绍了广渠门桥、北京排水系统，苏联、纽约、巴黎、东京等的排水设计标准。逻辑上由近及远，主题烘托上由浅至深，通过背景的累加、对比，服务于报道解释、揭示这场死亡事故背后的必然性这一中心。正如美国《纽约时报》前副总编辑莱斯特·马柯尔所说：“解释，就是提供新闻的背景知识，从而使读者能够对新闻事件做出客观的判断”。[①]

围绕主题，使背景材料有了线索和方向；精选背景，则是追求材料的生动、多样、优质。

二、活用背景的三个技巧

背景材料虽是旧事实，但也追求阅读的新鲜感、文风的活泼。如何让背景“活”起来呢？可以从以下三个方面去着手优化。

（一）活泼的内容

根据报道内容、文风的不同，背景材料可以采取相对活泼的形式。硬新闻内容重大、文风较为严肃，这时可以使用一些文献、典故、故事等较为软性的内容作为背景材料，以增强报道

① 张惠仁．新闻写作学．成都：四川人民出版社，1986：379.

的可读性。

毛泽东同志的消息名篇《中原我军占领南阳》就是典范。消息在报道解放军占领南阳的新闻事实后，提供了南阳的历史背景材料：

> 南阳为古宛县，三国时曹操与张绣曾于此城发生争夺战。后汉光武帝刘秀，曾于此地起兵，发动反对王莽王朝的战争，创立了后汉王朝。民间所传二十八宿，即刘秀的二十八个主要干部，多是出生于南阳一带。
>
> （新华社，1948－11－05）

纵向历史背景凸显出南阳古往今来的战略地位，衬托出解放南阳的意义。而背景中“二十八宿”等民间传说，作者看似信手拈来，却让读者读起来饶有兴味，显示出作者对中国历史地理的熟稔，有效地增强了报道的可读性。

专业性的报道，如医学、法律、科技、财经报道等，需要让背景材料活泼起来，不能满足于做材料的“搬运工”，要避免对背景做进一步解释才能让读者理解的情形。例如：

> 广州市第一人民医院一名外科医生介绍：“软组织损伤导致细胞坏死出血，由于出血发生在体内，所以眼睛看不见，情况严重会导致广泛性血管内融血，这一症状也被称作DIC。DIC是治疗的转折点，一旦发生，患者一般会迅速死亡，极难救治。所以类似的治疗，早期都以止血、抗休克为主，目的是阻止病情进入DIC阶段，没有发生DIC，患者生还希望极大。”
>
> （《南方都市报》，2003－04－25）

“DIC”是一个医学术语，自然需要背景材料说明。记者巧妙地通过医生之口来科普这一术语，使背景材料具备了口语化的活泼形态，增强了传播力。

对于特稿、通讯等文风较软的报道，可以使用一些思想性强的背景材料，提供阅读和解释上的新鲜感。

《富士康“八连跳”自杀之谜》使用“华尔街日报体”，把报道故事化。其中，记者引用了自杀学研究创始人、社会学家涂尔干的著作《自杀论》中的一些观点，以提升报道的解释力：

> “生活中最不相同，甚至最矛盾的事件同样成为了自杀的借口。”自杀学研究的创始人涂尔干在一百年前说，“任何事件，都不是自杀的特定原因。”
>
> 涂尔干在他的《自杀论》中谈到，个体的社会关系越孤立、越疏离，便越容易自杀。“集体的力量，是最能遏制自杀的因素之一。”

学术内容作为背景材料，与报道的文风互补、平衡，令受众有不少的新鲜感，也弥补了故事化写作的说理性短板。当然，引用文献等背景材料，一定要考虑受众的阅读体验，否则新闻报道会充满论文气息，阻碍读者阅读。

专业的背景材料不能原文照搬，要与受众已有的常识、经验和知识连接，激活受众的知识和常识内存。例如，《1 445种全新病毒科被发现》对RNA病毒的解释就运用了这一技巧：

> RNA病毒是生物病毒的一种。常见的RNA病毒中就有公众很熟悉又避之不及的，诸如艾滋病病毒、“非典”病毒、埃博拉病毒、禽流感病毒等。其在病毒复制过程中变异很

快，所以很难研制出相应的疫苗。

（《光明日报》，2016-11-24）

可以看到，对于较为专业的背景材料，记者可以请权威、专业的采访对象做二次转译和编码，优化处理背景材料，提供素材基础。

（二）活泼的形式

背景材料是旧事实，缺乏时新性，因而记者在写作中应注重其形式的活泼。

运用一些大众文化形式的背景材料，增强报道的可读性，是较常见的做法。比如，电视专题《老井离横岭三十里》①，就巧妙地运用了《老井》和《小二黑结婚》的电影资料，强化两个村庄过去、现在的对比：

很多人听说过老井是因为张艺谋主演的电影《老井》，电影在老井村拍摄，讲述的也是老井村祖祖辈辈为水所困，与环境抗争，寻找水源的故事。

在导演吴天明、主演张艺谋的帮助下，1989年老井终于打出了第一眼有水的井。

接下来，报道叙述了横岭村的背景材料：

在老井村东南三十里有一个叫横岭的小山村。

作家赵树理1943年就是根据这个村的人和事创作了小说《小二黑结婚》，1964年《小二黑结婚》拍成电影搬上荧幕。

小说中小芹、二黑的爱情故事家喻户晓，可作为原型地，几十年来很少有人知道这个贫穷、落后的小山村。在横岭人眼中三十里外的老井就是个令人羡慕的地方。

与解说词对位，电视画面使用了《老井》《小二黑结婚》的电影资料，形式活泼、雅俗共赏。

在如今的移动互联传播情境下，背景材料的可视化、数据化、简约化成为潮流。记者编辑都应当尽力优化背景材料的形式，实现更佳的传播效果。

（三）追求“化学反应”

在消息写作中，由于断裂行文的存在，独立背景句、段落可以按照重要性递减的次序进行写作，背景与事实在形态上可以只起“物理反应”；而在深度报道中，文本的可读性、深度的挖掘都需要对背景材料做更精致的处理，使其与新闻事实在形态和内容上都产生“化学反应”。背景材料由此被赋予了更大的表意空间。

在《三联生活周刊》刊发的特稿《人道主义者高耀洁》中，裹脚导致小脚的人物背景就被记者巧妙地开发成叙事符号，传神地构建出“民间抗艾第一人”高耀洁的个性：

她有一双被裹过的脚，从5岁一直裹到11岁，1.60米的身高配上这双只能穿34码鞋

① 《老井离横岭三十里》，山西电视台《晚间新闻》2013年12月30日播出，获第24届中国新闻奖新闻专题二等奖。专题呈现两个相隔三十里的村庄——电影《老井》的拍摄地老井村与小说《小二黑结婚》的原型地横岭村，由于靠市场、靠政府的不同思维，两地发展出现了更大差距。

的小脚，走起路来总是让人担心。于是，跟她在一起，你不自觉地会伸手扶她。有时候，她也会用手紧紧拉着你——那略显干涩、粗糙的老人的手给你的感觉温暖而踏实。而更多时候，她会轻轻却很坚决地推开你的手——她不需要帮助，她要一个人走。

（《三联生活周刊》，2003－12－25）

因裹脚而形成小脚的人物背景材料用在报道开头，一方面使人物特征跃然纸上，另一方面则与高耀洁的坚强、倔强个性形成反差，带着立体感的人物叙事得以实现。

在后文写作中，小脚成为“文眼”，将高耀洁的人生履历串联起来：

53 年前的夏天，担心学校因“小脚”而不要她，她特地穿了一双球鞋，鞋尖里偷偷塞满了棉花，最终如愿迈进河南大学医学院的大门。4 年后，这双脚又带她走进河南中医院产科病房和手术台。在其后的数十年里，她成为一名出色的妇产科医生，将无数生命带到了这个色彩斑斓的世界上。

从 1996 年开始，本已退休应该颐养天年的她又用这样一双脚，一步步走进了豫南一些艾滋病恶性爆发的乡村，为那些从肉体到灵魂都经受折磨的受难者送去药物和金钱、知识和慰藉。

以“小脚”作为叙事元素，将高耀洁的人物背景叙述清楚，并自然地指向报道主题——行走：独立地行走、为公益事业行走。

在缝合背景材料与主体事实时，可恰当地使用过渡句，流畅地串联上下文。如《人民医院大规模感染调查》写道：

8 日 SARS 病房建成，七张床很快就满了，又被迫加至九张。与此同时，人民医院的门诊发热病人还在增加，而多数发热病人都是在急诊科就诊。

作为位于城区的一家拥有 85 年历史的著名三级甲等医院，人民医院属于北京市民经常就诊的医院之一，在社会上拥有很高的声誉，其门诊量、急诊量和住院量每年在北京都居于前三位，多达上百万人次。发热病人前往人民医院并不令人称奇，且医院的习惯正是来者不拒。

而据人民医院院长吕厚山介绍，人民医院是一家大型综合性医院，它的急诊是以尽量节省空间和方便病人就诊为原则设计的，所有的化验、收费窗口都尽量设计在一起，极不适合收治烈性呼吸道传染病人。

三个段落中，第一段为新闻事实，第二段、第三段都是背景信息。通过段末和段首的串联句子，三段素材缝合到了一起，组成了意思流畅、逻辑清晰的报道单元，实现了新闻与背景的“化学反应”，从而对人民医院为何会发生大规模感染提供了扎实的解释。

第五节 数据的使用

数据既是背景材料的一种形式，也是某些类型新闻报道的核心内容，例如财经报道、调查报道、科技报道等。随着互联网新闻的兴起，数据新闻、基于大数据和算法的报道也日益成为具有传播力的报道样式。正如万维网发明者蒂姆·伯纳斯-李（Tim Berners-Lee）断言："新闻的未来，是分析数据。"[①]

而验证数据是否真实可靠、有无被污染和操纵以及处理和呈现数据的技术，正日益成为记者的最新技能。

一、数据的两大作用

新闻报道追求真实、客观。大家都倾向于认为，与传统的基于记者经验和技术的报道相比，数据更客观、中立。使用数据进行报道，被认为是重建新闻客观性的途径之一。

（一）运用数据的报道领域

数据已经被运用到多种报道领域。能够发挥数据美学的报道领域有以下几种：

1. 专业报道

财经报道、调查报告、科技报道等，这些数据类报道对象本身就是以数据量化的形式出现的，受众也对抽象、有逻辑的数据有明确的需求。专业报道要更好地呈现出数据美学。

2. 常规报道

在常规报道中，数据作为重要的报道元素、背景材料以及叙事线索等，对报道的客观、精准化产生极大的助力。

（1）作为报道主体事实。

数据作为报道主体事实，构成了新闻价值。数据与细节、对话、场景等一样，是报道不可缺少的素材，例如：

《2018 年我国高校毕业生总数预计达到 820 万》

（央广网，2017－12－09）

《2017 年二胎比 2016 年增加 162 万 占出生人口比重过半》

（央广网，2018－01－21）

从标题的信息选择就可以看出，这两则报道的新闻点就是显性的数据本身，报道是围绕数据及其解读进行的。

（2）作为背景材料。

数据作为背景材料，在报道中起着与其他背景材料相似的功能——注释、对比、解释，对主体新闻事实进行优化。

上面提到的报道《2017 年二胎比 2016 年增加 162 万 占出生人口比重过半》，在正文中就继续通过数据背景材料做纵向对比，凸显了主体数据的意义：

---

① KNIGHT M. Data journalism in the UK：a preliminary analysis of form and content. Journal of Media Practice，2015：16.

从 2016 年 1 月 1 日开始，中国正式施行“全面两孩”政策。近两年，中国出生人口明显增加。统计数据显示，2016 年和 2017 年中国出生人口分别为 1 786 万人和 1 723 万人，比“全面两孩”政策实施前的“十二五”时期年均出生人数分别多出 142 万人和 79 万人。

3. 精确新闻、数据新闻

随着受众细分、传播技术的演进，以数据为主要内容的精确新闻（precision journalism）、以数据为呈现形态的数据新闻（data journalism）成为新的新闻体裁，数据的新闻价值和传播价值得到彰显。

精确新闻的概念最早由美国学者菲利普·迈耶（Philip Meyer）提出。他在《精确新闻学》（1973）中，将精确新闻定义为“将社会科学和行为科学的研究方法应用于实践新闻的报道”，精确新闻常常使用的研究方法包括调查、实验和内容分析等。①

《中国青年报》《北京青年报》等媒体都推出过精确新闻栏目。精确新闻、数据新闻还被用于舆情监测和分析的报道。例如，《中国青年报》的《两会大数据：00 后最关注大气污染整治》（2018 年 3 月 9 日）。

数据新闻即数据驱动新闻，基于网络媒体技术平台的便利性，重视通过大数据工具挖掘数据、可视化呈现数据，在传播中注重人机交互，大大提升了用户体验。

（二）数据在报道中的作用

为什么数据在新闻报道中越来越受到重视？因为数据在报道中能够起到独特作用。

相对于文本，数据在报道中起着哪些独特的作用呢？

1. 呈现数据美学

文本有文本之美，数据有数据之美。

可以说，数据报道所体现出的数据美学，正是数据本身不同于文本的地方。具体来说，数据的美学作用体现在以下几方面。

（1）使报道量化、精确、客观。

报道的客观准确，是真实性的基本要求。使用数据能够量化报道对象，增加报道的精确度、清晰度，使报道更加客观。

消息《长江上游仍在砍树》的导语就在多处使用了数字，精准再现了记者目击的场景：

> （记者）见到江面漂浮着上游漂运下来的上万根三四米长、脸盆般粗的木头，小舟左冲右突一个多小时后才驶离码头。行出不到 1 000 米，数万根粗木密密麻麻地塞满了几百米宽的江面。

在这则描述型导语的写作中，记者使用数字来量化事物细节：用“三四米长、脸盆般粗”描绘出被砍伐树木之大；用“上万根”“一个多小时”“不到 1 000 米”“数万根”“几百米”描绘出被砍伐树木之多。数字细节简约而准确地再现了记者观察到的滥砍滥伐的现场情形，给受

---

① 彭艳．大数据时代的精确新闻报道．新闻世界，2014（8）：381－382.

众一幅清晰度极高的现场图像，令人痛惜、警醒。

（2）营造独特的阅读氛围。

文本需要营造恰当的阅读氛围，以有效调动受众的情绪情感，开启传播之窗。与文字描写相比，恰当地运用数据，通常能够改变叙事时间和空间，营造节奏感、紧迫感、极限感、科技感等独特氛围。

● 营造报道节奏感。

前面列举的消息《长江上游仍在砍树》，在导语中多处使用数字，加快了叙事节奏，营造出形势紧迫的氛围。

同样，数据营造节奏感在《大国工匠》① 系列中获得了充分运用。例如，在《张冬伟：液化天然气船上"缝"钢板》一集中，记者使用"3.5米，走路5秒钟，完成这么长的焊缝，却需要整整5个小时""一艘船上，需要手工焊接的焊缝长达13公里"等数据，显示出焊接工作质量的极度精致化、数量的惊人。四个数据组合形成递进的逻辑关系，很好地控制了报道节奏。

● 数据刻画专业感。

央视八集专题片《大国工匠》报道了八位工匠、八种手艺、八大领域，代表了中国当下的高新科技和传统文化中的国宝级工匠群体。报道题材决定了报道中需要使用大量的数据，来细致入微地描绘和再现工匠技艺之精湛。

系列专题的开篇之作《火箭"心脏"焊接人高凤林》，使用三个数据开启报道：

> 38万公里，是嫦娥三号从地球到月球的距离；0.16毫米，是火箭发动机上一个焊点的宽度；0.1秒，是完成焊接，时间允许的误差。

记者颇有创意地选择三个反差巨大的数据，准确传达了高凤林的身份——长征五号大运载火箭发动机焊接工，传神地勾勒出这项工作面临的极限挑战。对仗工整、以排比呈现的数据，营造出强烈的节奏感和紧张感，令人屏息静气。

整个专题片一致地使用数据细节、运用数据思维，营造出浓浓的极致感和专业感。

（3）平衡写作文风、增强可信度。

公信力是新闻传播得以进行的前提。通讯、特稿等文体的写作，追求讲故事的叙事效果。在这类文体中，以描写作为主要的写作手法，恰当地使用数据等素材，能够像工笔描写的细节一样，增加报道的可信度，使各类素材相得益彰。

新华社的特稿《一个灾区农村中学校长的避险意识》，讲述了汶川地震中发生的一个震撼人心的故事，整体写作风格注重故事化、文学性。而文中同时运用大量的数字进行写作上的平衡：

> 教室里面一般是9列8行，前4行从前门撤离，后4行从后门撤离，每列走哪条通道，娃娃们早已被事先教育好。孩子们事先还被告知的有，在2楼、3楼教室里的学生要

① 《大国工匠》系列专题报道共八集《火箭"心脏"焊接人高凤林》《工艺美术师孟剑锋》《"两丝"钳工顾秋亮》《航空"手艺人"胡双钱》《"高铁研磨师"宁允展》《张冬伟：液化天然气船上"缝"钢板》《捞纸大师周东红》《深海钳工管延安》，于2015年4月29日至5月6日在央视新闻频道、综合频道播出。

跑得快些，以免堵塞逃生通道；在4楼、5楼的学生要跑得慢些，否则会在楼道中造成人流积压。

这些具体数字，详细地勾勒出学校应急逃生演练的细节，体现出记者现场采访核实的努力，为特稿的故事化叙述增加了精确化的元素，提升了报道的可信度。

数据的成熟应用，还能形成报道的独特文风，《大国工匠》摆脱传统的感性歌颂路径，让数据雕琢技艺细节，刻画国宝级工匠的全新形象，形成与内容相得益彰的“工匠体”。

可以看到，数据的独特魅力，在于通过量化报道对象、量化细节、量化叙事，有效提升报道的清晰度、可信度，为受众提供新鲜的文本阅读体验。

（4）凸显报道的核心信息。

相比文字，数据更加简单明了，具有抽象、简约的特征。经过筛选和提炼的数据，能够突出核心信息，易于传播，实现一“数”胜千言的效果。

在特稿《一个灾区农村中学校长的避险意识》中，有两处数字精确到了小数点后两位。一处是地震中师生逃生的时间：

> 由于平时的多次演习，地震发生后，全校师生，2 200多名学生，上百名老师，从不同的教学楼和不同的教室中，全部冲到操场，以班级为组织站好，用时1分36秒。

第二处是老师们的平均收入：

> 他的老师们收入都不高，教师平均月收入1 126.78元。

记者如此精确地呈现原始数字，正是为了突出数字背后的故事：“1分36秒”令人感受到与死亡争分夺秒地赛跑的紧张感，体现了长年坚持不懈的演练带来的效果；“1 126.78元”的微薄收入更衬托出教师的责任心，让受众动容。

报道中突出精选出的数据细节，有着“指纹”般的辨识度，起到了令人印象深刻的叙事效果。

2. 推动报道深入

数据作为报道元素，通过量化刻画核心报道对象、模型化呈现逻辑关联，从而有效地推进报道深入。

（1）数据叙事推进报道深入。

通过数据、数据的关联、数据的影响，能够形成数据叙事，推动报道由表象深入本质。

特稿《一个灾区农村中学校长的避险意识》中的这段报道，用一系列的数字描写出了叶志平校长对危楼持之以恒的改建：

> 接着，他又对这栋楼动了大手术，将整栋楼的22根承重柱子，按正规的要求，从37厘米直径的三七柱，重新灌水泥，加粗为50厘米以上的五零柱，他动手测量，每根柱子直径加粗了15厘米。
>
> 这栋实验教学楼，建筑时才花了17万元，光加固就花了40多万元。
>
> 学校没有钱，他一点点向教育局要，领导支持，他修楼的钱就这样左一个5万元、右一个5万元化缘而来。

教学楼时刻要用，他就与施工单位协调，利用寒暑假和周末，蚂蚁啃骨头般，一点点将这栋有16个教室的楼修好。

数据客观准确地记录了叶志平校长加固教学楼的过程。而数据的集中呈现和关联则悄然地建构出一个问号：北川中学的教学楼质量问题谁在监管、谁来负责？请看：

“22根承重柱子”“16个教室”，说明了教学楼质量低劣是整体性的，是缺乏制度约束造成的；“左一个5万元、右一个5万元化缘而来”，刻画了政府部门面对教学楼质量问题的不作为；建楼时花了“17万元”，光加固就花了“40多万元”，有如黑色幽默一般。

(2) 构建数据链条进行质疑和核查。

调查报道中，记者通常将一系列事实串联起来，形成环环相扣的事实链条。数据类报道也是如此，记者把一系列数据组合成链条，清晰地揭示数据之间的因果或者相关关系，增加报道的真实性、逻辑性。这对记者的数据运用和整合能力提出了更高要求。

《财经》杂志发表的《银广夏陷阱》① 就是运用数据的典型案例。我们结合这一案例，来了解数据在事实质疑和核查中所起的作用。

其一，用数据呈现矛盾与问题。

记者不能盲目相信采访对象提供的数据，要具备质疑精神和核实数据的能力，而运用数据可以清晰而集中地展现矛盾与问题。

银广夏公司股价年涨幅高达440%，被称为“中国第一蓝筹股”。财务报表极为靓丽，投资者一片乐观心态。面对这家表面风光无限的公司的财务报表，记者并没有全盘照收，而是进行了质疑和核查。

记者的质疑精神和核查能力，正是深度报道扎根的土壤。这种能力正是来自对数据的敏感：

首先，运用新闻采写技巧质疑和核实数据。

记者通常使用新闻手段进行事实质疑和核查。例如，借助权威信源来质疑其他信源的数据、运用“三角定位法”来发现数据“罗生门”。在本例中，记者针对银广夏财务报表数据的疑问，就通过海关等政府权威机构的数据来印证，记者为此前后花了长达一年多的调查时间。

其次，掌握数据背后的经济学、金融学、统计学等基本知识。

本例体现了财经记者的基本功：读懂财务报表，并从中发现数据可能存在的问题。此外，记者还要能准确理解诸如“同比”“环比”等专业术语，了解数据的计算方法是否科学，了解调查数据的抽样和统计方法是否具有信度和效度。

其二，用数据说话。

记者发现，银广夏公司向公众兜售的逻辑链条是这样的：出口基地的出口额大幅增长，成为公司利润的主要来源，从而支撑了股价的持续疯涨。三个条件环环相扣，互为因果。

记者的调查就是顺着这一逻辑链条，顺藤摸瓜并发现了背后的惊人问题：

记者阅读银广夏公司财报获得了公司出口基地的名录，通过海关调查到银广夏公司主要出口基地的出口数据——这个数据少得可怜，根本无法支撑公司财报中的巨额利润数据。

---

① 凌华薇，王烁．银广夏陷阱．财经，2001 (8)．

数据之间的链条断裂了，矛盾显现出来。这表明，两个数据中必有一个是虚假的。基于海关第三方权威数据的可信度更高，记者由此推断银广夏公司1999年度、2000年度的业绩绝大部分造假。①

最终，法院判决支持了记者的报道：银广夏公司相关人员以提供虚假财会报告罪、出具证明文件重大失实罪被法院判处刑罚。

二、三步防范“数据陷阱”

数据看似客观，但在写作中，要充分警惕“数据陷阱”，避免造成报道失实。

记者在报道中使用数据时，首先要获得准确、权威的数据，其次要真正理解数据的含义，最后是运用和呈现数据。在这个过程中，应当从以下三个步骤来避免“数据陷阱”。

（一）核查数据来源的可靠性

信息是否真实可靠，很大程度上跟来源的可靠性有关。正如记者采访要核查信源的权威、可信程度一样，数据来源的核查也是避免数据陷阱的第一步。

2004年10月下旬，多家媒体刊发了《杜蕾斯全球性调查报告》，其中一个数据引发国内舆论一片哗然：“世界范围内，每人平均拥有10.5个性伴侣。中国人的平均性伴侣数最多，为19.3人。”公众凭常识和经验质疑这一数据的可靠性。经媒体调查，此数据来源于杜蕾斯委托的调查公司，调查在网上进行，由网友自由填写，属于“志愿者抽样”。通过调查数据来源及流程的核实，记者没有发现调查根本谈不上科学，数据本身也谈不上真实可信。整个事件更像披着调查外衣的事件营销。也许是感受到这种舆论压力，在第二年的同一报告中，中国人均性伴侣数量跌至3.1人。②

这个案例提醒我们，在商业利益的驱使下，营利机构操纵的数据背后充斥着商业利益的考量，不能不加分辨、不加核实地将其当作可靠事实进行报道，否则就会落入陷阱。

1. 选择信源可靠度高的数据

从来源的角度看，记者应优先选择来自政府、权威专业机构和第三方核查机构的数据。媒体和记者自身制作完成的一手数据也可优先使用。切不可图方便、有趣而随意使用网络上的匿名数据，要注意对数据的来源进行核查。

2. 了解数据生产流程

对任何来源的数据，都应当清楚其是如何获得的，获得的程序和方法是否科学、可靠。例如，各地环保部门设立空气质量监测站，监测并发布空气中的PM2.5浓度数据。那么，监测站所处的位置就会影响数据的测量精度。有媒体就质疑，在北京、深圳等地，“多数监测点都位于植被覆盖较好、比较开阔的公园或者学校。多数监测点远离空气质量差的工业区，基本无空气污染”③，这是否能代表城市空气的整体状况？这就是对数据生产流程是否科学、可靠所

---

① 周俊生．银广夏事件：“跨世纪大牛股”的终结．国际金融报，2010-12-21.

② 被争议的杜蕾斯全球性调查．三联生活周刊，2005（11）.

③ 深圳PM2.5监测点多设在学校和公园遭质疑．南方都市报，2012-03-09.

做的质疑和核查。

3. 保持质疑意识

对数据应保持质疑意识。质疑可通过常识、专业知识和专家系统来提出。发现疑点时，应当调动多个来源的数据进行交叉核实、三角定位，判定疑点产生的原因。

如果疑点无法消除，应当果断舍弃这一数据。

（二）数据处理要专业

为了报道需要，记者在写作时会对原始数据做进一步的处理。在计算过程中，如果不具备科学、专业的思维和方法，就可能造成数据误读、报道失实。

我们必须明确的是，数据处理是一项专业和复杂的工作，不是简单的四则运算，要保持敬畏之心、专业之能。我们来看下面的案例：

2018 年 2 月 28 日，某通讯社刊发报道称"深圳 GDP 总量首次超过香港成为粤港澳大湾区 NO. 1"[①]，报道引发了较大的争议，深圳市统计局对此进行了否认。争议为何产生？问题正是出在记者对数据的不当处理上。

当日，香港特别行政区政府统计处发布数据，2017 年香港的 GDP 26 626. 37 亿港元。记者对此数字进行了汇率换算：

> 按照 28 日港元/人民币的中间价计算，折合人民币约 21 529. 55 亿元。

然后将换算后的数字与已公布的深圳 GDP 进行对比，得出结论：

> 数据显示，深圳 2017 年的 GDP 总量为 22 438. 39 亿元，首次超过香港，成为粤港澳大湾区城市经济总量第一的城市。

数据来源于香港政府机构，可信度没有问题。问题出在数据处理上：记者采用的是当日汇率换算，但是如果使用年平均汇率换算，所得出的结论就完全不同了。

深圳市统计局采用年平均汇率换算：以 2017 年港元/人民币平均汇率 0. 865 65 来换算，2017 年香港 GDP 为 23 049. 14 亿元人民币，比记者换算的多出 1 519. 59 亿元人民币，相当于 2017 年西藏的 GDP。[②] 因而，深圳 GDP 还未超过香港。

那选择哪种汇率方法换算是合理的呢？鉴于 2017 年下半年，人民币相对美元创下九年来最大升值，而港元采取的是盯紧美元政策，因此采用年平均汇率进行换算更为合理。

可见，数据的处理有时并不仅仅是数学题，而且是专业题。无独有偶，某日报网 2012 年 2 月 20 日发布的《社科院报告显示公众对"裸官"现象的危害性认识不足》一文，在理解和处理数据时，也出现失实。[③]

该文的数据来源于社科院《法治蓝皮书 2012》，原文为：

---

① 薛宇飞．深圳 GDP 总量首次超过香港成为粤港澳大湾区 NO. 1.（2018－02－28）［2018－03－01］. http：//www. ce. cn/xwzx/gnsz/gdxw/201802/28/t20180228_28296499. shtml.

② http：//news. sina. com. cn/o/2018－03－02/doc-ifyrzinh1866451. shtml.

③ http：//www. iolaw. org. cn/showNews. asp？id＝29768.

在认可其配偶拥有外国国籍或者外国永久居留权的选项上，按不同级别划分，接受调查的省部级（含副职，以下同）公职人员中有33.3%，司局级为41.4%，县处级为38.6%，科级为42.0%，科级以下为33.7%。

记者将上文省部级公职人员中的33.3%以及司局级的41.4%这两个数据简单相加，得出了“在是否认同其配偶可以拥有外国国籍或者外国永久居留权的选项上，有接近75%的接受调查的司局级以上公务人员表示认可”。对数据错误的认识和错误的处理，导致了报道严重失实。

可以看到，记者对数据进行加工处理时，如果方法不专业、过于主观，就会产生失实。记者对此要特别警惕，注重防范数据处理中的风险。

（三）避免误读数据

数据的真实含义是什么有时并非显而易见，需要在报道中予以解读和揭示。如果记者出现误读数据的情况，就会发生新闻失实。

看起来客观、清晰的数据，为何会发生误读呢？主要有以下几种原因。

1. 专业缺失导致数据误读

从统计来说，对样本的调查结论并不能直接推及总体。尤其在样本量很小、没有科学抽样方法支持的情况下，调查数据更不能随意使用。

某报曾刊发报道《女大学生卖淫现象调查》，指出“武汉高校女大学生8%～10%卖淫，25%从事陪侍活动”。[①] 这对女大学生形象产生了不良社会影响，引发舆论质疑。

为什么记者通过一手采访获得的数据也会失实？原因就在于专业知识的缺失。事实上，记者只对个别卖淫的女大学生做了隐性采访，报道中出现的比例其实是记者采访到的有限的女大学生中卖淫的占比。但是，记者却简单粗暴地用于推断武汉女大学生整体，结果当然谬以千里。

2. 理解偏差导致误读数据

在数据类的报道中，特别在以长篇的调查报告、统计数据为报道对象时，记者通常都会在数据海洋中筛选和简化数据，做出解读。这为受众提供了极大的便利，但脱离了上下文的数据，就面临着误读的风险。

2013年，《中国新媒体发展报告（2013）》发布。某晚报从中筛选出一个数据刊发报道《微博热点三分之一是谣言》[②]，引发舆论哗然。事实上，“报告”原文的表述是“热点事件中出现谣言的比例超过三分之一”，即超过三分之一的热点事件在传播中都有谣言的身影。而报道可以说完全曲解了原意，造成了失实。

3. 利益驱动导致误读数据

还有的误读是受利益驱使的。《新快报》记者陈永洲发表的《一年花掉5.13亿元广告费中联重科畸形营销高烧不退》，就以中联重科公司2012年度财报披露的“5.13亿元广告及业务

① 女大学生卖淫现象调查．青年参考，2003-05-21.

② 微博热点三分之一是谣言．北京晚报，2013-06-25.

费”为报道核心数据。但是，记者在报道中却直接将“广告及业务费”替换成了“广告费”，由此发生了一系列的误读：

> 其广告投放占净利润的6.99%，远高于行业平均水平。
>
> 中联重科的5.13亿元巨额广告支出到底流向了哪里，的确是一个谜。据了解，除在凤凰卫视和湖南卫视等投放了品牌广告外，其他媒体鲜见中联的硬广告投放。
>
> （《新快报》，2013-05-16）

事实上，该项费用除包含广告费以外还包括差旅费、市场推广费等，广告费仅占其中的20%。事后陈永洲承认，误读是故意的，否则无法论证中联重科花巨额广告费做“畸形营销”的报道主题。

有关数据的陷阱还有很多，像平均数、比率[①]、约数等，都需要保持清醒的头脑认真处理。

那么，如何避免数据陷阱？以下是几点提示：

- 记者要做到主观上尽力追求真实客观的数据。
- 数据的来源和调查方法要清晰、透明，不能只讲数据结果。
- 不要孤立地使用数据，要形成相互关联和相互制约的数据链条。

三、处理数据的三种技巧

对于大众媒体来说，不能停留于罗列数据、转引数据，而要对数据进行精心的筛选、处理，使其得到准确的理解和传播。

《华尔街日报是如何讲故事的》一书就提供了若干处理数据的技巧，包括：去掉无关紧要的数据、不要把数据集中在同一个段落、数据形象化表述、用比率代替数据、言简意赅、提供参照物等。[②]

在数据使用中，常规处理技巧和进阶处理技巧各有哪些呢？

（一）常规数据处理技巧

1. 简化数据

报道中的数据通常都需要简化。

（1）不要堆砌数据。

从写作上来说，黑压压一片的数字比黑压压一片的背景材料更让受众望而却步。

如果报道中不得不使用较多的数据，不要将数据堆砌在同一段落之中，要让数据分散到正文各个段落和层次中去。

---

① 李希光．新闻采访写作教程．北京：清华大学出版社，2011：458.

② 布隆代尔．华尔街日报是如何讲故事的．北京：华夏出版社，2006：160.

（2）对数据进行“翻译”。

要让受众对报道中的数字由抽象走向具象，就需要对数据进行“翻译”，转化为受众能够理解的信息。转化的方法很多，在实践中可以灵活运用，例如：

● 运用生活经验转译抽象数据。

在非专业报道中，在表达数据时，要尽量考虑缩小普通受众与数据之间的“鸿沟”，尽量用受众熟知的表述方式使数据可感知。

例如，《长江上游仍在砍树》中“据不完全统计，目前仅长江沿岸的国有森林工业企业每年至少砍伐近 30 万立方米的木材，相当于砍光了 5 万亩原始森林”“脸盆般粗的木头”，《张冬伟：液化天然气船上“缝”钢板》中“3.5 米，走路 5 秒钟”。

记者给这些数据以生活化的描述，让普通受众能够更好地感知。

● 设置参照系。

《人民日报》2017 年推出的《砥砺奋进的五年·民生数据》系列报道，以数据作为报道核心元素。在写作中注重通过参照系来翻译数据。例如：

> 5 年约 6 600 万人将脱贫，相当于一个法国。
>
> 5 年新建改建农村公路 118.4 万公里，可绕地球近 30 圈。
>
> 5 年将新增约 6 400 万人就业，相当于英国人口总数。

上面三例，通过将抽象数据与某个具体参照物联系起来，让受众感知到成就之巨大、完成之伟大。

2. 选择鲜活、有个性的数据

数字并非冰冷抽象的符号，使用数据是为了用量化的方式建构出报道对象的独特一面，而不是将其脸谱化。因此要注意选择鲜活的、有个性的、有故事的数据。

在《富士康“八连跳”自杀之谜》中，记者选择有信息量的数据，再现和建构了富士康员工、“新生代打工者群体”的生活和生存状态，产生了较好的报道效果。

> 沿着东环二路富士康龙华园区向东走去，每天都有六七个算命的蹲在路边。一个河北口音的算命师父告诉记者，来照顾他们生意的，多是富士康的青年。他们花上10 块钱，让他们在自己手心寻找命运的脉络，“每天都有二三十个人”。
>
> 沿着出龙华园区富士康南大门的路，一直往南，大约一公里，有一个小广场。这里出售着富士康生产的各式高档手机。他们经常过来看，“这都是我们厂造的啊”。但是自己使用的，却总是四五百块钱的山寨版。
>
> 从观澜厂区的大门出来，过天桥一直往前走，有一个商场。商场四楼，有一元钱一首的 K 歌房和五元钱一局的台球。这是年轻的打工者打发夜晚的地方。

花“10 块钱”算命、用“四五百块钱”的山寨手机、唱“一元钱”一首的 K 歌、玩“五元钱”一局的台球。这些数字勾勒出富士康青年日常生活的高清图景，让受众对“新生代打工者”的普遍生存状态有了很强的临场感。

数据报道要体现数据的简约，又不能使数据抽象，变得枯燥。媒体常常要以数据描述细节，或者为数据寻找典型事实，使其故事化。通过故事化，把数据与故事这两种叙事的优点结合起来，提升数据新闻的可读性。经典的“华尔街日报体”就常常用于数据的故事化写作。

（二）进阶数据处理技巧

从不同的视角和层次看数据，会解读出不同的能指。因而对数据不能孤立地解读，更不能只依靠主观感受来处理。

1. 准确全面呈现数据含义

数据本身具有量化的特征，但其含义却存在多义性空间。在大众传播中，理解数据需要背景知识、专业知识。因此，记者更要向读者揭示数据的含义。

（1）构建数据组合，呈现数据含义。

数据有层次之分，通过组合使用，数据之间形成递进、排比、点面等逻辑关系。各个数据在逻辑关系中，就更能呈现出自身的意义，而各个数据结成的逻辑关系，则具备了更深刻的意义。

《财经》杂志的报道《银广夏陷阱》，就将“财报出口数据”“海关出口数据”和“利润数据”组成了数据链，呈现出其中的因果关系，由作为“因”的数据的失实，判断作为“果”的数据是伪造的，从而展现了数据链的价值。因而，记者通常要对数据之间的逻辑关系进行发现、挖掘，使数据的含义得以全面、充分、准确的呈现。

（2）挖掘数据关系，呈现数据含义。

在《广渠门桥致命 3 小时》中，记者把排水量设计标准与当天实际降雨量这两个数据进行了对比：

> 广渠门桥修建于 1990 年代初期，排水标准是 2 年一遇，能应对每小时36～45 毫米的降雨量，而当天北京城区的降雨量高达212 毫米。

通过对比，清晰呈现出广渠门桥排水设计标准滞后与致人死亡事件间的因果关系，数据的含义得到了揭示。

此外，还应当把一些数据放到背景中去理解其含义。

富士康发生“八连跳”自杀事件，之后又增加到十几起。这一数据无疑是沉痛的、发人深省的。那么，要从理性的角度进行报道，解读其社会因素，就需要把八起事件放到整个社会中去观察。《富士康“八连跳”自杀之谜》是这样处理的：

> 2008 年，中国自杀率大约是每 10 万人中有 12 名自杀者，而富士康的自杀率是每 10 万人中大约有 2 名自杀者。

结合背景数据的解读，报道摆脱了单纯控诉富士康的情绪化路径，转而关注“新生代打工者群体”的社会问题，走向更加理性和深入的反思视角。

2. 挖掘隐性数据

数据报道不仅要着眼于显性的数据，更要注重挖掘隐藏在文本背后的隐性数据。

（1）挖掘文本中的数据。

如何从文本中挖掘数据？具体可分为两种情境：

其一，长篇文本的数据挖掘。

我们在报道中，经常面对一些重要但篇幅较长、内容宏大的文本，例如《政府工作报告》、各类法律、最新政策。这时，记者就可以通过文本分析、提取高频词，把文本转化为量化数据。

图 9-4 就是新华网对《政府工作报告》的量化呈现。

其二，挖掘作为叙事线索的数据。

从文本和热点事件中，提炼概括出个性化、标签式的数据，能够有效地实现信息增值，串联起庞杂的事实元素，适应追求信息极简的移动传播情境。

内蒙古呼格案①是舆论热点，相关的细节、故事挖掘已经相对完整，报道要出新、出彩并不容易。搜狐网的《数说“呼格案”》采取了数据叙事的方式（见图 9-5），通过背景分析，挖掘出“18”这一数字，并以之表达出该案的信息节点。这一数据处理手法使“18”成为串联呼格案的数字密码，信息极简但所指极深。

（2）挖掘和呈现隐性数据的流程。

挖掘和呈现文本中的隐性数据，一般可以通过以下几个步骤进行：

第一步，分析文本特征，根据文本的体裁、篇幅、文风，采取不同的挖掘方法。

文本本身显性数据较多的，挖掘核心数据、建构数据间的关联；文本本身显性数据较少的，挖掘数据叙事。数据不在多，重在精和巧。

第二步，选择合适的数据挖掘工具进行数据挖掘。

数据挖掘工具很多，例如新华社就使用词频统计工具对不同年份的《政府工作报告》中的高频关键词进行统计，将文本转化为数据。这已经成为处理《政府工作报告》的重要手段。新华社推出的自动化报道工具“媒体大脑”，能够把《政府工作报告》中首次出现的关键词、首度消失的关键词等统计出来，供记者报道使用，大大提高了文本数据挖掘的效率，使记者有更多的时间去解读和发现数据背后的信息。《数说“呼格案”》善于发现事实之间的数字纽带，体现出记者卓越的观察力和创造力。

第三步，让数据讲故事。

数据既是材料，也能够以新鲜视角形成叙事。《数说“呼格案”》以数字“18”串联起事件的关键节点，独特的数字叙事就令人印象深刻。

《政府工作报告》高频词则以词频高低和两年背景数据对比作为叙事线索，以独特视角清晰呈现了政府工作重点的连续性和创新性。

---

① 1996 年 5 月，内蒙古自治区呼和浩特市中级人民法院以故意杀人罪、流氓罪判处呼格吉勒图死刑。呼格被执行死刑后，其父母向人民法院提出申诉，有关媒体给予高度关注。2014 年 12 月 15 日，经内蒙古自治区高级人民法院再审，改判呼格吉勒图无罪。

图 9-4　新华社从《政府工作报告》中发掘的高频词数据

图 9-5　搜狐《数说》栏目对呼格案的报道

3. 数据可视化处理

媒体在刊发报道时，对重要的数据会进行可视化处理。随着网络传播技术的应用，数据可视化有了更普遍的应用。

选择恰当的形式来呈现数据，能够使数据更具有吸引力，目前常用的数据可视化形式多样，但主要有以下几类。

(1) 图表。

图表是常见的数据可视化方式，包括柱状图、饼状图、折线图、气泡图、甘特图、散点图、雷达图等。这些图表对数据可视化呈现、表达数据关系有不同的作用。例如，柱状图可以进行几组数据的比较，饼状图可以表明数据的占比，折线图可以呈现数据趋势。不同的图表形式也可结合使用，例如柱状图与折线图可以结合。

图 9-6 是《人民日报》《数说 2016》系列中的一部分，用柱状图和折线图对比了不同年份居民人均可支配收入的变化，以及人均可支配收入同比增长率与 GDP 同比增长率的关系。

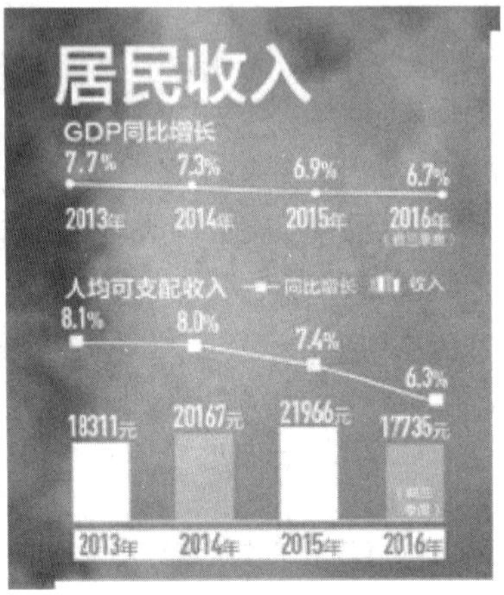

图 9-6　《数说 2016》中的数据可视化

(2) 图形图示动画。

通过形象化的方法，把相关事物的数据表现出来。

图 9-7 是《纽约时报》融媒体报道《雪崩》中的数据可视化案例，通过图形示意出各个层次积雪的时间、厚度等数据，以解释雪崩发生的原因。

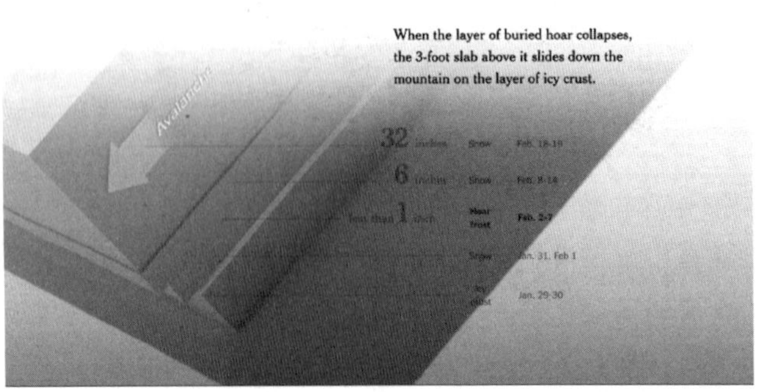

图 9-7　《雪崩》用动画展示精准的数据

（3）地图。

地图能够呈现事件发生的地理位置，展示数据的空间关系。

把相关重大恐怖袭击的数据信息被标示在世界地图上，不仅直观地展现出恐怖袭击发生的地点，更深入地表现出哪些地区更频繁地发生恐怖袭击。

总之，可视化能够使数据信息更为美观，提升数据的可读性；能够更直观地呈现数据的关联，提升报道的信息密度。

【阅读】

高钢．新闻报道教程：新闻采访写作的方法与技术．北京：高等教育出版社，2010.

伊图尔，安德森．当代媒体新闻写作与报道：第七版．北京：中国人民大学出版社，2015.

迈耶．精确新闻报道：第四版．北京：中国人民大学出版社，2015.

赫佐格．数据素养：数据使用者指南．北京：中国人民大学出版社，2018.

布隆代尔．华尔街日报是如何讲故事的．北京：华夏出版社，2006.

陈锡添．东方风来满眼春．深圳特区报，1992-03-26.

李菁．人道主义者高耀洁．三联生活周刊，2003-12-25.

徐卓君，李岩，秦筱，等．广渠门桥致命3小时．南都周刊，2012-07-31.

赵小剑．人民医院大规模感染调查．财经，2003-07-31.

【思考】

1. 在融媒体报道中，对背景材料的处理有哪些创新？

2. 记者应当如何积累背景材料？

3. 数据的陷阱有哪些？就防范数据陷阱而言，你个人存在哪些需要补充的知识和能力？

【练习】

1. 阅读本章中的例文《1 445种全新病毒科被发现》，你认为需要补充的背景材料有哪些，请选择其中一条背景完成写作。要求：背景材料要被合理安排在正文中；背景材料至少核对两个以上消息来源，保证准确。

2. 阅读《一个灾区农村中学校长的避险意识》，自拟选题角度，提取相关数据，制作一则可视化图表。

第十章

怎样从事融合媒介报道

【学习要点】

数字化技术的发展，推动媒介形态的转型、升级和融合，进而对新闻工作者提出全新挑战。本章针对融合媒介报道即融媒报道的新变化、新要求而设计，结合课堂讲授与实操练习，让大家熟悉融媒报道的基本模式和特征，培养从事融媒报道必备的专业素质，掌握融媒报道的基本方法，并且对融合媒介的未来发展趋势有一定的了解。

需要掌握的知识点主要包括：

熟悉融媒报道的基本模式。了解融媒报道模式的发展历程，掌握“互联网＋”模式、“中央厨房”模式和“沉浸新闻”模式的主要特征和技术要点。

掌握融媒报道的主要方法。了解融媒报道的新闻价值与新闻伦理的变化，掌握全能型记者的专业素质和专业技能，熟悉融媒报道的信息获取和集成方式。

了解融合媒介发展的未来趋势。了解媒介技术（包括机器人写稿、“VR＋”新闻及人工智能等）发展给新闻传播领域带来的深刻变革，了解融合媒介及全球传媒版图的未来发展趋势。

“媒介融合”（media convergence）和“融合新闻”（convergence journalism）是进入21世纪以来全球新闻传播界实践探索的重要方向。对于媒介融合新闻与传统新闻形态的区别，美国西北大学教授里奇·戈登（Rich Gordon）较早归纳出了五种“融合新闻”的类型。一是所有权融合（ownership convergence），指大型传媒集团拥有不同类型的媒体，因此能够实现这些媒体之间的相互推销和资源共享；二是策略性融合（tactical convergence），指不同所有权的媒体在内容和新闻资源上的共享；三是结构性融合（structural convergence），即在新闻采集和分配方式上的融合；四是信息采集融合（information-gathering convergence），即新闻报道层面上新闻从业者以媒介融合技能完成信息采集工作；五是新闻表达融合（storytelling or presentation convergence），指记者编辑综合运用多媒体互动工具，与公众互动，从而完成对新闻事实的表达。①

关于媒介融合的新闻实践，有不少词可指称，如上述的“媒介融合”“融合新闻”以及

① GORDON R. The meanings and implication of convergence//KAWAMOTO K. Digital journalism: emerging media and the changing horizons of journalism. New York: Rowman & Littlefield, 2003: 57-73.

"融合媒介""融合媒介新闻报道"等。为方便行文，本章使用"融媒报道"来统一指代基于融合媒介的新闻报道。

全球资讯需求大潮使媒介融合势在必行，越来越多的人通过网站、移动 App 和各类社交媒体随时随地获取新闻资讯，各种媒介融合产品已推动用户消费习惯的形成。皮尤调查显示，每五个美国人中有一人在听电子书。①

媒介融合也已迅速发展成为全球传媒大融合背景下的通行作业模式，新闻机构把报纸、电视、广播和互联网站等的采编作业有效结合起来，资源共享，集中处理，衍生出不同形态的新闻信息产品，然后通过多种平台传播给用户。

随着媒介融合的深入，新闻价值判断、新闻生产流程、新闻头条的选择、新闻生产工具等都发生着深刻变革。"当 VR 新闻、AR 叠加新闻、机器人写作、网络直播、360 度全景视频等开始走向主流新闻制作的中心，传统新闻的形态、内容、呈现时空、制作主体、制作过程等都发生着巨变。新闻不再是对事实的直接记录，而是变成沉浸式体验、参与式创作，变成全民直播的狂欢。第三媒介时代的沉浸传播生态系统，产生的是深度彻底的融合媒介，即把所有过去、现在及未来的媒介形态融为一体，引发新闻体制和社会传播的大变革，使新闻真正变得无时不在、无处不在、无所不能，成为一种新新闻，即'沉浸新闻'。"②

在融媒报道的工具、传播途径发生变革的同时，新闻传播人才培养也需要融入更多的技术成分，以提高学生们的融媒技术素养，如网络编辑、VR 及全景影像的拍摄与制作等。然而技术发展可以是无止境的，但是新闻资讯的核心价值依然存在。媒介融合使新闻工作的部分专业价值被消解，记者编辑的职能从重视动态信息转向信息整合和对信息的深度解释，以保持其核心竞争力。正如斯蒂芬·奎因（Stephen Quinn）所指出的，随着新闻来源和信息渠道的剧增，在多种媒介融合的新闻编辑部中，记者编辑的主要职能已不是采集新闻，而是对浩如烟海的新闻和信息进行筛选和重新组合，使这些杂乱的信息呈现出相互联系和深刻意义，并使其转化为知识。新闻从业者的工作也因此在某种意义上成为知识生产与管理的工作。③

第一节　媒介融合推动新闻报道模式的变革

媒介融合带来了信息传播模式的变革，使新闻信息的生产由传统的单一形态向多元互动的全媒体信息生产形态转变，进而重构新闻采编人员结构及工作流程，在采编主体及地位、信息

---

① PERRIN A. Nearly one-in-five Americans now listen to Audiobooks.（2018－03－08）［2018－05－01］. http：//www.pewresearch.org/fact-tank/2018/03/08/nearly-one-in-five-americans-now-listen-to-audiobooks/.

② 李沁. 沉浸新闻模式：无界时空的全民狂欢. 现代传播，2017（7）：141－147.

③ QUINN S. Convergent journalism：the fundamentals of multimedia reporting. New York：Peter Lang Publishing，2005.

流通机制、媒介产品生产方式等方面产生深刻变化，形成了全新的新闻报道模式。这个发展过程主要经历了三大阶段，形成了三种主要的融媒报道模式，也在一定程度上体现媒介融合不断深入发展的过程。

一、“互联网＋”模式：传统媒介的网络化转型

“互联网＋”模式是融媒报道的最基本形态。利用互联网这个载体，使传统的纸媒、广播、电视与新媒介形态有效结合起来，相互借力，形成信息生产与传输多元化的新模式。

“互联网＋”模式实现线下线上的采编内容和资源共享，信息处理较为集中，衍生出不同形式的信息产品，然后通过传统平台和互联网平台传播给受众。这样融合后的媒介能以传统纸媒的深度，加上互联网的速度，搭建起较为立体的传播平台，使新闻信息能够更好地被发布和接受，初步达到融合媒介的传播目的。

这一阶段主要开始于20世纪末，世界各大传统报纸如美国的《纽约时报》《华尔街日报》等纷纷推出网络版、电子报，也被称作“报纸上网”，起先利用互联网传播传统媒介的内容，进而发展到开发制作专门用于网络传播的信息内容。如中国的人民网，就经历了从单纯的党报内容上网到全面生产丰富多样的互联网信息内容的发展过程。

要　领

“互联网＋”报道模式的技术思考

“互联网＋”报道模式容易出现以下问题，应着力避免：

● 成为表面化的“＋互联网”。传统媒体在变革过程中只是将互联网作为新噱头，没有从根本上结合自身情况将业务搭载到互联网上来，采取了所谓的“＋互联网”而不是“互联网＋”。①

● 仅仅以技术视角看待新媒介，未能认识到新媒介不只是平台与渠道，也是媒介内容形态。

●“互联网＋”模式往往是简单片面的“内容”和“渠道”相加，传统媒介与新兴媒介之间缺乏深入融合，传统媒介部门和新媒介部门之间是分开的两个系统，平行发展。遇到新闻事件，往往是一个集团下属多个传媒机构各自派去记者，造成人力重复投入，资源极度浪费，内容生产同质化。

媒介融合，应该是传统媒介和新媒介从相“加”到相“融”的过程。

① 赖小兵．传统媒体和新媒体融合发展态势研究：以新华全媒头条的融合和创新为例．出版广角，2016（17）：28－31.

二、“中央厨房”模式：基于互联网和大数据的报道成为主流

随着媒介融合的继续深入发展，融媒报道在新闻信息传播上产生集成型“中央厨房”模式。相对于传统媒体的新闻信息采编各自为战，“中央厨房”模式再造新闻信息采编流程，打破传统媒介环境下的媒介介质壁垒，形成采集、加工和发布三个环节专业分工、环环相扣、一体运行的流程布局，不仅节约了采编资源成本，也容易产生协同一体的传播合力。“中央厨房”模式，有利于内容生产主体，包括记者编辑、技术人员、营销人员等协同作战，提升媒介产品的质量和生产效率，形成覆盖各种媒介产品形态的集成化传播局面。在这方面，国内外的媒体都进行过很多有益的探索和创新。

《纽约时报》于2014年成立超级编辑部，重构采编流程，确立编辑主体的指挥协调地位，从而使报纸和网站的编辑、社交媒体的编辑、制片人、设计师、开发人员等在报道协作中发挥更为核心的作用。《人民日报》于2015年成立全媒体平台，打造“中央厨房”，实际上也是采编业务流程的再造。全媒体平台由三大平台构成，分别是采编业务平台、技术支撑平台和全媒体新闻空间平台。在采编业务平台中又对传统采编人员进行机构划分，即指挥部门、信息收集部门、编辑加工部门、产品推销部门等。而这些部门又以指挥员为中心，形成超级编辑部，履行一体化报道策划指挥调度职能。①

媒介融合的“中央厨房”模式，是对整个新闻信息生产传播流程的重构，不仅带来新闻信息采编工作流程的再造与机构的重组，更带来整个新闻信息生产传播模式的变革。传统媒介环境下，采编播（发行）组织形态以专业领域分工，按新闻信息行业属性设置各个部门，各不干涉；而且组织架构从采编、经营到行政，形成一套层级多、部门细、职能杂的组织形态，在一定程度上制约了新闻生产力的提升。“中央厨房”模式是在媒介融合环境中运作的，适应新闻信息传播的集成性、立体化需求。

要　领

“中央厨房”模式的技术思考

媒介融合对采编播的流程重构和机制创新，重点体现在“融合”二字：

● 平台的融合。融媒报道首先在于平台的融合，技术发展让平台融合成为可能，各种媒介形态通过互联网连接在一起，形成新闻信息采集、产品创意策划、集成发布和技术支撑等多位一体、协同创新和高效运行的组织形态，打破了各部门、各平台间的壁垒，促进了资源共享和协同运行。

① 何炜，张旸．“中央厨房”烹制新闻美味：人民日报全媒体平台创新融合发展途径的实践．中国报业，2016（4）：16－18.

● 产品的融合。产品的融合，不是新闻信息表现手法的简单叠加，而是通过创新性的融媒呈现方式，给用户前所未有的信息体验。在媒介组织和信息平台的融合的基础上，强化融媒形态的多元表现，提高新闻产品的生产效率和多平台适用性。

● 采编播的融合。包括采编人员在内的新闻信息生产主体需要加强彼此间的交流、沟通和协调，真正建立一种新的开放、即时、自由的交流机制。如进行数据新闻产品的生产，要整合媒介信息资源中的图片、文字、视频、音频、图表等各类资源，协调发挥各方作用。如要增强动画表现，就要请美工参与创意加工，请传播人员选择合适的播放格式和渠道。

即时通畅的协调沟通机制，是“中央厨房”式融媒运作的关键。在媒介融合环境下，新闻信息生产主体的交流沟通机制已经成为新闻采编运行机制改革中的重要环节。从融媒报道实践看，新闻信息采编播的交流机制已从“实体定时交流”逐渐转向“虚拟即时交流”，从“单向部门交流”转向“跨界协同交流”。

“中央厨房”模式的技术要点

● 组建“虚拟即时编辑部”。传统媒介围绕截止时间（deadline）形成的编前会机制，已不适应媒介融合的信息传播环境，尤其是突发新闻事件报道。当下需要组建“虚拟即时编辑部”，如中国一些主流媒体的新闻报道团队开设“微信群”和“微博群”，打通前方和后方，增强即时互动交流，增强新闻信息生产的即时性和准确性。

● 组建“跨界团队”。在传统媒介环境下，“采编播”环节多，且各个生产环节相对独立封闭，缺乏有效联系，尤其缺乏编辑主体之间、编辑与用户之间、编辑与记者之间的即时互动。而在融媒报道流程中，围绕新闻事件组建报道组，形成包括记者、编辑、技术、营销、创意、设计、传播等部门在内的跨界团队，使采编播主体之间可以更顺畅及时沟通，高效合作，促进媒介产品形态的创新。同时，“跨界团队”形式并不阻碍一人多能，记者既可以独自进行新闻采写，也可以在共同的技术平台支持下，进行或参与新闻稿件的采编、加工和传播。

● 用好“云”和大数据。大数据、云计算成为关键技术支撑，以湖北省为例，湖北媒体借助长江云的融媒内容生产体系，实现了广播、电视媒介的融合生产，按需面向省市县提供传媒产品的生产服务，促进了全省传媒行业的转型发展。这样的省级融媒协作，是以云技术为核心而打造的区域性生态级媒介融合云平台，可以统一为区域性的各类传媒主体提供融媒业务平台服务，为区域民众提供无时不在、无处不在的融媒信息服务。

这些融媒报道的创新，改变了传统媒介环境下的工作方式，无论在机制构成、运行时效、表现形态，还是在传播主体和方式上都形成新的形态，甚至发生了巨变，更好地实现从融媒报道的“实体定时交流”向“虚拟即时交流”的转变，并开始向“沉浸新闻”模式转化。

三、“沉浸新闻”模式：全球新闻生产与传播的新趋势

“沉浸新闻”（immersive journalism），也称作“沉浸式新闻”，既是近年来数字新闻业内出现的一种新的新闻类型，也是全球新闻生产的新趋势。融媒报道走入的泛在传播时代，也称“后互联网时代”，伴随着移动互联、社交网络和虚拟现实等技术的使用，特别是以虚拟社群为基础的移动互联的普及，融媒报道强调虚拟世界社群的概念，重视用户连接和新闻体验，以最终实现全新的沉浸传播体验。

正是随着融合媒介的不断深入演进，一种全新的新闻传播模式——“沉浸新闻”开始出现，并迅速在全球各大主流新闻机构形成新的发展前沿。沉浸新闻无时不在、无处不在，进入人们生活的各个时空，也推动融合媒介平台直播的火爆收视，如越来越多的传媒机构利用Facebook Live平台进行网络直播。美国国家航空航天局（NASA）2016年水星凌日直播，吸引21.2万次观看。美国新闻资讯整合平台Buzzfeed报道，亚特兰大电视台WSB-TV气象预报员布拉德·尼茨（Brad Nitz）的气象直播，收获7.7万次浏览，“比电视台通常的网络观众多很多”。BBC进行欧洲杯和英国脱欧的直播；路透社2016年下半年的直播比上半年猛增十倍；仅2016年3—6月间，BBC和《纽约时报》在脸书上的直播就超过99次。

用于沉浸新闻的技术不断更新，相应设备层出不穷。智能手机、穿戴式设备、VR摄像机等，都可用于完成写作、摄影、摄像、定位、发送、即时通信等工作。未来，设备会变得更为时尚和强大。随着新技术的不断发展，移动直播、全息影像、虚拟现实、人工智能等内容制作正在成为新增长点，越来越多的融合媒介制作团队进入移动虚拟现实内容的制作领域，5分钟短视频和新闻游戏开始进入人们的日常信息生活，体育赛事、现场音乐、文化活动的360度全息成像直播，成为融合媒介内容制作与传播的新模式。全球最大视频网站网飞（Netflix）推出虚拟现实视频手机客户端Netflix VR，迪士尼与Oculus联手打造全新系列卡通VR形象，谷歌向全球招募优秀视频创作者为其独家虚拟现实平台DayDream制作内容。中国VR业界也在融合媒介内容生产、网络分发、社交互动等环节，打造开放合作的全产业链，如爱奇艺推出VR一体机和融合虚拟现实前沿技术的影视新作，第一视频与全景相机制造商合作开发虚拟现实图像。

最大限度地吸引用户参与新闻信息的创作与传播，是沉浸新闻的主要诉求之一。无界时空的网络传播超越国界、种族、地域地“吸粉”，成为最适合“虚拟世界”与“现实世界”融合沉浸的传播方式。[①] 借助虚拟现实技术，新闻信息生产者创造出可以使用户进入并参与、共同创造的虚拟空间，用户可以自行选择参与的角色或方式，可以是新闻事件的当事人、报道者，或目击者，可以用第一视角完成新闻叙事。沉浸新闻的创作重在还原真实的场景和声效，让用户获得“人在现场”的真实体验，从而在情绪及心理上受到新闻事件的影响，获得非同一般的传播

---

① 李沁．沉浸新闻模式：无界时空的全民狂欢．现代传播，2017（7）：141-147.

效果。

要　领

“沉浸新闻”模式的技术思考

● 沉浸新闻不只是沉浸技术的简单运用和呈现，而是一种新的新闻叙事方式，是基于沉浸技术实现的参与式、体验式新闻报道与编辑理念的革命性产品。

● 沉浸新闻是专业新闻工作者与用户共同价值融合的形态，双方的参与形成新闻作品的最终形态。

● 沉浸新闻方兴未艾，其新闻的叙事结构、呈现方式和传播逻辑都有待通过实践来进一步探索、完善和规范。

第二节　全能型记者：融媒报道的专业素质和专业技能

说到融媒报道的记者，不能不提 Mojo 这个词。Mojo 的本意指魔力或符咒，但在现代媒介语境中，指随身配备了记事本、摄像机、录音机、移动电话和笔记本电脑的“移动记者”（mobile journalist）。① 如今，Mojo 的随身装备趋向集成化和迷你化，曾经的记事本、摄像机、录音机、移动电话和笔记本电脑都可以不带，一个智能手机全部搞定。随着这些新迷你智能设备及功能还在不断升级，像 VR、全息、人工智能等也开始加入记者需要掌握的技术之列。人们对记者的专业素质和技能的要求，从“移动”升级到“全能”，这也正是“全能型记者”概念出现的原因之一。

当然，“全能型记者”的概念不仅是指对媒介新技术的掌握，而且是对融媒报道记者的全面素质要求。全能型记者应根据新闻业态的发展，对各种传播媒介都能熟练掌握，能充分利用社交网络、移动传媒、新闻线人、网络论坛等渠道获得新闻信息，在充分收集与分析信息材料的基础上，决定如何制定报道策略。“新的传播环境下，新闻媒介在信息的采集、加工、存储、发送等业务流程上发生重大变化。作为新闻事件的记录报道者和信息传播者，新型‘全能型’记者的概念在学界与业界都受到热议。现阶段的全能型记者在技术层面可以实现融合，但各媒介间秉持的媒介立场与专业理念尚未实现融合。媒介融合是要求记者在理念与技术层面的双面融合而非单单的视觉效果优化与传播技术叠加。”②

有调查发现，媒介融合技术发展对于新闻人才的能力提出全新要求。《中国传媒人才能力

① 里奇．新闻写作与报道训练教程：第六版．北京：中国人民大学出版社，2012.

② 倪震洲．全能型记者：融合报道模式下的新闻生产．传媒评论，2014（2）：55－56.

需求报告（2018）》提出，“一专多能”的全媒体人才备受青睐。另外，由于传统媒体与新媒体向互联网逻辑的大汇流，胜任互联网＋新媒体岗位的人才位于用人序列第一梯队，需求旺盛。除了原生互联网企业，转型中的传统媒体和传播行业的人才增量几乎全部向新媒体岗位急速倾斜，人才需求岗位全部新媒体化。不管传播技术和媒介形式如何变化，传媒市场的明显趋势，就是内容人才的稀缺。不管是传统媒体，还是新媒体创业公司或者自媒体，都一直在寻觅优秀的内容人才。①

而随着媒介融合，传统报纸、电视互联网化，新媒体内容形态多样，也为新闻教育带来深刻的思考和启示。密苏里新闻学院向来非常重视基础的新闻报道和写作，该学院媒介融合项目创始人迈克·麦金教授认为，不管新闻教育如何变革，新闻报道课程都是基础，新闻学教育不能太超前，不希望离现在的传媒产业太远。在密苏里新闻学院媒介融合专业的学生，同时也要学习专业、优质的传统新闻制作准则，至少要精通一门传统新闻技能，比如新闻写作、摄影、摄像、版面设计等，这样他们同样也能为传统媒体机构工作。学院第一学年开设一些通识课程，以便学生了解新闻专业的概况，在未来能更清楚地选择自己的职业方向。同时设置一些项目激发学生对媒介融合的兴趣。第二学年，学生要选择一些初级的媒介融合课程和新闻专业课程，主要教学生在新闻文本中如何加入照片、视频、音频资料等。第三学年，要求每个学生选择自己的核心专业方向，围绕这个专业方向再选择一些高级的媒介融合课程。这个阶段的媒介融合课程主要是一些多媒体制作技术，如网页、播客、Flash 等多媒体产品的设计制作。第四学年，学生们要结合自己的就业倾向组成团队来共同完成一个学期的基石项目，这个项目必须是跟传媒相关的特殊产品或者服务。比如，重新设计一个网站，为商业网站制作一个地方经济新闻专题，为一个网站设计营销战略等。学生们必须先做受众调研，然后根据受众的需求确定项目应该采用什么报道手段。教学过程非常重视学生的参与，同时通过各种方式鼓励学生自学，并通过各种多媒体比赛培养学生的自学能力和团队合作精神。②

同时，新技术让“地球村”成为现实，也把传媒人推到了全球传播的前沿，未来的传媒人必须了解全球传播的规则，善于使用跨文化符号，而绘画、图像、音乐、视频等则是全球通用的视听语言，可以超越国界和地域的限制，脱离文字和语言的禁锢。这些都需要在新闻教育中予以回应。

一、传统媒介时代的基本专业素质依然重要

传统媒介时代要求传媒人才具备新闻采访与报道的基本能力，这些在融合媒介时代依然非常重要。因为无论技术如何发展并改变社会形态，新闻传播的目的都是递送信息和知识，从本质上而言就是传播内容。

融媒时代的传媒人才必须能熟练驾驭内容生产。其中，新闻写作能力非常重要，不仅仅要

---

① 刘蒙之，刘战伟．中国传媒人才能力需求报告（2018）．(2018-02-24)［2018-03-12］．https://baijiahao.baidu.com/s?id=1593286334010694375&wfr=spider&for=pc.

② 付晓燕．媒介融合下的美国新闻业和新闻教育变革：访美国密苏里新闻学院媒介融合项目创始人迈克·麦金教授．新闻与写作，2009（8）：25-28.

把新闻事件交代清楚，而且要有技巧地谋篇布局，掌握叙事节奏，使故事生动、吸引人。

同时，他们必须对新闻抱有热情，对外界抱有好奇心，有独立思想、独立人格和公共视角，拥有广阔的视野，具备知识认知的广度及深度，并有透过现象看到本质和规律的洞察力。他们需要对中国及世界具有一定的了解，还要具有在不断变化的媒介环境中工作的创造力、在关键时刻迅速做出决定的决断力。

前面章节已经讲授过新闻采访的能力、获取信息及真相的能力、新闻阐释的能力、事实核查的能力等，在新闻事件发生的第一时间找到核心当事人等相关素养和技能，以及良好的学科背景和快速学习的能力等，所有这些技术和能力不只是基于传统媒介环境，有些技能需要结合融合媒介的特点，进行更新升级。

二、媒介融合时代对新闻工作的新要求

融合媒介报道的能力结构，以新闻人文素养和媒介社交能力为核心，以内容（专业知识）为基础，以技术（各种传播方式）为工具。融媒环境下的新闻工作者，需要全面提高综合应用各种媒介的能力，包括对各类媒介的理解及创造性的运用能力，能够让传播内容与传播技术路径完美融合，并且对传播主体建构和媒介经济管理有一定的了解。

对新闻的热爱，要包括对日新月益的新媒介技术工具的热爱。无传播不技术，传媒业已进入技术主导时代。技术是不可替代的第一生产力，从报纸、广播、电视到互联网及移动互联网，每一次媒介革新，都深深地打上了技术进步的烙印。尤其是数字化技术，催生新媒介，改造传统媒介，融合新旧媒介，并可能再创造出新的媒介。

据《中国传媒人才能力需求报告（2018）》所公布的调查结果，传播人才在有“一技之长”的同时，还需要“多才多艺”（如图 10－1 所示）。

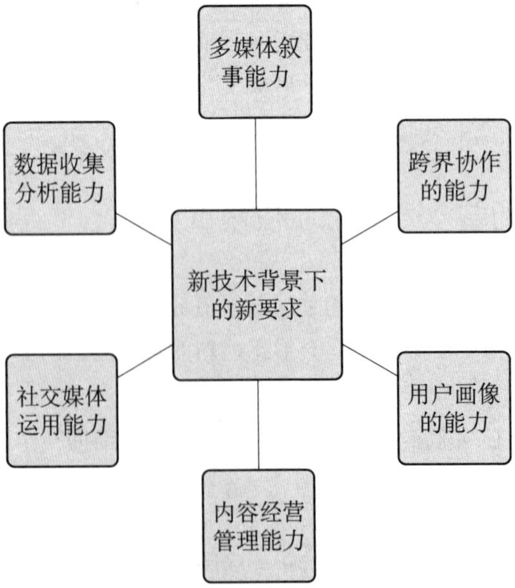

图 10－1　新技术背景下对传播人才的新要求

很显然，传统的单一能力，已无法满足融媒报道对人才的技能需求，如同传统媒介转型一样，传媒人才培养也必须转型，推动能力结构的互联网化、融媒介化，在新闻专业主义能力的基础上，在掌握采写编评等基本能力之上，还需要掌握全媒体、大数据、跨界协作、社交媒体、经营管理等新的能力技巧。从知识结构方面看，越全面越有优势，只有具有综合学科知识、良好的传播技术基础，方能适应未来传媒环境的各种变化。

（一）多媒体叙事能力

在调查研究、采访写作、摄影、视频拍摄等专业基础上，需要具备多媒体叙事能力，要提高利用各种计算机软件的动手能力，如视频、音频的制作、剪辑，网页设计，H5 的制作，同时要把这些技能和文字表达完美融合。

比如，融媒报道中的出镜主持及制作能力，就是非常重要的技能。正如中央电视台新闻中心主持人敬一丹所说，“所有媒体人都会遇到镜头”。“面对镜头”不仅仅是广播电视从业者所需学习的课程，也应该是多媒体环境里所有学习传媒的同学的共同课程。

“沉浸新闻”模式对于新闻从业者的要求将更为多元和综合，新闻从业者不仅要掌握传统新闻工作的基本要求，还要学会在大数据算法的工作环境中，灵活使用各类技术手段，如虚拟演播、直播、360 度全景视频、VR、环境交互、文本转换语音、无人航拍，并与写作机器人等 AI 媒介和谐高效共处。

（二）大数据收集能力

融媒报道的高手一定是一个数据控，有快速采集和分析数据的能力。在最短时间里通过网络获取最翔实准确的信息，是融媒工作者需要掌握的重要技能。媒介即信息，也可以引申为数据、知识的创作与传播服务等，融媒人才的能力结构包括掌握信息组织、数据挖掘、平台服务的基础知识和运用能力。

不管是新媒介还是传统媒介领域，对 IT 技术人才的需求都呈现不断上升的趋势。机器学习、数字营销、大数据分析等技术直接增加了媒介对开发工程师和全媒体数字采编人才的需求。新闻敏感度强，也体现于对数据的高度敏感；文字功底好，也体现于能熟练运用网络语言。

（三）社交媒体的运用能力

今天的传播人才要与社交媒体融为一体，就应具备移动社交的多种能力，例如：网络共情力，洞察和了解社交媒体用户的需求；社交媒体产品的设计力，能够设计打造出好的传播方案和产品；社交合作能力，能够通过与专业团队、自媒体人和用户合作，协作生产和传播新闻内容。

对于新一代新闻记者编辑来说，利用社交媒体收集信息、发布新闻、追踪新闻，吸引和建立粉丝群，是工作中的重要组成部分。同时，利用社交媒体进行带有记者编辑个性化的信息传播，是打造记者编辑个人品牌、形成个性传播特质的有效途径。

（四）内容经营管理能力

随着互联网、移动互联网、社交媒体、大数据、人工智能等技术在传媒业的应用，全球各类媒体，不管是《纽约时报》《人民日报》等传统纸媒，还是脸书、腾讯、今日头条等新兴互联网媒体平台，不仅对IT技术人才需求不断增大（如《人民日报》开出月薪5万招聘技术人才），而且对善于媒介内容经营和管理的人才更为渴求。

融媒时代，媒介的内容生产与经营日益融为一体，需要有以内容运营挖掘媒介所蕴藏的巨大商业价值的人才。商业性自媒体人的本质是以内容创业，实现知识付费、内容变现。融媒时代需要传媒人才具备整合传播策划能力，能够融合各种媒介形态进行高质量内容生产，又能精通各种媒介平台和渠道的融合分发，同时还能具有运营能力。具备综合能力的人才将会大受各类传媒机构的青睐。

（五）跨界的复合型能力

传媒技术对新闻传播行业产生的巨大影响，体现在“跨界”成为新趋势上。融媒报道对记者编辑的“跨界能力”提出挑战，需要其掌握全媒体、大数据、跨界协作、社交媒体、经营管理等各种能力技巧。从跨学科、跨行业、跨文化到跨媒介，跨界人才必将成为未来传媒人才需求的趋势。

跨界能力包括：跨媒介能力，即不只是专注于某一媒介领域，而是具备全媒体、大数据等交叉媒介技术素养；跨学科能力，兼容心理学、计算机学、经济学、金融学、法学等其他社会学科或技术科学；跨文化能力，具有全球化思维方式，拥有全球传播、跨文化传播语境下交流与工作的能力；跨行业能力，可以进入更为广阔的工作领域，可以胜任移动全媒体直播记者、全景影像视频的编辑，也可以是新闻游戏设计师、网络主播和经纪人、受众分析师、虚拟现实架构师和编辑、大数据分析师等。跨界复合型传媒人才的培养将成为常态。

（六）人与智能机器共处的能力

机器人加入媒介行业，促使记者的职能发生转变。人工智能技术将重构新闻传播专业人才的生态特征。

从全球范围看，在媒介的生产环节，包括信息收集分析、内容加工创作、内容传播分发，均已有人工智能参与其中。写作机器人能对稿件内容进行收集整理与编写，在信息收集的及时性、准确性、全面性上凸显优势；在头条推荐、内容分发等环节，人工智能算法和推荐引擎技术也被广泛采用。原先人们在媒介生产中的一些重复性、规律性的工作岗位，正在为机器人所取代，专业记者在进行内容生产时，必将与机器人进行直接或间接合作。人与智能机器共处的能力，是未来新闻从业人员的必备技能。

“一招鲜”不易，“百招全”更难。很显然，融媒报道对从业者的综合素养要求越来越高，新闻教育要在变与不变中，坚守新闻专业主义原则，并适应新技术的时代要求，培养跨界复合型新闻传播专业人才。

第三节　融媒报道中的新闻价值与新闻伦理

信息传播技术带来的不只是新闻内容形态的变化，也冲击着传统的新闻价值与新闻伦理。

一、融媒报道中的新闻价值

因为媒介形态、传播方式和用户模式的不同，融媒报道环境对传统的新闻价值理念进行了深刻的解构与重塑，融媒报道的新闻价值形成了不同于传统媒介的新特征。

研究新闻价值，必须要厘清其相关的影响因素及其关系。杰克·麦克劳德和史蒂夫·查菲提出的“风筝模式”认为，新闻是上层社会、公众和媒体相互影响的产物。媒体在选择和编辑新闻时要同时考虑上层社会和公众的看法和需求，在新闻加工过程中协调双方的差异。

然而，在融媒报道中，在沉浸新闻的制作与传播过程中，新闻的价值不仅基于传统上对事件本身特征的判断，而且是在专业记者编辑与新闻用户的沉浸式体验与合作中共同实现的。“第三媒介时代的新闻价值融合生活、工作、娱乐于一体的价值导向，是一个以技术进步服务于人的信息需求，无时不在、无处不在的动态过程。”① 用户体验成为直接影响沉浸新闻价值的产生与变化的关键因素，社会理念和群体想象会影响一个新闻事件传播的最终价值。

融合媒介带来的社会经济形态的变化，也对新闻价值产生直接影响。针对报纸的商业化倾向，美国历史学家伯纳德·韦斯伯格曾指出：报纸“就像商业的女仆，通过强调贸易和商业新闻为商业服务”②。随着消费社会形态在互联网技术推动下的不断发展，虚拟社会消费逻辑正不断深入新闻价值判断体系，左右新闻业务，且有愈演愈烈之势。

融媒报道的新闻价值，还受到传播时空的直接影响。比如融媒报道中视频出现的频率越来越高，从视频内容点击量看，“时度效”差异明显。同样是新华全媒头条的新闻，同样是抗洪主题的正面报道，2016 年 8 月 18 日播发的《罕见洪水来袭，有哪些铭记？有哪些反省?》和 2016 年 8 月 19 日播发的《一周下了半年的雨，合肥为啥没被淹？快来看动漫》这两条新闻，都采用了短视频＋图文的方式，但点击量前者不到 50 万次，后者达百万多次。从“时度效”来看，一个是晚上 7 点多下班高峰时播发的，一个是晚上近 10 点刷屏高峰时播发的；一个是传统短视频，一个是创意动漫视频，并写进了标题。由此可见，两者推出的时机和表达方式不

① 李沁．“第三媒介时代”新闻价值的定位与建构．当代传播，2015 (4)：41-44，48.

② 门彻．新闻报道与写作：插图第十一版．北京：世界图书出版公司，2014.

同，获得的点击量截然不同。①

二、融媒报道中的新闻伦理

基于数字媒介逻辑的新闻传播，在新闻伦理上出现了一些未明确的新领域和灰色地带。

（一）融合媒介的新闻伦理是个有待界定的新区域

本书前面的章节已就传统新闻伦理有所阐述，传统职业记者有诸如《职业记者协会道德准则》（www.spj.org/ethicscode.asp）这样的条文，来规范自己的职业道德操守。但是融合媒介的新闻伦理却尚不明确。波因特传媒研究所为在线新闻采写推荐了一套行动指南，可供参考：

- 记者应避免卷入利益冲突。
- 新闻机构应明确区分新闻和言论。
- 供职于媒体的记者可以撰写个人博客，但是应该事先和编辑讨论以避免可能的冲突。
- 职业记者不应该撰写匿名博客或在别人的博客上匿名发表评论。“人们对记者的期待是他们要对新闻工作有责任感。匿名发表博客或评论有悖于这一核心原则。”②

中华全国新闻工作者协会颁布的《中国新闻工作者职业道德准则》（第三版）于2009年11月9日修订，未对记者在互联网融合媒介环境中的行为予以专门界定。

（二）媒介社交化：身兼“专业记者”与“自媒体人”的困惑

随着媒介社交化的发展，融媒报道的记者常常身兼“专业记者”与“自媒体人”的双重角色，既为了融合用户参与文化，也为了扩大所任职媒体或记者自身的影响。谷歌提供的流量分析工具进行的调查显示，不论是BuzzFeed这样的新兴网络新闻机构还是《纽约时报》这样的传统新闻机构，其网站访问流量的大部分来自脸书等社交媒体，正因如此，任何机构都将社交媒体作为非常重要的传播平台。

中外新闻传媒机构如今会让供职其中的记者，利用社交媒体来推广新闻产品、寻找资源和打造专业品牌。对于专业记者使用社交媒体的行为而言，这到底会产生什么影响？美国学者埃弗里·E.霍尔顿（Avery E. Holton）和洛根·莫利纽克斯（Logan Molyneux）进行了一项新闻职业品牌塑造对个人的影响的研究，分析当下新闻记者身份迷失的问题。研究者采访了41位美国传媒机构的记者编辑，探究他们在社交媒体上融合个人身份和职业身份时所面临的挑战。这项研究发现，社交媒体给予记者的个人空间很少，如家庭、朋友关系等都会在网上曝光。记者在努力平衡社交媒体的职业身份与个人身份，但“对于要不停地以记者身份发表言论、成为报道领域的专家和随时作为媒体的代表，仍感到压力山大”。

---

① 杨玉华．新华全媒头条：1+N模式的探索与实践．中国记者，2017（4）：74-76.

② 里奇．新闻写作与报道训练教程：第六版．北京：中国人民大学出版社，2012.

要 领

记者运用个人社交媒体的技术要点

● 注意所供职的传媒机构的专业性与记者本人个性化的平衡。

● 注意不以匿名发表评论。

● 可设置和增加社交媒体上的互动，如借助问与答、点评等方式。增设选项，让用户可忽略已知信息，选择阅读自己感兴趣的信息板块。

● 针对不同的受众，可提供不同的内容，以图片和音像等强化重点信息，保持用户的注意力，并吸引用户共同参与内容的生产与传播。

第四节 融媒技术工具对新闻工作的影响

融合媒介的技术发展，形成新的信息传播工具与传播方式，对新闻工作带来直接的影响。如果说过去的技术主要在介质或传播终端层面对新闻生产产生影响，那现在它已经进入更深层的生产和传播环节中，新闻主题的选择、新闻素材的采集、新闻事实的核实、新闻传播方案的形成等，都越来越离不开技术工具的支持。

一、新闻信息生产主体的多元性

在传统媒介环境下，新闻信息生产的主体是专业传媒机构中的采编人员，由他们进行新闻信息的采集、编辑加工和媒介产品的生产。在融合媒介环境下，很多时候，新闻信息是由专业和非专业人士共同生产完成的。

传统新闻生产，从功能上讲究的是采编分离、职责独立、相互配合、各司其职，从新闻业务流程上信息的采集和编辑，前后有序、互为犄角、交相为用。① 传统媒介的新闻生产主体是记者编辑，他们都是受过专业训练或经验丰富的专业技术人员。但融媒报道的新闻信息采编主体发生巨变，新闻信息生产的垄断权受到媒介技术赋权的强大冲击，每个人都可能是传播主体，公民记者出现了，并且形成了大量内容质量和影响力不输专业媒体的自媒体。

自媒体和公民记者的崛起，使融合媒介的新闻生产主体多元化。在诸如天津滨海新区爆炸事故等众多突发事件报道中，自媒体都“先声夺人”，成为新闻信息生产传播的首要或重要信

① 段乐川，路畅．论媒介融合视域下新闻采编工作的变革与对策．河南社会科学，2016（8）：97－101.

息来源。公民记者与专业记者一起，共同构成新闻信息生产与传播的多元主体。

二、媒介平台再造与多渠道集成

媒介融合，从本质上讲，即从单一媒介转为基于互联网的全媒体信息生产传播平台，从单向线性的信息生产传播模式转向多向交互和沉浸式的信息生产模式，这也是媒介融合平台的再造。

与信息生产相对应的是，融合媒介信息集成与发布的渠道也产生了巨变，此前互不相通的媒体转化为互联互通、系统化的集成终端。媒体之间互不连通的状况被以互联网为中心的信息传播模式取代，同一媒体集团的下属媒体、不同媒体集团的媒体机构都可以相互连接，互通信息。一篇重点报道，可以在报纸、电视、网站、微博、微信、客户端上，全时段、多渠道、多体裁地立体集成与发布。

如新华全媒头条进行了融合与创新的有益尝试，新华全媒头条2015年元旦诞生，所谓1＋N模式是指新华全媒头条以一个舆论导向为主，配以N条新闻报道、N种报道形式、N种报道途径，通过“N”篇其他媒介形态的稿件丰富并形成新闻报道的“波纹效应”与“震荡效应”，在新媒介舆论场上同步并扩大影响。①

新华社安徽分社的杨玉华探讨了新华全媒头条中1＋N模式具备的四种特征，即话题性、多样性、交互性、连续性，将传统的单媒介内容汇聚到一个平台上，其中包括将文字、图片、视频、动画、图表等多种元素结合，从而使得报道更为全面、立体、深入。她也提出了此模式和平台的不足之处，如1＋N模式下的大量信息会给用户在信息接收和处理方面带来困难。同一话题的多条报道因为时间上的滞后或者中间有其他话题新闻的插入，在板块推送上不能连续出现，容易让受众遗漏信息。比如2017年“两会”前推出的迎接全国“两会”系列述评、国家相册系列，都是同一主题系列，但推送时间不连续，中间穿插了其他报道，影响了整体报道的冲击力。因此，融合报道在推送上应避免简单“整合”，可以借鉴专题板块的形式，将新闻价值高、信息量大、持续时间长的新闻报道集纳开设专题板块，一点进入、多点链接、全方位呈现。②

尤其是随着媒介融合的发展，媒介用户在不断地变迁，进入用户细分和个性化信息需求的新格局，微信、微博等具有强大交互功能的社交媒体成为用户的聚集区。媒介融合进程中信息传播形成了集成性特点，对于传统主流媒体来说，新闻报道的传播既要立足于传统媒介平台，又要用好微博、微信和移动新闻客户端等新媒介平台，如此方能建构出多终端适配的集成式立体报道。

三、技术引领的采编播一体化配置

采编是新闻产品生产与传播的中心环节，对产品的形态、性质和质量起关键性的决定作

① 刁毅刚，曹素妨，杜迎春．新华全媒头条：对话时代的新闻产品——“新华全媒头条”融合产品业态和科技创新综述．中国传媒科技，2015（2）．

② 杨玉华．新华全媒头条：1＋N模式的探索与实践．中国记者，2017（4）：74－76．

用。传统的采编流程有固定的“采编播”时间模式，并且受到版面或频段等空间维度的限制。在融媒报道中，新闻信息的采编流程可以按照新闻事件本身的发展来进行，采编播一体化配置，从新闻信息的多元集成与呈现，到编辑加工的多媒体调配，到大数据的分析排序，再到播发终端的智能适配，显现出技术引领的采编播科学配置。

融媒报道强调技术研发的作用，通过采编流程的创新，从而确立融媒报道的产品概念和形态，并强化新闻产品的集成性、可视性、数据性和动态适应性。有新媒介基因的新型互联网媒体，如腾讯、新浪、今日头条等，因其技术优势，在媒介融合的变革进程中容易抢占先机。不过，传统媒体在转型中也有后发优势，以技术为核心推动采编播流程的再造，将擅长的优质内容生产与先进媒介技术相融合如：在新闻采集环节，利用无人机和 360 度全景摄像，提供直观动态的全景视角；在编辑加工环节，增加生动的视频新闻和数据新闻；在传播分发环节，提高移动终端的视觉吸引力，增加用户的交互体验等。

如凤凰卫视打造的《全媒体全时空》，不仅融合了传统电视的信息资源，还融入了旗下网站、广播、微博、微信等多媒体资源。譬如该节目以传统电视新闻的方式呈现，却在节目的不同板块融合新媒体元素，如将微信平台的讨论内容制作成可视化的电视画面，将网站、微博的留言截图制作成专题页面等，最终呈现给观众的是一档全媒体新闻节目。节目的“全时空”可以理解为该节目在凤凰欧洲台、美洲台、中文台、凤凰新媒体、凤凰 U-radio 五大平台同步直播，并且延续凤凰卫视一贯“大事看凤凰”的新闻理念，关注国际、国内的重大新闻热点话题，打造一个全媒体参与报道、民众互动讨论的平台。①

四、媒介融合式的新闻呈现方式

融媒报道的新闻呈现，就是让不同的媒介符号模式交叉立体地组合，在动态中发展，形成具有多元交互性、可互相转换生成的新型媒介生态。在媒介融合的环境下，新闻信息的呈现手段已经不再局限于文字、图片、音频或视频等单一符号模式，而是这些符号模式的综合立体化和交叉一体化，适应移动优先、视频优先、故事优先等新的传播需求。融媒传播手段的立体化，有助于内容在实践中创新性呈现。

要 领

融媒新闻呈现的技术要点

● 以各种媒介形态有效地把各类信息巧妙地呈现出来。融媒报道信息极度丰富、传播形式多样。传统媒介的“图像＋文字”的展示方式可谓最早的媒

① 陈静．新媒体语境下的电视新闻创新：以凤凰卫视《全媒体全时空》为例．现代视听，2014（11）：19－23.

介融合方式之一。西方传媒在图解政治人物时，使用漫画大头贴甚至头像表情包，缓解选战的紧张气氛，也有助于塑造政治人物的亲民形象。Flash动画、视频、音频、图像等各种具有视觉冲击力的符号形态，还有新技术催生的VR、AR，也在不断地被应用到新闻信息产品中，使融媒新闻产品的呈现形态无限丰富。

● 将信息可视化运用于融媒报道中。所谓信息可视化，即创建各类图表、图像或动画，便于直观交流信息的技术和方法。在报道中运用形象思维，制作有用的数据新闻图表，便于人们理解。

● 善于运用各级大小标题。把要点列成提纲，分块拟出小标题。以简洁生动的标题，吸引用户眼球。

● 善于运用边框增加用户需要的信息，列出清单，便于用户选择。网页或移动端界面上，可以多层次使用短小概要的简介、拉出式引文、技巧提示等，来吸引和引导用户。

● 增强新闻客户端的搜索功能，使用户能迅速找到所需信息，并以每个搜索为节点，进一步引导用户深入发现新闻。

● 善用超链接。以重点词语为切入点，组成层次清晰的超链接项，使用户可以轻松发现有趣信息。尽量不使用“点击此处”，而代以清晰简洁的具体描述。

● 统筹、用好社交媒体、网站链接和视频。《华盛顿邮报》专题《溺水视频》（Drowning Video）的融媒报道，发端于社交网站上的用户生成内容——几名美国佛罗里达州少年上传了一男子落水的视频。视频中这些少年不仅不施以援手，还对落水者大加嘲讽，从而在网络上引发热议。《华盛顿邮报》先在网站首页导航栏中播出这一视频，后在新闻报道中同时插入《今日佛罗里达》的报道链接及其推特账号，帮助用户参考地方传媒的采访视角与立场。

● 报道风格要点：不同于传统媒介的从容铺垫，融媒报道的写作强调紧凑直接，要有与读者或用户“交谈”的风格，设想是在面对面给朋友讲故事。让用户感受到你的情感，使用与新闻主题相符的语言和情感表达。

● 大声朗读新闻，听语句的节奏，以适应融合媒介，特别是视频、音频传播的需要。

● 以最强有力的一句话来结束新闻报道，建议用总结性或对未来展望的句子，也可以重复前面的要点或讲述另一个重要事实来结束报道，从而引导用户去观看或点击下一个相关新闻。总之，各种媒介呈现形式，目标都是服务于融合媒介报道的整合性需求。

【案例】

《纽约时报》的《雪崩》

点开报道首页，这样一整幅动态雪山画面扑面而来，寒风刮过，冰雪飘飘。画面右上空白处打出报道标题 Snow Fall：The Avalanche at Tunnel Creek。如电影大幕拉开，当光标拖拽页面，故事以章回体风格（chapter-style stages）[①]展开，图像、视频、地图、动画与文字融为一体，顺流而下。在滑雪者逃生的场景中，一个全真模拟雪崩发生的动画，带着大雪球滚下山坡时的咆哮声，令你如入现场，凝神屏息，全然沉浸于其中。

这就是 2013 年普利策新闻特稿奖作品《雪崩：特纳尔溪事故》的融媒呈现。该报道由《纽约时报》的体育记者约翰·布兰奇（John Branch）为主进行报道，主题是 2012 年 2 月 19 日美国史蒂文斯帕斯滑雪场的一场灾难。工作团队用融媒手法直观重现了 16 名滑雪爱好者遭遇雪崩的经过。整个报道在技术和呈现上颠覆了传统报纸的新闻模式，汇集了文字、音视频、动漫、数字化模型（DEM）、卫星模型等多媒体形态，为《纽约时报》的网站带来了 350 万的高点击量，成为媒介融合的典型成功案例，被称为“多媒体新闻报道的奇观”[②]。

普利策奖评委会的颁奖词体现了对其在融媒技术上创造性运用的赞赏：“《雪崩》对遇难者经历的记叙和对灾难的科学解释使事件呼之欲出，灵活的多媒体元素的运用更使报道如虎添翼。”

从融媒呈现的视角，对作品可做如下具体分析：

（1）《雪崩》的内容制作模式打破了当时网络媒体对文字、图片、视频等的拼盘叠加模式，不再是简单地复制纸媒信息，而是真正实现了媒介融合。报道呈现中将文字、音频、视频、照片等多种符号模式精心进行了交互转换，将以往基于文字的线性叙事转化成流畅而有深度的立体式叙事，从而给用户带来了颠覆性体验，用户不必逐条、逐项阅读，而是随心所欲地浏览点击，《雪崩》网页还会根据用户鼠标动作的快慢，自动调整视频的播放速度和对应内容，实现实时互动，让用户跟着故事走，跟着心境走。

（2）沉浸式体验是这部作品最吸引人的地方。作品提供了多媒体交互的数字化现场感体验[③]，包括六部分惊心动魄的现场故事，

---

① MCATHY R. Pulitzer goes to New York Times “Snow Fall” journalist.（2013-04-16）[2018-04-01]. https://www.journalism.co.uk/news/new-york-times-digital-snowfall-feature-wins-pulitzer/s2/a552683/.

② STORYBOARD N. Inside “Snow Fall,” the New York Times multimedia storytelling sensation.（2013-03-29）[2018-01-12]. http://niemanstoryboard.org/stories/inside-snow-fall-the-new-york-times-multimedia-storytel.

③ 同①.

并且集成了新闻事件回顾、滑雪者的罹难口述、雪崩的科学原理等多个观察视角。雪崩事件的融合媒介报道中有大量数据可视化呈现，吸引用户的观看兴趣。滑雪场的3D版地图、第一手的采访音视频、知名滑雪者的传记、幻灯片式的滑雪运动历史、现场的各种交互图片等，融合成整个作品中的一个个有机成分，产生了一个个视听高潮。

(3) 新闻信息与网页设计的精确融合。《雪崩》结合了视频与网页的认知逻辑，如报道中每位采访对象出现后，网页右边会相应出现有该人物头像的背景信息框，点击即可了解此人的所有具体信息，从而体现了新闻报道的事实准确性原则，可以说是新闻专业主义和新闻报道原则在融合媒介环境下的创造性呈现。

(4) 报道内容嵌入中体现的技术逻辑与叙事逻辑的统一。媒介融合不只是不同媒介形态和平台的简单叠加，更深层的融合在于内容报道中的叙事逻辑与文字、图像、视频、虚拟现实等不同传播形式的技术逻辑形成的合力。在碎片化阅读模式下，新闻报道的信息量大、线索复杂、阅读耗时的特点会让一些读者望而却步；而在情境式阅读中，新颖的内容组织和展示方式则可能让读者体验到剥茧抽丝般的阅读快感。①

(5) 报道体现了明确的用户中心观。报道的技术呈现秉承用户至上原则。在媒介融合环境下，受众已经变为用户，是新闻信息的主动接受者、参与者与传播者。《雪崩》鼓励用户参与，他们如果喜爱这个作品，可以通过网站顶端的社交媒体链接分享给朋友。

《雪崩》的报道灵感源于约翰·布兰奇对滑雪场上高死亡率的关注，整个团队耗时六个月精心打磨，用融合媒介技术全方位拓展了新闻内容的时空维度，展示了优秀融媒报道的魅力和影响力。

第五节 融媒报道的信息获取及集成方式

融合媒介新闻报道的信息获取与集成方式，与传统新闻报道相比，在信息传播的主体、信息传播的渠道方式、信息生产过程等新闻生产的全过程中体现出明显不同的特征，尤其是技术因素的作用，给其在信息获取和集成方式上带来巨大变化。

一、融媒报道网络搜索数据的收集技法

基于网络融合媒介的新闻报道，一个关键技能是在网络上搜索资料和数据，比如如何用网络搜索查出人物和事件线索？有哪些技巧？可以借用哪些工具？

全球深度报道网（GIJN）是一家扶持深度报道发展的非营利性国际机构，致力于整合并

① 付蕾．国外深度报道的融合发展之路．青年记者，2017（22）：20-21.

分享深度报道资源，包括报道手册和书籍、国内外公开数据库、数据新闻工具包和深度报道的前沿探索。GIJN 成立于 2003 年，共有 300 多个来自世界各地的记者参加当时在哥本哈根举办的第二届全球深度报道大会。至今，GIJN 在全球 68 个国家和地区有 155 个会员组织。该网向全球记者分享用于深度报道的工具与方法。

（一）网络搜索原理＋技巧：查网页、人和域名①

搜索引擎是记者们常用的“开源”搜索工具中最重要的组成部分之一。结合社交网络、域名查找，以及更传统的搜索方式比如报纸和通讯录查找等，有效的网页搜索将会帮你找到调查过程中至关重要的信息。

BBC 的互联网研究专家保罗·梅耶斯（Paul Myers）在《调查报道信息核实手册》（*Verification Handbook for Investigative Reporting*）上分享了自己使用谷歌搜索的一些妙招，其中一些也适用于百度搜索。比如高级检索语法，大部分搜索引擎有这类“隐蔽功能”，助你锁定搜索范围，改善搜索结果。

● 技巧 1：非必需关键词（optional keywords）。

如果你没有一个特别确定的关键词，你可以嵌入一些可能的关键词，并使它们不损坏结果的完整性。可以用大写的“OR”将要搜索的各个关键词分开，使它们成为检索词中的“非必需关键词”。

● 技巧 2：利用域名搜索（search by domain）。

如果你想集中查找一个特定网站上的相关内容，可以使用的高级搜索语法是在“site:”后面输入网站域名。如你只想查找推特（Twitter）上的相关结果，那么在关键词后输入“site:twitter.com”即可。

● 技巧 3：搜索文件类型（searching for file types）。

有些信息会以特定的文件格式类型出现。比如，数据出现的格式通常是 Excel 电子表格。专业制作的报告常以 PDF 文件的形式出现。在“filetype:”后面加上目标文件类型的拓展名（如 Excel 表格的 xls，Word 文档的 docx，幻灯片的 pptx 等），就可以在搜索过程中锁定某一特定格式的资料了。

（二）“人肉”搜索十大工具②

保罗·梅耶斯是 BBC 的互联网研究专家，同时还运营网站“互联网搜索诊所”（The Internet Research Clinic），致力于引导记者们找到最好的网络搜索平台、应用工具和其他资源。他在 BBC 学院（BBC Academy）负责的培训课程包括网上调查、数据新闻、社交媒

---

① STAFF G. 报道亚洲｜ BBC 专家：网络搜索，大有可为．（2016－07－07）［2017－01－23］. https://cn.gijn.org/2016/07/07/%E8%81%9A%E7%84%A6%E5%B0%BC%E6%B3%8A%E5%B0%94-bbc%E4%B8%93%E5%AE%B6%EF%BC%9A%E7%BD%91%E7%BB%9C%E6%90%9C%E7%B4%A2%EF%BC%8C%E5%A4%A7%E6%9C%89%E5%8F%AF%E4%B8%BA/.

② 周炜乐．BBC 搜索专家：十款强力“人肉”搜索工具．（2015－10－15）［2017－01－23］. https://cn.gijn.org/2015/10/15/bbc%e6%90%9c%e7%b4%a2%e4%b8%93%e5%ae%b6%ef%bc%9a%e5%8d%81%e6%ac%be%e5%bc%ba%e5%8a%9b%e4%ba%ba%e8%82%89%e6%90%9c%e7%b4%a2%e5%b7%a5%e5%85%b7/.

体、统计学以及网页设计，也曾为《卫报》《每日电讯报》《泰晤士报》、CNN、世界银行、联合国开发计划署等机构的工作人员做过培训。他为记者们推荐了十款强力的“人肉”搜索工具。

1. 搜索电话 IP：Aql. com

谁在发送大量垃圾短信？骚扰电话从哪里打过来的？Aql. com 帮你忙。该网站专供搜索电话 IP 所属地、供应商信息和目前位置、地区编号、连接网络的名称，甚至还有最近改变网络的日期等。只要按格式输入电话号码，以上信息一键搞定。此外，如果想查找与 Skype 相关的信息，SkypeGrab 能得到打出 Skype 电话的 IP 地址。

2. 查找相似域名：TCPIPUTILS. com

它主要用于查找与目标网址相似的域名。不光是域名，IPv4、IPv6、网络供应商 IP 和所在地的信息也一查俱全，还可以单独点开域名，看看它有没有包含在 DMOZ 这样的公共网页目录里面。这样有助于帮你找到那些借着大网站名头行诈骗之实的钓鱼网站。

3. 搜索网站域名：Domaintools

它是一款功能强大的域名搜索工具。Domaintools 同时还能查询 IP、Whois 更换、服务器更换等历史信息，功能强大。梅耶斯推荐的其他类似 IP 神器还包括 Whatismyip. com，能马上检索目标 IP 所处的国家、城市、城区、邮政编码、网络供应商、时区和经纬度等信息，定位相当准确。

4. 抓取网站信息：Black Widow

想从网站抓取信息但不懂编程怎么办？Black Widow 是一个好选择，有强大的抓取能力，能抓取网站上的信息，下载 YouTube 视频、PDF、PHP、CGI 和其他格式的文件，在加密保护网页上也适用。

5. 获取网站后台文件：Pentest Tools

这个工具分为信息收集（information gathering）、网站应用检测（web application testing）和基础设施检测（infrastructure testing）三部分。键入要查询的网站域名，就能找到其子域名（subdomains），或者下载关于网站服务器、链接漏洞信息（URL Fuzzer）的 PDF 报告等，甚至可以找到网站背后的文件目录（directory and files），可以知道网站更详细的内容信息。

6. 搜索相似图片：Fuskr

它是谷歌浏览器插件，安装之后，用鼠标右键点击图片，可以找到图片链接背后隐藏的一系列相似图片，支持下载、排除受损照片、重新调整图片大小以适应网页等。

7. 社交媒体信息搜索：Echosec 和 Geofeedia

和荷兰网络搜索专家亨克·范·埃斯（Henk Van Ess）一样，保罗·梅耶斯也强烈推荐能提供社交媒体信息搜索功能的 Echosec 和 Geofeedia。

Geofeedia 是社交媒体监控网站，其特殊之处在于，除主流英文媒体外，它还监控了新浪微博。微博的高级搜索定位只能精确到市，而登录 Geofeedia 后，会出现地图界面。Geofeedia 还有一些功能，如日期选择、关键词存储、用户名存储等。其他值得发掘的应用功能还包括搜索突发事件目击者、获取丰富实时信息、联系遥远国家特定地区的公民、分析特定地区社交媒体发布趋势等。不过，它是一个收费网站，但可以申请试用。

Echosec 与 Geofeedia 类似，均采用地图和搜索。它的优势在于地图语言可显示为中文，更便于确定地点。目前其免费版本可追踪推特和 Flickr，追踪新浪微博则需要注册。

8. *查看图片元数据*：Jeffrey's Exif & Metadata Viewer

在网上看到了超炫的摄影作品但不知道是在哪里拍摄的、使用了什么参数，这款工具可以帮助记者依据关键图片线索锁定时间地点。只需粘贴图片地址或上传图片，图片基本信息如大小、像素、拍摄地点和时间、具体参数（快门、光圈、镜头型号等等）都能查出。你还能了解到谷歌地图图像以及当时的定位，并可以放大缩小看。同类型的平台还有 Gbimg. org。

9. *搜索脸书图片*：Graph. tips

想专门挖掘脸书上图片的信息？试试亨克·范·埃斯建的网站吧，虽然界面简单，但功能强大：登录脸书，语言设为美国英语，在脸书上键入人物名字找到用户名，粘贴用户名并点击"Get FB ID"，想查哪项相关信息都可以，比如个人评论过的 post、喜欢的照片、拍的照片等。还能点击按钮查到这个人去过的国家地区，甚至具体到去过哪家书店、咖啡店，当然都靠检索该用户在脸书公开的信息。

10. *下载视频利器*：Snagit

Snagit 是捕捉图像乃至视频的最佳神器。想演示网站操作、记录网站视频内容，只要选中想录制的区域，自己设定时间就可以了，轻松易得。软件目前暂时只提供 mp4 格式的存储，想选取其他格式，就需要转换格式的软件帮忙。

二、新闻核实的方法和工具

截稿时间迫在眉睫，又必须要形成准确严谨的报道，可以借助 Africa Check 的五步事实核查指南①，帮助你快速理清思路，做好事实核查工作。

该指南最初于 2015 年 11 月 16 日发表于 Africa Check 网站。Africa Check 是建立于 2012 的一家独立非营利机构，致力于促进公共讨论与非洲媒体报道的准确性，提高非洲社会开放信息的质量。Africa Check 在南非约翰内斯堡、塞内加尔首都达喀尔，以及英国伦敦均设有分部。Africa Check 专注于运用实际证据，核查公众人物、机构和媒体所发表的主张，并以英法双语进行报道。

图 10－2 是五步事实核查指南的中文版本，来自全球深度报道网的翻译。

融媒时代信息爆炸式增长，媒介内容及生产形式不断创新，虚假新闻和诽谤内容也层出不穷。为了应对虚假新闻带来的危害，一些国外传媒创立事实核查机制和新闻核查项目，以提高新闻报道的可信度和公信力。

较为普遍使用的事实核查机构和网站有美国的 PolitiFact，以及 Fact Checker 和 FactCheck. org，还有果壳网的"谣言粉碎机"及其子站"流言百科"等。详情可参阅杜克大学的 Reporters'Lab 的数据库，该数据库囊括了全球事实核查的主要站点。

① https：//africacheck. org/factsheets/guide-the-five-step-fact-check/.

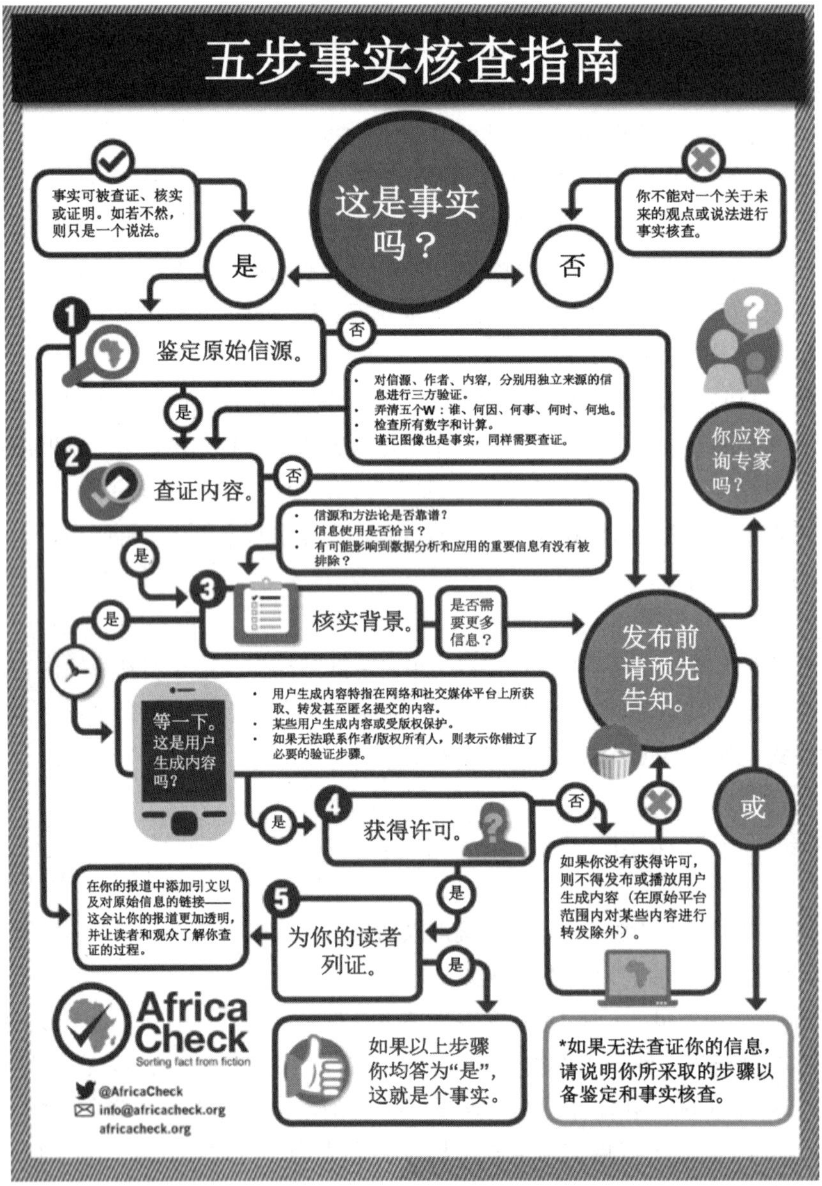

图10-2 五步事实核查指南

三、“VR+”新闻及虚拟游戏

未来的数据新闻将VR化和AR化，即在物理现实的基础上，利用数字手段制作虚拟影像，并与物理现实进行合成。《2015全球新闻编辑室趋势报告》把虚拟现实列入全球新闻业九大趋势之一，沉浸技术的发展正改变着新闻生产的方式。

《纽约时报》2015年11月推出的第一部VR纪录片，是关于难民的报道，片名叫《无家可归的孩子》（The Displaced），以叙利亚、乌克兰东部、南苏丹的三位流浪儿童的视角出发，全面“再现”战乱的残酷。打开视频，观众仿佛已站在被战火摧毁的教室，滑动手机屏，或用 VR 眼镜可观看全景，还可点击特定位置放大细节，或展开地毯式搜索。通过用户主动参与，VR 纪录片可以呈现出视距内所有触目惊心的细节，对传统媒介而言是不可想象的。

VR 不仅是新的新闻传播的工具，更是一种新的传播媒介，可增强用户与新闻故事的接近性。2015 年 10 月，《纽约时报》投资 100 多万美元研发了自己的 VR 内容发布平台——一款叫作 NYT VR 的 App，同时在安卓和苹果平台发布，标志着新闻行业对 VR 技术的正式应用。此后两年《纽约时报》生产了 20 部 VR 影片，造就了《纽约时报》史上下载量最高的 App。

中国传媒界也积极进行 VR 新闻尝试。财新传媒在深圳市山体滑坡事故报道中尝试使用 VR 技术；《人民日报》、网易新闻等相继展开 VR 全景报道模式；2016 年全国“两会”，记者纷纷亮出了 360 度全景相机；新华全媒头条采用了全景视频和 VR 视频，如《独家：VR 约你炫酷临场感知“中国天眼”》《独家全景 VR：一条天路，一个梦想》等，带给用户身临其境的感受。

VR 全景影视内容，可分为 UPGC、影视剧、综艺节目、直播等四大类。多屏视频、VR 融合媒介的观赏，已开始成为中国用户的消费习惯。数据显示，在中国 VR 用户中，超过七成观看视频。目前中国 VR 影视行业最活跃的是 UPGC 与综艺节目。王菲“幻乐一场”演唱会，在中国演艺市场首次采用 VR 在线直播，可谓具有 VR 直播产业的里程碑意义。

VR 全息音频、视频节目，开启了新闻传播的新领域。虚拟现实技术不仅可用于即时新闻，还可用于旅游、美食等领域。比如主持人绘声绘色地描述一路风景，用户可以在虚拟世界同步而行，景随声至：一起翻山越岭或进入海底世界，还可以自行选择线路，设定个性出行。《纽约时报》以此技术推出“漫步纽约”（Walking New York）的虚拟体验产品，用户戴上虚拟现实设备，就可以随心所欲地在纽约街头到处闲逛。沉浸新闻体验节目可以应用于各种场景、各种主题。

沉浸、想象、虚拟在场，是虚拟现实（VR）应用的关键词。本雅明在《机械复制时代的艺术作品》中指出，技术逻辑将不可避免地影响受众感官，进而主导甚至左右传播效果。2016 年 2 月扎克伯格宣布脸书与三星合作建立团队，专门开发虚拟现实设备的新一代社交应用。而在 Oculus 环境里创建与朋友畅聊的 VR 房间，可以约 8 位好友一起玩迷你游戏，一起听音乐看电视，VR 社交已经开始进入生活。

此外，游戏（包括 VR 游戏）也开始与新闻融合。首个将调查报道以游戏化方式呈现的交互作品《偷渔》（Pirate Fishing），2017 年发布时为半岛电视台网站带来了 80%的新增用户，并斩获多项大奖。

四、人工智能重塑未来传媒版图

技术改造传媒，也改良传媒的基因，形成新的物种，比如人工智能（AI）。媒介产品的生产环节大致分为信息收集分析、内容加工创作、产品传播分发。在每个环节上，目前人工智能已开始不同程度地发挥作用。比如，机器人写稿、大数据收集与分析、机器人智能剪辑、算法推荐、假新闻核查识别。

● 内容生产智能化。

人工智能参与内容生产，包括机器人写稿。比如，腾讯财经推出自动化新闻写作机器人 Dreamwriter，搜狐推出智能股市播报系统“智能报盘”。

● 内容分发智能化。

人工智能参与内容的选择和分发。比如，天天快报通过智能计算推测用户的兴趣，用算法决定头条和内容分流，实现精确推送。

● 内容监测智能化。

人工智能参与监测内容。如脸书开发一套人工智能系统来监测 Facebook Live 和 Messenger 中的不良信息，用于预知和预防用户自杀。

● 内容核实智能化。

人工智能对内容进行核实，以防止假新闻泛滥。如今日头条等互联网技术公司通过人工智能进行假新闻的甄别。

例如，2017 年 8 月 8 日 21 时 19 分四川九寨沟县发生 7.0 级地震，令人震惊的是，中国地震台网的机器人仅用 25 秒就完成自动编写稿件《四川阿坝州九寨沟县发生 7.0 级地震》。报道在 21 时 37 分 15 秒出稿，一共五百多字并配发数张图片，内容包括速报参数、震中地形、热力人口、周边村镇、周边县区、历史地震、震中简介、震中天气八大项。图 10－3 为机器人在 25 秒内完成的报道的一部分。

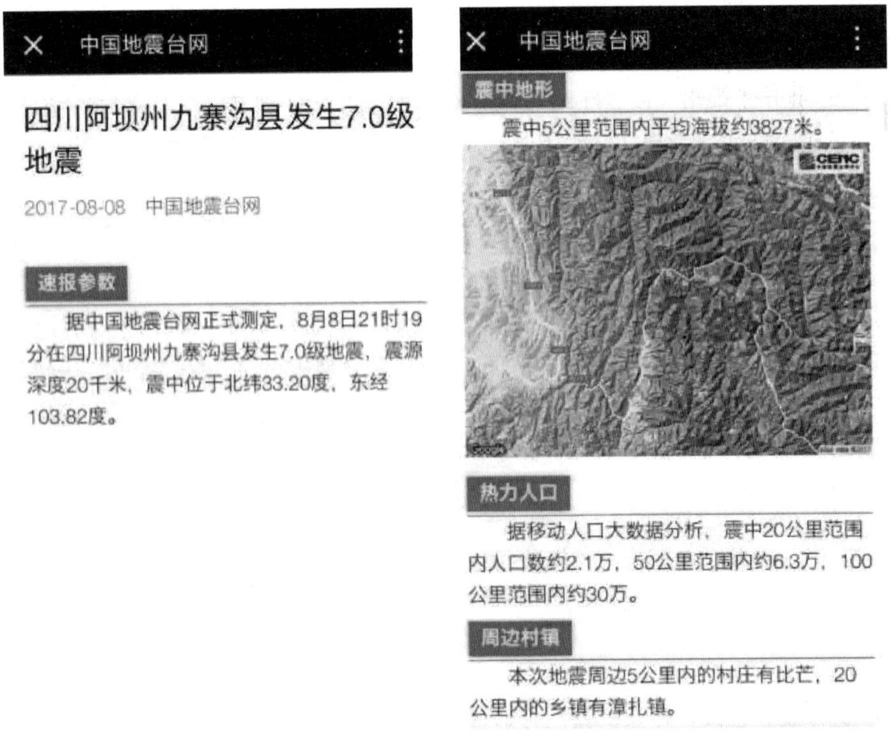

图 10－3 《四川阿坝州九寨沟县发生 7.0 级地震》的部分报道

机器人替代人类完成搜集分析资料在未来新闻生产流程中，会发挥越来越大的作用。

要　领

关于 AI 的技术思考

AI 运用于新闻领域会出现什么问题？一份《人工智能：新闻业的实践与启示》报告，记录了美国哥伦比亚大学新闻学院布朗媒介创新研究院和数字新闻中心组织的论坛上，记者和技术专家进行的长达三小时的交流，其中最重要的思考集中于：设计 AI 的技术人员和使用 AI 的记者之间存在知识与传播鸿沟，可能导致“新闻业弊端”的产生；媒介机构需要向受众解释，AI 如何运用于研究和新闻报道；需要通过协作努力，来消除对 AI 的隐藏偏见，虽然这种偏见并没有被普遍承认，但始终存在，毕竟工具是由人类操控的。

五、新闻采编与技术人员无间合作的操作建议①

媒介融合时代，新闻采编已无法回避与机器的合作，以及与相关技术人员的合作。而且记者编辑与技术人员的合作效率事关新闻产品的成败。会讲故事的人和能让故事炫酷的人如何才能配合得好呢？荷兰新媒介合作机构 Hackastory 采访了世界各地 19 名多媒体开发人员和记者，整理出十条建议。

（一）懂互联网

英国《卫报》可视化团队具有四年经验的开发师达恩·莱特（Daan Louter）认为，记者应保持思维开放，能理解互联网带来的多种可能性，“做出好项目的记者都是懂互联网的。他们有确切的想法，清楚地知道自己想要呈现的效果”。

（二）会说行话

电视新闻记者一般都懂得用专业术语与摄像师沟通，合作从事多媒体项目的记者和技术人员之间的关系也应类似。然而事实上记者和技术人员仿佛来自相隔万里的不同国度。那么记者真的需要学会编程吗？

---

① PIELS A. 新闻采编与技术人员怎样合作无间？专业机构提供十条建议．（2017－08－24）［2018－03－04］．https：//cn. gijn. org/2017/08/24/%e6%96%b0%e9%97%bb%e9%87%87%e7%bc%96%e4%b8%8e%e6%8a%80%e6%9c%af%e4%ba%ba%e5%91%98%e6%80%8e%e6%a0%b7%e5%90%88%e4%bd%9c%e6%97%a0%e9%97%b4%ef%bc%9f%e4%b8%93%e4%b8%9a%e6%9c%ba%e6%9e%84%e6%8f%90%e4%be%9b/.

“教一个程序员学写新闻恐怕更容易些。”《华盛顿邮报》项目编辑格雷戈·林奇（Greg Linch）语带调侃地说。程序员们的共识是：关键是要明白哪些事情在互联网上是可行的。有时候，编辑部甚至需要专门雇个项目经理当“翻译员”来促成两拨人之间的沟通，因此记者懂技术语言很重要。

（三）搜索引擎

遇到程序员说一些奇怪词语？先别着急，用搜索引擎在网上一查就有答案了，这也是学习一门新“语言”的基本步骤。

（四）团队合作

“开发人员不是食品店的收银员，而记者也不是来买个三明治就走。”BBC 产品经理安德鲁·莱姆多佛（Andrew Leimdorfer）曾经在一篇文章中如此形容。认清这一点其实对于内部合作至关重要，因为项目的每个成员都是平等的，都应当参与新闻报道的过程。

“一些记者以为他们只要给开发人员布置任务就好了，”荷兰最大日报《人民报》（*De Volkskrant*）的开发人员海·克兰恩（Hay Kranen）说，“不对，我们不是来给你完成任务的。”他认为，记者需要尊重开发工程师的专业知识，“我们是来考量项目的流程和各种可能性的，我们知道各个项目所需的资源和时间”。

（五）前期参与

传统报纸的生产流程一般是记者将写完的稿件扔给编辑，然后美工进行配图和版式设计。这种模式一般只适用于常规新闻，比如一篇 500 字的快讯或 1.5 分钟的电视新闻报道。对于相对复杂的新媒体项目，工作流程就不是这么简单直接了。

英国《卫报》的莱特认为，记者不是光写完几千字的稿件就可以，而是应该从项目一开始就要和程序员、视觉设计师合作沟通，并且持续到项目完成为止。紧密合作加上早期参与才能生产出好的新闻作品。

（六）并肩工作

数据新闻记者杰里·维曼（Jerry Vermanen）和开发人员玛丽杰·罗兹（Marije Rooze）共同任职于荷兰媒介 KRO-NCRV，他们认为一起工作非常重要。

“我们不开会，因为我们随时都在讨论。”维曼说。

“想法一直在迸发，讨论也很容易，因为我们的办公桌是挨着的。”罗兹说。

然而，仅仅坐在一起并不能保证合作愉快。“因为他们工作的方式并不一样。”《卫报》编辑查尔斯·亚瑟（Charles Arthur）表示。

（七）节奏差异

“新闻人作风凌厉，而技术开发人员则习惯于深思熟虑。”《卫报》编辑亚瑟在一篇文章中分析了记者和技术人员的工作节奏差异。

媒介集团康泰纳仕（Condé Nast，《纽约客》《名利场》等杂志的出版商）的技术总监特拉维斯·斯威斯古德（Travis Swicegood）说：“记者善于在文章中把问题说清楚，然而在工作过程中程序员们才是对项目进展最熟悉的人。双方能够理解各自的工作节奏和过程非常重要。”

（八）流程清晰

有记者问程序员同事：“怎样才能让你的工作事半功倍?”程序员答：“整理 Trello。”Trello 是一个用于跟踪项目进度的互联网应用，结构简单且所有事情均分为三类：即将开始（to do），进行中（doing）和已完成（done）。深受程序员欢迎的除了项目管理应用 Trello，还有软件开发方法 Scrum 和 Agile，它们都提供了一整套有助于项目推进的流程和架构。

（九）反复试验

许多记者都惧怕试验性的东西，因为记者最不喜欢的就是错误，而试验又往往被等同于试错。事实上，试验并没有那么可怕。许多受访的程序员都喜欢尝试新东西，这是他们工作的一大组成部分，以探索新的可能性。

荷兰《人民报》的克兰恩希望更多的记者能来尝试一下。“我认为，记者们都去做多媒体项目将是一件好事。当然，你不必一上来就搞个大制作，可以从小项目做起。”

（十）享受其中

Hackastory 团队的成员都相信，最好的新闻产品仍未诞生。全球上百名记者与技术人员的合作也已证明，挑战非常多，不过与此同时，新媒介中的机遇也是无限的。要享受作为开拓者的身份，勇往直前，并做好眼前的重要工作。

第六节　融合媒介的深度报道

融合媒介不仅提供了适合快速浏览的信息，对于希望获取深度而全面信息的用户，它还提供了非常强大的资源平台，并且通过超链接一层层导入，在一定程度上让用户自己决定对信息了解的广度和深度。

传统媒介与新媒介的深度融合已成常态，西方大报的传统媒体、新闻网站、手机客户端一般都实现了与多个新媒介平台的内容共享。如《华盛顿邮报》网站实现了与脸书、推特、领英（LinkedIn）、Tumblr、Pinterest 等新媒体的内容共享。需要关注的是，由于社交媒体的发展与繁荣，上述新媒介平台虽然实现了在线社交功能，却依托于不同的网站前端分别发展出了图片流、在线简历、轻博客、微博等内容向度。在媒介融合的背景下，传统媒体所提供的新闻内容，在标题、图片、话题度等方面需要满足不同新媒介平台用户的苛刻要求，在深度报道中，网站编辑则需要理解不同媒介平台的用户需求，进而做出调整。①

要领

融媒深度报道的技术要点

- 倒金字塔结构对融媒报道最为实用，适合网络融媒深度报道的新闻更新。
- 随着事态的进展，不断更新导语，把最新和最重要的信息添加进去，就可以将新信息与原有新闻信息衔接起来，形成新的完整报道，并不断地把故事讲述向深处推进。
- 通过超链接，为用户提供通往各方面信息库的门径。

在具有广泛关注度的社会性议题上，全国性大报与地方媒体借由融合媒介新传播技术实现的内容交互，产生了良好的传播效果。自2014年《纽约时报》的融媒报道《雪崩》获奖以来，《华盛顿邮报》《卫报》等各大报也纷纷把媒介融合应用到深度报道中，而且互联网与移动客户端如手机App之间的融合运用也越来越顺畅。在政治议题上，以2017年美国总统大选为例，《卫报》等展示了融媒报道实力，借助它们遍布全美的记者站和专业报道团队，在选举进程的关键节点，如投票、计票阶段实现了各州、各选区的跟踪式立体报道，在纸媒上展开系列报道的同时，在移动客户端呈现了直播式图解与选情实时更新，使各方各派的复杂信息变得直观易懂、一目了然。《卫报》此前曾在2017年法国总统选战、英国内阁选举等选举报道中，采用了融合媒介的报道手法，此次美国总统大选上不仅轻车熟路，更在手机客户端收获了大量粉丝。

美国调查记者与编辑协会大奖（IRE Awards）是一个系列奖项，每年颁发一次，旨在嘉奖“最出色的调查报道”，被视为行业标杆。IRE大奖按媒体规模与媒体类型分成16个组别，包括最佳纸媒报道、广播电视报道、多媒体报道、犯罪报道特别奖、信息自由促进奖及学生奖项等。2016年的获奖作品中，出现了关于美国体操教练与医生行业的性侵丑闻，特殊儿童与其他弱势群体的教育、住房、医疗问题，化学品爆炸及游乐场事故等调查报道。从颁奖评语中明显可以看出，获奖作品无不展示出新媒介技术与新闻专业主义传统的成功结合，包括对公开记录的争取与挖掘、对大数据的分析整理，以及运用融合媒介进行内容呈现发布的创新尝试。

---

① 付蕾．国外深度报道的融合发展之路．青年记者，2017（22）：20-21.

【案例】

揭开纽约警察执法黑幕

2017年普利策奖的最佳公共服务奖（所有奖项中分量最重），颁给了《纽约每日新闻》（*The Daily News*）和非营利新闻网站ProPublica联合进行的系列报道，报道揭露了纽约市警察局在驱逐租客过程中滥用职权，扭曲执法，先后驱赶数百名无辜弱势者（大部分是少数族裔），迫使他们关闭生意、失去家园，生存陷入窘境。

系列报道在《纽约每日新闻》和ProPublica网站上同时播出（见图10－4），它采用多种媒介形态来报道和展示主题，专门制作了展示人物、事件与背景的交互专题页面，具有视觉冲击力的网页设计融合了图片、图表、视频等表现形式。此外，通过网页导航和超链接运用，引导读者进入二级页面或相关分区，阅读调查小组搜集到的297个具体案例。

图10－4　该报道登载于《纽约每日新闻》网站的部分截图

以下是此系列中发表于2016年2月4日的一篇标题为《纽约警察将无罪市民赶出他们的家》的报道。与整个系列的发布传播方式一样，这篇报道同时在《纽约每日新闻》和ProPublica网站上播出。① 报道的主人公名叫埃尔-沙巴兹。

下面来看报道的翻译节选：

> 2011年5月4日的清晨，杰米拉·埃尔-沙巴兹（Jameelah El-Shabazz）从位于纽约布朗士区的家中窗户望出去，正好看到一支警察队伍快速穿过巴纳纳凯利高中（Banana Kelly High School）的屋顶。这位43岁的五个孩子的母亲说她当时没有多想，因为缉毒行动在他们小区很正常。
>
> 像往常一样，埃尔-沙巴兹先去卧室照顾刚出生不久的小儿子，并准备用她最珍视的物品——父亲从尼日利亚带给她的木托盘，进行晨间祷告。就在这时，突然间自家的大门被一支缉毒警察队伍踹开，他们进来到处寻找所谓致幻类毒品PCP。她的小儿子看到持枪警察冲进

---

① RYLEY S. The NYPD is kicking people out of their homes, even if they haven't committed a crime. and it's happening almost exclusively in minority neighborhoods. (2016-02-04)［2018-01-03］. https://www.propublica.org/article/nypd-nuisaNce-abatement-evictions.

来吓得尖叫起来。警察命令房间里所有人都趴在地上，并且盘问她的大儿子埃金·沙科尔（Akin Shakoor）是否贩毒。埃尔-沙巴兹说，我很担心“他们会带走我所有的孩子，并且将我赶出公寓”。

当天警方不仅逮捕了埃尔-沙巴兹、埃尔-沙巴兹的妹妹纳贾（Najah）、埃尔-沙巴兹已成年的大儿子（当时21岁），还从她的公寓里没收了45个装有蛋壳粉的纸杯、她的神圣的木托盘，以及非常少量的大麻。警察把他们带出去时，路过其他戴着手铐的居民，他们是那天早上也遭到缉毒检查的其他四个公寓的居民。

之后纳贾先被释放，埃尔-沙巴兹和她的大儿子在监狱里被关押了一个星期，等待从她家没收物品的验毒报告，最后测试结果显示所有被没收的物品中没有检测到任何毒品，于是埃尔-沙巴兹和儿子被无罪释放，此案也被撤销。

但这仅仅是埃尔-沙巴兹一家噩梦的开始。同年九月，警察带着一名律师和法庭文件又敲开了埃尔-沙巴兹的家门，要求埃尔-沙巴兹一家立即离开，他们的公寓也被警察的封条封住了。

执法人员的所谓执法依据是产生于20世纪70年代的《有害消除法案》(Nuisance Abatement Law)。这部少有人知的法律，赋予执法人员权力来关闭被认为用作非法用途的场所。

而导致埃尔-沙巴兹被《有害消除法案》“执法”的，居然就是几个月前已经结案的所谓销售毒品调查。更令人难以置信的是，在一封由纽约警察局律师签字的文件上赫然写道：警方在上次执法行动中，在埃尔-沙巴兹家中搜到了45杯毒品可卡因。明明是已经通过警方化验的45杯蛋壳粉，怎么摇身一变成了45杯可卡因了呢？

莎拉·莱利（Sarah Ryley）是这部系列报道的创始人和报道团队负责记者。2014年莱利在阅读一些纽约市存档案件的卷宗时发现，纽约警察在罪名已经撤销的情况下驱逐了很多无辜市民，迫使这些市民不得不离开自己拥有的或租赁的住所或商铺。莱利敏感地发现这里的问题：到底是纽约执法系统的漏洞，还是人为恶意造成的错误？她和非营利新闻网站ProPublica的一支团队历经两年深入调查，追踪了大量案例，并且从2016年2月开始在《纽约每日新闻》和ProPublica上同时发表系列调查文章。

此系列报道揭露了纽约警察执法黑幕，整个调查结果触目惊心。当年纽约市最著名的红灯区时报广场，如今已变成纽约著名的游览景点之一，但是几十年前为了清除红灯区而制定的《有害消除法案》，却从未被撤销或修改，反而成为纽约警察滥用执法权力的帮凶。调查发现，尽管纽约市犯罪率已处于历史最低，但纽约警方每年却提交约1 000例针对民宅公寓、小商店、杂货店的《有害消除法案》的执行申请。四分之三受此法案影响的人都收到了一份秘密法庭文件，在案件解决前不能进入自己家门。这个规定对受影响对象的保护力几乎为零，受影响的居民没有机会向法官做任何辩解，而且这属于民事诉讼，受影响的居民甚至不能聘用律师来为自己伸张权益。因此，受影响的居民很可能在没有被起诉、没有被定罪的情况下永远地被赶出自己的房门。更为震惊的发现是，80%的受影响人口为非白人少数族裔。

为了清晰直观地呈现调查结果，系列报道调用各种融媒手法，包括数据新闻报道手法。而整个调查的过程和结果，也同步反映在报道的发布过程中，体现了融合媒介报道中专业新闻人士与社会大众、新闻用户共同制作的特点。

比如，这部系列报道的发表震动了很多经验丰富的政客，呼吁对警察如此滥用权力的行为进行改革。而政客们的反馈也作为系列报道中的一篇，见诸报端和网页上。[1] 此篇报道如此开篇：

> 纽约官员在看了我们关于警察将无罪市民赶出家门的报道后，表示必须对此进行改革。

令人振奋的是，通过融合媒介的社会互动功能，这部系列报道发挥了巨大影响力，促使纽约市政府做出检讨及修改相关法案的承诺和行动。纽约市议会已经于 2017 年 2 月 15 日通过了 13 项针对《有害消除法案》改革的法案，确保警方不得再滥用该法案扭曲执法。

新闻从业者们以获得普利策奖为职业生涯的最高荣誉，而最佳公共服务奖更是整个普利策奖中最具影响力的奖项，颁给以新闻改变社会的重大报道。通过分析这部获奖系列作品，我们看到，除了题材重大、调查采访深入之外，融合媒介的呈现与传播力量，也起了重要作用。精良的融合媒介设计与呈现，与文章结构和故事叙事相得益彰。

成功的融媒报道离不开强大、专业的新闻内容支撑，反之，内容也可借助媒介融合得到提升和强化。

媒介融合已成为媒介发展的主导趋势。从传统纸媒的数字化，到报网互动，再到融合媒介传播，不仅整个新闻信息产品形态发生变革，推动新闻传播观念的创新，更使整个新闻信息生产传播模式发生了颠覆性变革，形成全新的新闻生产传播模式，即“沉浸新闻”模式。

融媒报道是在一个多媒体内容和多传播平台的综合体上进行工作的。在媒介融合的工作环境下，记者需要提升新闻传播的数字化综合技能，能够利用互联网迅速找到有效信息，在新闻报道时思考多媒体的内容形态与呈现方式，并善于利用各种社交媒体与他人展开信息交流与合作，创造性地使用多种结构元素来挖掘和呈现新闻信息，并在实践中不断提升融合媒介的报道能力。

【阅读】

舍基．人人时代：无组织的组织力量．北京：中国人民大学出版社，2009.

延森．媒介融合：网络传播、大众传播和人际传播的三重维度．上海：复旦大学出版社，2014.

菲德勒．媒介形态变化：认识新媒介．北京：华夏出版社，2000.

---

① RYLEY S. Officials outraged after ‘shocking’ report on NYPD kicking people out of homes（2016-02-08）［2018-01-03］. https：//www.propublica.org/article/officials-outraged-after-shocking-report-nypd-kicking-people-out-of-homes.

李沁．沉浸新闻模式：无界时空的全民狂欢．现代传播，2017（7）：141－147.

尼葛洛庞帝．数字化生存．海口：海南出版社，1997.

KURZWEIL R. 奇点临近．北京：机械工业出版社，2016.

BASS A Z. Refining the gatekeeping concept：a UN radio case study. Journalism Quarterly，1969（46）：46－72.

GORDON R. The meanings and implication of convergence// KAWAMOTO K，Digital journalism：emerging media and the changing horizons of journalism. New York：Rowman & Littlefield，2003：57－73.

QINNN S. Convergent journalism：the fundamentals of multimedia reporting. New York：Peter Lang Publishing，2005：94，153.

【推荐网站】

http：// www. pewresearch. org/topics/state-of-the-news-media/

纽约警察滥用职权驱逐少数族裔系列报道：https：//www. propublica. org/series/nuisance-abatement

【思考】

1. 融合媒介报道中，有没有一种内容形态能够适应任何一种媒介形态的需要？如果有，这样的内容形态应该具备什么样的特征？

2. 沉浸新闻需要建立一种什么样的新闻生产者与新闻消费者之间的关系？沉浸新闻的主流化对于新闻业的未来意味着什么？

【练习】

1. 进行一次融合媒介报道的消息练习，要求至少融合三种以上媒介表现形式，包括文字、图片和超链接。

2. 请在下面这条新闻信息的基础上，设计一个融媒深度报道方案。

养老金调整机制确立 更大规模资金入市或成定局

关于养老金待遇提升的利好消息不断。继养老金十四连涨、国资划转社保基金试点加速推进的消息出炉不久，《关于建立城乡居民基本养老保险待遇确定和基础养老金正常调整机制的指导意见》（简称指导意见）也于日前正式出台。这意味着逾5亿城乡居民的养老待遇水平提升获得了政策机制保障。

指导意见明确，要完善待遇确定机制、建立基础养老金正常调整机制、建立个人缴费档次标准调整机制、建立缴费补贴调整机制。

指导意见提出，合理确定全国基础养老金最低标准；地方根据当地实际提高基础养老金标准，对65岁及以上参保城乡老年居民予以适当倾斜；对长期缴费、超过最低缴费年限的，应适当加发年限基础养老金，激励个人长期缴费。

此外，还将参考城乡居民收入增长、物价变动和职工基本养老保险等其他社会保障标准调整情况，适时提出全国基础养老金最低标准调整方案。

（《经济参考报》，2018－04－02）

后　记

我们萌生编撰这本教材的想法至少是在三年前了。那时，中国人民大学新闻学院为推进教学改革，让新闻教育与当今新闻实践更加紧密结合，聘请优秀业界人士进入课堂，已经形成稳定的制度。

作为新闻学院的专业必修课，新闻采访与写作课的改革力度更大，新闻学院给了特别的支持和推动，允许这门课将最优秀的新闻记者的最新经验镶嵌到课程体系的各个环节之中，实施学院教师与业界教师的联席执教。

这样的教学改革引发了学生们的学习兴趣，拓展了学生们的观察视野，让学生们对实际新闻工作有了更深入的了解，对新闻报道的原则与方法有了更深入的感知。学院的教师们也感到来自当今新闻实践的经验与智慧所具有的不同于书本的丰富性、实用性与深刻性。

被邀请到新闻学院新闻采访与写作课堂上的业界教师包括《中国青年报》的刘畅、刘万永，新华社的朱玉，中国新闻社的陈建、谭宏伟，《财经》的张进，中央电视台《焦点访谈》的曲长缨，《新京报》的胡杰，《人民日报》的李伟，等等。这些新闻工作者带入课堂的不只是他们在职业道路上获得的熠熠生辉的荣誉和名号，更重要的是他们的职业精神、社会责任感和专业工作经验，以及他们在新闻工作和人生经历中领悟的能够引导学生形成理想并追求理想的启发与督促。

新闻学院讲授新闻采访与写作课的教师们感到需要把这些来自实践领域的专业智慧融入教材之中，于是就有了学界与业界共同编撰一部新闻采访与写作教材的最初设想。

设想与实际之间的差距永远比想象要大。时光飞逝，诸多周折之后，不管是因为顺其自然还是因为吉人天相，终于在国家建设“双一流”高校与学科工程的推动之下，在中国人民大学建设十三五规划教材工程的推动之下，这部教材的编撰被提上日程，进入操作阶段。

面对如今形成的文字，我们每一位执笔者和参与这部教材撰写的人都没有感到丝毫的志得意满，因为我们深知，就在书稿撰写、排版、编辑、发行的任何一个瞬间，技术的发展、业界的改革、社会的变化已经把我们形成原有认知的前提改变了。这看似危言耸听，但恰恰是今天新闻传播面对的现实与趋势。

世间没有绝对的真理，所谓真理不过是人们在特定时空维度下形成的对已知特定现象的局部特征的认知。正是因为人的局限，与时俱进就成为不断谋求真知的必然选择。因此我们对不断修改这部教材包括审时度势更新它的出版方式都有充分的心理准备和操作设想。

“术”的层面的变化之快毋庸置疑，“道”的层面却有其相对的稳定性。这也是我们对这部教材的价值还具有信心的原因所在。新闻工作的社会责任、新闻报道的专业思维、新闻采写的技术原理，这些可能更久远地作用于新闻报道制作与传播的基础知识是可以让人举一反三、依变而变的，这也正是我们编撰这部教材的用力之处。

在这本教材的编撰与出版过程中，我们再次感受到了今天技术与社会发展所推进的行业融合的大趋势。从教材立项进入操作伊始，中国人民大学出版社就开始全程介入教材的出版工作，这完全不是传统出版流程中边界清晰的出版环节的介入，而是从全球新闻实务教材出版与市场状况的瞭望到本教材特色创新空间的定位，从专业教学面对的核心读者群体的内容需求到可能辐射的普遍读者的阅读体验，从依据教材的市场经济承受力提出的字数严格控制到依据读者阅读习惯提出的教材形式建议。以中国人民大学出版社人文分社副社长翟江虹为领导的出版团队，给我们这些直接教授新闻传播实务课程的学界与业界的教师们上了一堂生动活泼而又触发思考的实践观摩课。我们从中不仅看到了中国人民大学出版社的同仁所具有的专业水准，也看到了行业融合的趋势蕴藏的巨大能量。

十年前，我们编撰团队中就有人在论文中发出过“谁是未来新闻的报道者”的问询，以说明传统新闻传播结构和形态的终结趋势。今天全体民众不仅日益普遍地参与新闻信息的制作与传播，而且空前广泛地参与整个人类信息文明的创造。世界已经在信息传播的革命中发生了重大改变，这种改变肯定还会在我们的视野中不断呈现出激荡人心的景观。

面对如此巨大的变迁，我们在或多或少的迷茫之际，更多感受到的是未来的召唤，这种召唤带给我们的是无限的希望与真实的兴奋。

此时，先哲的智慧之语深沉地回响在我们的耳边：“穷则变，变则通，通则久。”我们期待和我们的读者一起，教学相长，共同向未来迈进。

中国人民大学新闻学院

《新闻采访与写作》教材编撰组

2018 年 3 月春寒料峭时

图书在版编目（CIP）数据

新闻采访与写作/中国人民大学新闻学院《新闻采访与写作》教材编撰组著；高钢，潘曙雅主编．—北京：中国人民大学出版社，2018.7
新编21世纪新闻传播学系列教材
ISBN 978-7-300-25972-7

Ⅰ.①新…　Ⅱ.①中…②高…③潘…　Ⅲ.①新闻采访-高等学校-教材②新闻写作-高等学校-教材　Ⅳ.①G212

中国版本图书馆CIP数据核字（2018）第150679号

新编21世纪新闻传播学系列教材
中国人民大学“十三五”规划教材·核心教材
新闻采访与写作
高　钢　潘曙雅　主编
中国人民大学新闻学院《新闻采访与写作》教材编撰组　著
Xinwen Caifang yu Xiezuo

出版发行	中国人民大学出版社		
社　　址	北京中关村大街31号	**邮政编码**	100080
电　　话	010－62511242（总编室）		010－62511770（质管部）
	010－82501766（邮购部）		010－62514148（门市部）
	010－62515195（发行公司）		010－62515275（盗版举报）
网　　址	http://www.crup.com.cn		
经　　销	新华书店		
印　　刷	天津鑫丰华印务有限公司		
开　　本	787 mm×1092 mm　1/16	**版　　次**	2018年8月第1版
印　　张	21.25	**印　　次**	2025年7月第11次印刷
字　　数	502 000	**定　　价**	49.80元

关联课程教材推荐

书号	书名	作者	定价	出书时间
978-7-300-03981-7	新闻写作教程	刘明华 徐泓 张征	39.00 元	2002-03
978-7-300-25688-7	当代新闻写作（第二版）	白贵 彭焕萍	49.80 元	2018-04
978-7-300-12979-2	新闻采访学（第三版）	蓝鸿文	42.00 元	2011-04
978-7-300-09371-0	新闻采访教程	张征	39.00 元	2008-12
978-7-300-15293-6	新闻写作与报道训练教程（第六版）	［美］卡罗尔·里奇	69.80 元	2012-04
978-7-300-10697-7	当代媒体新闻写作与报道（第七版）	［美］布鲁斯·D. 伊图尔	59.80 元	2009-01

配套教学资源支持

尊敬的老师：

衷心感谢您选择使用人大版教材！

相关的配套教学资源，请到人文分社网站（www.crup.com.cn/rw）下载，或是随时与我们联系，我们将向您免费提供。

欢迎您随时反馈教材使用过程中的疑问、修订建议并提供您个人制作的课件。您的课件一经采用，我们将署名并付费。让我们与教材共成长！

联系人信息：

地址：北京海淀区中关村大街 31 号 206 室　龚洪训　收　邮编：100080

电子邮件：gonghx@crup.com.cn　电话：010-62515637　QQ：6130616

如有相关教材的选题计划，也欢迎您与我们联系，我们将竭诚为您服务！

选题联系人：	电子邮件：	电话：
翟江虹	zhaijh@crup.com.cn	010-62515636

俯仰天地　心系人文

人大出版社网站 www.crup.com.cn

专业教师 QQ 群：259226416（全国新闻教师群）

欢迎您登录分社网站浏览，了解图书信息，共享教学资源

期待您加入专业教师 QQ 群，开展学术讨论，交流教学心得